Das grosse Buch der JAGD

Robert Elman (Hrsg.)

DAS GROSSE BUCH DER JAGD

Jäger, Wild und Jagd von der Steinzeit bis zur Gegenwart

Mit 450 Farbfotos, Zeichnungen und grafischen Darstellungen

Weltbild

Genehmigte Lizenzausgabe für Verlagsgruppe Weltbild GmbH,
Steinerne Furt, 86167 Augsburg
Titel der bei Nordbok International, S.L., P O Box 6.142, 28080 Madrid, Spanien
erschienenen Originalausgabe: HUNTING
World Copyright © 1980 / 1997 by Nordbok International
Copyright © 1996 der deutschen Übersetzung by Orbis Verlag GmbH, München
Aus dem Englischen übersetzt von Horst Kube
Umschlaggestaltung: Andreas Rödig, Atelier Lehmacher, Friedberg (Bay.)
Umschlagmotiv: Harald Lange, Okapia, München
Gesamtherstellung: aprinta Druck GmbH & Co. KG,
Senefelderstraße 3–11, 86650 Wemding

Printed in Germany

ISBN 3-8289-1677-5

2008   2007   2006   2005
Die letzte Jahreszahl gibt die aktuelle Lizenzausgabe an.

Einkaufen im Internet: *www.weltbild.de*

I: Die natürliche Umwelt

Kapitel 1:

Der Mensch als Raubtier besonderer Art

George Reiger

Die Welt des Menschen ist im Grunde genommen eine Welt des Jägers. Überall, wo sich Menschen entwickelten und wohin sie auch zogen – sie taten es immer als Jäger.

In den grasbewachsenen Regionen Afrikas und Amerikas zogen noch vor fünf oder sechs Generationen die Menschen umher, ausgerüstet mit messerscharfen Steinwerkzeugen und umgeben von riesigen Herden von Büffeln, Gnus und Antilopen, die sie erlegten, um sich Nahrung, Kleidung, Obdach und neue Werkzeuge zu schaffen.

In den arktischen Gebieten und in den Wüstenregionen, wo leicht zu bearbeitende Steine und Hölzer nur selten vorhanden waren, erfanden Jäger ausgefallene Waffen, hergestellt aus den Knochen und Sehnen der Seehunde und Walrosse, Steinböcke und Gazellen, jener Tiere, die ihnen auch als Nahrung dienten.

In Eurasien wurde das Pferd – einst eine Tierart, die ihres Fleisches wegen gejagt wurde – domestiziert, um den Menschen bei der Jagd anderer Wildtiere zu helfen. In Afrika wurde das Kamel – ebenfalls eine einstmals gejagte Tierart – gezähmt, um es den Wüstenbewohnern zu ermöglichen, schneller von einer Wasserstelle, wo das Wild knapp wurde, zu einer anderen zu ziehen, wo vielleicht mehr Jagdtiere vorhanden waren.

In Nordamerika jagten Indianer Kamele, bis diese Tierart dort ausgerottet war. In Südamerika domestizierten Indianer das Lama und das Alpaka. Sie wurden im Lauf der Entwicklung jedoch zu Hirten, nicht zu Jägern. Anderswo erlernten die Menschen die Haltung von Schweinen, Schafen und Ziegen, die sich jedoch manchmal, besonders bei Ziegen, nachteilig auf die unmittelbare Umwelt der Menschen auswirkte, wenn die Tiere in großen Herden auf kleinem Raum lebten.

Die Menschen brachten auch den Hunden, ihren ältesten Jagdgefährten, bei, sich wie »Schäfer« um die Herde zu kümmern.

Die offensichtliche Tatsache, daß das Rad in Asien »erfunden« wurde, hat die von Historikern vertretene Meinung erhärtet, daß jener Teil der Welt als die Wiege dessen betrachtet werden muß, was wir *Zivilisation* nennen. Da die Räderhersteller zugleich Ackerbauern waren, haben viele Historiker den Schluß gezogen, daß seßhafte Ackerbaugesellschaften eine Voraussetzung für die städtische Zivilisation seien, während nomadische Jäger einen etwas niedrigeren Entwicklungsstand verkörperten und unfähig wären, den intellektuellen und schöpferischen Schritt zur Zivilisation zu vollziehen.

Dennoch waren die Jäger in anderen Ländern nicht weniger erfinderisch und kreativ als die asiatischen Räderhersteller. Sie hatten lediglich keine Verwendung für Räder in der Tundra, in den Gebirgen und flußdurchzogenen Vorbergen, in dichten Wäldern oder in felsigen Küstengebieten. Daß sie Räder machen konnten, zeigen die Spielzeuge, die sie für ihre Kinder anfertigten. Da sie jedoch Jäger waren, brauchten sie keine Fahrzeuge auf Rädern, sondern Schlitten und Travois, Kanus und Flöße, die sich für ihre Zwecke besser eigneten.

Es ist bezeichnend, daß das Rad im Zusammenhang mit der Ackerwirtschaft erfunden wurde, die eine ständige oder zumindest vorüberge-hende Ansiedlung voraussetzt. Doch welchen Wert würde ein Räderfahrzeug für Völkerschaften wie die Massai oder Zulu, Mandan oder Sioux gehabt haben, die vorzugsweise von der Jagd oder der Viehzucht lebten, da diese, auch ohne ihr freizügiges Umherstreifen aufzugeben, eine Zivilisationsstufe erreichen konnten, die sich mit den Ackerbauern durchaus vergleichen ließ?

Vor 60 Jahren sagte H. G. Wells: »Als die Menschen ihr Umherschweifen aufgaben, entschwanden eine gewisse Freizügigkeit und eine gewisse Gleichheit aus dem menschlichen Leben. Die Menschen zahlten in Freiheit, und sie zahlten in Mühen für Sicherheit, Obdach und regelmäßiges Essen... Während die Zivilisation sich entwickelte, schritt ein Prozeß der Versklavung voran.«

Mit der Entwicklung der Zivilisation entstand eine Hierarchie komplexer und mitunter eingebildeter Bedürfnisse, die bedeutsame Umwälzungen in der Welt der Natur erforderlich machten. Wälder wurden abgeholzt, Flüsse eingedeicht, Sümpfe trockengelegt, Täler zugeschüttet und Berge abgetragen, manchmal lediglich, um den Launen von Herrschern und Priestern oder, in neueren Zeiten, von Politikern oder Technikern gerecht zu werden.

Jägervölker, die zuvor in Harmonie mit dem Land existiert hatten, mußten jetzt in Wettbewerb mit jenen Menschengruppen treten, die sich ständige Wohnsitze geschaffen hatten. Und die Umwelt des Jägers wurde durch seine zivilisierten Mitbrüder in so grundlegender Weise umgestaltet, als hätten hier geologische Kräfte oder Eiszeiten eingewirkt.

Die Ackerwirtschaft entwickelte sich in den Tropen und Subtropen, von wo sie sich nach Norden ausbreitete. Im Norden Amerikas begann in den Regionen von Guatemala und Mexiko der Prozeß der Zusammenballung von Menschen in größeren Orten und Städten. Die Völker dieser Länder wurden von einer Führungsschicht beherrscht, die die Menschen zu Arbeiten anhielt, die oftmals als mühselige Plackerei erschienen. Da in diesen warmen Gebieten dreimal im Jahr Mais, Bohnen oder Kürbisse geerntet werden konnten, gab es für den einfachen Mann keine Muße im Reich der Azteken. Die Könige und Priester schüchterten die abergläubische Bevölkerung soweit ein, daß sie in ihrer Arbeitsleistung niemals nachließ.

Im Tal des unteren Mississippi entwickelten sich durch den Maisanbau komplexe Kulturgruppen. Doch der Winter sorgte für eine Unterbrechung dieser Arbeiten, und die Jäger gingen wieder ihren altgewohnten Tätigkeiten nach. Sie kümmerten sich um die Fleischversorgung, lieferten Felle und Sehnen für Kleidung, Knochen für Werkzeuge sowie Fett und Talg für die Beleuchtung. Die religiösen Vorstellungen dieser Mississippi-Indianer waren sehr ausgeprägt und standen in Beziehung zu ihrer Ackerwirtschaft. Doch wenn die Zeiten schlecht – oder auch besonders gut – waren, ließen sie sich zu Kriegen hinreißen, wobei ihnen ihre Erfahrungen als Jäger zugute kamen, wenn sie anderen Stämmen Nahrungsmittel oder Wertsachen raubten.

Weiter nach Norden hin, wo Laubwälder in Nadelwälder übergingen, wurde es immer schwieriger und schließlich unmöglich, Ackerbau zu

Schon in alten Zeiten lernten die nordamerikanischen Indianer, den Paarungslaut des Elchs nachzuahmen, um ihn in den Bereich ihrer Waffen zu locken. Europäer, die später das Land besiedelten, lernten dann von den Indianern das Anlocken der Elche, die mehr als alle anderen Tiere die Weite und Majestät der scheinbar endlosen Wälder des Nordens verkörpern.

betreiben. Die religiösen Vorstellungen der Menschen bezogen sich nicht mehr auf die Erneuerung des Lebens im Frühling und die Ernte im Herbst, sondern sie feierten die Jagd in allen Jahreszeiten. Die Priester oder Schamanen waren zugleich eine Art Medizinmänner, und die Glaubensvorstellungen beruhten nicht auf der Autorität der Herrscher, sondern auf der Verbundenheit mit der Natur und den Wildtieren.

Für Ackerbaugesellschaften, die eine Vorstellung vom Jenseits entwickelten, gilt die althergebrachte Vorstellung, das Leben nach dem Tode sei erheblich besser als das irdische Dasein. Demgegenüber hat für manche Jägervölker der »Himmel« nie etwas anderes bedeutet als die Fortsetzung eines guten, ausgefüllten Lebens auf Erden.

Für die Ojibwa- und die Kri-Indianer gab der Schöpfer jeder Pflanze und jedem Tier, jedem Felsen und jedem Bach eine besondere Bedeutung mit. Er, der das Leben so schön gemacht hat, schuf auch die »ewigen Jagdgründe« für alle, die die Götter der Indianer verehrten.

Der natürlich empfindende Mensch – so, wie er sich entwickelt hat und wie er sich noch heute darstellt – ist trotz allen Glanzes der Zivilisation ein raubtierhaftes Wesen. Bewußt oder instinktiv macht ein Sportjäger

diese Erfahrung, und in diesem Sinne läßt es sich vorstellen, daß sich der Mensch in seiner natürlichen Umwelt am wohlsten fühlt und mit ihr in Harmonie lebt.

Doch der Mensch ist auch ein Raubwesen besonderer Art. Er ist das einzige Raubtier, das im Hinblick auf seine Beute bewußt weitblickende Fürsorge walten lassen kann. Zwischen anderen Raubtieren und ihrer Beute halten mannigfache ökologische und biologische Einschränkungen das Gleichgewicht aufrecht. Doch solche Einschränkungen existieren nicht für den Menschen; wo es sie gibt, hat er sie sich selbst auferlegt. Klugheit, Eigeninteresse und Erkenntnis der Schönheit des Wildes – ein wohl nur uns Menschen eigenes Gefühl – motivieren den Jäger, die natürliche Umwelt mit den in ihr lebenden Wesen für künftige Generationen zu bewahren.

Der Mensch unterscheidet sich auch auf andere Weise von den übrigen Raubtieren. Körperlich ist er nicht nur ihnen, sondern auch seinen Beutetieren unterlegen. Er kann nicht so schnell wie sie laufen, schwimmen oder klettern; er kann nicht Beutevögel durch die Luft verfolgen; er hat nicht die gleiche Ausdauer wie die meisten seiner

11

Beutetiere; sein Hörvermögen ist relativ schwach; im Dämmerlicht kann er schlecht sehen; Gerüche kann er kaum unterscheiden, und seine Fähigkeit, der Kälte und der Hitze, dem Hunger und dem Durst zu widerstehen, ist unbedeutend. Dennoch ist der Wirkungsgrad, den er als Raubwesen entwickeln kann, unvergleichlich groß.

Sein Einfallsreichtum und die technischen Hilfsmittel, die ihm zur Verfügung stehen, sind so weitreichend, daß er, wenn er es wollte, alle Beutetiere vernichten könnte. Doch er hat auch ein Gewissen, das vermutlich eng mit seinen ästhetischen Vorstellungen zusammenhängt, und somit kann er auch als Raubwesen in der Natur fürsorglich walten. Ebenfalls ermöglichen ihm sein Einfallsreichtum und seine technischen Hilfsmittel, unberührte Landschaften aufzusuchen und sich seiner Erlebnisse zu erfreuen, und sein Weitblick und sein Gewissen drängen ihn dazu, die Unberührtheit der Landschaft als wesentlichen Lebensraum für alle Geschöpfe, auch für sich selbst zu erhalten. Dennoch trägt die menschliche Zivilisation und damit die Verstädterung und Industrialisierung dazu bei, den Wildbestand zu verringern, und sie bedroht somit die noch verbliebene natürliche Umwelt – die Umwelt, die der Mensch zum Leben braucht.

Die Jagd ist nicht nur der älteste, sondern auch der natürlichste Sport auf der Erde: eine direkte und atavistische Wechselwirkung mit der Natur. Wenn sie mit der Umwelt abgestimmt ist, ruft sie keine Zerstörungen hervor. Die Jagd wird immer weiterbestehen, wenn nicht andere menschliche Tätigkeiten Flora und Fauna mit der Vernichtung bedrohen. Deshalb muß das Jagen in der heutigen Zeit eingeschränkt und strengen Bestimmungen unterworfen werden, da der Mensch, was den Wildbestand und dessen Lebensraum betrifft, sich seit Jahrhunderten vieler Übergriffe schuldig gemacht hat.

Wenn den Vorschriften entsprechend gejagt wird, so ist dies für das Wild nicht abträglich. Die zahlenmäßige Abnahme ist vielmehr auf die Zerstörung der natürlichen Umgebung und die rücksichtslose Ausrottung des Wildbestandes zurückzuführen. Die Industrie breitet sich in zuvor unberührten Gebieten aus, in Sümpfen, Savannen, Prärien, Tundra und Taiga, ja sogar im tropischen Regenwald. Das afrikanische Buschland und die nord- und südamerikanischen Grasebenen werden in immer größerem Umfang vom Pflug erfaßt oder eingezäunt. Überschwemmungsgebiete in Asien und im Mittelmeerraum werden trockengelegt. All diese Ökosysteme sind entscheidend wichtig für das Weiterbestehen des Wildbestandes.

Heute ist die Industrie – das Wort bezog sich in seiner Grundbedeutung auf den persönlichen Fleiß – auch in Gebieten heimisch, die für die Landwirtschaft ungeeignet sind. Sie ist in der Lage, die Landschaft ihren Zwecken entsprechend umzugestalten. Dort, wo Jägervölker bisher fernab von jeglichen Fabrikanlagen lebten – im hohen Norden, in den Wüsten, auf entlegenen Inseln oder im Gebirge –, gibt es jetzt Industrieansiedlungen, deren wirtschaftliche Interessen sich grundlegend von denen der Urbevölkerung unterscheiden.

Besonders hart betroffen sind die Eskimos. Die Kultur dieses ausgesprochenen Jägervolks war so lange unangetastet, als es in der arktischen Einöde nichts gab, was sich wirtschaftlich nutzen ließ. Jetzt hat der Öldurst der industriellen Welt dafür gesorgt, daß sich der Schatten der Zivilisation auch über die rauhen weißen Ländereien des Nordens ausdehnt. Überlieferte handwerkliche Fertigkeiten erscheinen in der heutigen Welt der Computer als überholt. Statt der Kajaks werden Motorboote und statt der Schlittenhunde werden Motorschlitten verwendet. Die Menschen, die einst auf zerbrechlichen, aus Tierhäuten angefertigten Booten Jagd auf Walrosse und Seehunde gemacht hatten, ernähren sich jetzt von Hühnern, die Tausende von Kilometern entfernt in Geflügelfarmen gezogen wurden.

Doch einige dieser Menschen hängen noch immer an einer Lebensweise und an einem Naturverständnis, die auf ältere Zeiten zurückgehen

In den Regenwäldern läßt der überreichliche natürliche Pflanzenwuchs praktisch keinen Raum für eine planvolle Kultivation. Die Völker, deren Heimat die Wälder sind, teilen sie mit einer vielfältigen Fauna – Vögel, Säugetiere, Reptilien, Insekten und Fische. Sie finden ihren Lebensunterhalt als Sammler und Jäger. Unten: Ein Mann vom Stamm der Wedda, Sri Lanka.

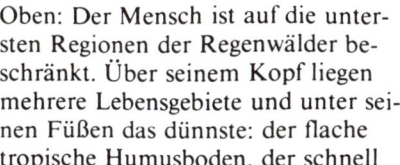

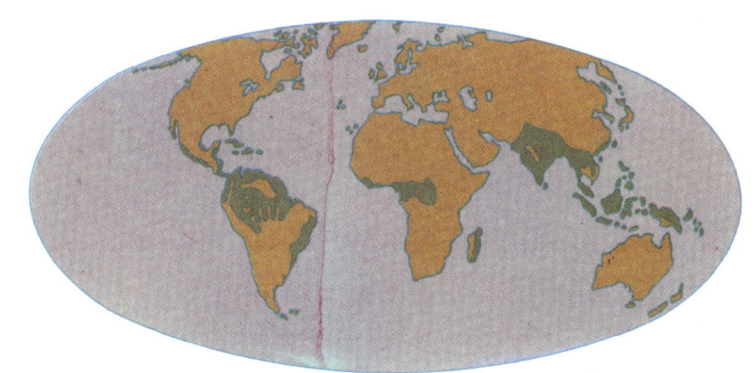

Oben: Der Mensch ist auf die untersten Regionen der Regenwälder beschränkt. Über seinem Kopf liegen mehrere Lebensgebiete und unter seinen Füßen das dünnste: der flache tropische Humusboden, der schnell weggespült wird, wenn der schützende Wald abgeholzt worden ist. Oben rechts: Verbreitung der Regenwälder auf der Erde. Rechts: Ein tropischer Regenwald im nördlichen Queensland, Australien.

Eine der wesentlichen Vegetationstypen der Welt, die Tundra (1), produziert am wenigsten Wachstum pro Fläche und Jahr (s. Diagramm rechts). Die tropischen Regenwälder (8) produzieren mehr als das Achtzehnfache. Zwischen diesen beiden Extremen liegen die Nadelwälder (2), die Laubwälder (3), die Steppen (4), die subtropischen Wälder (5), die Wüsten (6) und die Savannen (7). Ein anderes Bild ergibt sich beim Vergleich des jährlichen Wachstums jeder Zone mit ihrem Ernteertrag. In der Tundra entfallen nicht weniger als 20 Prozent des Ernteertrages auf das jährliche Wachstum. Im tropischen Regenwald liegt die Zahl bei sieben Prozent, in den Nadelwäldern der Taiga bei drei Prozent und in den sprichwörtlich langsam wachsenden Eichenwäldern bei nur zwei Prozent. Demgegenüber entspricht das jährliche Wachstum sogar 45 Prozent des Ernteertrags in den gemäßigten Steppen und 42 Prozent in den subtropischen Wüsten.

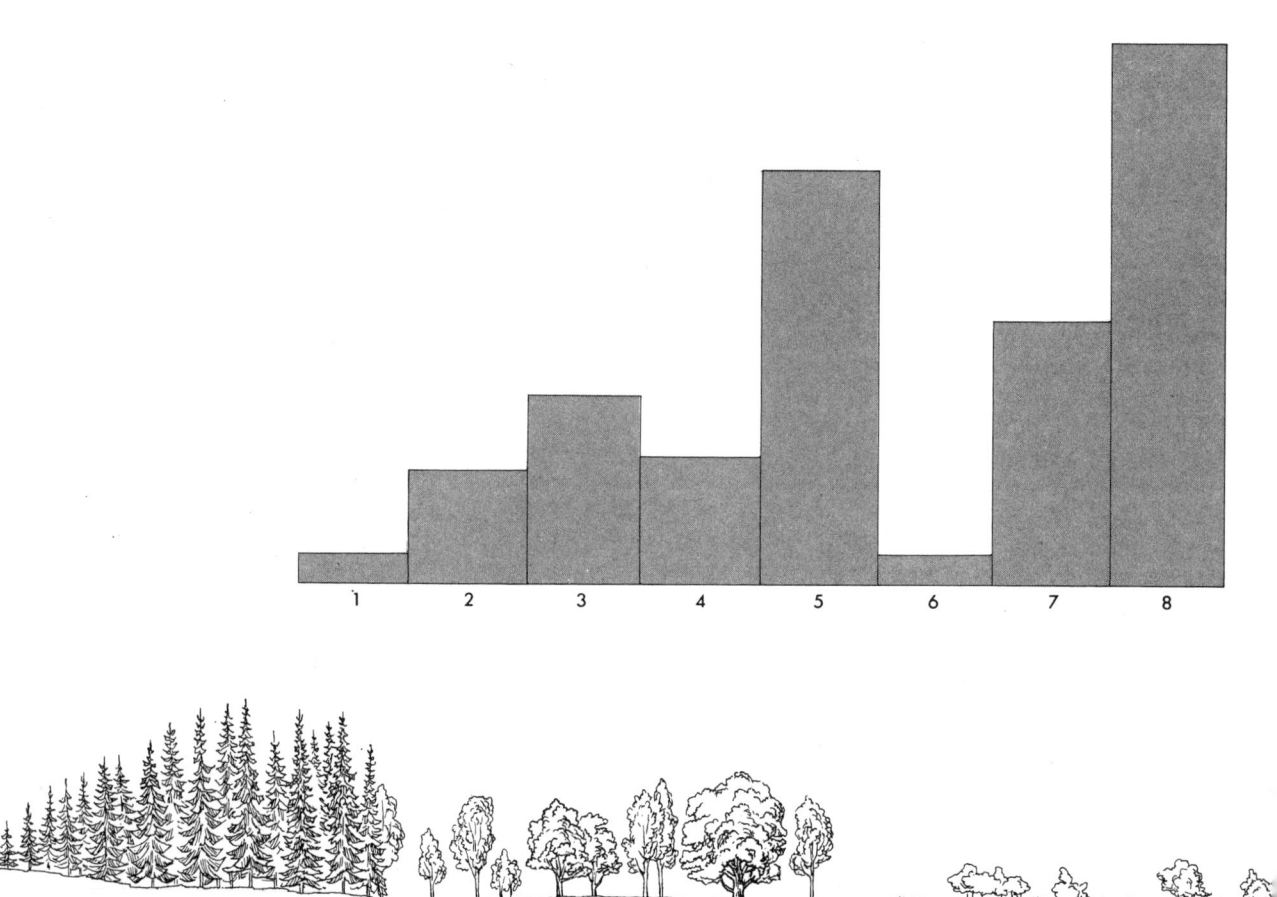

als das älteste Rad. »Es gibt nur ein großartiges Erlebnis«, lautet das Lied eines Eskimo-Jägers, »wenn man sieht, wie der Tag anbricht und wie das Licht die Welt erfüllt.«

Aber es gibt auch Menchen in der industrialisierten Welt, die sich tatkräftig bemühen, die Reste jener immer kleiner werdenden natürlichen Lebensräume in Grasebenen und Wüsten, in Regenwäldern und Gebirgen, an Fluß- und Meeresufern zu schützen. Diese Bemühungen reichen mehr als ein Jahrhundert zurück, als Naturfreunde in Europa und Nordamerika damit begannen, Teile der noch verbliebenen unberührten Gebiete zu Reservaten zu machen.

Die natürliche Vielgestaltigkeit ist nicht nur ein Modewort. Sie ist für das menschliche Wohlbefinden, möglicherweise sogar für das Fortbestehen des Menschen als Art, von wesentlicher Bedeutung. Der Jäger beschäftigt sich in so weitreichendem Ausmaß mit den Regeln der Erhaltung der natürliche Vielgestaltigkeit, daß er häufig meint, die Welt müsse mit seinen Einsichten längst vertraut sein. Doch die zivilisierte Welt scheint die Erkenntnisse der Jagd vergessen zu haben.

Das Aussterben von Arten ist seit jeher ein Bestandteil des schöpferischen Prozesses gewesen; doch in den zurückliegenden Jahrhunderten der Industrialisierung hat sich das Tempo der Ausrottung des Wildbestandes in alarmierender Weise beschleunigt. Im 19. Jahrhundert gingen 75 Vogelarten und 27 Säugetierarten zugrunde. Im 20. Jahrhundert sind bisher 53 Vogelarten und 68 Säugetierarten ausgestorben. Von der Ausrottung bedroht sind ferner 345 Vogelarten, 200 Säugetierarten, 80 Arten von Amphibien und Reptilien und die unglaubliche Anzahl von 20 000 bis 25 000 Pflanzenarten.

Manche Jägervölker stehen in gewissem Zusammenhang mit dieser Entwicklung. Wir wissen zum Beispiel, daß nach der Einwanderung der Polynesier nach Neuseeland deren Nachkommen, die Maori, etwa im 15. Jahrhundert den einheimischen Schwan (Cygnus sumnerensis) und etwa 100 Jahre danach die letzten Moa-Straußenvögel ausgerottet hatten.

Amerikanische Indianer, die schon immer gern jagten, können zur Ausrottung des Mammuts und des Mastodon beigetragen haben, indem sie diese Tiere über Felsabhänge trieben und dabei mehr von ihnen umbrachten, als sie für Zwecke der Ernährung verwerten konnten. Sie waren auch an der Ausrottung einiger weiterer Arten beteiligt, die sich den neuen Umweltbedingungen nach der letzten Eiszeit nicht anpassen konnten. Sie jagten auch den Bison, töteten aber nur die erforderliche Anzahl von Beutetieren. Erst nach 1870, als die Prärien Nordamerikas durch die Eisenbahn erschlossen waren, wurden kommerzielle Jäger angelockt. Sie schossen Bisons und verkauften das Fleisch – häufig nur die ausgesuchtesten Stücke – an Siedler, Eisenbahner und Soldaten. Bisonhäute wurden zum Gerben verkauft und die Knochen als Düngemittel. Außerdem wurden große Treibjagden für Sportjäger veranstaltet, die dazu beitrugen, daß die großen Büffelherden immer mehr zusammenschmolzen.

Jedoch hatten im Verlauf des 19. Jahrhunderts gerade die Sportjäger die umwälzende Aufgabe angepackt, durch die Sorge um bedrohte wildlebende Tierarten den Naturschutz zu fördern. In Nordamerika gehörten Naturschützer ironischerweise häufig solchen Berufsgruppen an, die sich eigentlich die Entwicklung unerschlossener Gebiete zum Ziel

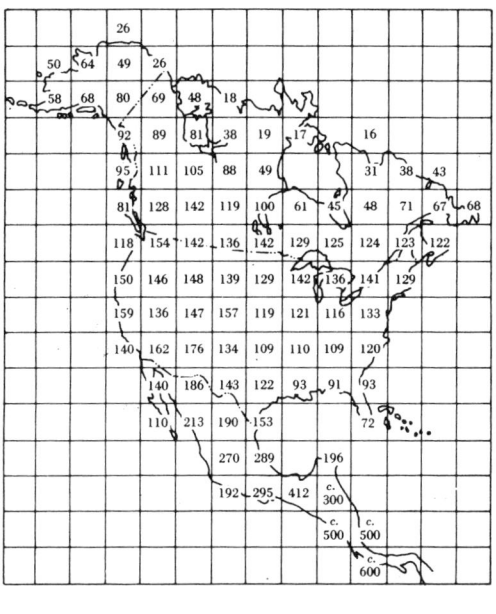

Links: Das Gitter über der Karte von Nord- und Mittelamerika zeigt die Anzahl brütender Landvogelarten in verschiedenen Teilen des Kontinents. Nur 16 Arten entfallen auf das nördliche Kanada, aber über 400 auf den Süden Mexikos; in Ecuador an der Nordwestküste Südamerikas gibt es sogar über 800 Vogelarten.

Weitere Vergleichszahlen von Tier- und Pflanzenarten: Europa hat 192 Fischarten gegenüber mehr als 1000 im Amazonasbecken. Ein vier Morgen großer Laubwald in Michigan enthält zehn bis 15 Baumarten gegenüber bis zu 227 Arten im tropischen Regenwald von Malaya.

gesetzt hatten. Zu diesen frühen Naturschützern gehörten auch viele Persönlichkeiten aus Kultur und Politik. Dies hatte zur Folge, daß der Naturschutz viel früher an Bedeutung gewann, als dies möglich gewesen wäre, hätten allein nur die Intellektuellen für eine Revolutionierung des Umweltbewußtseins gesorgt.

Auf den Britischen Inseln und in Kontinentaleuropa gehörten die Sportjäger zumeist zu den Landbesitzern, die auf großen Gütern, in Wäldern, Gebirgen und Gewässern der Jagd und dem Fischfang nachgingen. Für den grundbesitzenden Adel war Naturschutz kein neuer Begriff, sondern lediglich ein Aspekt im Zusammenhang mit der Pflege ihrer Ländereien, die bereits eine jahrhundertealte Tradition hatte. Man beschäftigte tüchtige Wildhüter, die das Wild als gewinnbringenden Besitz zu pflegen hatten.

Maßnahmen wie Umweltverbesserung, Abschußregeln, Aufzuchthilfe und Wildfütterung, Strafgesetze gegen Wilddieberei, Abschußverbote zu bestimmten Jahreszeiten und ähnliche Hilfen für den Naturschutz haben dazu beigetragen, daß trotz steigender Bevölkerungszahl und Verstädterung in Europa noch immer ein stattlicher Wildbestand vorhanden ist.

In Afrika und Asien standen die Sportjäger unter dem Eindruck, daß die unendlich erscheinenden unerschlossenen Gebiete auch riesige Lebensräume für das Jagdwild in sich bargen. Sie sahen kein Erfordernis für die Pflege der Natur, was dazu führte, daß sich der Wildbestand in Asien und Afrika in erstaunlichem und immer schnellerem Maße verminderte.

Der Zusammenbruch der europäischen Kolonialreiche trug nicht dazu bei, diesen Trend umzukehren, da die Völker der neu entstandenen Nationen das Wild für Ernährungszwecke abschossen oder ihm deshalb nachstellten, weil es Schäden in ihren Plantagen anrichtete.

Erst in neuester Zeit haben einige Regierungen in Afrika und Asien bedeutsame Anstrengungen gemacht, den Wildbestand in den Savannen, auf den Hochebenen und in den Regenwäldern zu schützen. Wie in Nordamerika hat auch hier ein aufgeklärtes Eigeninteresse schließlich eine Naturschutz-Ethik hervorgebracht. Man hat zudem erkannt, daß der Wildbestand auch eine Attraktion für die Touristen darstellt, und der Tourismus wird als Rettung für die schwachen Wirtschaftsstrukturen mancher afrikanischer und asiatischer Nationen betrachtet.

In Nordamerika wurde das meiste Land durch Verträge von den Indianern erworben, und wie in Afrika erschienen anfangs auch hier die Möglichkeiten, Gewinne aus diesen Gebieten zu ziehen, grenzenlos. Erst in den Jahren nach dem Bürgerkrieg bekundeten einige einflußreiche Persönlichkeiten in ihren Schriften und Gesetzesvorlagen ihre zunehmende Sorge um den Naturschutz.

Für manche Arten traten diese Schutzmaßnahmen nicht mehr rechtzeitig in Kraft. Die Abholzung großer Waldgebiete im Osten der Vereinigten Staaten trug vermutlich wesentlich dazu bei, daß die Wandertaube und der Karolina-Sittich ausgestorben sind. Sportjäger stellten diesen beiden Arten nur selten nach. Wandertauben wurden in großer Anzahl von kommerziellen Jägern und Siedlern geschossen, während die Sittiche zumeist erbosten Obstfarmern zum Opfer fielen, nachdem diese schönen Vögel dazu übergegangen waren, sich von Äpfeln zu ernähren.

Die Grasländer Afrikas bedecken einen Großteil des Kontinents südlich der Sahara bis Südafrika. Die Art des Graslands variiert zwischen Halbwüste und Trockensteppe (am Rande von Kalahari und Sahara) bis zu den Savannen der äquatorialen Regionen und dem Veld des südlichen Afrika. Die jährliche Regenmenge und die Dauer der Regenzeiten sind wichtige Faktoren für die Gestaltung der Landschaft. In der Savanne gibt es eine Vielzahl pflanzenfressender Tiere, die in relativer Harmonie miteinander leben, da jede Art Pflanzen bevorzugt oder Pflanzenteile verzehrt, an die andere Tiere nicht herankommen können. Am höchsten hinauf reicht die Giraffe, dann kommt der Elefant. Die Gerenuk (1) kann, auf den Hinterbeinen stehend, mittlere Höhen erreichen. Gazelle (2), Topi-Antilope (3), Zebra (4), Gnu (5), Weißes Nashorn (6) und Kaffernbüffel (7) sind sämtlich Tierarten, die das Gras teils am, teils über dem Boden abweiden. Das Schwarze Nashorn (8) bevorzugt Zweige und Rinde, während das Dik-Dik tiefwachsende Blätter verzehrt. Diese Pflanzenfresser dienen Raubtieren zur Nahrung (hier einer Löwin mit einer frisch geschlagenen Gazelle). Hyänen und Geier verzehren auch Aas.

Rechts: In dieser Savanne ist vor kurzem reichlich Regen gefallen. Bäume und Gräser sind ergrünt, die Landschaft kann eine Vielzahl von Tieren ernähren. Die in die Breite wachsenden Akazien sind ein vertrauter Anblick in den Savannen.

Der Lebensraum dieser beiden Arten war im wesentlichen der große Laubwaldgürtel, der sich vom Atlantik bis zum Mississippi und vom oberen Georgia bis nach Neuengland erstreckt. Nachdem diese einst üppigen Waldungen überall ausgelichtet waren, gingen die Lebensmöglichkeiten für die Wandertaube und den Karolina-Sittich verloren.

Der Regenwald unserer Erde wird in jeder Minute um eine Fläche von etwa 20 Hektar vermindert. Die ursprünglich mit Regenwald bewachsene Gesamtfläche hatte schätzungsweise etwa 16 Millionen Quadratkilometer betragen. Bis 1975 hatte man diese Fläche auf etwa neun Millionen Quadratkilometer reduziert, und wenn sich die Abholzung im gegenwärtigen Tempo fortsetzt, werden unsere Enkel überhaupt keine tropischen Regenwälder mehr kennenlernen.

Mit Geldmitteln von Sportjägern mitfinanzierte Organisationen, wie der World Wildlife Fund, haben große Anstrengungen unternommen, um repräsentative Abschnitte von Regenwäldern zu schützen. Doch die entscheidende Frage bleibt bestehen: Welche Fläche ist ausreichend?

Regenwälder enthalten mehr Arten als andere Ökosysteme auf der Erde. Zwischen 25 und 50 Prozent aller lebenden Pflanzen- und Tierarten finden sich in dieser Umwelt. Dennoch ist kein tropischer Regenwald älter als etwa 10000 Jahre.

Wie konnte sich diese unwahrscheinlich große Lebensvielfalt so schnell entwickeln? Haben die in Regenwäldern lebenden Geschöpfe eine niedrige Aussterbequote, oder tragen Regenwälder in erstaunlich hohem Maße zur Entstehung von neuen Arten bei? Vielleicht ist beides zutreffend, denn in Regenwäldern können mehr Arten durchaus in Harmonie miteinander leben als in anderen Umweltformen – mit Ausnahme der vergleichbaren ozeanischen »Tangwälder«.

Obwohl wir kaum damit begonnen haben, solche Zusammenhänge zu studieren, verschwinden die Regenwälder in so schneller Folge, daß wir nur schwer in der Lage sind, die erforderlichen Vergleichsdaten zu sammeln. Der rote Erdboden der Tropen ist seltsamerweise unfruchtbar, und der Farmer, der ein Stück des Dschungels abholzt, muß nach einigen Jahren das Land wieder aufgeben, wenn er dem Boden nicht jedes Jahr chemische Düngemittel beigeben kann, was seine finanziellen Möglichkeiten zumeist übersteigt. Regenwälder, die einmal abgeholzt wurden, regenerieren sich jedoch nicht ohne weiteres aus diesem roten Erdboden. Wir wissen nicht, wie Regenwälder entstanden sind, und wir sind nur bei Aufwendung enormer Geldmittel in der Lage, Teile von ihnen erneut ins Leben zu rufen.

Ein schwerwiegendes Problem im Zusammenhang mit der Vernichtung der Regenwälder ist die Auswirkung auf das Erdklima, wenn die im Holz gespeicherten rund 340 Milliarden Tonnen Kohlenstoff durch Fällen und Abbrennen frei werden. Selbst vorsichtige Forscher befürchten, daß die Welttemperaturen ansteigen und durch das Schmelzen der Polareiskappen der Meeresspiegel um viele Meter ansteigen könnte. Durch allgemein trockenere Sommer könnte das getreideproduzierende Potential des westlichen Nordamerika dahinschwinden. Man muß auch bedenken, daß die Regenwälder in solchem Maße Kohlendioxid absorbieren und Sauerstoff abgeben, daß das menschliche Weiterbestehen im gewissen Ausmaß vom Bestand solcher Wälder abhängen könnte. In diesem Zusammenhang gesehen, ist die Erhaltung natürlicher Umweltformen von erheblicher Bedeutung für die Allgemeinheit.

Eine in Europa und Marokko wildwachsende Pflanze, der Fingerhut, ist die einzige Quelle des Heilmittels Digitalis. Gäbe es dieses Mittel nicht, könnten Millionen von Menschen an Herzversagen sterben. Bei dem Gedanken an die Bedrohung von Pflanzenarten sind die Menschen weniger gleichgültig, obwohl ihnen nahezu 80000 Arten von Nutzpflanzen zur Verfügung stehen. 90 Prozent der auf der Erde verzehrten Nahrungsmittel entstammen jedoch nur etwa 20 Pflanzenarten. Dies sollten alle bedenken, die eine hochwertige Ernährung für selbstverständlich halten.

Im vergangenen Jahrhundert sind viele Arten ausgestorben. Obwohl viele Menschen heute die Bedeutung des Naturschutzes erkennen, gibt es noch immer zahlreiche bedrohte Tierarten. Die Illustration zeigt die jetzt ausgestorbene Wandertaube, von der einst Millionen in Nordamerika lebten.

Kapitel 2:
Die Rolle des Jägers im Naturschutz

George Reiger

Im Jahre 1978 wurde im übervölkerten mexikanischen Staat Jalisco eine dem Mais ähnelnde Pflanze entdeckt, die die gleiche Anzahl von Chromosomen wie dieser besitzt. Ihre Besonderheit beruht auf der Tatsache, daß sie eine perennierende (perennis, lat. dauernd) Pflanze ist, die mit Beginn des Winters nicht eingeht, sondern jedes Jahr wieder kleine Ähren treibt. Wenn diese Art mit unseren Maispflanzen gekreuzt wird, lassen sich ohne die kostspielige jährliche Frühlingsaussaat Maiskolben mehrere Jahre hindurch von den gleichen Pflanzen ernten.

Diese merkwürdige Entdeckung erfolgte in einem Gebiet, in dem die Pflanze als wertloses Unkraut angesehen wurde. Dieses Buschland, das viele wildlebende Vögel und Säugetierarten beherbergte, war zur Erschließung und Bebauung vorgesehen, und hätte man die natürlichen Reichtümer des Geländes nicht zuvor wissenschaftlich ausgewertet, dann wäre die Menschheit um eine bedeutsame Entdeckung ärmer geblieben.

Wenn es gelungen ist, ein wichtiges Naturprodukt synthetisch herzustellen, wird häufig der Fehler gemacht, das ursprüngliche Mittel für überflüssig zu halten. Dies geschah in den sechziger Jahren, als pharmazeutische Firmen meinten, das von ihnen entwickelte Präparat sei ausreichend für die Bekämpfung jeglicher Malaria-Erkrankungen, als Ersatz für das natürliche Chinin, das aus dem südamerikanischen Chinarindenbaum gewonnen wird. Als jedoch in den Kriegen in Südostasien die in dieser Region verbreitete Falciparum-Malaria immer mehr Opfer forderte, griff man auf das natürliche Chinin zurück, da es wirksamer war als das synthetisch hergestellte Gegenmittel.

Auf der Welt wird das Erdöl immer knapper, und der Preis je Barrel klettert weiter in die Höhe. Dies hat eine hektische Suche nach natürlichen und künstlichen Ersatzstoffen ausgelöst. Verschiedene Pflanzenarten, darunter der in den Tropen verbreitete Euphorbia-Baum, könnten vielleicht zur Entspannung der Versorgungslage beitragen. Ein mit Euphorbia-Bäumen bepflanzter Morgen Land, der durchaus Raum läßt für weitere Pflanzen und wildlebende Tiere, erzeugt jährlich 10 bis 50 Barrel Öl, die etwa 20 Dollar je Barrel kosten, ein Preis, der gar nicht so weit entfernt ist von den jetzigen Ölkosten.

Aus solchen Vergleichen läßt sich leicht eine direkte Beziehung zum Jagdwesen herstellen. Primitive Jägervölker Südamerikas hatten schon lange vor ihrer Entdeckung durch die zivilisierten Europäer die Heilkräfte des Chinins gekannt, und die Eingeborenen Afrikas und Australiens wiesen die weißen Forscher auf das Öl im Euphorbia-Baum hin, was diese Pflanze zur Anlage von Lagerfeuern geeignet erscheinen läßt, während das Holz bei Verwendung als offene Kochfeuerstelle zuviel Rauch entwickelt.

Ein schöner Baumgarten kann keinen Ersatz für einen Wald schaffen, und die Zootiere aus der Wildnis sind keine wilden Tiere mehr. Dies wissen Sportjäger schon lange. Da der Jäger das Wild in seiner ursprünglichen Umwelt kennenlernt, weiß er, daß nur die Natur die richtigen Voraussetzungen für den Fortbestand des Wildes schaffen

kann. Er weiß zudem, daß er den Naturschutz nicht nur zur Erhaltung des Wildbestandes, sondern auch in seinem eigenen Interesse fördern muß.

Ein Beispiel für den echten Naturschutz zeigt die Geschichte der nordamerikanischen Gabelantilope. In den Zeiten vor der Entdeckung Amerikas beherrschten die Gabelantilope und der Bison die Prärien des Kontinents. Jede dieser Tierarten zählte schätzungsweise 30 bis 40 Millionen Stück, und sie fanden ausreichend Nahrung und Trinkwasser. Zu Beginn des 20. Jahrhunderts gab es jedoch nur noch etwa 13 000 Stück Gabelantilopen, und 1927 war die Jagd nur noch in drei Staaten zugelassen.

Seither haben geeignete Lenkungsmaßnahmen dazu geführt, daß ein konstanter Bestand von etwa 400 000 Tieren erhalten bleibt, wobei Jagdzeiten für die »Antilocapra americana« in 16 Staaten der USA, zwei kanadischen Provinzen und einem mexikanischen Staat vorgesehen sind. Fast zwei Millionen Gabelantilopen hat man seit 1927 abgeschossen, ohne den Bestand der Art zu gefährden.

Heute weiden auf den Prärien große Rinderherden anstelle der Bisons, und es ist unwahrscheinlich, daß sich die geringe Anzahl der noch vorhandenen Büffel wesentlich erhöhen wird, da die Ansprüche, die das Rind und der Bison an die Umwelt stellen, gleichartig sind. Dagegen haben Gabelantilopen andersartige Lebensgewohnheiten, die sich von denen des Rindviehs unterscheiden, und da die Viehzüchter diese Tatsache allmählich erkannt haben, hat sich der Bestand an Gabelantilopen stabilisiert.

Durch eine einfache Methode, nämlich die neuartige Verspannung von Drahtzäunen, ließ sich die Größe und Kondition von Gabelantilopen-Herden aufbessern. Da nämlich das Tier nicht über den Zaun zu springen pflegt, sondern unter ihm hindurchkriecht oder über ihn hinwegsteigt, verspannt man den unteren, nicht mit Stacheln versehenen Draht in wenigstens 40 Zentimeter Höhe über dem Erdboden und den oberen Draht höchstens 50 Zentimeter darüber. Hierdurch wird dem Vieh ein angemessener Schutz geboten, den Gabelantilopen jedoch kein allzu großes Hindernis in den Weg gestellt. Heute sieht es in einigen Verbreitungsgebieten der Gabelantilopen schon so aus, daß der Autoverkehr eine größere Gefährdung des Tierbestandes bedeutet als Verletzungen durch Zäune oder gar Abschüsse durch die Jagd!

Nicht im gleichen Ausmaß wie die Gabelantilope hat sich in neuerer Zeit der amerikanische Elch oder Wapiti, der sich von der europäischen Abart des Elchs unterscheidet, wieder vermehrt. Dies beruht darauf, daß sich der Wapiti nicht so leicht auf die von den Menschen gestaltete Umwelt einzustellen vermag. Es gibt zwar noch kleine Rudel in Michigan, Pennsylvania und Virginia – Gebieten, in denen der Wapiti einst verbreitet war –, doch die für diese Staaten typische Abart Cervus canadensis canadensis ist heute ausgestorben.

Doch in den weiträumigen Gebieten des amerikanischen Westens gibt es immer noch Wapitis, und zur Zeit ist die Jagd in neun Staaten der USA und in drei kanadischen Provinzen zugelassen. Die für die Abschüsse erhobenen Lizenzgebühren fließen direkt den Programmen zu, die man in Staaten wie Colorado für die Hege des Wildes und für Forschungen eingerichtet hat.

In den USA ist der Jagdertrag beim Wapiti wertmäßig bedeutend geringer als beim Weißwedelhirsch, beim Waldkaninchen oder bei der Trauertaube. Vor 75 Jahren gab es schätzungsweise nur etwa 25 000 Stück Wapitis, und der Bestand hat sich inzwischen so erhöht, daß diese Anzahl weniger als ein Viertel der heutigen jährlichen Abschußziffer darstellt.

Eine weitere Erhöhung des Bestandes an Wapitis steht leider nicht in Aussicht. Diese Tierart ist im wesentlichen ein Geschöpf der Wildnis. Auch Nichtjäger, wie Wanderer und Camping-Gruppen, vertreiben die Wapitis unausweichlich aus vielen bevorzugten Sommerrevieren. Hinzu

Rechts: Weite, scheinbar leere Flächen unzerstörter Landschaft, fern von städtischer und industrieller Zusammenballung: das ist der typische Nationalpark, wie hier im nördlichen Schweden. Die menschlichen Aktivitäten beschränken sich hier auf die Rentierhaltung und Fischerei der Lappen.

Unten: Auch entlegene und unzerstörte Gebiete sind mit modernen Transportmitteln zugänglich, zum Beispiel durch den Hubschrauber (1). Da Energie heute kostbar ist, kann ein Wasserfall (2) auch in einem Nationalpark zur Gewinnung von Elektrizität ausgenutzt werden. Hierzu werden feste Zufahrtswege (3) gebaut. Bald wird ein weiterer Teil der Wildnis in den Wassermassen eines Staubeckens (4) verschwunden sein.

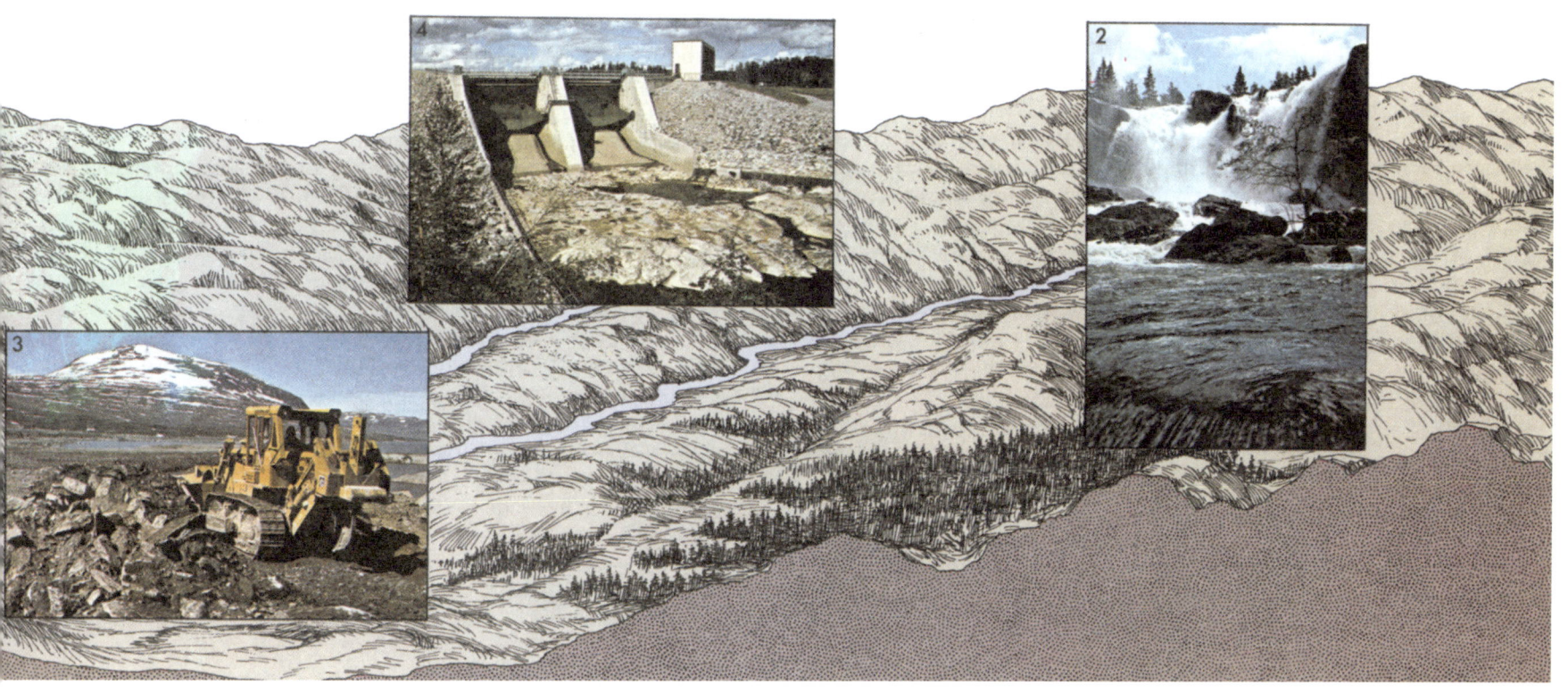

21

Das Indische Nashorn (1), das nur alle vier Jahre ein Junges bekommt, ist typisch für die anderen vier noch existierenden Arten; das Schwarze Nashorn (2), das Weiße Nashorn (3), das Java-Nashorn (4) und das Sumatra-Nashorn (5). Alle Nashornarten sind vom Aussterben bedroht.

Rechts: Die Anatomie eines Indischen Nashorns: Das »Horn« (1) ist in Wirklichkeit ein Auswuchs aus haarähnlichem Material, der durch einen Vorsprung über dem Oberkiefer gestützt wird. Die Oberlippe (2) hat einen fingerähnlichen Vorsprung, ähnlich dem Rüsselvorsprung des Elefanten.

kommt, daß eine wachsende Anzahl von Jägern Interesse bekundet, wenigstens einen »Elch« im Leben zu schießen. Nachteilig wirkt sich auch aus, daß in leicht zugänglichen Gebieten zuviel, in schwer erreichbaren Revieren dagegen zuwenig gejagt wird, und in beiden Fällen ist dies für den Wert der Wapiti-Rudel abträglich. Die Nordamerikaner, die in ihren Maßnahmen zur Hege des Wildes eine führende Stellung auf der Welt einnehmen, sollten sich in diesem Falle ein Beispiel an den Europäern nehmen, die das Wahlabschußverfahren schon seit langer Zeit eingeführt haben.

Der Wapiti war schon einmal vom Aussterben bedroht, als er wegen seiner besonders geformten Eckzähne im Oberkiefer gejagt wurde. Ein amerikanischer Jagdklub zahlte hohe Preise für diese biologischen Besonderheiten, und Hunderte von Wapitis fielen dem Streben nach dem Besitz solcher Trophäen zum Opfer.

Eine ähnliche Merkwürdigkeit ist die Tatsache, daß Nashörner zur Zeit nur wegen ihrer Hörner gejagt werden. Die Jagd auf das Nashorn stellte zwar schon immer einen besonderen Reiz für Sportjäger dar, doch solche Einzeljagden hatten den Bestand der Tierart nie direkt bedroht. Eine wirkliche Bedrohung bedeutet es jedoch, wenn in der heutigen Zeit systematische Jagden veranstaltet werden und die natürliche Umwelt dieser Tierart zerstört wird.

Das Horn der Nashörner ist heute buchstäblich Gold wert. Deshalb gibt es in Kenia heute kaum noch 2000 Schwarze Nashörner, während es vor einem Jahrzehnt noch 20000 Tiere waren. Das Horn wird normalerweise zu Pulver zermahlen und für Arzneien verwendet, die angeblich alles mögliche heilen sollen, von der Lepra angefangen bis zur Impotenz. In Nordjemen wird das Horn zu Dolchgriffen verarbeitet, für die wohlhabende arabische Scheichs bis zu 10000 Dollar je Stück zahlen. Wilddiebe begeben sich in große Gefahr, wenn sie sich in Nationalparks einschleichen, die Tiere bei Nacht mit Spießen erlegen, das Horn absägen und sich mit der Beute vor Morgengrauen wieder wegstehlen. Sie erhalten vergleichsweise wenig Geld für das Horn, das sie bei Mittelsmännern abliefern und das dann seinen Weg über geheime Handelskanäle nimmt, bis es beim Kunden anlangt, der es als Dekorationsstück oder als Aphrodisiakum verwendet.

Ein Parkwächter in kenianischen Nationalparks verdient 56 Dollar im Monat, während ein Wilddieb doch über 100 Dollar je halbes Kilogramm für ein Horn erhält, das durchschnittlich fast vier Kilogramm wiegt. Es ist erstaunlich, daß nicht mehr Parkwächter in ihrer Freizeit zu Wilddieben werden! Vielleicht hat die Tatsache, daß manche illegalen Aufkäufer in Nairobi bis zu 400 Dollar je Unze Horn bieten, die Parkwächter so in Wut gebracht, daß sie alles Erdenkliche tun, um diesem skandalösen Treiben in ihrem Land ein Ende zu bereiten.

Ihre Bemühungen scheinen in letzter Zeit Früchte zu tragen, denn nach neueren Berichten steigt die Stückzahl der Schwarzen Nashörner allmählich an. Kenia hat auch einen internationalen Vertrag mit unterzeichnet, durch den der Handel mit gefährdeten Tierarten und ihren Produkten verboten wird. Dennoch haben 14 afrikanische Staaten, in denen es noch Nashörner gibt, den Vertrag bisher nicht unterzeichnet, und China, ein Hauptmarkt für das Nashornpulver, hat sich erst vor kurzem zur Unterschrift bereit gefunden.

Im Ngorongoro-Krater in Tansania – einem Nichtunterzeichner-Staat – gab es 76 Schwarze Nashörner im Jahre 1978; 26 Stück 1979 und heute möglicherweise keine mehr. In ganz Afrika gibt es schätzungsweise nur etwa 10000 bis 20000 Schwarze Nashörner, etwa 3000 Weiße Nashörner der südlichen Abart und weniger als 500 Weiße Nashörner der nördlichen Abart.

In Asien sind nur noch 1135 Indische Nashörner übriggeblieben, und verstärkte Wilddieberei und widrige Umwelteinflüsse bedrohen selbst diesen geringen Bestand. Auf Sumatra gibt es vielleicht noch 225 und auf Java kaum noch 50 Stück. Da eine Nashornkuh nur alle vier Jahre ein Kalb zur Welt bringt, kann die normale Vermehrung mit der Wilddieberei nicht Schritt halten.

In Ostafrika ist die Lage bezeichnenderweise seit jenem Zeitpunkt komplizierter geworden, als vor einigen Jahren normale Jagdveranstaltungen verboten wurden. Die Anwesenheit von Jägern auf Safaris trug dazu bei, die jetzt verbreitete Wilddieberei einzudämmen. Die wenigen Wildhüter können nicht alle Gebiete beaufsichtigen, in denen die Nashörner gefährdet sind. In früheren Zeiten war jeder »weiße Jäger« gleichzeitig auch eine Art Wildhüter, und die Wilddiebe fürchteten sich

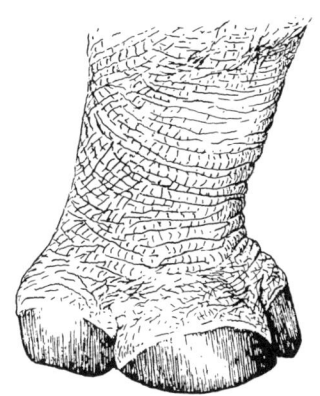

Unten: Das Nashorn ist ein Drei-
zeher. Ein Großteil des Fußes wird
von dickem Horn umschlossen, das
ein elastisches Gewichtsabfederungs-
polster im Fuß schützt.

mehr vor ihnen und ihren einheimischen Begleitern als vor jenen, die heute in Kenia und Uganda oft willkürliches Recht sprechen.

Es besteht kaum eine Aussicht, daß Sportjäger der jetzigen Generation Gelegenheiten haben werden, Nashörner zu jagen, doch mit ihren Geldspenden tragen sie dazu bei, diese großartige Tierart, das größte Landtier nach dem Elefanten, zu erhalten. Zu solchen Spendern gehören viele Naturfreunde, die gern Geld dafür hergeben, daß »Flipper«, der Delphin, und »Blubber«, der Wal, geschützt werden. Demgegenüber sind Sympathien für das Nashorn längst nicht so allgemein verbreitet, und das Wesen dieses großartigen, ungestümen Tieres erschließt sich eigentlich nur jenen, die es gejagt haben.

Der World Wildlife Fund, eine nicht auf Profit ausgerichtete, nicht behördliche Organisation, die in beträchtlichem Ausmaß durch Spenden von Sportjägern getragen wird, finanziert die Bemühungen zum Schutz des Nashorns vor der Ausrottung. Seit seiner Gründung im Jahre 1961 hat der Fonds mehr als 40 Millionen Dollar 1800 Forschungs- und Naturschutzprojekten in 131 Ländern zugewiesen. Er hat zur Schaffung oder Erhaltung von 260 Nationalparks in fünf Kontinenten beigetragen und hat mitgeholfen, 33 gefährdete Tier- und Pflanzenarten vor der Ausrottung zu bewahren. Es bleibt zu hoffen, daß seine Maßnahmen zum Schutze des Nashorns rechtzeitig genug eingeleitet worden sind.

Viele Menschen meinen noch immer, Wildtiere ließen sich dadurch schützen, daß man bedrohte Arten in Tierparks oder Zoos unterbringt. Sie verwechseln die Erhaltung von einzelnen Tieren mit dem Schutz und der Vermehrung der gesamten Art. Ein wesentliches Element des Jagdsports ist demgegenüber die Einsicht, daß bei einer Tierart der gesunde Bestand auf der natürlichen Selektion beruht, wobei die schwächsten Tiere durch Krankheiten eingehen oder von Raubtieren erbeutet werden. Die stärksten bleiben für die Fortpflanzung erhalten; die Entwicklung nimmt ihren Lauf. Die Vielfalt in der Natur setzt voraus, daß eine bestimmte Art in ihrem bevorzugten Ökosystem ausreichend Nahrung, Wasser und andere natürliche Gegebenheiten vorfindet; sie setzt aber auch einen Wettkampf unter den Einzelwesen voraus.

Aus solchen Überlegungen heraus begannen Jäger schon vor langer

Zeit mit der Gründung von Vereinigungen zum Naturschutz. Die größte nicht profitorientierte und nicht behördliche Organisation dieser Art in den USA ist die »American National Audubon Society«. In den letzten Jahrzehnten hat die Vereinigung »The Nature Conservancy«, der ebenfalls viele Jäger in führender Position angehören, dazu beigetragen, daß der Naturschutzgedanke auch auf die Regenwaldgebiete Mittel-amerikas und der karibischen Länder übertragen wird.

Die Vereinigung »Ducks Unlimited« hat keinen Landbesitz, doch sie hat Hunderttausende von Morgen Sumpfgelände in Kanada gepachtet, damit dort wildlebende Tiere in ihrer natürlichen Umwelt weiter-existieren können, darunter Dutzende von Vogel- und Säugetierarten, auf welche die Spendenzahler dieser Naturschutzvereinigung nie Jagd machen werden.

In ähnlicher Weise ist die »Waterfowlers Association« von Groß-britannien und Irland (WAGBI) darum bemüht, angehende Jäger dahin-gehend zu unterweisen, daß bedrohte Arten von Wildgeflügel geschont werden und daß das für den Bestand dieser Tiere erforderliche Sumpf-gelände erhalten bleibt.

Auf der ganzen Welt spielen Sportjäger eine führende Rolle bei der Erhaltung der Natur in ihrer Ursprünglichkeit, die nicht nur für das Wild, sondern auch für das Wohlbefinden des Menschen wesentlich ist. Allerdings gibt es böswillige Gegner der Jagd, die die Bedeutung des Jägers in der Vergangenheit, Gegenwart und Zukunft des Naturschutzes lächerlich machen oder auch ganz in Abrede stellen.

Die Bedeutung des Jägers für die geschichtliche Entwicklung zu leugnen würde jedoch heißen, daß man nicht wahrhaben wollte, welche Wurzeln das menschliche Leben und die Evolution in sich tragen. Der Mensch ist seiner ursprünglichen Anlage nach ein Raubwesen. Er besitzt Augen, die ihm ein dreidimensionales Sehen ermöglichen, ähnlich den wildlebenden Raubtieren, wie die Großkatzen oder die Falken, die nach Beute spähen. Unsere Kiefer und Zähne sind so gestaltet, daß eine einseitige Ernährung von Wurzeln und Beeren dieser Entwicklung widersprechen würde. Wir sind von Natur aus dazu bestimmt, Jäger zu sein, und solange es noch freilebendes Wild gibt, wird es auch Jäger geben, die ihm nachstellen.

REHWILD *(Capreolus capreolus)*

II: Jagdbare Tiere

Kapitel 1:

Europäische und nordamerikanische Säugetiere

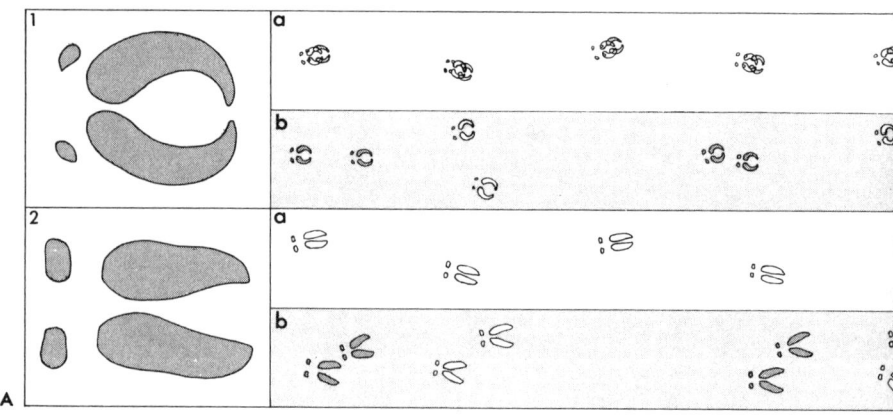

Karibu-Ren *(Rangifer tarandus)*

Rentiere – das Wort stammt aus dem Altnorwegischen – werden in Europa mit dem Volk der Lappen in Verbindung gebracht, die halb domestizierte Herden halten. Diese weiden ungehindert – es sei denn, der Mensch schränkt ihre Bewegungsfreiheit ein – im nördlichen Skandinavien und in der Sowjetunion bis nach Sibirien hinein. In Nordamerika wird die Tierart Karibu genannt, ein Wort, das aus dem Französischen ins Englische gelangte und aus einer Indianersprache stammt. Für manche Indianerstämme, besonders aber für die Eskimos in Nordamerika und Grönland, spielt das Karibu eine große Rolle; es liefert Fleisch, Kleidung, Obdach, Werkzeuge und Waffen.

Die im Waldland lebende Unterart zieht nicht im weiten Umkreis umher, jedenfalls längst nicht im gleichen Ausmaß wie die in der Tundra lebende Abart. Diese legt im Frühling und Herbst zwischen den Weidegebieten des Winters und des Sommers fast 1 000 Kilometer weite Strecken zurück. Die Herden können Tausende von Tieren umfassen. Sie neigen dazu, Jahr für Jahr die gleichen Wanderrouten zu nehmen und im gleichen Gelände zu kalben; insofern sind sie sehr empfindlich gegenüber dem menschlichen Vordringen in ihr Territorium. Auf Dauer angelegte Bauwerke – die Ölleitung durch Alaska ist ein bekanntes, aber durchaus nicht das einzige Beispiel – veranlassen die Tiere, ihr angestammtes Revier aufzugeben.

Wölfe, Bären, Vielfraße und Luchse stellen von der Herde abgeirrten und schwachen, kranken oder verletzten Tieren nach. Häufig fallen den Räubern Kälber zur Beute; doch weitaus größere Gefahr droht den Kälbern von der naßkalten Witterung im Frühling.

Die Paarungszeit liegt im Spätsommer und Frühherbst. Die Kälber kommen nach einer Tragezeit von etwa acht Monaten im späten Winter oder zeitigen Frühling zur Welt. Die Kälber sind im allgemeinen Einzeltiere, doch kommen auch Zwillinge vor; nach kaum 24 Stunden sind sie in der Lage, ihren Muttertieren zu folgen.

Die größte, in Nordamerika lebende Unterart mit einem starken Geweih ist das in den Rocky Mountains lebende Osborne-Karibu *(R. t. osborni)*. Weitere, im Waldland lebende Unterarten sind das Skandinavische Ren *(R. t. fennicus)* und das Sibirische Ren *(R. t. sibericus)*. Wald-Karibus sind in ganz Nordkanada verbreitet, zumeist jedoch im Osten des Landes. Die schönsten Geweihe stammen aus dem Inneren Neufundlands.

Zu den Ödland-Karibus in Nordamerika und Grönland gehören eine Reihe von geographischen Unterarten. Die wichtigste ist das Grönland-Karibu *(R. t. groenlandicus)*, das vom südlichen Grönland bis zum MacKenzie-Fluß östlich der Grenze von Alaska verbreitet ist. Westlich des Flusses und im Gebiet des Yukon und Alaskas liegt die Heimat des Grant-Karibu *(R. t. granti)*, des größten der Ödland-Karibus. Weiter nördlich, auf den arktischen Inseln und im nördlichen Grönland lebt das kleine, fahle Peary-Karibu *(R. t. pearyi)*. Schätzungsweise gibt es etwa 25 000 Stück dieser Unterart. Charakteristisch sind nicht nur Fellfärbung und Körpergröße, sondern auch das fast aufrecht stehende Geweih.

Einige wildlebende Rentiere *(R. t. tandarus)* gibt es noch immer in den Bergen Norwegens und im karelischen Finnland. Manche Lappenfamilien machen jedoch Eigentumsrechte geltend, indem sie die Tiere durch bestimmte Einkerbungen an den Ohren kennzeichnen.

Elch *(Alces alces)*

Diese größten Angehörigen der Hirschfamilie *Cervidae* sind mächtige, unverwechselbare Tiere mit großem, ausladendem Geweih, herabhängender Nase und langen, fast grotesk anmutenden Beinen. In ihrer natürlichen Umgebung – den sumpfigen Wäldern des Nordens – bewegen sich diese gewaltigen Hirsche wie Schattenbilder, Geister einer längst vergangenen Zeit. Der amerikanische Name für den Elch – Moose – entstammt der Sprache der Narragansett-Indianer.

Wie die Rentiere haben auch die Elche ein zirkumpolares Verbreitungsgebiet, das jedoch weiter nach Süden reicht. Die europäische Unterart *(A. a. alces)* findet sich jetzt hauptsächlich in Skandinavien. Die Tiere können bis etwa 550 kg schwer werden. Weiter nach Osten hin lebt die sibirische Unterart *(A. a. pfizenmayeri)*, die in ihrer Größe mit den in Alaska lebenden Elchen vergleichbar ist. Eine kleinere Unterart, der Mandschurische Elch *(A. a. cameloides)*, lebt in Ostasien.

Der größte der nordamerikanischen Elche ist der Alaska-Elch *(A. a. gigas)*. Er ist fast schwarz, erreicht eine Schulterhöhe von 230 cm und ein Gewicht von etwa 800 kg. Sein Geweih ist besonders breit und deshalb eine begehrte Trophäe. Seine Verbreitungsgebiete sind die bewaldeten Regionen von Alaska und Nordwestkanada. Eine viel kleinere, fahle Abart findet sich in den Rocky Mountains, der Shiras-Elch *(A. a. shirasi)*, der selten mehr als 450 kg wiegt.

An anderen Stellen Nordamerikas findet man Elche der östlichen oder der nordwestlichen Unterarten, *A. a. americana* beziehungsweise *A. a. andersoni*. Die Bullen wiegen etwa 450 kg, durchschnittlich jedoch etwas weniger. Die nordwestliche Unterart ist etwas größer; sie ist verbreitet in Kanada vom westlichen Ontario bis zum Pazifik sowie in den nördlichen Teilen von Wisconsin, Michigan, Minnesota und North Dakota. Die Verbreitungsgebiete der nordwestlichen und der östlichen Unterarten überschneiden sich; die letztgenannte lebt in den Wäldern Ostkanadas und, in sehr geringer Anzahl, in entlegenen Gebieten im Nordosten der Vereinigten Staaten.

Alle Elche brauchen waldiges Gelände mit Sümpfen und Mooren. Sie bevorzugen zwar in ihrer Ernährung Laubbaumtriebe, verzehren jedoch auch Triebe und Knospen von Nadelbäumen. Wenn im Frühjahr noch

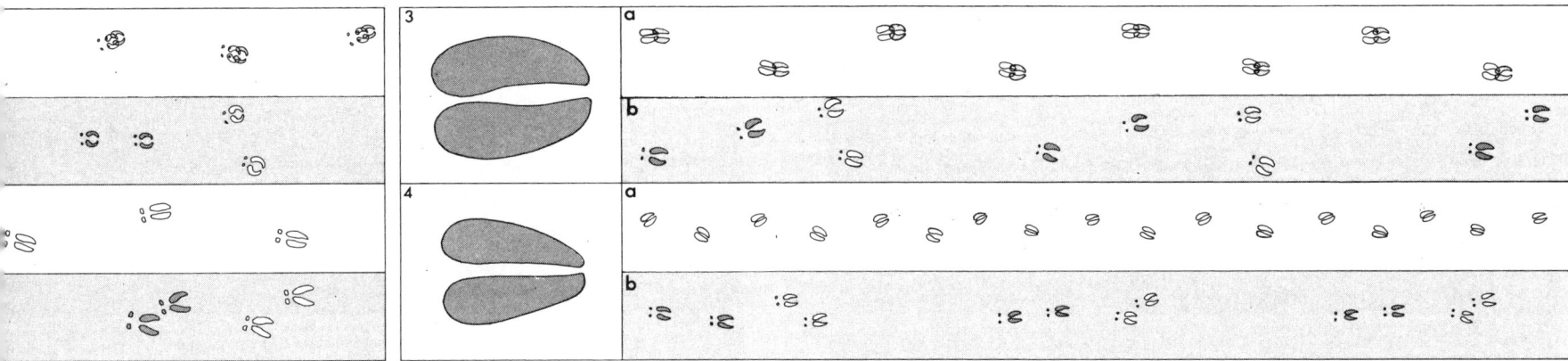

keine Baumtriebe vorhanden sind, weiden Elche gern die jungen Frühjahrssaaten ab. Bei warmem Wetter weiden sie sogar Wasserpflanzen ab, und manchmal kann man sie beobachten, wie sie bis an die Flanken im Wasser stehen oder sogar wie ein Flußpferd untertauchen. Sie können auch gut schwimmen.

Die Paarungszeit liegt im September und Oktober. Die Kühe machen die Bullen laut kreischend auf sich aufmerksam. Die Bullen kämpfen miteinander, und manchmal bringen sie sich schwere Verletzungen bei. Sie halten sich jedoch keinen Harem. Im Winter werfen sie ihr Geweih ab, das im Frühjahr und Sommer nachwächst. Die Trächtigkeit dauert acht bis neun Monate, und die Kälber – häufig Zwillinge – kommen daher zumeist im Mai zu Welt. Die Kälber bleiben ein Jahr lang bei ihren Müttern. Die Kühe tragen zwar keine Geweihe, doch sie wehren sich gegen Eindringlinge, wenn sie sehr kleine Kälber bei sich haben. Die Bullen sind in der Brunft häufig blindwütig und lassen ihre Wut zumeist an Bäumen aus; sogar Lokomotiven sollen sie angegriffen haben. Jäger sind oft verleitet, auf Elche in diesem Zustand zu schießen, vielleicht sogar zur Selbstverteidigung; doch das Fleisch eines Bullen in der Brunft schmeckt nicht gut.

Im Gegensatz hierzu ist das Fleisch zu anderen Zeiten saftig und zart, und ein starker Elch hat natürlich auch sehr viel Fleisch. Im hohen Norden von Nordamerika und in Teilen von Skandinavien ist Elchfleisch ein wichtiger Bestandteil der Winternahrung. Die zulässige Abschußzahl liegt zum Beispiel in Schweden bei etwa 100 000 Stück jährlich, bei einem geschätzten Bestand von mehr als 300 000 Stück. Viele Elche kommen auch durch den Straßenverkehr um; andererseits bedeuten sie jedoch auch wegen ihrer Körpergröße eine tödliche Gefahr für die Kraftfahrer, die nachts mit ihnen zusammenstoßen. Durch die Abwanderung der Bevölkerung vom Land in die Städte hat sich der Bestand an Elchen in Skandinavien von Jahr zu Jahr vergrößert, während der Elchbestand in den südlichen Teilen Nordamerikas zurückgegangen ist, da sich die Natur dort durch menschliches Eingreifen verändert hat.

Rothirsch *(Cervus elaphus)*

Der Rothirsch Mitteleuropas wiegt durchschnittlich etwa 125 kg bis 135 kg, er hat eine Schulterhöhe von etwa 120 cm, und seine Körperlänge beträgt rund 180 cm.

Das Geweih kann bis zu zwölf Enden haben; der Hirsch wird dann als »kapitaler« Hirsch bezeichnet. In Ausnahmefällen gibt es sogar Achtzehnender. Rothirsche sind in Osteuropa größer als in anderen Gebieten. Die Hirsche Schottlands dagegen sind wegen der mageren Weidegebiete von kleinerem Körperbau. Ungarn, die Tschechoslowakei und Jugoslawien haben reichliche Bestände an großgewachsenen Hirschen. Die

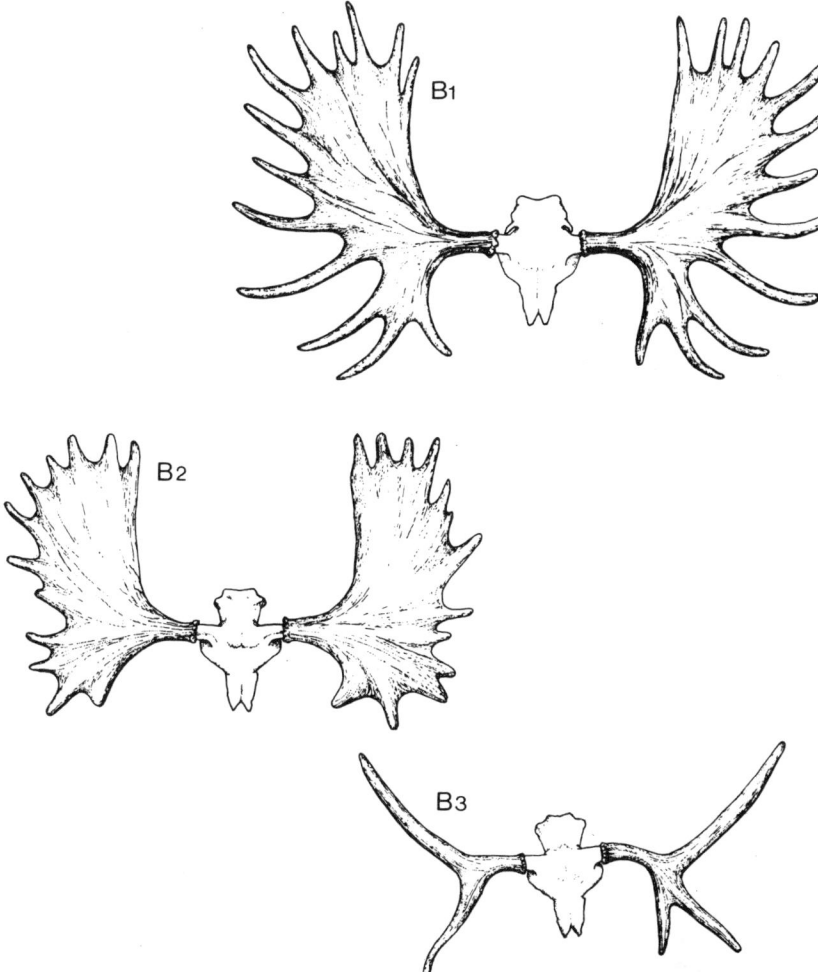

A Wildspuren in weicher Erde oder im Schnee lassen sich unterscheiden. (1) Karibus haben abgerundete Hufspuren: (a) beim Gehen, (b) beim Laufen. (2) Elche haben asymmetrische Hufe, die beim Gehen (a) etwa parallel liegen und beim Laufen (b) gespreizt sind. (3) Rotwild: Wenn das Tier geht, liegen die Spuren von Vorder- und Hinterhufen übereinander (a). Beim Laufen (b) hinterlassen die Afterklauen deutlich sichtbare Spuren. (4) Die Spuren des Rehwilds sind denen des Rotwilds ähnlich, jedoch kleiner: (a) beim Gehen, (b) beim Laufen.

B Die Geweihe der Amerikanischen und Europäischen Elche haben unterschiedliche Größen und Formen. (1) Beim Amerikanischen Elch sind sie im allgemeinen größer. Dies ist ein Beispiel eines Schaufelgeweihs. (2) Europäischer Elch mit Schaufelgeweih. (3) Europäischer Elch mit hirschartigem Geweih. Zwischen den schaufel- und hirschartigen Geweihen kommen alle Übergänge vor.

27

Oben: **DAMWILD** *(Dama dama)*
Mitte: **ELCH** *(Alces alces)*
Unten: **KARIBU** oder **RENTIER**
(Rangifer tarandus)

Rechts: **WAPITI** *(Cervus elaphus ca-nadensis)*

Oben: Entwicklung des Rehgehörns:
(1) Wintermonate, (2) Februar,
(3) März-April, (4) Juni-September;
(a) erste Sprosse, (b) zweite, (c) dritte.
Unten: Rothirschgeweih: (1) erstes
oder zweites Jahr, (2) zweites Jahr,
(3) drittes Jahr, (4) viertes Jahr,
(5) viertes oder fünftes Jahr. Der
Zehnender: (a) Augsprosse, (b) Eis-

sprosse, (c) Mittelsprosse, (d) Gabel.
(6) Der Zwölfender oder kapitaler
Hirsch: (a) Rosenstock, (b) Augsprosse, (c) Eissprosse, (d) Mittelsprosse,
(e) bis (g) Krone. (7) und (8) Vierzehn-
ender und Sechzehnender. Die Krone
(a) kann noch mehr Enden entwik-
keln.

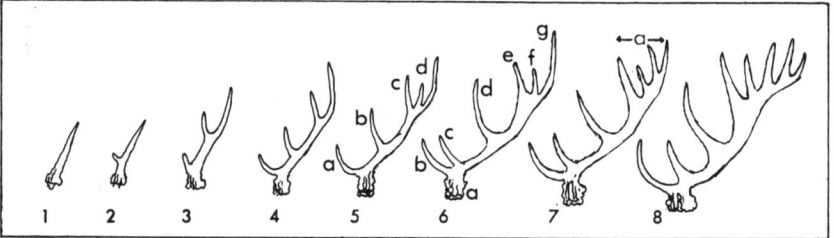

Hirsche in Westdeutschland sind durchschnittlich etwas kleiner, doch der Bestand ist beeindruckend groß – ein erfolgreiches Ergebnis der systematischen Wildhege in Deutschland.

Rothirsche können sich einer neuen Umgebung gut anpassen. So gibt es in abgelegenen Gebieten Neuseelands und auch in Teilen Südamerikas und Asiens neuerdings einen großen Rotwildbestand. Rotwild wurde in geringer Stückzahl auch nach Nordamerika eingeführt, vielleicht unüberlegt, denn die Tiere müssen sich das in einigen Gebieten knapp gewordene Weideland mit den einheimischen Hirscharten, wie den Weißwedelhirschen, den Maultierhirschen und den Wapitis, teilen.

Rothirsche leben gesellig und bilden große Rudel, die im allgemeinen von einer alten Hirschkuh angeführt werden und aus Hirschkühen, Kälbern und Junghirschen bestehen. Die älteren Bullen bleiben die längste Zeit des Jahres in kleineren Junggesellenrudeln zusammen. Die Brunft – die Paarungszeit – beginnt gegen Ende September; sie kündigt sich durch das Röhren der sich gegenseitig herausfordernden Hirsche an. Das Röhren erinnert in seiner Lautstärke an das Brüllen eines Löwen. Die Hirsche kämpfen, indem sie sich gegenseitig mit dem Kopf stoßen. Seltsamerweise sind diejenigen Hirsche gegenüber ihren Rivalen im Vorteil, deren Geweih nur wenige Stangen hat. Gut entwickelte Geweihe scheinen in diesen Brunftkämpfen eher hinderlich zu sein. Wenn sich die Geweihe ineinander verhaken, können sich die Hirsche nicht mehr trennen, und sie müssen dann zugrunde gehen.

Reh *(Capreolus capreolus capreolus)*

Verglichen mit dem Rotwild ist das Rehwild klein von Gestalt: Ein ausgewachsener Bock wiegt etwa 23 kg bis 30 kg und hat eine Schulterhöhe von etwa 70 cm. Die Gehörne der Böcke haben im Höchstfall sechs Enden; Ricken haben nur selten Gehörne, die stets kurz sind. Böcke und Ricken tragen im Sommer eine fuchsrote Decke; im Winter wird sie grau und kann gelb gesprenkelt sein. Viele Farbvarianten können auftreten; in den Niederlanden und in Nordwestdeutschland findet man zum Beispiel auch dunkelfarbene Rehe. Im Winter entwickelt sich am Hinterteil ein weißer »Spiegel«, der sich durch Muskelbewegungen zu einer Art Alarmsignal ausdehnen kann. Der Schwanz ist sehr kurz, kaum sichtbar. Im Winter wächst den Ricken in der Schwanzgegend ein Büschel von langen Haaren; durch dieses Merkmal lassen sich Ricken leichter von den Böcken unterscheiden, die ihr Gehörn abgeworfen haben.

Es gibt zwei Typen von Rehwild, das Feldreh und das Waldreh. Das Waldreh ist weitaus häufiger. Es bevorzugt kleine Gehölze, besonders solche, die an Wiesen oder Felder angrenzen, denn hier findet es sowohl reichliche Deckung als auch optimale Nahrung. Das Feldreh liebt offene Felder, und es findet auch in kleinem Gesträuch und Gebüsch Deckung. Auch in sehr dicht bevölkerten Ländern kann der Bestand an Rehen beträchtlich sein. In Westdeutschland zum Beispiel kommen allein etwa 60 000 Rehe im Jahr durch den Straßenverkehr um.

Das Verbreitungsgebiet des Rehwilds in Europa erstreckt sich von Norwegen, Schweden und Finnland nach Süden bis nach Spanien, Portugal und Griechenland, nach Osten bis zum Iran und zum Uralgebirge. Auf den Britischen Inseln war die Tierart einmal fast ausgerottet. Jetzt ist jedoch wieder ein reichlicher Bestand vorhanden, da viele Rehe aus den Ursprungsländern eingeführt wurden. Östlich des Ural und in vielen Teilen Asiens kommt eine etwas größere Unterart vor, das Sibirische Reh *(C. c. pygargus)*, während eine weitere Unterart, das Chinesische Reh *(C. c. bedfordi)* in China und auf der Koreanischen Halbinsel verbreitet ist.

Damhirsch *(Dama dama)*

Das ursprünglich aus dem Mittelmeergebiet stammende Damwild hat sich in vielen anderen Teilen Europas gut eingeführt. Es kommt freilebend in fast allen europäischen Ländern vor, mit Ausnahme der Länder Belgien, Holland, Italien, Norwegen, Portugal und der Schweiz, wo es in Wildparks und privaten Gehegen gehalten wird. In den Wäldern Neuseelands leben Rudel von Damhirschen, die man dort eingeführt hat. In Nordamerika lebt das Damwild in Privatgehegen. Zur Zeit werden dort die Aussichten geprüft, die sich bei der Aussetzung einer größeren, für die Jagd geeigneten Stückzahl in den Wäldern ergeben könnten.

Der Damhirsch ist kleiner als der Rothirsch. Er wiegt etwa 90 kg und hat eine Schulterhöhe von etwa 90 cm. Im Gegensatz zu fast allen anderen Hirscharten hat der ausgewachsene Damhirsch Flecken auf der Decke, was besonders auffällt, wenn die Decke ihre charakteristische rötlich-braune Sommerfärbung annimmt. Das Damwild kann sehr unterschiedliche Farbtönungen aufweisen, die zwischen schwärzlichem Grau und einem hellen Gelbbraun liegen. Es sind auch völlig weiße und völlig schwarze Exemplare beobachtet worden.

Nur die männlichen Tiere haben Geweihe, und zwar – ein weiteres ungewöhnliches Merkmal der Tierart – Schaufelgeweihe wie beim Elch. Vielleicht wäre es genauer, hier von Halbschaufeln zu sprechen, denn die Stangen wachsen ganz normal aus dem Kopf heraus, jedoch entwickeln sich bei ausgewachsenen Hirschen am Ende ausgeprägte Schaufeln.

Für europäische Hirsche und manche anderen Tierarten ist es bezeichnend, daß sie größer im Körperbau – und auch in den Geweihabmessungen – sind, je weiter nach Osten hin sie leben. Die schönsten Geweihe und die größten Hirsche kommen in der Tschechoslowakei, in Rumänien und in der Sowjetunion vor. Es gibt eine Unterart, die man Persisches oder Mesopotamisches Damwild nennt. Es kommt im südlichen Iran vor, und da dies das Gebiet ist, aus dem die Römer das Damwild ursprünglich in andere Länder gebracht hatten, kann man annehmen, daß die hier lebenden Tiere die einzigen direkten Nachkommen der Urform sein könnten, die noch auf freier Wildbahn leben.

Weißwedelhirsch *(Odocoileus virginianus)*

Diese Hirsche variieren im Gewicht zwischen etwa 90 kg und mehr bei den im Nordosten und Mittelwesten der USA lebenden Tieren und der kleinen Unterart, die in Florida lebt *(O. v. clavium)* und kaum 35 kg schwer wird. Eine noch kleinere Unterart wurde auf der Insel Coiba vor Panama gesichtet. Systematiker haben beim Weißwedelhirsch etwa 30 Unterarten festgestellt, von denen 17 in den USA leben.

In Nordamerika ist die Wildart im Gebiet östlich der Rocky Mountains verbreitet, und zwar so weit nach Norden hin, wie sie die Winterkälte verträgt. Ihre graubraune Decke schützt die Tiere zwar vor starker Kälte, doch sie können nicht in Gebieten leben, in denen der Schnee höher als einen Meter liegt. Dennoch hat man sie schon in der Gegend der James Bay südlich der Hudson Bay und im Peace River Valley in Alberta angetroffen, nur 600 Kilometer südlich des Polarkreises.

Weißwedelhirsche leben in großer Anzahl in früher landwirtschaftlich genutztem Gelände im Nordosten der USA, und man schätzt, daß der Bestand dort etwa 14 Stück Wild je Quadratmeile beträgt. Einen größeren Bestand weisen auch die Südstaaten, wie Alabama und Texas, auf, und verschiedene Unterarten leben in Mexiko und Mittelamerika.

Weißwedelhirsche leben gerne in Waldgebieten mit jungem Baumwuchs, denn dort finden sie die Nahrung und Deckung, die sie suchen. Historisch gesehen hat sich die Art ausgebreitet, als die hohen Wälder im Osten der USA gefällt wurden, denn in ihnen mangelte es an Unterholz,

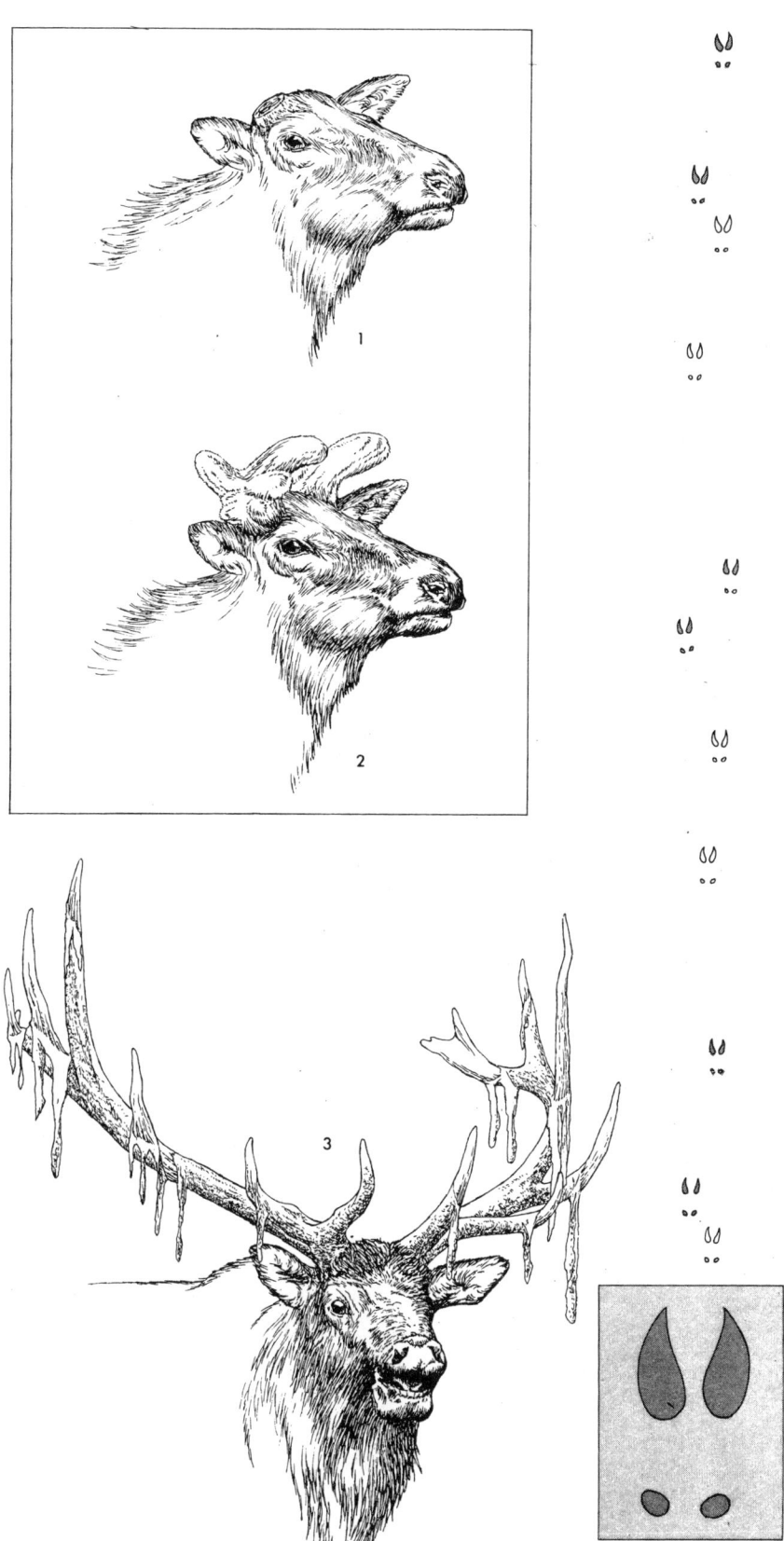

Geweihentwicklung beim nordamerikanischen Wapiti-Hirsch. (1) Im März sind die Rosenstöcke gerade sichtbar. (2) Nach drei Monaten sind die sprossenden Hörner mit Bast überzogen. (3) Im August, wenn das Geweih voll ausgebildet ist, fegt der Hirsch den Bast an Bäumen ab. Rechtes Bild: Spuren eines flüchtenden Wapiti. Weißwedelhirsche haben ähnliche Spuren.

31

das die Hirsche bevorzugen. Außer der pflanzlichen Nahrung, die sie im Wald finden, verzehren die Hirsche auch gern Rüben, die sie auf den Feldern aus der Erde scharren, und sie dringen sogar in die Obstgärten ein, wo sie sich die Äpfel von den Bäumen holen. Bei dieser Anpassungsfähigkeit ist es kaum verwunderlich, daß ihr Bestand in Nordamerika auf zehn Millionen Stück geschätzt wird.

In den warmen Sommermonaten setzt das Wild Fett an, die Jungtiere wachsen heran, und die Geweihe der Böcke entwickeln sich. Gegen Ende Oktober, wenn die Brunft beginnt, haben die Hirsche den Bast von den Geweihen abgestoßen. Sie kämpfen auch miteinander, doch nur kurz und ohne sich zu verletzen, aber es besteht die Gefahr, daß sich die Stangen fest verhaken und beide Hirsche zugrunde gehen.

Die Tierart ist polygam. Die Hirsche machen die weiblichen Tiere durch "Scharrstellen" auf sich aufmerksam. Sie scharren an verschiedenen Stellen die Erde auf und markieren diese Stellen mit Urin und Moschus aus den Fußwurzeldrüsen. Wenn die Brunft ihren Höhepunkt erreicht, suchen die Hirsche diese Scharrstellen regelmäßig auf.

Kurz nach dem Ende der Brunftzeit beginnen die Weißwedelhirsche ihre jährliche Wanderung zu den Winterquartieren. Diese Wanderung kann sehr kurz sein; sie kann aber auch etwa 150 Kilometer oder mehr betragen. Im allgemeinen sind die Wanderstrecken im Süden kürzer und im Norden länger.

Im Süden sind die Winterreviere nicht im voraus festgelegt. Im Norden dagegen, wo sich oftmals hohe Schneewehen anhäufen, sind Winterweideplätze für das Wild lebenswichtig. Hier trampelt sich das Wild tiefe Gänge zwischen Weide- und Lagerplatz. Ein solcher Weideplatz ist leicht als Winteraufenthaltsort des Wildes erkennbar; er liegt an einem nach Süden offenen Hang, in einem Tal oder an einer anderen geschützten Stelle. Wenn sich an einem solchen Weideplatz zu viele Tiere aufhalten und das Futter knapp wird, können viele Hirsche eingehen, doch die restlichen Tiere verlassen nur ungern diese Stätte, die ihnen Schutz bietet.

Im Monat März machen sich die Strapazen des Winters allmählich bemerkbar. Das Wild, das den Winter überstanden hat, macht einen mageren und struppigen Eindruck. Dies zeigt sich besonders bei den Jährlingen, und in besonders strengen Wintern kommt es vor, daß der ganze Jahrgang an Jungtieren an Unterernährung eingeht.

Im April, wenn der restliche Schnee schmilzt, streifen die überlebenden Tiere wieder umher. Die Jungen kommen zur Welt; sie sind gefleckt und haben fast keinen Körpergeruch.

Maultierhirsch *(Odocoileus hemionus)*

Zwischen Mexiko und Alaska ist in der westlichen Hälfte Nordamerikas der Maultierhirsch der Rocky Mountains *(Odocoileus h. h.)* mit seinen zehn Unterarten zu Hause. Jede dieser Unterarten hat sich den in ihrem Gebiet vorherrschenden Umweltverhältnissen angepaßt – von den mexikanischen Trockensteppen bis zu den stürmischen Berggebieten des südöstlichen Alaska. Doch allen ist ein etwa gleichartiger Lebensablauf gemeinsam, mit Ausnahme der beiden später beschriebenen Unterarten der Schwarzwedelhirsche.

Ein besonderes Merkmal aller Maultierhirsche sind die riesigen Ohren, die bei einem großen Hirsch bis zu 30 cm Länge erreichen können. Manche Fachleute behaupten, daß die Ohren zur Ableitung übermäßiger Körperwärme dienen. Die Tiere sind gedrungen, haben stämmige Beine und kurze weiße Wedel mit schwarzer Spitze. Ihre Geweihe sind aus einer Anzahl Enden zusammengesetzt, die aber nicht aus einer gemeinsamen Schaufel herauswachsen. Der Maultierhirsch der Rocky Mountains hat ein weit ausladendes Geweih, das als Trophäe sehr begehrt ist.

Die Tiere verbringen den Sommer häufig in Höhen über 2 500 Meter. Ab September steigen sie auf ihren altgewohnten Pfaden zu ihren Winterweideplätzen herab. Die im Süden des Verbreitungsgebietes lebenden Hirsche unternehmen jedoch keine jahreszeitlichen Wanderungen.

Die Brunftzeit ist Ende Oktober. Die Hirsche halten sich keinen Harem, sondern das Wild lebt in Gruppen von männlichen und weiblichen Tieren. Die Hirsche tragen seltener Kämpfe aus als verwandte Arten. Die Jungen kommen nach einer Tragzeit von etwa sieben Monaten zur Welt. Die Erstgeburten sind häufig Einzelkitze, doch in späteren Jahren sind Zwillinge oder Drillinge die Regel. Die Kitze werden gesetzt, wenn das Wild zu seinen Sommerweideplätzen zurückgekehrt ist. Zunächst ziehen die Böcke dorthin, gefolgt von den hochträchtigen weiblichen Tieren.

Maultierhirsche können 20 Jahre alt werden. Das durchschnittliche Lebensalter liegt jedoch bei etwa zehn Jahren. In früheren Zeiten fielen sie häufig Pumas und Wölfen zur Beute, doch sind diese Raubtierarten jetzt selten geworden. Kojoten, Bären und Luchsen gelingt es nur gelegentlich, einen Hirsch zu erlegen, denn die ausgewachsenen Tiere sind sehr kräftig und wissen sich zu wehren.

Unten links: Maultierhirsch. Durch die Bewegungen der schwarzen Wedelspitze vor dem weißen Körper ist er schon von weitem zu erkennen. Der Hirsch hat seinen Namen wegen seiner langen Ohren.

Unten rechts: Schwarzwedelhirsch beim Abweiden von Blättern. Die Schwarzfärbung an seinem Wedel ist deutlich sichtbar.

Schwarzwedelhirsche *(Odocoileus hemionus columbianus* und *Odocoileus hemionus sitkensis)*

Diese beiden Unterarten des Maultierhirsches leben in den pazifischen Küstenwäldern Nordamerikas. Das Verbreitungsgebiet des Kolumbischen Schwarzwedelhirsches reicht von Südkalifornien bis zur Vancouver-Insel, während der Sitka-Schwarzwedelhirsch weiter nördlich auf den Küsteninseln bis nach Alaska lebt. Sie unterscheiden sich durch einige Merkmale vom Maultierhirsch.

Ihre Wedel sind schwarz mit einer weißen Unterseite und sind bauschig im Gegensatz zu den zylindrischen Wedeln der typischen Maultierhirsche. Der Kolumbische Hirsch ist etwas dunkler und kleiner als der durchschnittliche Maultierhirsch, während der Sitka noch dunkler und noch kleiner ist. Eine fahle, bräunlich-gelbe Abart kommt in den Wüsten des Südwestens vor, doch die Schwarzwedelhirsche sind eine Wildart der Wälder und Gebirge.

Scheue und vorsichtige Tiere, ähnlich wie die Weißwedelhirsche, können sie – wenn sie keine Möglichkeit zur Flucht haben und wenn sie nicht flüchten – bewegungslos wie »festgefroren« stehenbleiben, selbst dann, wenn ein Jäger oder sein Hund in unmittelbarer Nähe ist. Sie können auch geräuschlos das Weite suchen. Während Maultierhirsche beim Laufen im allgemeinen eine Sprungbewegung machen, springen Schwarzwedelhirsche nur selten.

Sie schwimmen gut und haben sich dadurch über die Inselgruppen vor Britisch-Kolumbien und Alaska verbreitet, so daß es in diesen Gebieten jetzt eine Überpopulation dieser Hirsche gibt. In früheren Zeiten wurde der Bestand durch Pumas, Wölfe und Luchse in Grenzen gehalten. Heute ist die Ernährung des Wildes, besonders in strengen Wintern, nicht mehr gesichert, so daß viele Tiere an Unterernährung zugrunde gehen.

Am besten gedeihen die Hirsche in Gebieten mit jungem Baumbestand, wie er nach einem Waldbrand oder Holzeinschlag nachwächst. Im allgemeinen bleiben sie, auch dann, wenn dort gejagt wird, ihrem Revier treu.

Ihre Brunftzeit beginnt im Süden ihres Verbreitungsgebietes gegen Mitte September und im Norden im November. Nach einer Tragzeit von etwa sieben Monaten kommen die Kitze zur Welt. Zwillinge kommen so häufig vor, daß sie als Regelfälle anzusehen sind.

Schneeziege *(Oreamnos americanus)*

Dieses Tier ist eine Antilope und mit den Antilopen Asiens und Afrikas entfernt verwandt, doch es sieht aus wie eine Ziege und lebt auch in den Bergen wie eine Ziege. Die Europäer, die es zum erstenmal sahen, gaben ihm den Namen.

Es lebt nur in Nordamerika in den hohen Gebirgsregionen von Alaska und Kanada bis hin zu den US-Staaten Washington, Montana und Idaho. Kleine Rudel kommen in Wyoming und in den Black Hills von Süddakota vor.

Die Schneeziege hat ein auffallend dichtes, weißes Fell mit langem Deckhaar. Die Böcke wiegen zwischen 90 kg und 135 kg, die Geißen haben ein kaum geringeres Gewicht. Beide Geschlechter tragen Hörner; die Hörner der Geißen sind etwas länger, während die der Böcke dicker und massiver sind.

Schneeziegen halten sich auf fast unerreichbaren Felsvorsprüngen auf und überspringen steil abfallende Schluchten. Sie scheinen der Schwerkraft nicht unterworfen zu sein, wenn sie fast senkrechte Felswände erklimmen. Ihre Hufe haben schwammartige Eigenschaften und saugen sich an der Standfläche fest. Dennoch sind Unfälle häufig, und durch Stürze und Steinschlag kommen mehr Tiere ums Leben als durch andere Gefahren wie Raubtiere, Krankheiten, Jagd und Nahrungsmangel im Winter.

Die weiblichen Tiere und die Jungen bleiben in Rudeln bis zu etwa einem Dutzend zusammen. Die Böcke sind dagegen Einzelgänger, mit Ausnahme des Monats November, des Beginns der Paarungszeit und des Winters. Schneeziegen ernähren sich hauptsächlich vom Gras der hochgelegenen Bergwiesen.

Die Böcke werden in der Paarungszeit streitsüchtig. In der Zeit zwischen April und Juni kommen die Jungen zur Welt. Zumeist wird nur ein Kitz gesetzt, doch kommen auch Zwillinge vor.

Im Winter suchen die Ziegen niedrigere Gebirgslagen und nach Süden offene Hänge auf, wo der Wind den Schnee fortgeweht hat; im Frühling ziehen sie wieder hinauf auf die Höhen. Im allgemeinen leben sie in höheren Regionen als die Bergschafe.

Dickhornschaf *(Ovis canadensis)*

Dickhornschafe haben mächtige, schwere, gebogene Hörner und leben im Hochgebirgsland, das ohne das Vorhandensein der Schafe öde und leer sein würde. Das Dickhorn ist Nordamerikas begehrteste Jagdtrophäe.

Zur besseren Unterscheidung der Trophäen unterscheidet man zwischen zwei Unterarten: Rocky-Mountains-Dickhorn und Wüsten-Dickhorn. Außerdem gibt es verschiedene geographische Abarten, zum Beispiel das Kalifornische Dickhorn.

Das Verbreitungsgebiet dieser Tierart erstreckt sich von Britisch-Kolumbien und Alberta über die Gebirgsländer nach Süden bis ins nördliche Mexiko und nach Niederkalifornien. Die kahlen Berge von Nevada, Kalifornien, New Mexico, Arizona und des nördlichen Mexiko umfassen das Verbreitungsgebiet des Wüsten-Dickhorns, das etwas kleiner und seltener ist als das Dickhorn der Rocky Mountains.

Sowohl die Widder als auch die weiblichen Tiere haben Hörner. Die Hörner der weiblichen Tiere sind jedoch kleiner und leichter. Sie sind nicht gänzlich zur Spirale gebogen wie bei den Widdern. Ausgewachsene Gebirgswidder können bis zu 135 kg wiegen; das Durchschnittsgewicht liegt jedoch bei etwa 110 kg. Die weiblichen Tiere erreichen etwa drei Viertel der Größe der Widder.

Dickhornschafe sind im allgemeinen braun, mit fahlen Nasen, Flecken am Fell und tiefem Rumpf. Gebirgsschafe sind zumeist dunkelbraun, während die Wüstenschafe ebenfalls dunkel sein können, jedoch mit etwas Gelbbraun untermischt, wodurch sie sich gut der Umgebung anpassen.

Die Paarungszeit liegt im späten Oktober und im November. Die Widder paaren sich mit möglichst vielen weiblichen Tieren, wobei die älteren und stärkeren Widder die jüngeren verdrängen. Häufig kommt es zwischen gegnerischen alten Widdern zu Kämpfen, die sich fast zu einem Ritual gestalten, bei dem es selten zu Verletzungen kommt. Nach der Paarungszeit beruhigen sich die Widder, sondern sich von den weiblichen Tieren ab und bilden eigene Herden.

Der Winter ist eine harte Jahreszeit für die Schafe. Wenn der erste Schnee fällt, ziehen sie von den bis zu 3000 Meter hoch gelegenen Gebirgsweiden zu Weideflächen in Höhenlagen von 600 bis 900 Metern. Die Winterweideflächen sind schneefrei und nach Süden offen. Im Frühling kehren die Schafe ins Hochgebirge zurück.

Die Tatsache, daß die Winterweideflächen der Dickhornschafe während der Sommermonate häufig von Hausschafen und Rindern abgeweidet werden, stellt ein schwieriges Problem dar, denn die Tiere müssen sich im Winter mit sehr wenig Futter begnügen.

Dall-Schaf *(Ovis dalli)*

Das Dall-Schaf ist ein Wildschaf, das in Alaska und den Northwest-Territories lebt, während seine Unterart, das Stone-Schaf *(O. d. stonei)*,

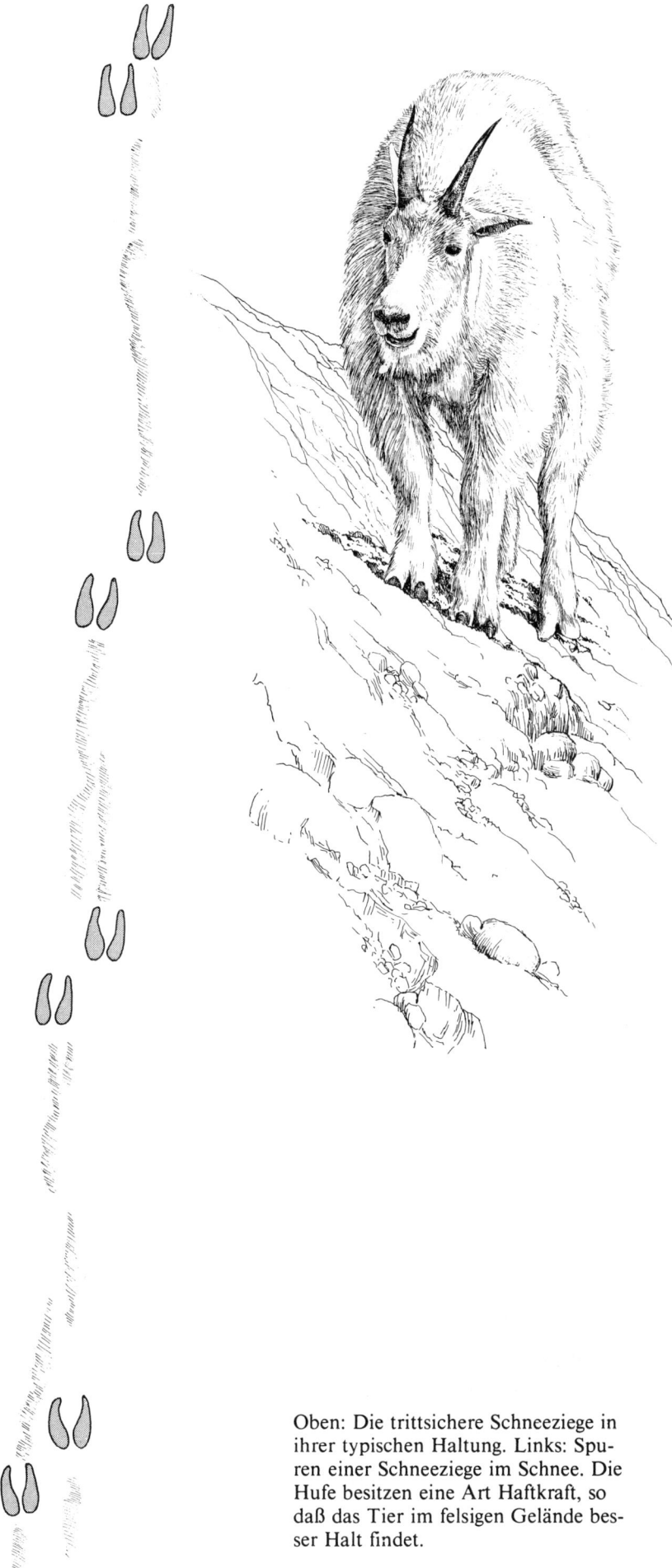

Oben: Die trittsichere Schneeziege in ihrer typischen Haltung. Links: Spuren einer Schneeziege im Schnee. Die Hufe besitzen eine Art Haftkraft, so daß das Tier im felsigen Gelände besser Halt findet.

35

Links: **DICKHORNSCHAF** (Ovis canadensis)
Links unten: **SCHNEEZIEGE** (Oreamnos americanus)
Ganz rechts: **DALL-SCHAF** (Ovisdalli)
Unten: **MUFFLON** (Ovis musimon)

in den Bergen des nördlichen Britisch-Kolumbien anzutreffen ist. Das Fell des Dall-Schafes ist weiß. Seine Hörner sind schlanker als die des Dickhornschafes, und sie öffnen sich an ihren Spitzen nach außen. Wie das Stone-Schaf wird auch das Dall-Schaf häufig als »Dünnhorn« bezeichnet.

Das Stone-Schaf ist dunkelgrau, fast schwarz. Seine Hörner sind etwas massiver als beim Dall-Schaf, haben jedoch die gleiche Form und Struktur.

Das Dall-Schaf und das Stone-Schaf leben im wesentlichen wie das Dickhornschaf, mit Ausnahme der jahreszeitlichen Wanderungen, die beim Dickhorn im allgemeinen weiter führen. Nach der Paarungszeit bleiben die Widder und die weiblichen Tiere zumeist den ganzen Winter über zusammen. Nur wenn der Frühling kommt, bilden die Widder eigene Rudel.

Dall-Schafe haben im Winter weniger Schwierigkeiten als Dickhornschafe, denn sie leben zumeist in entlegenen Gebieten, wo die Winterweiden noch nicht vom Hausvieh abgeweidet sind. Auch ist ihr Bestand zahlreicher und die Anzahl der jährlich ausgegebenen Jagdlizenzen dadurch größer.

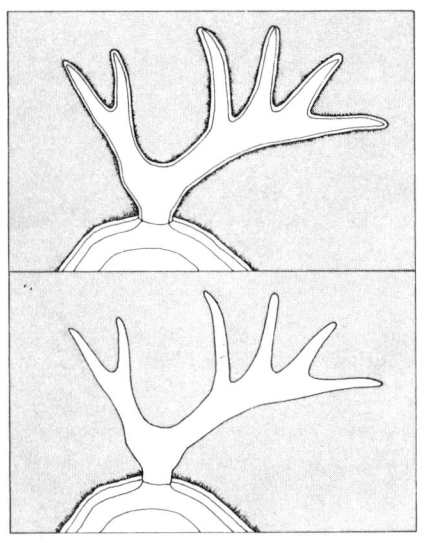
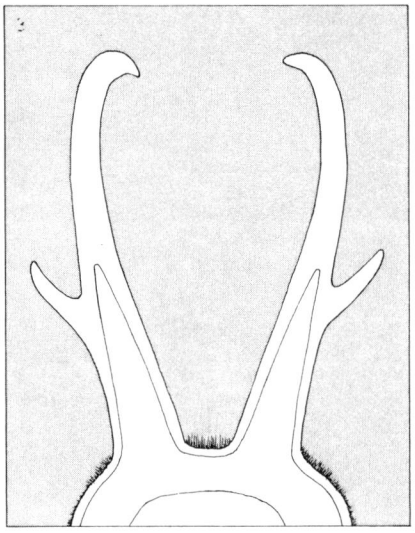
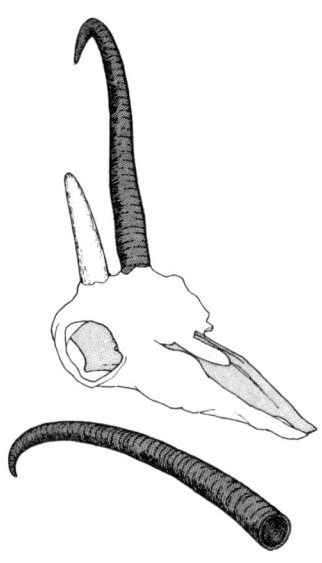

Bei einigen Hornträgern, wie z.B. Hirschen, wachsen die Hörner in jedem Jahr neu. (1) Im Wachstum sind die Hörner mit Haut bedeckt. (2) Später fällt die Haut ab oder wird an Bäumen abgefegt. (3) Rinder und Antilopen haben hohle Hörner, die um einen Knochenkern herumwachsen. Diese Hörner werden nicht abgestoßen und wachsen jedes Jahr länger. Die in der Abb. gezeigten Hörner der Gabelantilope sind eine Ausnahme; sie werden jährlich abgeworfen, jedoch nicht die Kerne. (4) Schädel einer Gemse mit Knochenkern.

Mufflonschaf *(Ovis musimon)*

Das aus Sardinien und Korsika stammende Mufflon ist auf dem europäischen Kontinent verhältnismäßig selten. In Mitteleuropa jedoch, besonders auf trockenem, felsigem Waldgelände, ist es erfolgreich ausgesetzt worden. Auch auf der Hawaii-Insel Lanai hat es sich gut eingelebt. Wie das Rotwild benötigt auch das Mufflonschaf ein ziemlich großes Revier, in dem es umherstreifen kann.

Der Mufflon ist in vieler Hinsicht mit dem Dickhornschaf Nordamerikas vergleichbar. Er ist jedoch erheblich kleiner; ein deutscher Mufflon wiegt im Durchschnitt nur etwa 45 kg. Die Schulterhöhe beträgt etwa 75 cm. Im Winter sind die Mufflons dunkelbraun; an manchen Körperteilen erscheinen sie fast schwarz.

Die Tiere ernähren sich hauptsächlich von Kräutern und Gräsern. Sie verursachen kaum Schäden an Bäumen oder auf den Feldern. Beim Weiden streifen sie umher, zumeist kehren sie am späten Nachmittag zu besonders bevorzugten Weideplätzen zurück.

Mutterschafe und Lämmer leben in Rudeln zusammen, angeführt von einem alten Mutterschaf. Die Widder sind Einzelgänger. Ausgewachsene Widder können sich mitunter zu Rudeln zusammentun, jedoch nicht während der im November und Dezember stattfindenden Paarungszeit, wo die Böcke miteinander um den Besitz von »Harems« kämpfen. Die unterlegenen Böcke streifen in dieser Zeit ruhelos umher.

Das besondere Merkmal des Mufflon stellen natürlich seine Hörner dar; dies gilt für alle Arten der Wildschafe. Viele Mufflonböcke entwickeln keine völlige Spirale bei ihren Hörnern; wenn sie den Hörnern der Dickhornschafe ähneln, gelten sie als besonders wertvolle Trophäen. Verbreitet – und deshalb weniger begehrt – ist eine Hornform, die vom Kopf nach außen in weitem Bogen und dann zum Hals zurück führt.

Gemse *(Rupicapra rupicapra)*

Mit der nordamerikanischen Schneeziege verwandt ist die etwas kleinere Gemse. Sie lebt ebenfalls in Hochgebirgslagen, besonders im Gebiet der Alpen, jedoch in kleineren Rudeln auch in anderen niedrigeren Gebirgen. Sie findet sich nur gelegentlich unterhalb der Baumgrenze.

Sie hat eine Schulterhöhe von etwa 75 cm und eine Körperlänge von rund 110 cm. Ein ausgewachsener Bock wiegt etwa 35 kg; eine ausgewachsene Geiß etwa zehn Prozent weniger. Im Winter sind die Tiere dunkelbraun bis schwarz, im Sommer haben sie ein etwas helleres Braun. Der Kopf ist gelblichweiß und hat einen dunklen Streifen von den Ohren zur Nase über die Augen hinweg.

Böcke und Geißen haben Gehörne. Sie werden als Trophäentiere gejagt. Gemsen zählen zu den begehrtesten Jagdtieren Europas. Die Gehörne werden nie abgestoßen. Sie sind nach rückwärts zum Kopf hin gebogen; beim Bock ist der Haken stärker ausgebildet. Die Hörner der Geißen sind etwas kleiner.

Der Gamsbart besteht aus den dichten Haaren, die auf den Rücken der ausgewachsenen Gemsen wachsen. Das Haar wird ausgerupft, nicht abgeschnitten, und zu dem charakteristischen Pinsel geformt, der sehr beliebt ist und zum traditionellen Hutschmuck in vielen Alpenländern gehört.

Steinbock *(Capra)*

Zu der Familie europäischer Wildziegen gehören zwei Arten, der Alpensteinbock *(Capra ibex)* und der Spanische oder Iberische Steinbock *(Capra pyrenaica)*, deren acht Unterarten sich hauptsächlich durch die Größe und Form ihrer Hörner unterscheiden. Es gibt jedoch nur in den Pyrenäen und in Spanien Steinböcke in ausreichender Anzahl, die die Jagd rechtfertigen. Schätzungsweise leben etwa 30 000 Steinböcke in den Pyrenäen und in den Gebirgen Mittelspaniens.

Durch intensive Hegemaßnahmen ist es gelungen, den Alpensteinbock in der Schweiz, in Österreich, Deutschland, Italien und Jugoslawien wieder heimisch zu machen. Zuvor war die Art fast ganz ausgerottet, und es gab nur noch in den italienischen Alpen und bei Salzburg kleine Restbestände.

Beide Steinbockarten sind kräftig und gedrungen. Die Böcke erreichen ein Gewicht von 105 kg bis 110 kg. Die Hörner sind im Verhältnis zum Körper so lang, daß die Tiere fast plump wirken. Die Hörner erreichen beim Alpensteinbock eine Länge von fast 100 cm und sind nach hinten gebogen. Sie haben einen dreieckigen Querschnitt und kräftige Buckel oder Rippen an der nach vorn gerichteten Oberfläche. Die Hörner des Spanischen Steinbocks sind etwas kürzer; sie haben etwa die Form einer Lyra mit einer kleinen Biegung an den Spitzen, und sie weisen nicht die Buckel wie beim Alpensteinbock auf.

Steinböcke sind sprichwörtlich sichere Kletterer. Dies gilt auch für die Kitze, die schon wenige Stunden nach der Geburt ihren Müttern ohne Schwierigkeit folgen können. Steinböcke weiden im Sommer im Hochgebirge. Wenn der erste Schnee fällt, ziehen sie von den Bergen herab und leben von Gräsern und Flechten.

In der Paarungszeit zwischen Oktober und Dezember tragen die Böcke untereinander wilde Kämpfe aus. Nach einer Tragzeit von etwa fünf Monaten kommen die Kitze – zumeist einzelne Jungtiere – im Frühling zur Welt.

Wildschwein *(Sus scrofa)*

Wildschweine sind hauptsächlich in Mittel- und Osteuropa verbreitet. Wie beim Rotwild ist auch beim Wildschwein zu beobachten, daß die Tiere im allgemeinen an Größe zunehmen, je weiter man nach Osten kommt. Das Durchschnittsgewicht der Keiler liegt zum Beispiel in Deutschland bei 90 kg, während es in der Türkei fast 180 kg beträgt. Wildschweine sind Allesfresser, die großen Flurschaden anrichten können. Der Schaden, den ein Rudel in nur einer Nacht einem Korn- oder Kartoffelfeld zufügen kann, läßt sich kaum ermessen. Wildschweine werden daher in den dichter bevölkerten landwirtschaftlichen Gebieten Europas schonungslos gejagt, dennoch ist die Art keineswegs von der Ausrottung bedroht.

Wildschweine streifen gern weit im Gelände umher. Sie werden daher von der in Westdeutschland jährlich vorgeschriebenen Wildschätzung nicht erfaßt. Sie halten sich gern im Dickicht auf, das gute Fluchtmöglichkeiten bietet. Im offenen Gelände sind sie nur dann anzutreffen, wenn sie ihr Revier wechseln. Die Tiere suchen sich nachts ihre Nahrung. Tagsüber besteht kaum Aussicht, sie zu Gesicht zu bekommen. Wildschweine werden daher hauptsächlich bei Treibjagden erlegt.

Die Waffen der Wildschweine sind mächtige Eckzähne oder Hauer, die beiderseits der Schnauze bis zu 20 cm Länge hervortreten. Beim Angriff gehen die Tiere geradewegs auf den Gegner los. Manche Jäger nehmen ihre Zuflucht auf Bäumen, um dem Stoß der scharfen Zähne zu entgehen. Es ist umstritten, ob Wildschweine von Natur aus angriffslustig sind; aber es empfiehlt sich in jedem Falle, einem angreifenden Tier zunächst auszuweichen und sich die Antwort auf diese Frage später zu überlegen.

In Nordamerika wurden Wildschweine in den Jahren nach 1890, späterhin besonders 1910, 1912 und 1925, eingeführt. Manche dieser Tiere entkamen aus ihren Gehegen und vermischten sich mit verwilderten Hausschweinen, weshalb die Färbung der Wildschweine in Nordamerika jetzt unterschiedlicher ausfällt als bei ihren europäischen Artgenossen. Das Gewicht dieser Tiere liegt zwischen 90 kg und 160 kg, wobei die schwereren Wildschweine im allgemeinen reinrassiger sind.

Braunbär *(Ursus arctos)*

In Europa gibt es noch eine kleine Anzahl Braunbären in den Pyrenäen, den Alpen, auf dem Balkan und in Nordskandinavien. In Nordamerika leben in größerer Anzahl die Unterarten der Grizzlybären und der Alaskabären. Die Zoologen rechnen alle diese Bären der gleichen Art zu, die sich in verschiedene geographische Rassen aufgliedert. In Nordamerika ist diese geographische Unterscheidung allerdings schwierig, und man spricht daher vom Grizzlybär als dem Inlandbär und vom Alaskabär als dem Küstenbär.

Das Verbreitungsgebiet des Inlandbären (Grizzly) reicht von den Bergen von Wyoming, Montana und Idaho nach Norden über Britisch-Kolumbien und Alberta zu den Northwest-Territories, dem Yukon und zum Inneren von Alaska. Der Küstenbär (Alaskabär) lebt zwischen dem südlichen Alaska – einschließlich der Insel Kodiak, die wegen der Größe ihrer Bären berühmt ist – und Britisch-Kolumbien. Der Alaskabär ist größer als der Grizzlybär, da er mehr Eiweiß und Fett verzehrt. Er ist bekannt dafür, daß er Lachse fängt, sowohl lebende Fische, die sich auf dem Weg zu ihren Laichplätzen am Oberlauf der Küstenflüsse befinden, als auch tote Fische, die nach dem Laichen eingegangen sind. Weibliche Alaskabären wiegen zwischen 230 kg und 360 kg; ausgewachsene männliche Bären zwischen 360 kg und 540 kg und noch mehr. Einer der mächtigsten Bären, dessen Größe und Gewicht aufgezeichnet wurde, wog 725 kg und war 275 cm groß. Übrigens gelten nicht die Felle, sondern die Schädel der erlegten Bären als Beweismittel für die Größe der Tiere und somit als wertvolle Trophäe, da die Schädel unveränderlich sind, während die Felle gestreckt werden können.

Der Inlandbär hat nicht im gleichen Umfang wie der Küstenbär Zugang zu reichlichen Nahrungsquellen. Daher ist er auch kleiner. Die weiblichen Bären wiegen zwischen 180 kg und 270 kg, während die männlichen Bären zwischen 230 kg und 360 kg schwer werden.

Der Pelz des *Ursus arctos* variiert farblich zwischen dunkelbraun und blond oder graubraun. Inlandbären haben häufig Haare mit weißlichen Spitzen, weshalb sie auch Graubären oder »Grizzlybären« genannt werden.

Braunbären sind Allesfresser. Außer Fischen verzehren sie grüne Pflanzenteile, wilde Früchte, Beeren, Gras, das sie wie Kühe abweiden, und viele Arten von Kleintieren – Nagetiere, Vögel, Reptilien –, die sie fangen oder aus ihren Löchern ausgraben. Sie fressen auch Insekten, und man hat sie beobachtet, wie sie mit offenem Maul in Bächen schwammen, wo es Wasserlarven in großen Mengen gab. Man braucht wohl kaum zu betonen, daß sie auch Bienen und deren Honig nicht verschmähen. Bären reißen auch größere Tiere, wie Hirsche, Karibus, Elche und Wildschafe, und sie fressen Aas, wenn sie nichts anderes finden können. Es wird berichtet, daß alte Bären sogar ihre Jungen gefressen haben sollen.

Da die Lachse in den pazifischen Küstenflüssen zu verschiedenen Zeiten laichen, können die Bären ihnen den ganzen Sommer über nachstellen. Sogar Inlandbären fangen zur Laichzeit Fische in den Flüssen. Doch nicht nur Fisch, sondern auch andere Nahrung fällt im Spätsommer und Frühherbst reichlich an. Um diese Jahreszeit bekommt der Jäger die Bären am ehesten zu Gesicht, denn sie sind dann am aktivsten. Die Tiere fressen sich fett, um den Winterschlaf gut überstehen zu können.

Der erste große Schneefall des beginnenden Winters treibt die Bären in ihre Verstecke. Sie fallen nicht in einen Winterschlaf im strengen Sinne des Wortes, denn ihre Körpertemperatur sinkt nicht. Im zeitigen Frühling kommen die Bären aus ihrer Behausung hervor, zunächst die männlichen Tiere. Dann folgen die Mutterbären mit ihren Jungen, die während der Winterruhe geboren wurden oder die bereits ein Jahr alt sind.

Wenn die Bären im Frühling ihre Höhlen verlassen, sind ihre Felle noch dicht und glänzend. Anfangs ernähren sie sich von Gras, so daß sie zu dieser Zeit auf Bergwiesen gejagt werden; und zwar zumeist von Jägern, die mit Packpferden in die Berge gezogen oder die mit Booten von der Küste aus flußaufwärts gefahren sind.

Der Braunbär ist ein Tier der Wildnis. Der Fortbestand der Art hängt daher davon ab, daß ausreichend unberührtes Land erhalten bleibt. Ohne Zweifel gehört er zu den Tieren, deren Existenz bedroht ist.

Schwarzbär *(Ursus americanus)*

Schwarzbären sind kleiner als Braunbären und wiegen zwischen 90 kg und 180 kg. Manche Tiere werden jedoch bedeutend größer: Im Jahre 1885 wurde das Gewicht eines Bären in Wisconsin mit 364 kg festgestellt.

Etwa 70 Jahre danach, im Jahre 1953, hatte ein Bär in Wisconsin nach dem Aufbrechen ein Gewicht von 265 kg, was einem Lebendgewicht von 333 kg entspricht. Nach seinen Schädelabmessungen war dies der größte Schwarzbär, dessen Daten aufgeschrieben wurden.

Schwarzbären lieben dichtes Buschland und Mischwälder. Sie sind Allesfresser, durchwühlen auch Abfallhaufen und holen sich Eßbares aus Jagdhütten und Zelten. Wenn sie hungrig sind, können Schwarzbären gefährlich werden, denn ihr Verhalten läßt sich nicht vorhersehen.

Noch um 1950 gab es eine Prämie für den Abschuß von Bären. Die Bärenjagd unterliegt jedoch heute bestimmten Verordungen. Bären gelten in Nationalparks als geschützte Tiere, und auf freier Wildbahn ist es in vielen Gebieten der USA nicht erlaubt, mit Hunden ihre Fährte zu verfolgen.

Wie der Braunbär hält auch der Schwarzbär nicht einen durchgehenden Winterschlaf. Er sucht jedoch zu Beginn des Winters einen Unterschlupf. Die Bärin bringt in diesem Versteck ihre Jungen zur Welt, gewöhnlich im Januar oder Februar, oder sie hat noch die Jungen des vergangenen Winters bei sich; unter diesen Umständen kann sie wohl kaum einen ungestörten Winterschlaf halten. Die Bären halten sich manchmal auch mitten im Winter im Freien außerhalb ihrer Verstecke auf. Im Süden ihres Verbreitungsgebietes, wo die Wachstumsperiode lange andauert, beziehen Bären nur selten Winterverstecke, während sie im Norden häufig sechs Monate des Jahres darin zubringen.

Im allgemeinen wirft die Bärin zwei Junge. Jedoch kommen auch größere Würfe vor. Ein Wurf von sechs Jungen, wie er 1947 beobachtet wurde, muß jedoch als außergewöhnlich gelten. Die Jungen wiegen etwa ein halbes Kilo bei der Geburt, doch das Gewicht steigt schon bis zum Ende des ersten Lebensjahres auf etwa 35 kg an. Im zweiten Jahr werden sie zumeist von ihren Müttern fortgejagt. Ihre Geschlechtsreife setzt mit drei oder vier Jahren ein; ausgewachsen sind sie mit sieben Jahren, und sie können bis zu 30 Jahre alt werden.

Eisbär *(Ursus maritimus)*

Der Eisbär ist ein großartiges Symbol der Arktis. Außer dem Menschen ist der Schwertwal sein einziger natürlicher Feind; denn es kommt gelegentlich vor, daß ein Eisbär von einem Wal getötet wird.

Eisbären finden sich im gesamten Randgebiet der Arktis. Hierzu gehören die Arktisküste Nordamerikas, Grönlands und der arktischen Inseln. Die Bären wandern manchmal nach Süden bis zur James Bay am Südrand der Hudson Bay in Kanada.

Eisbären sind die größten Bären Nordamerikas, sie sind größer als die Braunbären der Pazifikküste. Es wurden schon Eisbären geschossen, die über 725 kg wogen; durchschnittlich wiegen sie jedoch etwa 450 kg. Die weiblichen Tiere sind etwas kleiner. Ihr Fell ist gelblichweiß. Die Körper sind birnenförmig gebaut, was das Schwimmen erleichtert.

Wie alle Bären sind auch die Eisbären Einzelgänger. Nur die weiblichen Tiere und ihre halberwachsenen Jungen leben zusammen. Sobald die Jungen groß genug sind, müssen sie sich allein behelfen. Nur in der Paarungszeit zu Beginn des Sommers sind Eisbären in Gruppen anzutreffen. Eisbären sind polygam.

Die Jungen kommen nach einer Tragzeit von etwa 240 Tagen zur Welt, zumeist in Verstecken, die auch zwischen Eisblöcken liegen können. Sie wiegen nur etwa ein Kilo oder rund 0,2 Prozent des Gewichts, das sie als ausgewachsene Bären erreichen. Wenige Monate nach der Geburt ziehen sie schon mit ihren Müttern umher und bleiben etwa zwei Jahre lang bei ihnen.

Eisbären sind Fleischfresser. Ihre Hauptbeute sind Seehunde, denen sie mit großem Geschick nachstellen. Sie können stundenlang an einem Atemloch lauern, um dann einen ahnungslosen Seehund herauszuholen

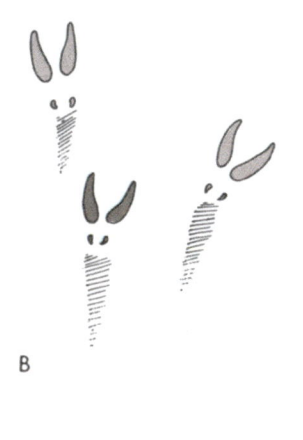

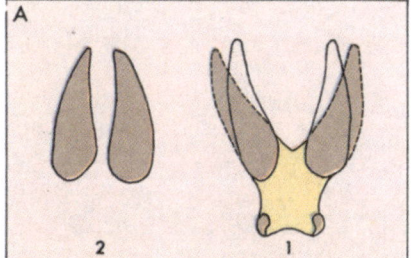

Gegenüberstehend: **ALPENSTEIN-BOCK** *(Capra ibex)*
Oben: **GEMSE** *(Rupicapra rupicapra)*

A Die hinteren (1) und vorderen (2) Hufe des Steinbocks. die gestrichelten Linien zeigen, wie die Hufe sich beim Steigen spreizen.
B Spuren des Steinbocks bei schnellem Lauf

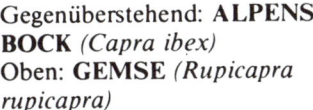

– vergleichbar mit der Art, wie eine Katze eine Feldmaus belauert. Sie verschmähen auch Kadaver nicht, und sie bleiben in der Nähe von gestrandeten Walen, bis alles Fleisch verzehrt ist. Zu ihrer Nahrung gehören auch Fische, besonders laichende Saiblinge und Lachse. Sie holen sich auf dem Boden nistende Vögel und ihre Eier, Lemminge und sogar Mäuse. Es wird berichtet, daß sie Moschusochsen und Walrosse getötet haben. Allerdings sind Walrosse wehrhafte Gegner und keine leichte Beute für die Eisbären.

Das Gesetz zum Schutz der Meeressäugetiere verbietet die Jagd auf Eisbären in den Gebieten der Vereinigten Staaten. Ausnahmeregelungen gibt es nur für Indianer und Eskimos in ihren Stammesgebieten.

Waschbär (Procyon lotor)

Der Waschbär ist ein graubraunes Nachttier mit dichtem Fell, buschigem Schwanz mit Ringen und einem charakteristischen Maskengesicht. Sein Gewicht liegt zwischen 5 kg und 15 kg. Waschbären findet man in der Nähe von Gewässern in Nord- und Mittelamerika in Waldgebieten, jedoch nicht in den Rocky Mountains. Sie sind Allesfresser.

Waschbären, Verwandte der Pandabären sowie der Nasenbären Mittel- und Südamerikas, sind lebhafte Tiere, die gut klettern können. Die meisten Jagden enden damit, daß der Waschbär auf einem Baum sitzend gestellt wird. Sie können nicht so schnell laufen wie Füchse, doch sie sind ebenso intelligent. Sie können gut schwimmen, und im Wasser kann ein großer Waschbär einen Jagdhund abschütteln oder sogar töten.

Cottontail-Kaninchen (Gattung Sylvilagus)

Cottontail-Kaninchen gehören zu den beliebtesten Jagdtieren in Nordamerika. Grund dafür ist die Tatsache, daß sie in sehr verschiedenartiger Umgebung anzutreffen sind. Sie bevorzugen zwar landwirtschaftliches Gelände, finden sich aber auch in Waldstücken, im Brachland und Gebüsch und sogar in Sümpfen. Außer an der Pazifikküste und in den nördlichen Teilen von Neuengland sind sie überall in den Vereinigten Staaten anzutreffen.

Während das gewöhnliche Cottontail-Kaninchen im größten Teil des Verbreitungsgebietes auftritt, gibt es in besonderen Gebieten drei Unterarten. Das Gebirgs-Cottontail (S. nuttalli) herrscht im Gebiet der Rocky Mountains vor, das Wüsten-Cottontail (S. auduboni) in den trockenen Gebieten des Westens, und das Neuengland-Cottontail (S. transitionales) in den Appalachen und im südlichen Neuengland.

Das gewöhnliche Cottontail ist etwa 43 cm lang und erreicht ein Gewicht von höchstens etwa 2 kg. Es ist graubraun, während das Gebirgs- und das Wüsten-Cottontail gelblich sind und das Neuengland-Cottontail rötlich-grau ist und in der Jagdsaison einen schwärzlichen Fleck zwischen den Ohren aufweist. Der Schwanz, der wie ein weißer Wattebausch wirkt, wenn das Tier läuft, hat der Art den Namen gegeben.

Das Cottontail-Kaninchen ist am frühen Morgen und am späten Abend am lebhaftesten; wenn es stark bejagt wird, kann es zum Nachttier werden. Es gräbt sich keine Erdlöcher, sondern macht sich die von Waldmurmeltieren gegrabenen Löcher zunutze. Wie die Hasen haben auch Kaninchen die Gewohnheit, bei der Verfolgung in Kreisbahnen zu ihren angestammten Revieren zurückzukehren.

Sumpfkaninchen (Sylvilagus aquaticus)

Sumpfkaninchen wiegen bis zu 2,6 kg und finden sich in sumpfigen und morastigen Gebieten der Südstaaten der USA. Im Vergleich zum Cottontail besitzen sie ein rauheres Haarkleid. Der charakteristische Nasenfleck ist dunkel und gut erkennbar.

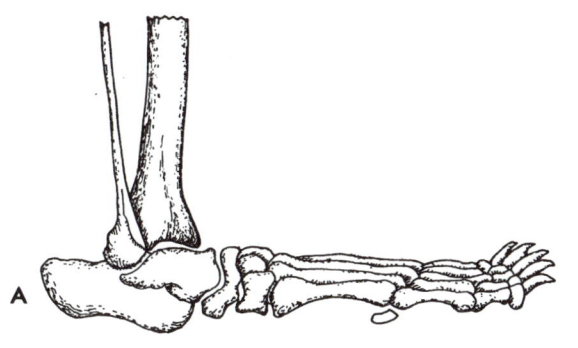

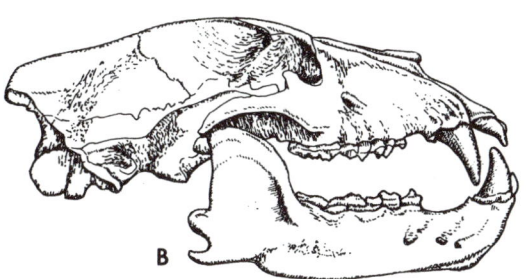

Links: **EISBÄR** *(Ursus maritimus)*
Unten: **BRAUNBÄR** oder **GRIZZLYBÄR** *(Ursus arctos)*
A Fußknochen eines Schwarzbären. Das Tier läuft auf der Fußsohle.
B Schädel eines Braunbären mit Eck- und Backenzähnen.
C Spur eines Braunbären. Die größeren Abdrücke gehören zu den Hinterfüßen.

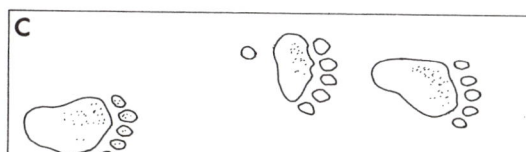

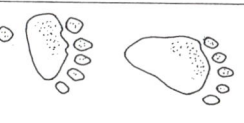

Wenn sie mit Hunden gejagt werden, laufen Sumpfkaninchen in weiten Kreisen vor ihnen her, suchen aber keinen Unterschlupf. Sie schwimmen, um den Verfolgern zu entkommen. Im südlichen Tennessee kommen sie in großen Mengen vor. Die Hetzjagden können bis zu einer Stunde dauern, denn dieses Kaninchen kann auch durch dichtes Gebüsch schlüpfen, wenn ein Jäger in der Nähe ist.

Hasen (Gattung *Lepus*)

In Nordamerika gibt es einige Hasenarten: Der Weißschwanz-Eselhase *(L. townsendi)* ist in den nördlichen Rocky Mountains und in den Prärien verbreitet, während der Blauschwanz-Eselhase *(L. californicus)* weiter südlich lebt. Weitere Arten sind der Arktishase *(L. arcticus)*, der Tundrahase *(L. othus)* und der Amerikanische Schneehase *(L. americanus)*. Der Amerikanische Schneehase ist im Norden der USA und in fast ganz Kanada zu Hause. Der Tundrahase lebt in der Tundra von Alaska.

Alle Hasen haben lange Ohren und sehr lange Hinterbeine. Sie hören und sehen ausgezeichnet und können schnell und ausdauernd laufen, wobei sie gerne bergauf laufen, wenn sie verfolgt werden. Werden sie von Hunden gehetzt, laufen sie im weiten Bogen davon und versuchen dabei, in ihr angestammtes Revier zurückzukehren. Sie leben nur im Freien und suchen nicht, wie Kaninchen, Unterschlupf in Löchern.

Sowohl der Tundrahase als auch der Amerikanische Schneehase wechseln ihr Haarkleid nach den Jahreszeiten: Sie sind im Sommer braun und im Winter weiß. Im Nordteil seines Verbreitungsgebietes kann der Weißschwanz-Eselhase sein Haarkleid wechseln; der Blauschwanz-Eselhase behält die Farbe seines Fells jedoch bei.

Europäischer Feldhase (Lepus europaeus)

Dies ist die am häufigsten gejagte, jedoch nicht die einzige Hasenart in Europa. Der Alpenschneehase *(L. timidus)* lebt in den Alpen und in den Gebirgen Skandinaviens. Eine Unterart kommt in Schottland vor, wo er Blauhase *(L. t. scoticus)* genannt wird, denn im Frühling und im Herbst hat sein Pelz einen bläulichen Unterton, während der braune Pelz des Sommers mit weißen Winterhaaren untermischt ist. Er ist kleiner als der Feldhase, hat längere Beine und Ohren und bevorzugt bergiges Gelände.

Oben: **AMERIKANISCHER SCHNEEHASE** (Lepus americanus)
Links: **FELDHASE** (Lepus europaeus)

Unten: **AMERIKANISCHES WALDKANINCHEN** (Sylvilagus)

Auch in Irland gibt es eine Unterart, den Irischen Hasen *(L. t. hibernicus),* der dem Blauhasen ähnelt, jedoch einen längeren Kopf und kürzere Ohren hat; er wird im Winter auch nicht immer weiß, sein Winterpelz hat häufig rötlichgraue Flecken.

Die in Großbritannien lebenden Unterarten weisen im allgemeinen eine etwas dunklere braune Fellfarbe auf als die Hasen auf dem Kontinent. Auch die durchschnittliche Größe ist unterschiedlich, wobei die Hasen aus dem Norden häufig etwas größer sind als die Tiere aus den südlichen Gebieten Europas.

In Asien und Afrika gibt es insgesamt sieben Unterarten, die dem Europäischen Feldhasen mehr oder weniger ähneln, bei denen jedoch Einzelheiten, wie zum Beispiel der Schädelbau, abweichend sind.

Der Europäische Feldhase wurde auch in Nordamerika eingeführt. Sein Verbreitungsgebiet reicht jetzt von den großen Seen bis in den Westen der Neuengland-Staaten. Dieses Gebiet überschneidet sich mit dem Bereich des Cottontail-Kaninchens und des Amerikanischen Schneehasen.

Der Feldhase hat eine durchschnittliche Körperlänge von etwa 65 cm und ein Gewicht von rund 4 kg. Er ist ein enger Verwandter des nordamerikanischen Eselhasen. Feldhasen leben zu allen Jahreszeiten im Freien. Sie besitzen eine große Fähigkeit, Gefahren rechtzeitig zu erkennen oder zu hören, damit sie sich verbergen oder davonlaufen können. Ihr Gesichtssinn und das Gehör sind ausgezeichnet. Sie können sich so ducken, daß man sie kaum sehen kann, und sie können außerordentlich schnell und behende laufen, besonders wenn sie bergauf rennen, wobei ihnen die Länge ihrer kräftigen Hinterbeine zustatten kommt. Der Bestand an Hasen kann so groß werden, daß er für die Landwirtschaft bedrohlich wird, wenn mehr als ein Hase auf ein Hektar Land kommt.

Hasen stellen ein bedeutsames Glied in der Nahrungskette dar, besonders für Füchse und andere Raubtiere sowie für größere Greifvögel.

Grauhörnchen (Sciurus carolinensis)

Das Grauhörnchen ist eines der begehrtesten Jagdtiere in Nordamerika. Das Verbreitungsgebiet reicht von den großen Prärien nach Osten bis zum Atlantik in den USA und im südlichen Kanada. Das Grauhörnchen des Westens *(S. griseus)* findet sich von den Nußbaumhainen Südkaliforniens bis zu den Hängen des Mount Rainier in Washington.

Grauhörnchen wiegen durchschnittlich etwa ein halbes Kilo, doch ältere Tiere können 50 Prozent mehr wiegen. Ihre Schwänze sind lang und buschig. Ihre Fellfarbe ist zumeist grau mit einer weißlichen Unterseite.

Sie bewohnen große Waldungen, besonders solche, in denen reichlich Eicheln, Bucheckern, Hickorynüsse, Haselnüsse und Walnüsse anfallen. Im Süden leben sie auch von Pekannüssen und im Westen von Mandeln. Wenn diese Nahrungsmittel knapp sind, verzehren Grauhörnchen auch Maiskörner.

Fuchshörnchen (Sciurus niger)

Dieses Hörnchen findet sich in den gleichen Teilen der USA und Kanadas, wo auch das Grauhörnchen lebt, mit Ausnahme von Neuengland, wo man es nur selten antrifft. Es ist etwas größer als das Grauhörnchen und hat ein Durchschnittsgewicht von 650 Gramm. Ältere Tiere können bis zu 1 300 Gramm schwer werden. Es hat eine rostgelbe Farbe mit einigen grauen Flecken und eine orangefarbene Unterseite. In einigen Teilen seines Verbreitungsgebietes – besonders in den Carolina-Staaten – hat es typischerweise ein schwarzes Fell mit weißen Gesichtsmarkierungen.

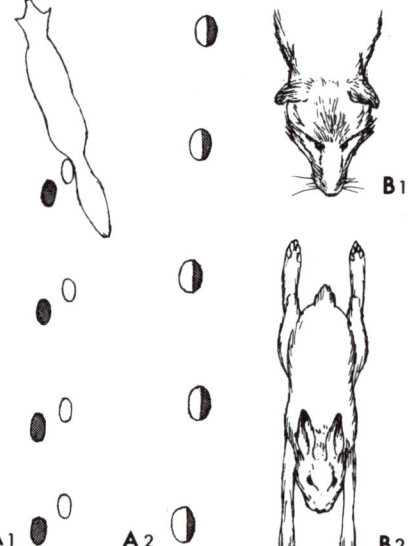

Links: **ROTFUCHS** (Vulpes Julva)
A Die Spuren eines schnell laufenden Fuchses bestehen aus zwei Abdruckreihen.
(1) Vorderfüße eine, Hinterfüße andere Seite.
(2) Spuren liegen übereinander.
B Augen und Ohren von Raubtier und Beute:
(1) nach vorn gerichtet,
(2) nach außen gerichtet.

Das Fuchshörnchen lebt gern in Waldungen, in denen es Eckern und Nüsse gibt und wo Felder in der Nähe sind. Häufig wagt es sich zum Fressen auf die Maisfelder.

Graufuchs (Urocyon cinereoargenteus)

Der Graufuchs ist nur in Nordamerika beheimatet, hauptsächlich im Osten der USA. Er hat die gleiche Größe wie der Rotfuchs, jedoch im allgemeinen nicht ein gleichermaßen prachtvolles Fell wie dieser. Seine Färbung ist zumeist ein Pfeffergrau mit etwas Rost, mit weißen Unterseiten und einer schwarzen Schwanzspitze.

Er wird auf die gleiche Art wie der Rotfuchs gejagt. Im Gegensatz zum Rotfuchs hält er sich den ganzen Winter über in seinem Bau auf, der häufig in Felsspalten oder in Bergabhängen liegt. Mehr als der Rotfuchs scheut sich der Graufuchs vor dem offenen Gelände. Früher wurden Frettchen verwendet, um die Füchse aus ihrem Bau zu jagen. In den Vereinigten Staaten ist die Jagd mit Frettchen im allgemeinen verboten.

Wenn er von Jagdhunden verfolgt wird, ist der Graufuchs nicht so schnell und nicht so ausdauernd wie der Rotfuchs, denn er hat kleinere Lungen und etwas kürzere Beine. Wenn ihm Hunde auf der Spur sind, verhält er sich genauso verschlagen wie der Rotfuchs. Bei der Verfolgung zeigt er noch eine besondere Fähigkeit: Er kann auf Bäume klettern, und er ist das einzige hundeartige Tier Amerikas, das diese Geschicklichkeit besitzt. Er kann den Hunden und dem Jäger entkommen, indem er einen schrägstehenden Baum mit vielen Ästen erklettert oder sich im dichten Gestrüpp verkriecht oder durch ein Ausweichmanöver seine Verfolger abschüttelt.

Rotfuchs (Vulpes fulva)

Früher wurden die Füchse Eurasiens und Nordamerikas für verschiedene Tierarten gehalten; sie gehören jedoch der gleichen Art an. In Nord-

amerika allein gibt es vermutlich etwa ein Dutzend Unterarten des Rotfuchses. Die Anzahl ist deshalb ungewiß, weil die Verbreitungsgebiete sich überschneiden, weil die Tiere sich untereinander kreuzen und weil die Unterschiede im Aussehen nicht wesentlich genug sind. Weitere Unterarten leben überall in Europa und in vielen Teilen Asiens und Afrikas.

In Europa wird der Fuchs von vielen Jägern als Schädling angesehen, der jederzeit abgeschossen werden sollte. Als jagdbares Wild gilt er lediglich für jene Jäger, die ihn zu Pferde und mit Hilfe von Hetzhunden jagen. In Amerika gibt es reguläre Jagdzeiten für Füchse. Wildheger in den Vereinigten Staaten haben bewiesen, daß der Rotfuchs den Bestand an Geflügel oder Kleinvieh auf den Farmen nur selten bedroht und daß er auch für Wildkaninchen oder Federwild nur dann als Schädling auftritt, wenn er zu zahlreich wird.

Ein ausgewachsener Fuchs wiegt im allgemeinen nicht mehr als 3 kg bis 7 kg. Durch seinen Pelz wirkt er größer; er weist jedoch nur die Körpermaße einer Hauskatze oder eines kleinen Hundes auf. Er hat zumeist eine Felltönung von Kupfer oder Rost mit etwas Pfeffergrau, weißen Unterseiten und schwarzen Füßen; es gibt jedoch viele Abweichungen. Die Spitze des prachtvoll buschigen Schwanzes ist weiß. Amerika hat eine weitere bedeutende Fuchsart, den Graufuchs, und man kann die beiden wegen der vielen Farbvarianten verwechseln; doch eine weiße Schwanzspitze weist immer auf den Rotfuchs hin, während die Schwanzspitze des Graufuchses stets schwarz ist.

Rotfüchse ziehen sich zur Aufzucht ihrer Jungen in ihren Bau zurück. Im Gegensatz zu den Graufüchsen benötigen sie den Bau jedoch normalerweise nicht als Unterschlupf im Winter. Sie bevorzugen ein Revier, in dem es viel Buschwerk gibt, wo sie aber auch mögliche Feinde schnell erkennen können und wo sie reichlich Beute finden, wie kleine Nagetiere oder Kaninchen.

In Amerika werden Füchse häufig, der Tradition entsprechend, mit Hunden gehetzt. Für manche Jäger ist es die Hauptsache, wenn sie ihren

Hunden zusehen können, und der Abschuß erscheint ihnen nebensächlich. Andere Jäger pirschen sich gern heran, um auf den fliehenden Fuchs mit Schrot zu schießen. Beliebt ist es auch, ohne die Mithilfe von Hunden den Füchsen im Schnee nachzustellen, um sie dann mit Kleinkaliberbüchsen zu schießen. Wenn ein Fuchs seinen Hunger gestillt hat, hält er gern ein kleines Schläfchen, häufig auf einem Erdhügel mit einem guten Rundblick. Er rollt sich zusammen, hebt aber häufig den Kopf, um nach Gefahren Ausschau zu halten, und er schläft nicht fest, sondern hält nur ein "Nickerchen" wie eine Katze. Es ist daher eine reizvolle Jagdmethode, sich an den Fuchs heranzupirschen und einen sicheren Schuß abzugeben, bevor er den Jäger entdeckt hat.

Eine weitere Methode, die an Beliebtheit gewinnt, besteht darin, sich zu verbergen und den Fuchs durch einen Lockruf auf Schußweite heranzuholen. In manchen Staaten ist es erlaubt, den Lockruf vom Tonband abzuspielen; doch ist es reizvoller, den Lockruf mit der eigenen Stimme nachzuahmen. Dies gilt nicht nur für die Fuchsjagd, sondern auch für die Jagd auf Rotluchse, Kojoten, Waschbären und Pumas. Der Lockruf imitiert im allgemeinen das Kreischen eines verletzten oder erschreckten Kaninchens. Weitere Lockrufe ahmen das Krächzen verletzter Vögel oder anderer Kleintiere nach.

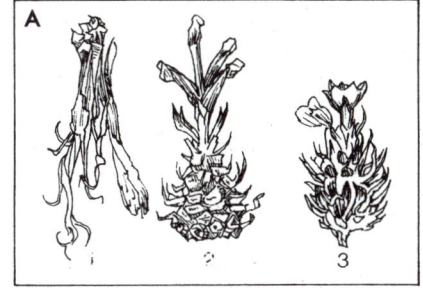

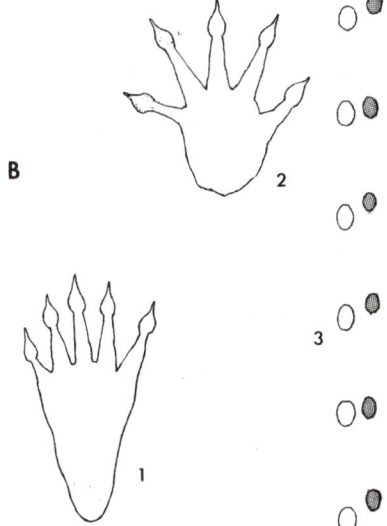

Oben: **GRAUHÖRNCHEN** *(Sciurus carolinensis)*
Links: **WASCHBÄR** *(Procyon lotor)*
A Zeichen der Nahrungsaufnahme von Hörnchen. (1) Rest eines unreifen Kiefernzapfens. (2) Rest eines reifen Kiefernzapfens. (3) Rest eines Lärchenzapfens.
B (1) Hinterfußabdruck, (2) Vorderfußabdruck, (3) Spur eines Waschbären.

Oben: **EURASISCHE WALD-SCHNEPFE** *(Scolopax rusticola)*
Links: **GEMEINE SUMPF-SCHNEPFE** *(Gallinago gallinago)*

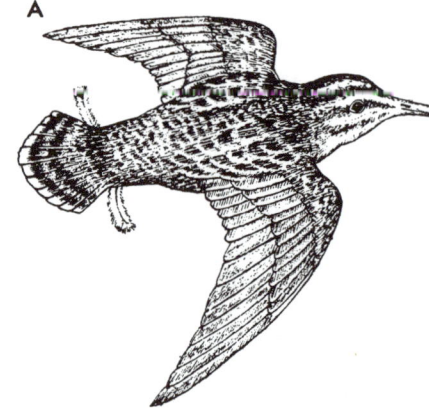

A Sumpfschnepfen "trommeln": Ihre äußeren Schwanzfedern vibrieren bei der Balz.
B Die Augen der Waldschnepfen sind so gestellt, daß die Vögel mit beiden Augen rückwärts sehen können. Dies ist wichtig beim Bohren im weichen Boden.

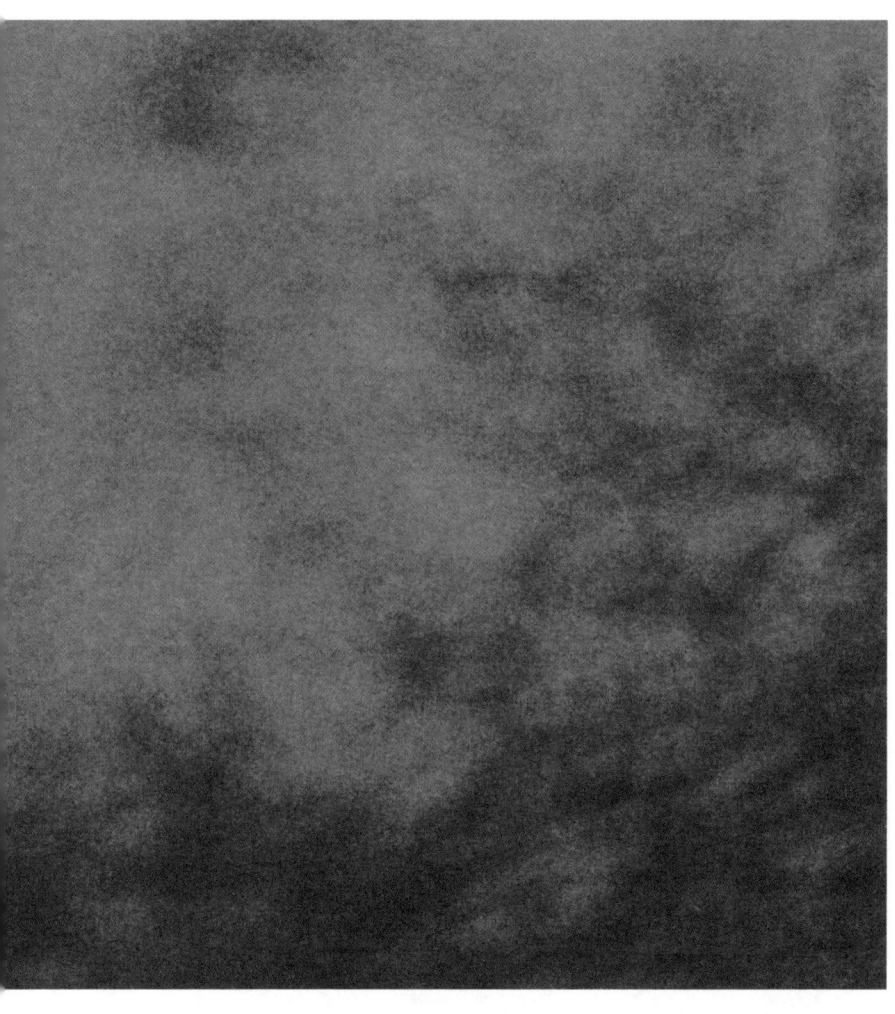

Kapitel 2:
Europäische und nord-amerikanische Landvögel

Waldschnepfe *(Scolopax rusticola)*

Die eurasische oder europäische Waldschnepfe ist mit 33 cm bis 36 cm Länge etwas größer als ihre amerikanische Unterart, die 25 cm bis 30 cm Länge erreicht. Auch ist ihr Schnabel länger. Sie sind enge Verwandte der Sumpfschnepfe und gehören der Familie der Schnepfenvögel an, die an ihren langen Stelzbeinen erkennbar sind.

Waldschnepfen bevorzugen feuchtes Gelände, jedoch kein Sumpfland wie die Sumpfschnepfen. Sie suchen im Erdboden nach Würmern, die ihre Hauptnahrung darstellen, sowie nach Raupen und Insekten. Sie leben in feuchten Laub-, Nadel- und Mischwäldern und sogar an den Rändern von Moorgelände, wo man sie zusammen mit Waldhühnern antreffen kann. Spuren von kalkweißem Kot und die runden Löcher, die sie bei der Nahrungssuche in den Erdboden stechen, deuten das Vorhandensein von Schnepfen an.

Ihr Federkleid ist im allgemeinen dunkel; die Unterseiten sind hell- und dunkelbraun gestreift. Die Beine und der Schnabel haben eine fleischfarben-graue Tönung. Die Flügel sind gerundet, und ihre großen Augen sind tief im Kopf zurückgesetzt.

Sie sind Tiere der Dämmerung. In der Abend- und Morgendämmerung erfolgt der Balzflug der Schnepfenhähne, der »Schnepfenstrich«. Der Hahn fliegt dabei in einer Höhe von sechs bis neun Metern mit langsamen, eulenartigen Flügelschlägen, gewöhnlich bei Sonnenuntergang, manchmal aber auch am frühen Morgen, sein Revier ab und verjagt andere Hähne. Während seines Balzfluges stößt er hohe, krächzende Laute aus, die möglicherweise dadurch verstärkt werden, daß Luft durch die Schwungfedern gepreßt wird.

Die Balzzeit der Waldschnepfen beginnt im Süden ihres Verbreitungsgebietes bereits im März. Wenn eine Henne mit Jungen aufgescheucht wird, täuscht sie häufig eine Verletzung vor. Waldschnepfen sind häufig beobachtet worden, wie sie ihre Küken von einer Stelle zur anderen beförderten; sie trugen dabei die Jungen eine kurze Strecke zwischen ihren Beinen und flogen so mit ihnen weiter.

Sie lassen einen stöbernden Hund ziemlich nahe herankommen, bevor sie auffliegen; allerdings suchen sie zuvor häufig ein weiteres Versteck. »Cocker«-Spaniels haben ihren Namen von ihrer Verwendung her. Sie sind abgerichtet, »Woodcocks« – dies ist der englische Name für Waldschnepfen – aufzustöbern.

Das Verbreitungsgebiet dieser Schnepfen erstreckt sich über ganz Europa, mit Ausnahme des subarktischen Nordens und der trockenen Mittelmeerregion, und weiter durch Asien bis nach Japan.

Amerikanische Waldschnepfe *(Philohela minor)*

Obwohl ihre lateinischen Namen ganz anders lauten, sind die Amerikanische und die Eurasische Waldschnepfe, was ihr Äußeres und ihre Lebensgewohnheiten betrifft, im wesentlichen die gleiche Tierart. Die Amerikanische Waldschnepfe, ein dunkler, plumper Vogel der feuchten Wälder mit abgerundeten Flügeln, einem extrem langen Schnabel, der im Flug einen Pfeiflaut – wahrscheinlich durch seine Flügelbewegungen – ausstoßen kann, hat sich in den letzten Jahren von den atlantischen Provinzen Kanadas bis zum amerikanischen Mittelwesten verbreitet.

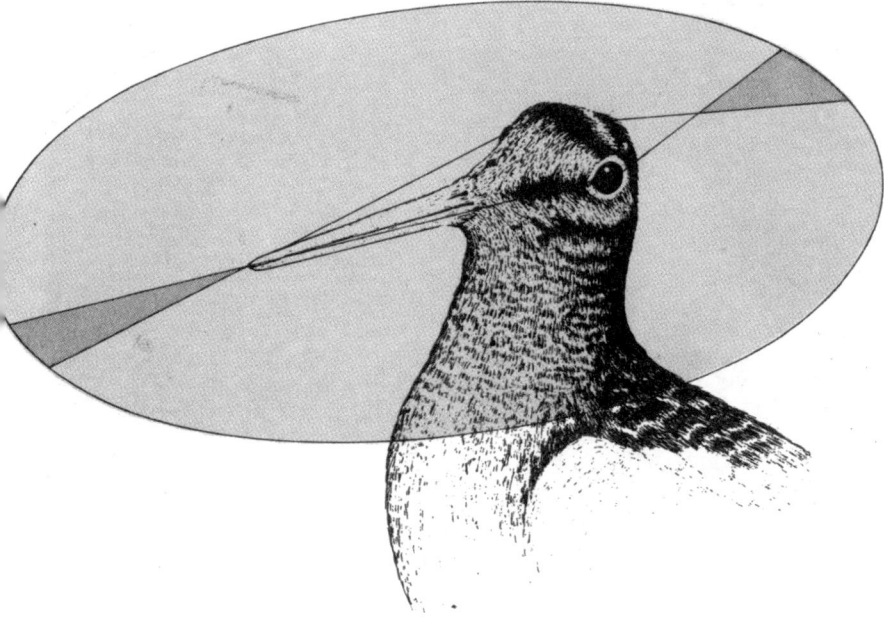

Unten: **KALIFORNISCHE WACH-TEL** *(Lophortyx californicus)*
Gegenüberstehend, oben: **VIRGINI-SCHE WACHTEL** *(Colinus virgina-nus)*
Gegenüberstehend, unten: **SCHUP-PENWACHTELN** *(Callipepla squa-meta)*
A Nur eine nordamerikanische Wachtelart hat eine lange, aufrechte Kopffeder: die Gebirgswachtel *(Ore-ortyx pictus)*.
B Die Gambel-Wachtel *(Lophortyx gambelii)* hat nach vorn geneigte Kopffedern und einen schwarzen Bauchfleck.
C Harlekin-Wachtel *(Cyrtonix mon-tezumae)*

Die Nähe von Waldschnepfen erkennt man an den runden Bohrlöchern im Erdboden, hervorgerufen durch den Schnabel bei der Suche nach Würmern. Noch auffälliger sind die kalkweißen Kotflecke, die sie hinterlassen. Waldschnepfen sind Zugvögel, die beim ersten Frost, wenn der Erdboden hart wird, ihr Revier verlassen, jedoch stets dorthin zurückkehren.

Der Paarung geht eine bemerkenswerte Balz voran, bei der der Hahn vom Erdboden senkrecht in die Höhe fliegt und einen tiefen, gutturalen Laut ausstößt, der sich wie "Pient" anhört. Gebalzt wird in der Abend- oder Morgendämmerung, so daß der Vogel im Dämmerlicht verschwinden kann, doch wenn er wieder anfliegt, stößt er wiederum den gleichen Schrei aus. Dieser Vorgang kann 20 bis 30 Minuten lang andauern.

Waldschnepfen leben überall im Osten der USA sowie in den Ostprovinzen Kanadas. Sie brüten im allgemeinen in den Gebieten von Pennsylvania und Ohio nach Norden hin bis zur Grenze ihres Verbreitungsbereichs und überwintern hauptsächlich im Mississippi-Delta und an anderen Stellen des nordamerikanischen Südens.

Gemeine Sumpfschnepfe *(Capella gallinago oder Gallinago gallinago)*

Es gibt eine Vielzahl von Arten und Unterarten der Sumpfschnepfen in den Teilen der Welt, in denen Sümpfe und Moore verbreitet sind, die geeignete Umweltbedingungen für diese Vögel bieten. Die einzelnen Arten rechnet man zu mehreren Gattungen, doch alle gehören zur Familie der Stelzvögel *Scolopacidae,* und alle haben ähnliche Lebensgewohnheiten.

Manche – zum Beispiel die Europäische Zwergschnepfe – sind kleiner als die Gemeine Sumpfschnepfe; andere – beispielsweise die Riesenschnepfe Skandinaviens und Nordosteuropas – sind dagegen größer. Die Schnepfe Neuseelands hat die seltsame Gewohnheit, in den verlassenen Erdlöchern anderer Vögel unterzuschlüpfen, während andere Schnepfen oberhalb des Erdbodens nisten. Balzgewohnheiten sind im allgemeinen nur bei der Riesenschnepfe zu finden. Unabhängig von den einzelnen Artnamen erscheint es für die Belange des Jägers richtig, hier nur die Gemeine Sumpfschnepfe zu beschreiben.

Dieser Vogel sieht ähnlich wie die Waldschnepfe aus, ist jedoch kleiner und nicht so gedrungen. Die Sumpfschnepfe ist etwa 27 cm lang, hat Stelzbeine und einen langen, schmalen Schnabel, ein braun gesprenkeltes Federkleid mit waagerechten schwarzen Streifen und schwarze Streifen über die Augen hinweg.

Wie die Waldschnepfen hinterlassen auch Sumpfschnepfen kalkweiße Spritzflecken auf dem Erdboden, und beim Bohren nach Nahrung entstehen runde Löcher im weichen Erdreich. Sumpfschnepfen leben jedoch in mehr morastigem Gelände.

In ihrer Ernährungsweise sind sie weniger von Erdwürmern abhängig als die Waldschnepfen.

Sumpfschnepfen lassen sich auf dem Erdboden schwer beobachten und sind erst dann zu erkennen, wenn sie aus Schilf oder Röhricht aufgescheucht werden. Dann fliegen sie in charakteristischen Zickzacklinien, wobei sie heisere Schreie ausstoßen. In einer Höhe von etwa neun Metern wird die Flugrichtung gerade, eine Tatsache, die erfahrenen Jägern bekannt ist, die so lange mit einem Schuß warten. Die Schnepfen kehren meist zu der Stelle zurück, von der sie aufgescheucht wurden.

Wilson-Schnepfe *(Capella gallinago delicata)*

Diese Amerikanische Sumpfschnepfe ist etwas kleiner als die Amerikanische Waldschnepfe. Im Gegensatz zu den abgerundeten Flügeln der Waldschnepfe hat sie spitz zulaufende Flügel. Sie fliegt im Zickzack auf, nicht in gerader Linie wie die Waldschnepfe. Ferner lebt die Wald-

schnepfe auf waldigem, feuchtem Grund, während die Wilson-Schnepfe in Sümpfen, Mooren und auf sumpfigen Wiesen anzutreffen ist.

Die Wilson-Schnepfe nistet in Kanada und im Norden der USA und überwintert in geeignetem Gelände in den Südstaaten und in Nordmexiko. Manche Schnepfen ziehen weiter nach Süden, sogar bis nach Brasilien.

Virginische Wachtel *(Colinus virginianus)*

Sie ist der klassische amerikanische Jagdvogel. In früheren Zeiten gab es an den Rändern kleinerer Getreidefelder und in eingefriedetem Gelände große Bestände von Virginischen Wachteln, doch diese Art der Landwirtschaft ist zugunsten der weiträumigen, offenen Felder aufgegeben worden. Im Hinblick auf die Wachteljagd haben jedoch manche Landbesitzer dafür gesorgt, daß für das Leben dieser Vögel geeignetes Gelände erhalten bleibt.

Diese Wachteln sind klein; sie haben eine Körperlänge von 22 cm bis 27 cm, und sie sind im allgemeinen bräunlich, mit hellen und dunkelrötlichen Färbungen an manchen Federn. Sie sammeln sich in Gruppen von einem Dutzend bis zu etwa 30 Vögeln. Ihr Verbreitungsgebiet liegt im Osten und Süden der USA, außerdem in Mexiko.

Schuppenwachtel *(Callipepla squamata)*

Diese Wachtel lebt in den trockenen Gebieten des westlichen Texas, New Mexico, im südöstlichen Arizona sowie in Mexiko.

Ihre Brustfedern machen den Eindruck von Schuppen und geben dem Vogel seinen Namen. Der obere Teil des Rückens, die Brust sowie der Hals sind bläulich getönt, ansonsten ist das Gefieder grau. Sowohl die Hähne als auch die Hennen haben einen weißen Kamm, der bei den Hähnen stärker ausgeprägt ist. Der Vogel wird in Amerika auch als "Cottontop" und als Blaue Wachtel bezeichnet.

Diese Wachteln sammeln sich in Schwärmen von bis zu 100 Vögeln, doch zumeist umfaßt ein Schwarm nur etwa 20 Tiere. Sie laufen mehr als sie fliegen.

Gambelwachtel *(Lophortyx gambelii)*

Wie die Schuppenwachtel liebt auch die Gambelwachtel trockenes Gelände. Sie kommt vor in Arizona, dem westlichen New Mexico, Südkalifornien sowie auch südlich der Grenze in Mexiko, dort jedoch weniger häufig als in den USA.

Diese Wachtel und die Kalifornische Wachtel haben ein schwarzes, nach vorn geneigtes Kopfgefieder. Die Bergwachtel hat auch ein schwarzes Kopfgefieder, das jedoch aufgerichtet ist. Die Gambelwachtel unterscheidet sich von der Kalifornischen Wachtel durch einen schwarzen Fleck am Bauchgefieder. Sonst ähneln die beiden Arten einander; Köpfe und Hälse haben weiße Ränder; sie haben rötliche Kämme, kastanienbraune Seiten und bräunliche Rücken.

Wie die Schuppenwachteln laufen auch Gambelwachteln lieber, als daß sie fliegen.

Kalifornische Wachtel *(Lophortyx californicus)*

Diese Wachtel kommt an der Westküste der USA vor, von Südkalifornien bis nach Washington. Sie bevorzugt Mischwälder, doch wagt sie sich auch auf Farmland und pickt gern an den Trauben des kalifornischen Weinlandes.

Die Hähne dieser Art ähneln den Gambelwachteln. Auch bei den Hennen tritt diese Ähnlichkeit in Erscheinung; die Kalifornische Wachtel hat jedoch einen hellen Hals.

Kalifornische Wachteln sammeln sich manchmal in großen Schwärmen; zumeist umfassen die Schwärme jedoch 25 bis 60 Vögel. Mitunter finden sich diese Schwärme nahe beieinander. Wie die meisten Wachteln laufen auch diese Vögel, bevor sie auffliegen. Zur Unterscheidung von der Bergwachtel wird diese Tierart auch Talwachtel genannt.

Bergwachtel *(Oreortyx pictus)*

Diese Wachtel kommt in den gleichen geographischen Regionen vor wie die Kalifornische Wachtel; sie findet sich jedoch zumeist in bergigen und mit Gebüsch bewachsenen Gebieten und häufig an kleinen Wasserläufen.

Sie unterscheidet sich von der Kalifornischen Wachtel durch ihr langes, gerades Kopfgefieder und durch die weißen Streifen an dessen Seiten. Hähne und Hennen sind einander ähnlich; die Henne ist jedoch unscheinbarer in der Färbung.

Wie andere Wachteln ist auch die Bergwachtel eine gute Läuferin, die ungern fliegt. Wenn der Jäger sie in der Luft schießen will, muß sie daher aufgestöbert werden.

Mearns-Wachtel oder Harlekinwachtel
(Cyrtonyx montezumae mearnsi)

Dies ist ein Vogel des Berglandes und der Höhenlagen zwischen 1 200 und 1 800 Meter im südöstlichen Arizona und der Staaten Chihuahua, Coahuila und Sonora in Mexiko.

Diese Wachtel hat einen plumpen Körperbau. Sie ist etwas kleiner als die anderen hier genannten Wachteln. Der Name Harlekinwachtel rührt her von dem schwarzweißen Federmuster des Gesichts. Die Hennen sind bräunlich, die Hähne mehr rötlich-grau.

Die Größe der Schwärme schwankt bei dieser Wachtelart, ebenso wie bei allen anderen Wachteln der Trockenzonen Nordamerikas, entsprechend der jährlichen Regenmenge in dem jeweiligen Gebiet.

Haubenwachtel *(Colinus cristatus)*

Dies ist die Wachtel des nördlichen Südamerika. Sie kommt besonders in Kolumbien vor. Ihre Haube ähnelt dem Kopfgefieder der nordamerikanischen Wachtel. Wenn sie von einem Hund aufgestöbert wird, fliegt sie jedoch nicht erschreckt auf, sondern sucht sich, wie die Virginische Wachtel, ein neues Versteck.

Diese Wachteln sammeln sich in Schwärmen, häufig in der Nähe von Viehweiden. Die Nahrung besteht hauptsächlich aus Pflanzensamen.

Chachalaca oder Mexikanischer Guan
(Ortalis vetula)

Dies ist ein ungewöhnlicher Jagdvogel des nordöstlichen Mexiko. Er lebt in waldigen Gebieten in der Nähe von Lichtungen. Sein Name rührt her von seinem lauten, heiseren Ruf. Er ist etwa 50 cm bis 60 cm lang.

Er hat einen langen Schwanz und einen kleinen Kopf. Seine Färbung ist im allgemeinen bräunlich. Der abgerundete Schwanz, der eine weiße Spitze hat, zeigt eine grünliche Tönung.

Wildtruthuhn *(Meleagris gallopavo)*

Es gibt mindestens ein halbes Dutzend Unterarten des wilden Truthuhns, das ein ähnliches Aussehen hat wie die schlanke Version des Truthuhns vom Bauernhof. Die Hähne sind bedeutend größer als die Hennen und haben intensiver gefärbte Kehllappen. Alle ausgewachsenen Hähne, und seltsamerweise auch manche Hennen, entwickeln

Links: **WILDER TRUTHAHN**
(Meleagris gallopavo)
Oben: **CHACHALACA** *(Ortalis vetula)*
Mitte: Wilder Truthahn im Fluge.

53

"Bärte", die aus einem hängenden Federbüschel an der Brust bestehen.

Die im Osten der USA vorkommende Unterart hat die größten Bestände. Zeitweilig ging die Zahl der Truthühner in Amerika ständig zurück, als große Waldungen gefällt wurden, die den natürlichen Lebensraum dieser Tiere bildeten. Die Wiedereinführung des Wildtruthuhns ist eine der großen Leistungen der nordamerikanischen Wildhege.

Der Vogel braucht vollentwickelte Wälder, in denen es Eicheln, Walnüsse, Hickorynüsse, Haselnüsse oder Bucheckern gibt, besonders im Winter, wo er auf ausreichende Nahrung zum Überleben angewiesen ist.

Truthühner schlafen auf Bäumen und bleiben die ganze Nacht an der gleichen Stelle. Sie sind sehr wachsam und können gut sehen, weshalb es schwierig ist, an sie heranzukommen. Selbst ein erfahrener Jäger schafft das nicht immer.

Steißhühner (Gattung *Tinamidae*)

Es gibt mindestens 45 verschiedene Arten von Steißhühnern, einer Familie von mittel- und südamerikanischen Vögeln, die zumeist Dschungelvögel sind und daher selten gejagt werden. Nur wenige Arten – sie leben hauptsächlich in den Pampas von Uruguay und Argentinien sowie auf den Hochebenen von Ecuador – werden geschossen.

Steißhühner haben unterschiedliche Größen. Die größeren Arten haben etwa das Aussehen eines Fasanenhahns, während die kleineren eher einem Waldhuhn ähneln. Sie haben eine abgerundete Körperform mit sehr kurzem Schwanz, der fast ganz von den Flügeln bedeckt wird. Kopf und Hals sind schlank, und der Schnabel ist nach unten gebogen. Die Beine sind kräftig, was für einen Vogel, der die meiste Zeit auf dem Boden verbringt, typisch ist.

Eine besondere Eigenheit der Steißhühner ist die Tatsache, daß nur die Hähne die Eier ausbrüten. Die Hennen legen ihre Eier in mehrere Nester; jeweils zwei bis drei Eier pro Nest. Die Eier selbst haben alle möglichen Farbtöne: grün, türkis, purpurrot, weinrot, schokoladenbraun, schiefergrau und sogar schwarz. Die Junghühner sind früh entwickelt; schon bald nach dem Ausschlüpfen sind sie in der Lage, zusammen mit den Elternvögeln nach Nahrung zu suchen. Die Eier sind bei manchen Arten besonders groß und wiegen bis zu 10 oder 11 Prozent des Gewichts der Henne.

Oben links: **STEISSHUHN** (*Nothura maculosa*)
Oben: **TRAUERTAUBE** (*Zenaidura macroura*)
Gegenüberstehend, oben: **FELSENTAUBE** (*Columba livia*)

Auf den Pampas kann der Jäger drei Arten dieser Vögel begegnen, dem Gefleckten Steißhuhn, dem Perlsteißhuhn und dem Rotflügel-Steißhuhn (*Nothura maculosa, Endromia elegans* und *Rhynchotus rufescens*). Das Gefleckte Steißhuhn ist am weitesten verbreitet und hat etwa die Größe eines Waldhuhns. Das Perlsteißhuhn hat gestreife Federn und einen langen, schlanken Kamm. Das Rotflügel-Steißhuhn kommt seltener vor. Es ist scheu und fliegt fast bei jeder Bewegung auf, bevor der Jäger in Schußweite kommt. In der Landessprache wird es *Perdiz colorado* genannt.

Gefleckte Steißhühner und Perlsteißhühner sammeln sich zu Schwärmen. Sie fliegen jedoch nicht gleichzeitig, sondern einzeln auf, so daß der Jäger wenig Zeit zum Laden hat. Wenn sie aufgescheucht werden, fliegen sie wie Fasane, zunächst mit wilden Flügelschlägen, dann im Gleitflug. Die Jagd auf Steißhühner gestaltet sich jedoch nie so schwierig wie das Schießen von Waldhühnern oder Waldschnepfen.

Felsentaube oder Haustaube (*Columba livia*)

Dieser Vogel ist in vielen Siedlungsgebieten der USA sehr verbreitet; in Europa kommt er nur in den Mittelmeerländern und an den Küsten Schottlands und Irlands vor.

Die Taube hat einen weißen Fleck am Ansatz ihres Schwanzes, zwei dunkle Streifen auf den Flügeln und ein dunkles Band am Schwanzende.

Die Ringeltaube oder Holztaube (*Columba palumbus*) ist größer und hat eine auffallende weiße Markierung am Hals und an den Flügeln. Wenn sie auffliegen, verursachen beide Vogelarten ein lautes Klappergeräusch, das durch das Zusammenschlagen der Flügel entsteht.

Die Felsentaube ist ein ausdauernder Vogel, vielleicht deshalb, weil sie selten Schwierigkeiten hat, an Nahrung heranzukommen. Sie ist in den Parks und auf den städtischen Plätzen in Nordamerika zahm, doch sehr scheu auf dem Lande, wo sie als schädliches Tier angesehen wird.

Schuppentaube (*Columbigallina passerina*)

Dieser kleine, schnell fliegende Vogel findet sich in vielen Gebieten; am weitesten verbreitet ist er jedoch in den Bergländern des mittleren und nördlichen Südamerika. Sein Name beruht auf dem Aussehen seiner Brustfedern, die ähnlich wie ein Schuppenpanzer gestaltet sind.

Bandschwanztaube (*Columba fasciata*)

Dieser Vogel hält sich im Sommer in den Bergen von Nicaragua, Costa Rica und Panama auf. Er zieht nach Norden, um dort zu brüten. Man

findet ihn dann im nördlichen Mexiko sowie in den US-Staaten New Mexico, Texas, Arizona, Teilen von Colorado und an der Küste Kaliforniens, auch in Oregon und Washington.

Die Bandschwanztaube ist etwas größer als die Felsentaube; ihr Name beruht auf dem grauen Band auf ihrem breiten Schwanz. Weitere Besonderheiten sind der hellgelbe Schnabel, hellgelbe Füße und ein halbkreisförmiger weißer Ring am rückwärtigen Teil des Halses. Die Taube fliegt schnell, wobei sie sich thermische Luftströmungen zunutze macht.

In den mittelamerikanischen Bergen ernährt sich die Bandschwanztaube vorwiegend von traubenartigen Beeren, die an Bäumen in den Kaffeeplantagen wachsen. Diese Bäume gibt es an zahlreichen Stellen, und der Vogel ist daher über ein weites Gebiet verbreitet.

Weißkronentaube (Columba leucocephala)

Diese amerikanische Taube hat ihren Namen von ihrer leuchtend weißen Krone. Das übrige Gefieder ist dunkel. Sie nistet häufig an der Küste von Florida und zieht während der Sommermonate nach Kuba, wo sie in früheren Zeiten auch gejagt wurde.

Oben: **BUNTES FLUGHUHN**
(Pterocles burchelli)
Mitte: **WEISSFLÜGELTAUBE**
(Zenaida asiatica)
Rechts: **BRAUNES FLUGHUHN**
(Pterocles exustus)

Flughühner (Gattung *Pteroclidae*)

Zu dieser Vogelfamilie gehören mehrere Arten, die jedoch Tauben sind, obwohl sie in mancher Hinsicht den Hühnern ähneln. Zum Beispiel haben sie kurze, befiederte Beine, hühnerartige Schnäbel und kräftige Körper. Sie nisten auf dem Erdboden und sitzen nicht auf Bäumen. Wie die Tauben legen sie nur wenige Eier bei jeder Brut, und ihre Jungen wachsen schnell. Wenn sie fliegen, sehen sie wie Tauben aus, und sie haben auch die gleiche Größe wie eine Felsentaube.

Sie bevorzugen trockenes, wüstenartiges Gelände und kommen in Europa selten vor. Dagegen sind sie in Afrika und in Teilen von Asien, besonders in Kleinasien und in Indien, verbreitet. Sie ernähren sich von Samen und Früchten, und man kann sie, beispielsweise im Safarigebiet in Afrika, beobachten, wie sie die Wasserstellen anfliegen.

Trauertaube *(Zenaidura macroura)*

Diese Taube brütet in Ostkanada, im Osten der USA und sogar in Mexiko. Sie wandert in Gebiete, die südlich ihrer Nistbereiche liegen, lebt daher die längste Zeit des Jahres im Osten Nordamerikas.

Sie ist eine häufig vorkommende Art, etwas kleiner und schlanker als die Felsentaube. Ihre Färbung ist bräunlich oder grau, und sie hat einen zugespitzten Schwanz. Sie fliegt schnell und kann ihre Flugrichtung leicht ändern. In manchen Gebieten wird sie als Singvogel eingestuft und entsprechend geschützt. Den größten Schutz genießt sie dort, wo sie selten vorkommt.

Trauertauben sammeln sich häufig nach der Ernte auf Getreidefeldern, weil sie hier noch reichlich Nahrung finden. Sie können auch Schäden auf den Feldern anrichten, die sich jedoch durch den Abschuß in Grenzen halten lassen. Man schätzt, daß die jährliche Sterblichkeitsrate dieser Tierart um die 60 bis 80 Prozent liegt.

Weißflügeltaube *(Zenaida asiatica)*

Diese Taube ist etwa so groß wie die Trauertaube, nämlich 28 cm bis 30 cm. Sie hat jedoch auffällige weiße Flecken an den Flügeln. Ihr Schwanz ist abgerundet und hat weiße »Ecken«. Wie die meisten Tauben kann sie gut fliegen. Sie hat einen lauten eulenartigen Ruf, der im Gegensatz steht zu dem melancholischen Ruf der Trauertaube und dem Gurren der Europäischen Turteltaube.

Weißflügeltauben können ein trockeneres Klima als Trauertauben vertragen, doch die Lebensbedingungen der beiden Arten sind durchaus vergleichbar. Wie alle Tauben bevorzugen auch die Weißflügeltauben gutes Farmland, besonders solches, auf dem Getreide angebaut wird. Dies wurde an der Westküste von Mexiko beobachtet, als früheres Brachland durch Bewässerung an Fruchtbarkeit zunahm, ferner im mexikanischen Staat Campeche im südwestlichen Yucatan, wo der Dschungel zurückgedrängt und durch Reisfelder ersetzt werden konnte.

Weißflügeltauben und Trauertauben kommen gleichermaßen vor im südwestlichen Texas und im nordöstlichen Mexiko sowie auf manchen karibischen Inseln, besonders auf Kuba. Zu den Brutgebieten in den USA zählen das südwestliche Texas, das südliche New Mexico, Arizona und Kalifornien. In den genannten Gebieten werden die Tauben auch gejagt, außerdem in Ländern, in die sie ziehen, nämlich Guatemala, Belize, Honduras, El Salvador, Nicaragua, Costa Rica und Panama. Die Tauben fliegen jedoch nur dann in so weit südlich gelegene Länder wie Panama, wenn in weiter nördlichen Gebieten die Nahrung knapp wird.

Kolumbianische oder Weißschwanztaube
(Zenaida auriculata caucae)

Diese Taube ähnelt der Trauertaube. Sie hat jedoch einen mehr weiß getönten Schwanz, der kürzer und weniger zugespitzt ist. Statt der schwarzen hat die Weißschwanztaube dunkel schillernde Gesichtsmarkierungen. Eine ähnliche Art, die in Westindien lebt, weist jedoch keine weißen Schwanzmarkierungen auf.

Das Verbreitungsgebiet der Weißschwanztauben liegt außer in Panama besonders in Kolumbien. Die Tauben brüten das ganze Jahr über, wobei drei Hauptbrutzeiten festgestellt wurden. Die Jungvögel sind im Alter von vier Monaten geschlechtsreif.

Ein Faktor, der zu ihrer großen Verbreitung beigetragen hat, ist der Wechsel der landwirtschaftlichen Methoden in Kolumbien. Die Dschungel wurden abgeholzt. Auf dem gewonnenen Farmland konnten Getreidesorten wie Reis, Weizen und Sorghum angebaut werden. Die Tauben ernähren sich davon und lassen manchmal kaum etwas zur Ernte übrig. Die Vögel sind Schädlinge, deren Jagd keinen Einschränkungen unterliegt.

Schneehuhn (Gattung *Lagopus*)

Schneehühner haben etwa die gleiche Größe wie Rebhühner, oder sie sind etwas größer. Im Winter sind sie weiß, mit schwarzen Markierungen, die je nach Unterart verschieden sind. Im Sommer haben sie ein braunes Gefieder, aber weiße Flügel. Die Unterarten lassen sich oftmals schwer unterscheiden, da sich auch ihre Verbreitungsgebiete überschneiden.

In Nordamerika haben das Felsenschneehuhn (*L. mutus*) und das Moorschneehuhn (*L. l.*) viel Ähnlichkeit miteinander, denn ihr Sommergefieder ist im allgemeinen braun, mit weißen Flügeln, und ihr Wintergefieder weiß, mit schwarzen Schwänzen. Das Moorschneehuhn ist im Sommer dunkler braun, während das Felsenschneehuhn mehr grau aussehen kann. Im Winter hat das Felsenschneehuhn einen schwarzen Streifen vom Schnabel zum Auge hin. Das Felsenschneehuhn bevorzugt kahle Berge, während das Moorschneehuhn Gelände mit Deckungsmöglichkeiten liebt. Eine dritte Art, das Weißschwanzschneehuhn (*L. leucurus*), hat das ganze Jahr über einen weißen Schwanz.

In Europa wird das Felsenschneehuhn Nordamerikas als Alpenschneehuhn (*L. mutus*) bezeichnet. In Schottland kommt es zusammen mit dem Schottischen Moorschneehuhn vor (*L. l. scoticus*) und in Skandinavien zusammen mit dem Moorschneehuhn (*L. l*). Diese Vögel sind etwas größer als das in Nordamerika lebende Schneehuhn (38 cm bis 41 cm gegenüber etwa 36 cm), und sie unterscheiden sich auch im Aussehen.

Alle Schneehühner sind im Winter kaum auffindbar, da sie dann in Gängen und Tunneln unter dem Schnee leben. Manche werden im Winter gefangen, zum Beispiel im schwedischen Lappland, wo es im Winter außerordentlich kalt werden kann.

Das Moorschneehuhn Nordamerikas ist eine Ausnahme, da es im Winter an den Flußufern in den waldreichen Gebieten des Nordens anzutreffen ist. Die Vögel leben auch am Meeresufer und im Weidengebüsch, wo sie Deckung und Nahrung finden.

Die Schneehühner Nordamerikas sind im allgemeinen nicht scheu, und in Gebieten, wo sie nicht gejagt werden, haben sie keine Furcht vor Menschen.

Schottisches Moorschneehuhn (*Lagopus scoticus*)

Dies ist das Schneehuhn der Britischen Inseln, denn es kommt auf den Hochflächen Schottlands, in Nordengland und in Wales vor. Auch auf hohem Gelände in Südwestengland und in den Ardennen in Belgien gibt es diese Vogelart.

Die Vögel sind rotbraun, von plumper Gestalt, etwa 38 cm bis 40 cm lang. Im Winter tragen sie ein weißes Gefieder, so daß sie leicht mit dem Gemeinen Schneehuhn verwechselt werden können. Ihr Ruf ist laut und krähenähnlich.

Sie leben vornehmlich in Heidelandschaften der Berge oberhalb der Baumgrenze.

Die Bestände an Schneehühnern ändern sich von Jahr zu Jahr. Dies hängt teilweise vom Wetter im Frühling ab, denn die gerade aus dem Ei geschlüpften Jungvögel sind gegen Feuchtigkeit und Kälte empfindlich.

Amerikanisches Haselhuhn (*Bonasa umbellus*)

Hähne und Hennen haben etwa die gleiche Größe (40 cm bis 50 cm Körperlänge). Sie besitzen einen auffälligen, schwarz gestreiften Fächerschwanz, der bei der Henne in der Mitte durchbrochen, beim Hahn jedoch nicht durchbrochen ist. Die Vögel, die in den Gebieten am Pazifik leben, sind meist rötlichbraun, während die Tiere aus den Rocky

Gegenüberstehend: **MOORSCHNEE-HUHN** (*Lagopus lagopus*) im Sommergefieder

Oben: **SCHOTTISCHES MOOR-SCHNEEHUHN** (*Lagopus scoticus*)

Mitte: **FELSENSCHNEEHUHN** (*Lagopus mutus*)

Unten: **FELSENSCHNEEHUHN** im Wintergefieder

Mountains mehr Grautönung aufweisen. Ihr Verbreitungsgebiet in Nordamerika ist groß: So leben sie in den meisten Gebieten Kanadas, in den USA vom Mittleren Westen bis zum Atlantik, in ganz Neuengland und in einigen anderen Staaten.

Dieser Vogel erzeugt ein charakteristisches Geräusch, das sich wie ein gedämpftes Trommeln anhört. Der Hahn bringt es hervor, indem er aufrecht auf einem alten Baumstamm oder auf einer anderen Erhöhung sitzt und seine Flügel kräftig zusammenschlägt. Dieses Verhalten zeigt sich hauptsächlich in der Paarungszeit, während es zu anderen Jahreszeiten weniger häufig ist.

Es wurde festgestellt, daß sich Haselhühner in Espenwäldern und in solchen Wäldern, in denen es sowohl sehr junge als auch ausgewachsene Bäume gibt, besonders wohl fühlen. Hier entwickelten sich große Bestände, da die Vögel in dem jungen Baumwuchs nisten, Deckung finden und sich von den Knospen an den ausgewachsenen Bäumen ernähren konnten. Die Vögel legen bis zu 20 Eier, so daß sie sich daher schnell vermehren. Gibt es jedoch nach dem Schlüpfen der Jungen naßkaltes Wetter und daher Mangel an Insekten, von denen sich die Jungvögel ernähren, so verringert sich die Zahl der Vögel schnell.

Diese Vogelart kann auch in Gefangenschaft gehalten werden; doch im Gegensatz zu Fasanen werden sie nach der Freilassung nicht wieder zu Wildvögeln. In Gebieten, in denen sie nicht gejagt werden, zeigen sie vor Menschen und Hunden keine Scheu.

Kanadisches Rebhuhn *(Canachites canadensis)*

Dieser Vogel lebt in den feuchten Wäldern Kanadas und Alaskas. Er hat etwa die gleiche Größe wie das Amerikanische Haselhuhn, ist jedoch dunkler. Der Vogel ist nicht scheu, er bleibt auch in den Bäumen sitzen, wenn Jäger in der Nähe sind.

Außer in Kanada und Alaska kommen diese Vögel auch an manchen Stellen in den nördlichen Teilen von New York, Michigan und Minnesota vor.

Spitzschwanzhuhn *(Pedioecetes phasianellus)*

Die auffälligste Besonderheit dieses Vogels ist der kurze, spitze Schwanz, der im Fluge weiß erscheint. Das Spitzschwanzhuhn unterscheidet sich vom Präriehuhn, das ebenfalls vorzugsweise in Gebüschen lebt, die an Felder angrenzen. Das Präriehuhn hat beiderseits des Halses herabhängende Federbüsche und einen abgerundeten, dunklen Schwanz. Beide haben ungefähr die gleiche Körperlänge von 43 cm bis 46 cm.

Spitzschwanzhühner kommen im nördlichen Mittelwesten der USA und in den Prärieprovinzen Kanadas vor.

Präriehuhn (*Tympanuchus cupido*)

Dieser nordamerikanische Vogel war früher außerordentlich zahlreich, er lebte an den Zaunreihen, mit denen Kornfelder und Weiden in den Prärien des Mittelwestens eingefriedet wurden. Als man zur Großfelderwirtschaft überging, wurden die Zaunreihen beseitigt, wodurch auch der Bestand an Präriehühnern stark zurückging.

Heutzutage leben Präriehühner mit Spitzschwanzhühnern und mit Grauen oder Ungarischen Rebhühnern, die in Nordamerika eingeführt wurden, zusammen.

Präriehühner haben eine charakteristische Gruppenbalz, bei der die Hähne einen dumpfen Ruf ertönen lassen, der sich ähnlich wie das Blasen über einer Flaschenöffnung anhört.

Sie sind ungefähr so groß wie Spitzschwanzhühner (43 cm bis 46 cm) und haben einen kurzen, dunklen, abgerundeten Schwanz. Ihr Gefieder ist bräunlich.

Kleineres Präriehuhn (*Tympanuchus pallidicintus*)

Dieser Vogel hat das Aussehen eines kleineren, helleren Präriehuhns. Sein Verbreitungsgebiet ist begrenzt. Am zahlreichsten ist er vermutlich in Kansas und Oklahoma, denn in diesen beiden Staaten gibt es Jagdzeiten für diese Vögel.

Sie bevorzugen ein trockeneres Klima als die Präriehühner. Sonst sind sich die beiden Arten sehr ähnlich, auch in ihrem Balzverhalten.

Amerikanisches Dunkles Berghuhn

(*Dendragapus obscurus*)

Dieser Vogel, den die Amerikaner "Blue Grouse" oder "Dusky Grouse" nennen, ist verhältnismäßig groß; er hat eine durchschnittliche Körperlänge von 55 cm. Er kommt in den Rocky Mountains vor, von Colorado nach Norden hin bis nach Britisch-Kolumbien.

Seine Oberseite ist schwärzlich, die Unterseite schieferblau. Der Hahn hat einen orangegelben Kamm über dem Auge; die Hennen sind braun gescheckt.

Amerikanisches Steppenhuhn

(*Centrocerus urophasianus*)

Dieser Vogel, den die Amerikaner "Sage Grouse" nennen, hat eine graue Farbtönung. Die Hähne können fast so groß werden wie ein kleiner Truthahn (65 cm bis 75 cm Länge); die Hennen sind jedoch kleiner. Hähne und Hennen haben einen langen Schwanz, jedoch nicht so lang wie beim Ringfasan. Das Gefieder ist gewöhnlich braun, mit schwarzer Bauchpartie; die Hähne haben eine weiße Brust.

Die Tiere leben in den offenen Grassteppen im Osten der USA und ernähren sich von Insekten und Gräsern, unter anderem von "Sagebrush", einem nordamerikanischen Beifußgewächs.

Auerhuhn (*Tetrao urogallus*)

Das Auerhuhn ist das größte der europäischen Waldhühner; der Hahn wiegt durchschnittlich zwischen 3 kg und 5 kg. Er hat eine Flügelspannweite von etwa 125 cm und eine Körperlänge von etwa einem Meter. Die Henne erreicht nur etwa die Hälfte seines Gewichts.

Der Vogel hat ein dunkles Gefieder, die Farbtönung am Kopf schwankt zwischen braun und schwarz. Die Unterseite ist dunkelgrau und der Bauch schwarzweiß gefleckt. Über den Augen ist eine nackte rote Stelle, Brust und Hals haben ein dunkelgrünes metallisches Aussehen.

Das Auerhuhn lebt in entlegenen, waldigen Berggebieten, von Schottland und Skandinavien im Norden bis zu den Pyrenäen im Süden und nach Osten hin bis zur Mongolei. Seine Nahrung ist unterschiedlich; sie enthält Pflanzentriebe, Blätter, Kiefernnadeln, Beeren, Insekten und Gräser.

Die Paarungszeit beginnt im Spätwinter und dauert bis zum Frühsommer. Je früher mildes Wetter einsetzt, desto eher beginnt sie. Der balzende Hahn versucht die Hennen durch seinen Balzgesang, etwa eineinhalb Stunden vor dem Sonnenaufgang, anzulocken.

Er beginnt seinen Gesang auf dem von ihm bevorzugten Baum, auf den er Jahr um Jahr zum Balzen fliegt. Der Gesang besteht aus vier "Versen": einem Knappen, einem Trillern, einem scharfen Knallen – wie beim Herausspringen eines Sektkorkens – und einem Zischen. Wenn der Vogel seinen "Zischvers" singt, ist er taub, oder er kann zumindest kein anderes Geräusch hören, so daß nur in diesen wenigen Sekunden an ihn heranzukommen ist.

Wenn er nicht gestört wird, wiederholt der Hahn seinen Gesang immer wieder bis zum Sonnenaufgang. Dann fliegt er auf den Boden hinunter und führt vor den inzwischen herbeigelockten Hennen einen Tanz aus.

Birkhuhn *(Lyrurus tetrix)*

Dieses große Waldhuhn lebt in Nordeuropa, vor allem in Skandinavien. Sein Verbreitungsgebiet umfaßt auch die UdSSR und Nordasien bis zum Pazifik. Es ist größer als das nordamerikanische Waldhuhn. Das Durchschnittsgewicht beträgt 1,2 kg bzw. 0,8 kg.

Die Hähne – größer als die Hennen – sind schwarz oder blauschwarz mit metallischer Tönung. Die Flügel haben einen schrägen weißen Streifen. Die Schwanzfedern sind in Form einer Lyra gebogen, und die Unterseite ist weiß. Die Henne ist grau gefiedert.

Birkhühner sind in Wäldern und an Waldrändern anzutreffen. Die Bestände sind in letzter Zeit stark zurückgegangen.

Wie der Auerhahn zeigt auch der Birkhahn ein eindrucksvolles Balzverhalten: Die Hähne kollern wild, wobei sie mit den Flügeln schlagen und Kopf und Hals hin- und herrecken.

In den Nestern finden sich gewöhnlich acht Eier.

Haselhuhn *(Tetrastes bonasia)*

Dieses Waldhuhn hat etwa das gleiche Verbreitungsgebiet wie das Birkhuhn. Es ist etwa 35 cm lang, hat einen länglichen Schwanz und auf dem Kopf einen kleinen Kronenansatz. Kopf und Hals sind bräunlichrot, an der Unterseite des Halses befindet sich eine weißgeränderte schwarze Stelle. Der Rücken ist bläulich-grau. Am Schwanz ist, besonders im Fluge, ein schwarzes und ein graues Band zu erkennen. Sein geflecktes Aussehen verhilft dem Vogel – der häufig auf Bäumen sitzt – zu einer guten Tarnung.

Das Haselhuhn bevorzugt Mischwald, Nadelbäume, Espen, Erlen, Birken und Wacholder und dichtes Unterholz. Solches Gelände findet es in Europa überall mit Ausnahme der Britischen Inseln, Dänemark und Teilen von Frankreich und der Balkanländer. Es gibt ein halbes Dutzend Unterarten. Das Verbreitungsgebiet erstreckt sich über die eurasische Landmasse bis nach Korea und Japan.

Haselhühner sind monogam. Sie gesellen sich im Herbst zu Paaren. Im Frühling lockt der Hahn die Henne durch einen Balzruf an, der sich wie ein Pfeifen anhört und der häufig von Jägern imitiert wird.

Ringfasan *(Phasianus colchicus)*

Dies ist der Fasan der Alten Welt. Der prächtig gefärbte Hahn hat einen langen Schwanz und einen charakteristischen weißen Ring um den Hals, während die Henne kleiner und bräunlicher ist. Auch ihr Schwanz ist länger als der anderer Waldhühner, mit denen die Fasane manchmal verwechselt werden.

Der Fasan wurde durch die Römer nach Europa gebracht. Viele Arten sind in asiatischen Ländern, wie China, der Mongolei und Korea, heimisch. Der Ringfasan wurde nach 1880 in Nordamerika eingeführt, und er hat sich in vielen Gebieten gut eingelebt.

Der Fasan ist ein Vogel, der lieber in Deckung läuft, als daß er fliegt; doch wenn er auffliegt, schlägt er kräftig seine Flügel, um dann in Gleitflug überzugehen. Dabei stößt er heisere Schreie aus. Wenn er abends zur Ruhe geht, kräht er heiser.

Der Bestand der Fasanen ist in manchen Gebieten Nordamerikas durch das Abholzen der Walddickichte, in dem die Tiere ihre natürliche Deckung fanden, zurückgegangen.

Links: **AUERHUHN** (*Tetrao urogallus*)
Rechts: **HASELHUHN** (*Tetrastes bonasia*)
Unten links und außen rechts: **BIRK-HUHN** (*Lyrurus tetrix*)
Unten rechts: Spuren von (1) Ringfasan und (2) Auerhuhn

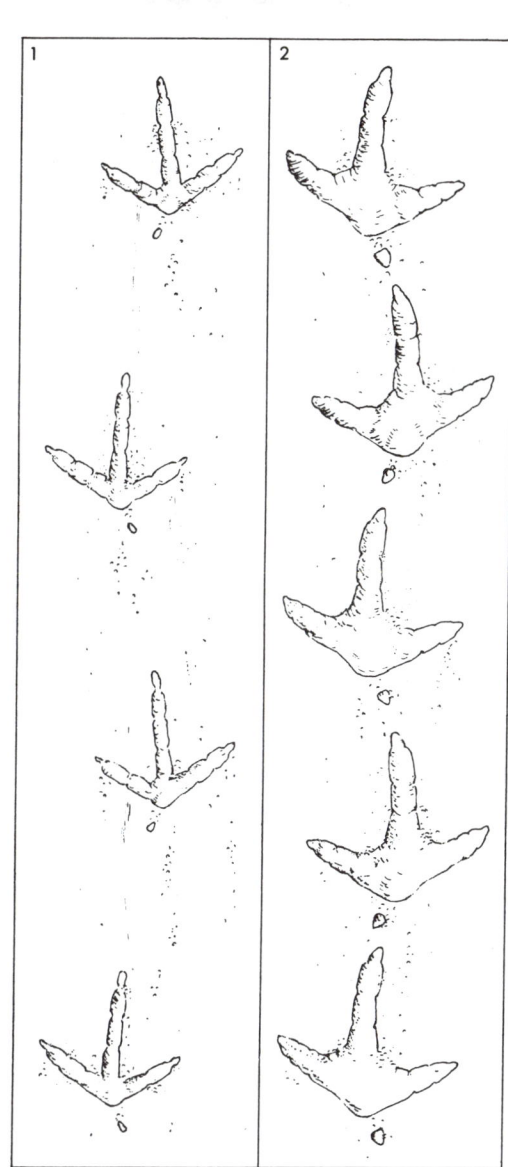

Oben: **RINGFASAN** *(Phasianus colchicus),* männlicher Vogel
Rechts: **RINGFASAN,** weiblicher Vogel

Rebhuhn *(Europa),*
Graues Ungarisches Rebhuhn *(Nordamerika)*
(Perdix perdix)

Rebhühner sind in fast ganz Europa verbreitet, von der spanischen Nordküste bis in die Sowjetunion, auf den Britischen Inseln und in Skandinavien. In Asien gibt es drei Unterarten.

Aus Ungarn stammende Vögel wurden in Nordamerika eingeführt. Es gibt jetzt große Bestände in Oregon, Idaho, Washington, Montana und Nord- und Süddakota und nicht so große Bestände im Gebiet der großen Seen und in Neuengland. In Kanada sind Rebhühner zahlreich in den Provinzen Alberta, Saskatchewan, Manitoba und im östlichen Ontario.

Der Name "graues" Rebhuhn ist etwas irreführend, obwohl die Vögel einen grauen Hals und eine graue Oberbrust haben. Sie haben ein ziemlich helles, orangebräunlich getöntes Gesicht und eine auffällige, hufeisenförmige Markierung von dunkelbrauner Tönung an der unteren Brust. Ihr Schwanz ist kürzer als beim Fasan, jedoch viel länger als bei der Wachtel. Die durchschnittliche Körperlänge beträgt 30 cm bis 36 cm.

Rebhühner bevorzugen Stoppel- und Kornfelder, wo sie ihre Nahrung suchen und sich auch nachts aufhalten. Jahr um Jahr bevölkern sie die gleichen Feldabschnitte. Wenn sie auffliegen, kehren sie fast immer zur gleichen Stelle zurück. Sie leben normalerweise in Schwärmen von etwa 20 Vögeln im Spätherbst und Winter.

Chukar oder Steinhuhn *(Alectoris graeca und*
A. chukar)

Diese Vogelart, die auch in die USA eingeführt wurde, wird Steinhuhn oder Chukar genannt. Die Vögel kommen in Italien, Griechenland und der Türkei sowie in Vorderasien vor. Sie bevorzugen felsige Hänge mit bewaldetem Grund. Dies entspricht auch ihrer Lebensweise in den USA, wo man sie in den unteren Höhenregionen von Idaho, Utah, Nevada, Washington und Oregon findet.

Sie sind viel kleiner als Präriehühner. Ihre Länge beträgt nur rund 33 cm. Die Geschlechter haben ein ähnliches Aussehen. Ihr Rücken ist olivbraun, unter dem Gesicht haben sie einen weißen, schwarz umrandeten Fleck, an den Seiten acht bis dreizehn schwarze und bräunliche Streifen. Das Chukar hat seinen Namen von dem Klanglaut seines Rufes.

Rothuhn *(Alectoris rufa)*

Die Heimat dieses Vogels ist Südwesteuropa, besonders Portugal, Spanien und Südwestfrankreich. Er ist auch nach den Azoren, Madeira, den Kanarischen Inseln und Südengland eingeführt worden, wo er trockenes Gelände und Sanddünen bevorzugt. Er ist etwas größer als das Rebhuhn. Die Jungvögel der beiden Arten ähneln einander stark.

Die ausgewachsenen Rothühner lassen sich an dem roten Schnabel und den roten Beinen, den gestreiften Seiten und einem langen weißen Streifen über dem Auge erkennen. Das Rothuhn läuft schneller als das Rebhuhn. Beide Arten laufen lieber, als daß sie fliegen.

Wenn das Rothuhn auffliegt, ist es einer der schnellsten europäischen Landvögel und für den geübten Schützen ein lohnendes Ziel.

Kapitel 3: Wassergeflügel

Kanadagans *(Branta canadensis)*

Dies ist die in Nordamerika am weitesten verbreitete Gans. Ihr Bestand wird auf über zwei Millionen Stück geschätzt. Die Tiere sind – bevor man sie sieht – an dem durchdringenden, lauten Schrei zu erkennen. Sie fliegen in Keilformation.

Sie tragen einen auffälligen weißen Fleck an den Wangen, während Kopf und Hals sonst schwarz sind. Flügel und Rücken haben eine dunkle, graubraune Tönung; Brust, Seiten und Bauchgefieder sind weiß.

Kanada-Gänse sind nach Europa und Neuseeland eingeführt worden, doch wilde Schwärme kommen nur in Nordamerika vor. Sie nisten im Nordteil des Kontinents bis in das Gebiet der USA hinein. Zumeist überwintern sie im Süden der USA bis zum Golf von Mexiko.

In manchen Gebieten Nordamerikas sind die Tiere der Landwirtschaft schädlich, da sie in großer Anzahl in Getreidefelder einfallen und sich dort gütlich tun.

Schneegans *(Anser caerulescens)*

Diese weiße Gans mit schwarzen Flügelspitzen nistet im äußersten Norden des amerikanischen Kontinents und in Grönland und überwintert im Osten der USA. Einzelne Tiere kommen auch in Europa vor.

Die Kleine Schneegans *(A. c. c.)* überwintert vorwiegend im Mississippi-Delta, an der Golfküste und in einigen Gebieten Mexikos und Kaliforniens. Die Große Schneegans *(A. c. atlantica)* überwintert an der Atlantikküste, besonders in Delaware, Maryland, Virginia und weiter nach Süden hin.

Die Kleine Schneegans kann auch eine schiefergraue Farbtönung haben und wird dann als Blaugans bezeichnet. Die Jungvögel sind bräunlichgrau.

Ross-Gans *(Anser rossi)*

Die Ross-Gans ist eine kleine Abart der Schneegans. Sie ist völlig weiß, hat aber schwarze Flügelspitzen, einen kürzeren Hals als die Schneegans und schlägt im Fluge öfter mit den Schwingen.

Sie nistet auf der Southampton-Insel in Nordkanada und überwintert im San-Joaquin-Tal in Kalifornien, in einigen anderen Weststaaten der USA und in West- und Mittelkanada.

Kaisergans *(Anser canagicus)*

Dies ist eine der schönsten Gänsearten. Ausgewachsene Kaisergänse haben blaugraue Rücken, die schwarz und weiß eingefaßt sind. Die Köpfe sind weiß und die Schnäbel und Beine blaßrot. Jungvögel sind im allgemeinen dunkler.

Die Kaisergans nistet in Ostsibirien und Westalaska und überwintert auf den Aleuten, auf der Insel Kodiak und der Halbinsel Kamtschatka.

Unten: **KANADAGANS** *(Branta canadensis)*
Unterarten: (1) Schnatter-Kanadagans (B. c. minima), (2) Kleine Kanadagans (B. c. parvipes), (3) Vancouver-Kanadagans (B. c. fulva), (4) Atlantik-Kanadagans (B. c. canadensis).

Oben links: **SAATGANS** *(Anser fabalis)*
Links: **RINGELGANS** *(Branta leucopsis)*
Oben rechts: **GRAUGANS** *(Anser anser)*

Bläßgans (Anser albifrons)

Diese Gans läßt sich erkennen an der weißen Gesichtszeichnung um den blaßroten Schnabel, den unregelmäßigen schwarzen und braunen Markierungen am Bauch und an den orangefarbenen Beinen. Die Jungvögel haben gelbe Beine; Gesichtszeichnung und Markierung am Bauch fehlen bei ihnen. Bei den ausgewachsenen Tieren haben Kopf, Hals und der größte Teil des Körpers eine graubraune Farbtönung.

Bläßgänse nisten in den Gebieten um den Polarkreis, mit Ausnahme kleinerer Regionen im Nordwesten Kanadas, wo eine größere Unterart, *A. a. gambelli,* ihre Nistplätze hat.

Sie überwintern an den Küsten Nordamerikas, von Südkalifornien angefangen, in Mexiko, an der Golfküste und in den Sümpfen von Texas und Louisiana, doch sie sind an der Ostküste selten. In Europa überwintern sie an den Küsten der Britischen Inseln und Nordwesteuropas von Frankreich bis Dänemark und am Mittelmeer in den Gebieten östlich von Italien. Man findet sie auch an den Küsten des Schwarzen und des Kaspischen Meeres, in Kleinasien, Indien, China, in Teilen von Südostasien und in Japan.

Wie andere Graugänse fliegen sie in großen Schwärmen in Linien- oder Keilformation.

Nach der Sage sollen es Gänse dieser Art gewesen sein, die im Jahre 390 v. Chr. als ”Gänse vom Capitol” die Römer vor dem Einfall der Gallier warnten.

Magellan-Gans (Chloephaga picta)

Dies ist keine echte Gans, da die Geschlechter ein ungleiches Aussehen haben. Die Magellan-Gans ist eine Art Höhlengans und der wichtigste gänseartige Vogel Südamerikas. Ihr Verbreitungsgebiet erstreckt sich über den Südteil des Kontinents und schließt die Falkland-Inseln ein. Die männlichen Tiere sind weiß mit schwarzen Flügelspitzen.

Auch ihre weißen Rückenfedern haben schwarze Spitzen; die Füße sind schwarz. Die weiblichen Tiere haben eine hell- und dunkelbraun gestreifte Brust, einen gleichfarbigen Hals und rotbraune Köpfe; ihre Flügel sind unten weiß und oben schwarz, haben aber weiße Spitzen. Die Füße sind gelb oder orangefarben.

Sie überwintern im südwestlichen Argentinien. Wenn sie in großer Zahl auftreten, können sie Schäden in der Landwirtschaft anrichten, da sie das Gras fressen, das den Rindern und Schafen der Region zur Nahrung dient.

Graukopfgans (Chloephaga poliocephala)

Dieser Vogel hat das gleiche Verbreitungsgebiet in Südamerika wie die Magellan-Gans (s. o.), doch sie ist kleiner. Die beiden Arten fliegen manchmal in Formation zusammen, doch sie lassen sich leicht unterscheiden, da ihre Farbtönung erheblich voneinander abweicht: Diese Art zeichnet sich durch einen aschgrauen Kopf, einen rotbraunen Hals und eine dunkle Brust aus. Sie hat auch dunkle, fast schwarze Flügel mit weißem Rand.

Graugans (Anser anser)

Diese Gans der eurasischen Landmasse kommt in Nordamerika vor. Sie ist eine der größten und kräftigsten Wildgänse. In der Farbtönung ist sie vorwiegend grau, Kopf und Hals sind nicht dunkler als der Rest des Körpers. Von anderen ”grauen” Gänsen unterscheidet sie sich durch ihre rötlich-grauen Füße und Schnäbel. Auf langen Zügen fliegen die Graugänse in Keilformation, und sie schreien beim Fliegen.

Die in Europa lebende westliche Rasse hat einen dicken orangefarbenen Schnabel. Sie nistet vorwiegend in Island und in der nördlichsten Region Europas und überwintert in Großbritannien, den Niederlanden, Frankreich, Spanien und Nordafrika.

Die östliche Rasse hat einen dicken, rötlichen Schnabel und sieht heller aus, da ihre Federn einen hellen Rand haben. Sie nistet in Nordasien und überwintert in Gebieten zwischen dem östlichen Mittelmeer und China. Eine Zwischenform lebt in Westrußland und in den Balkanländern.

Wie viele Gansarten sind auch Graugänse Grasfresser. Sie fliegen im Morgengrauen zu ihren Weideplätzen.

Saatgans *(Anser fabalis)*,
Rotfußgans *(Anser fabalis brachyryhnchus)*

Die Saatgans ist ein eurasischer Vogel, der in den Gebieten zwischen Grönland und Ostsibirien nistet. Sie überwintert in vielen Teilen Europas und Asiens, aber auch auf den Inseln Alaskas kommt sie vereinzelt vor. Sie ist eine graue Gans und unterscheidet sich von der Graugans durch ihre gelben Füße und ihren schwarzen und gelben Schnabel, während bei der Graugans diese Körperteile rötlich-grau bzw. orangefarben oder rötlich sind. Sie ist ziemlich groß.

Im Herbst und Winter ist die Saatgans auf Stoppelfeldern anzutreffen, wo sie nach Gerstenkörnern sucht. Sie ernährt sich aber auch von anderen Pflanzenteilen.

Auch die Rotfußgans ist eine graue Gans, die jedoch etwas kleiner ist als die Saatgans. Sie hat einen sehr dunklen Kopf, einen kleinen rötlichen Schnabel, einen verhältnismäßig hellen Körper und rötliche Beine. Ihr Verbreitungsgebiet ist kleiner als das der Saatgans, denn sie nistet in Grönland, Island und Spitzbergen und überwintert vorwiegend in Großbritannien, Nordfrankreich, Belgien, Holland und Deutschland. Rotfußgänse kommen gelegentlich in anderen Teilen Europas vor, so auch in der UdSSR.

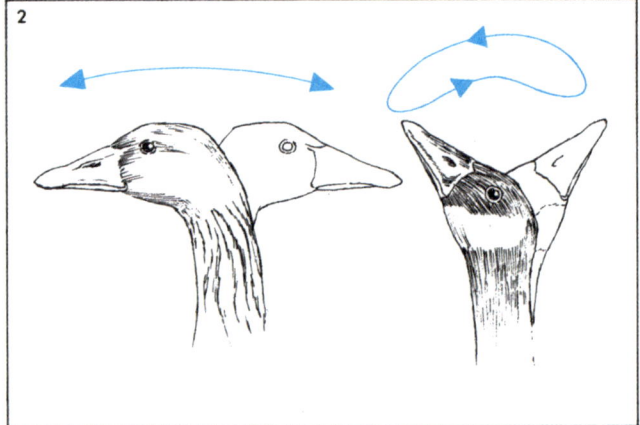

Sie sammeln sich in großer Zahl auf Mooren, Sandbänken, Sümpfen, Meeresbuchten und anderem Gelände an der Küste. Die Tiere sind sehr scheu, und es ist schwer, an sie heranzukommen. Nur wenn sie hungrig in ein Feld einfallen, gelingt es, sich ihnen zu nähern.

Weißwangengans *(Branta leucopsis)*

Die kleinere Weißwangengans hat im Gegensatz zur Kanada-Gans ein weißes Gesicht. Sie ist ein vorwiegend europäischer Vogel und kommt nur gelegentlich an der Atlantikküste Nordamerikas vor. Sie ist auffällig schwarzweiß gezeichnet. Das Schwarze am Hals reicht bis zur Brust, auch hat sie schwarze Füße und einen schwarzen Schnabel. Ihre oberen Körperteile zeigen ein Lavendelgrau. Ihr Ruf ist ein kurzer, schriller, wiederholter Schrei.

Sie überwintert vorwiegend in Dänemark, an der deutschen Küste, in den Niederlanden und in Irland und Schottland. Sie nistet in arktischen Gebieten.

Ringelgans *(Branta bernicla)*

Dies ist eine kleine, dunkle Gans, kaum größer als ein Enterich. Es gibt drei verschiedene Rassen, die sich voneinander durch ihr Verbreitungsgebiet und durch die Farbtönung ihres Federkleides unterscheiden. Alle Ringelgänse haben einen schwarzen Kopf, Hals und Vorderkörper, während die Hinterkörper rein weiß sind. Ihr Verbreitungsgebiet umfaßt die gesamte Arktis. Im Winter ziehen sie nach Süden und erscheinen in Nordeuropa, Asien und in Nordamerika.

Die Russische Ringelgans (*B. b. bernicla*) hat einen dunklen, graubraunen Unterbauch. Sie nistet im Norden von Europa und Asien und zieht im Winter entlang den Küsten nach Süden. Die Atlantische Ringelgans hat eine viel hellere Unterseite, die in starkem Kontrast zu

A Die Kommunikation unter Gänsen ist gut entwickelt. (1) Wenn eine Gans fliegen will, signalisiert sie dies den Artgenossen. (2) Eine Graugans schüttelt den Kopf, so daß ihr roter Schnabel auffällt; eine Kanadagans hebt den Kopf, so daß ihr weißer Halsfleck auffällt. (3) Eine eindringende Gans wird verjagt: Ein Ganter geht mit gesenktem Kopf vor, der Eindringling wendet sich ab. Der triumphierende Ganter im "Gänsemarsch", mit den Flügeln schlagend. Bei der Rückkehr streckt ihm die weibliche Gans ihren tief gesenkten Kopf entgegen.
Rechts: **WILDGANS** (*Branta bernicla*)

Oben und gegenüberstehend, oben links: **LÖFFELENTE** *(Anas clypeate)* Unten: **STOCKENTE** *(Anas platyrhynchos)*
Gegenüberstehend, oben rechts: **BRANDENTE** *(Tadorna tadorna)*

Gegenüberstehend, Mitte: Die Beine von Enten, die ihre Nahrung an der Oberfläche finden, wie die Stockente, liegen unter der Körpermitte (1); die Beine von Tauchenten dagegen weiter hinten (2). An der Oberfläche Nahrung findende Enten fliegen vom Wasser mit einem Sprung auf (3), während Tauchenten eine Zeitlang auf der Wasserfläche trippeln (4).

den verhältnismäßig dunkleren Oberteilen steht. Sie nistet in Ostkanada, Grönland, Spitzbergen und Franz-Josefs-Land und zieht im Winter an den Atlantikküsten nach Süden. Gänse mit dunklen und hellen Unterseiten können in den gleichen Schwärmen vorkommen. Die dritte Unterart ist die schwarze Pazifische Ringelgans (B. b. nigricans oder B. b. orientalis). Sie ist viel dunkler als die anderen beiden Rassen. Sie nistet auf den Inseln und an den Küsten von Sibirien, Alaska und Westkanada, und sie überwintert an der pazifischen Küste zwischen Britisch-Kolumbien und Niederkalifornien.

Weitere Gänse

Es gibt eine Anzahl weiterer Gänsearten in verschiedenen Erdteilen, von denen eine – die Hawaii-Gans – schon fast ausgestorben war, sich jetzt aber wieder vermehrt. Weitere Arten sind die Schwanengans, die Kopfstreifengans und die Rotbrustgans aus Asien, die Cape-Barren-Gans aus Australien, die Afrikanische Höhlengans oder Ägyptische Gans, die in Wirklichkeit eine langbeinige Entenart ist, und drei Höhlengänse aus Südamerika – die Rotkopfgans, die Orinoco-Gans (eine Waldbewohnerin) und die Tang-Gans, die am Meer lebt.

Brandenten (Gattung *Tadornini*)

Brandenten haben kurze, schmale, gänseähnliche Schnäbel, weiße obere und untere Deckflügel und schillernd grüne Spiegel. Ihr dauniges Federkleid ist kräftig gemustert.

Die wohl am weitesten verbreitete Art ist die Gemeine Brandente *(Tadorna tadorna)*, die im Gebiet zwischen den Küsten Westeuropas und vielen Teilen Asiens brütet. Sie ist etwas größer als die Stockente.

Die Gefiederfarben sind bei beiden Geschlechtern gleich, doch das männliche Tier ist größer und hat einen großen Vorderhöcker auf dem Schnabel. Von weitem erscheinen die Vögel schwarzweiß. Kopf und Hals sind jedoch dunkel-metallisch grün, die Schnäbel hellrot und die Körper überwiegend weiß mit einem breiten braunen Band über der Brust. Die Beine sind orangefarben. Schwanzspitze, Flügelspitzen und ein breites Band an den Hinterkanten der Flügel sind schwarz.

Die Rote Brandente *(T. ferruginea)* hat in der Nistzeit ein Verbreitungsgebiet, das kleine Teile Südeuropas, das nördlichste Afrika und einen Großteil Zentralasiens umfaßt. Im Winter zieht sie tief nach Afrika hinein und zu den Südküsten Asiens, doch im Gegensatz zur Gemeinen Brandente ist sie ein binnenländischer Vogel. Die Farbtönung ist fast einheitlich rostbraun oder orange-braun, der Kopf ist fahl, Schnabel und Beine schwarz, Flügel und Schwanz sind ebenfalls mit Schwarz gezeichnet; an den Deckflügeln erscheint auch etwas Weiß. Der männliche Vogel hat einen kleinen schwarzen Halsring.

Weitere Arten sind die Kap-Brandente aus Südafrika, die Neuseeländische Brandente, die Australische Brandente und die Radscha-Brandente, eine australische Art, die auch in Ostindien vorkommt.

Stockente (*Anas platyrhynchos*)

Dies ist einer der am häufigsten vorkommenden Vögel in der ganzen nördlichen Hemisphäre – der farbenfreudige Enterich und die schlichte, braune Ente. Die Vögel nisten überall in ihrem Verbreitungsgebiet, sie ziehen bis nach Nordafrika, Südostasien und Südmexiko. Es gibt sogar eine besondere Rasse, die auf den Hawaii-Inseln heimisch ist.

Stockenten haben sich fast so gut wie Tauben an den Menschen angepaßt und fühlen sich in städtischen Parks völlig zu Hause. Sie sind

Spießenten *(Anas acuta)* im Flug.
Beim linken Paar hat das Männchen
einen vorwiegend weißen Körper,
dunklen Kopf und dunkles Hinterteil.

bequeme, fast domestizierte Vögel, die sich gelegentlich mit Hausenten kreuzen lassen. Wenn die Bestände zu groß werden, können sie Schäden in der Landwirtschaft hervorrufen. Wilde Stockenten sind sehr scheu, besonders dann, wenn Jäger ihnen nachstellen.

Löffelente *(Anas clypeata)*

Die Gemeine Löffelente lebt in Nordamerika, Europa und Asien. Gelegentlich gelangen die Vögel auch nach Südamerika, Afrika und sogar nach Australien.

Sie ist eine kleine Ente, etwas kleiner als die Stockente. Ihr besonderes Merkmal ist der sehr große, spatelförmige Schnabel, der an der abgerundeten Spitze am breitesten ist. Wenn die Vögel ziehen, sind beide Geschlechter bräunlich; das Männchen ist dann in der Mauser und insofern kaum farbiger als das Weibchen. Man kann sie mit Krickenten oder kleinen Stockenten verwechseln. Zu anderen Zeiten ist der Enterich farbenprächtig. Er hat wie der Stockenten-Erpel einen grünen Kopf, eine weiße Brust, rötliche-braune Flanken und Unterseite, einen schwarzen Schwanz mit weißlichen Rändern und einen schieferbraunen Rücken. Beide Geschlechter haben orangefarbene Füße, einen blauen Flügelfleck und einen grünen Spiegel.

Löffelenten findet man im Süßwasser, Brackwasser und im flachen Salzwasser. In manchen Gebieten Nordamerikas – besonders in Kalifornien, Louisiana und Nordmexiko – überwintern sie in großer Anzahl. Manche Vögel fliegen von ihren Nistplätzen in Alaska bis nach Hawaii. Sie nisten auch in vielen Teilen Europas, doch nicht in Italien und Spanien.

Schnatterente *(Anas strepera)*

Schnatterenten beider Geschlechter werden manchmal mit der weiblichen Stockente verwechselt. Die männliche Schnatterente ist jedoch überwiegend grau und hat ein schwarzes Hinterteil, und das Weibchen hat einen gelblich-orangefarbenen Schnabel mit dunklen Markierungen. Beide Geschlechter der Schnatterente zeigen im Fluge einen weißen Fleck auf dem Flügel, während die weibliche Stockente einen weißumrandeten blauen Spiegel hat. Stockenten haben weniger zugespitzte Flügel.

Spießente *(Anas acuta)*

In ihrer Gesamtzahl werden Spießenten nur von Stockenten übertroffen. Die auf der Nordhalbkugel lebende Unterart der Spießenten nistet in der gesamten arktischen Region, in Island, Skandinavien, im Nordteil der Sowjetunion bis nach Sibirien sowie in Alaska, Nordkanada und Grönland. Spießenten ziehen im Herbst nach Süden in viele Gebiete Afrikas, Asiens und Südamerikas; manche überwintern auf den Inseln des Pazifik. Eine antarktische Rasse lebt auf den Inseln im Süden des Indischen Ozeans; andere Unterarten sind in Westindien, Südamerika und Afrika beheimatet.

Die männliche Spießente ist gekennzeichnet durch weiße Seiten und einen weißen Vorderhals, einen braunen Kopf und einen langen, zugespitzten Schwanz. Das Weibchen ist bräunlich, hat einen weniger spitzen Schwanz, sieht aber sonst der weiblichen Stockente ähnlich, doch hat sie nicht den Flügelspiegel. Spießenten haben etwa die gleiche Größe wie Stockenten, sind jedoch schlanker und haben einen längeren Hals. Im Fluge ist beim Stockenten-Männchen der weiße Halsring sichtbar; das Spießenten-Männchen hat dagegen einen weißen Streifen, der von der Unterseite zum Kopf hin verläuft.

Spießenten fliegen sehr schnell und häufig höher als die meisten anderen Enten, auch wenn sie sich ihrem Rastplatz nähern. Auf kurzen Strecken fliegen sie in kleinen, ungeordneten Gruppen. Auf längeren Flügen bilden sie lange Ketten, die sich manchmal zu lebendigen Bögen oder Ellipsen gestalten. Ihre Flügel sind geschwungen und zugespitzt und ihre Körper stromlinienförmig. Sie sind weitaus scheuer als Stockenten.

Schwarze Ente *(Anas rubripes)*

Diese Ente ist in Wirklichkeit nicht schwarz, sondern dunkelbraun mit hellbraunen oder cremefarbenen Federrändern. Beim Federkleid des Winters haben ausgewachsene männliche Enten auf den kleinen Federn an den Brustseiten eine U-förmige Linie, die Weibchen dagegen eine V-förmige Linie. In der Luft erscheinen Schwarze Enten wie sehr große, dunkle weibliche Stockenten, jedoch mit flachen Körperumrissen, großen Köpfen, langsamerem Flügelschlag und breiten Flügeln.

Die Nisträume liegen zwischen dem östlichen Kanada und dem Osten der USA, sie schließen aber auch die Prärieprovinzen Kanadas und die angrenzenden Präriestaaten der USA ein. Die im Westen dieses Gebietes brütenden Vögel ziehen dann nach Süden in den Bereich des Mississippi-

Ein Flug Kanevasenten *(Aythya valisineria)*. Die Männchen haben dunkle Köpfe; das Weiß am Körper geht bis zu den Flügeln.
Kasten: Die Köpfe der Kanevasente (a) und Tafelente (b) ähneln sich farblich. Der Schnabel der Tafelente ist kürzer, der Kopf runder.

Tales. Der überwiegende Rest zieht dagegen nach Neuengland und überwintert in den Küstenstaaten bis hin nach North Carolina. Große Vogelschwärme sammeln sich dann auf der Halbinsel Delmarva im Grenzgebiet zwischen Delaware, Maryland und Virginia.

Die Bestände der Schwarzen Enten gehen zurück, denn bei Eingriffen des Menschen in die Natur sind sie weniger anpassungsfähig als beispielsweise die Stockenten.

All die zahlreichen Entenarten können hier nicht besprochen werden. Die genannten Arten sind jedoch jene, die in vielen Gebieten häufig gejagt werden.

Brautente *(Aix sponsa)*

Die männliche Brautente ist kleiner als die Stockente und vielleicht der am auffälligsten gefärbte Vogel des Wassergeflügels von Nordamerika. Man erkennt das Tier auch an seinem Kamm, der von seinem Hinterkopf herabhängt. Die weibliche Brautente hat keine auffälligen Farben. Sie trägt einen dunklen Kamm und hat einen weißen Fleck um das Auge. Sie ist bräunlich und hat helle Seiten, die mit den dunkleren Flügeln kontrastieren. Im Fluge wird der Kontrast zwischen der weißen Unterseite und den dunkleren Flügeln und Brüsten erkennbar; auch die rechteckigen Schwänze fallen auf. An Land haben sie einen bemerkenswert aufrechten Gang wie alle Waldenten.

Brautenten bewohnen bewaldetes, sumpfiges Gelände im Osten der USA und Kanadas. Im Westen des Kontinents leben sie zwischen Mittelkalifornien und dem südlichen Britisch-Kolumbien. Ein bedeutendes Überwinterungsgebiet ist der Süden des Mississippi-Tales und die Sumpfregion am Golf von Mexiko. Weiterhin überwintern die Vögel an den Flußmündungen und in den Sümpfen der atlantischen und pazifischen Küste.

Brautenten nisteten bis in die neueste Zeit hinein nur in hohlen Bäumen. Die forstwirtschaftliche Erschließung der Wälder hat hohle Bäume aber zur Seltenheit werden lassen. Die Enten haben sich daher inzwischen an die speziell konstruierten Nistkästen gewöhnt, die Naturschützer und Wildhüter in den Wäldern anbrachten, so daß sich ihr Bestand, der eine gewisse Zeit sehr klein war, beträchtlich erhöht hat.

Braune Baumente *(Dendrocygna bicolor)*

Bei dieser bräunlichen, langhalsigen, fast gänseartigen Ente haben beide Geschlechter das gleiche Aussehen. Ihre langen Beine sind auch im Fluge auffällig, wenn sie über den Schwanz hinausragen. Ein weißer Streifen an den Seiten trennt die dunkleren Flügel von den helleren Flanken. In Amerika ist der Vogel zwischen dem Südwesten der USA und Argentinien verbreitet. Er kommt auch in Ostafrika, auf Madagaskar, in Indien und in einigen anderen Teilen Asiens vor.

In Mittel- und Südamerika kommt die Braune Baumente zusammen mit der Rotschnabel-Baumente vor, die jedoch weniger verbreitet ist. Wegen ihres durchdringenden Rufes nennt man diese beiden Entenarten auch die "Pfeifenten".

Außer den genannten zwei Arten gibt es noch sechs weitere Arten von Baumenten. Alle fliegen mit langsamem Flügelschlag, und sie sind so zutraulich, daß sie sogar um die Jäger kreisen. Eine dieser Arten, die in Indien und Südasien lebende Kleine Pfeifente, ist nicht nur unansehnlich, sondern auch ungenießbar.

Kanevasente *(Aythya valisineria)*

Die Kanevasente ist etwas kleiner als die Stockente. Das Männchen hat einen weißen Körper und eine Kopfmusterung, die an die Tafelente (s. u.) erinnert; es hat jedoch einen auffällig langen Schnabel, der seinem Kopf ein schräges Profil gibt. Auch das Weibchen hat ein solches Profil. Es weist in etwa die gleiche Musterung auf, hat jedoch eine graue Farbtönung.

Kanevasenten nisten in den Prärieprovinzen Kanadas, im Gebiet des Yukon, in Alaska und in einigen nördlichen Teilen der USA. Sie überwintern in beträchtlicher Anzahl im Gebiet der Chesapeake-Bucht an der Ostküste, an der Bucht von San Francisco und an den Küsten des Golfs von Kalifornien und des Golfs von Mexiko.

In früheren Zeiten waren Kanevasenten sehr zahlreich. Ihr Bestand ist aber infolge intensiver Jagd und durch die Trockenlegung von Sumpfgebieten stark zurückgegangen. Die bevorzugte Nahrung dieser Vögel, der wilde Sellerie, wächst längst nicht mehr im früheren Umfang. Die Situation der Kanevasenten hat sich noch durch einen weiteren Umstand verschlimmert: Die mit ihnen eng verwandten Amerikanischen Tafelenten legen manchmal ihre Eier in die Nester der Kanevasenten, wodurch sich die Überlebenschancen für die Eier und Küken beider Arten verringern.

Amerikanische Tafelente *(Aythya americana)*

Die Amerikanische Tafelente hat ein ähnliches Aussehen wie die Europäische Tafelente. Das Weibchen trägt jedoch einen dunklen Gesichtsfleck und ist durchgehend bräunlich, während das Weibchen der Europäischen Tafelente einen dunkleren Kopf und einen helleren Körper aufweist. Die etwas kleinere Ringente *(Aythya collaris)* kann mit der Amerikanischen Tafelente verwechselt werden, doch das Männchen hat einen schwarzen Kopf und Rücken, die beim Weibchen ebenfalls dunkel sind. Ringenten haben kürzere Schnäbel als Amerikanische Tafelenten.

Amerikanische Tafelenten nisten vorzugsweise in den Prärien Mittelkanadas und im Gebiet des Bärensees im nördlichen Utah. Sie überwintern im Süden Nordamerikas, zum Teil in Mexiko. Ein Großteil bleibt jedoch in der Chesapeake-Bucht und an den Meeresbuchten von North Carolina. In manchen Jahren überwintern 80 Prozent des Tafelenten-Bestandes an der Golfküste zwischen Florida und Yucatan.

Wie die Kanevasenten haben auch die Bestände an Amerikanischen Tafelenten durch die Trockenlegung von Sumpfgebieten Schaden genommen.

Europäische Tafelente *(Aythya ferina)*

Tafelenten sind Tauchenten, die in der Luft mit schnellen Flügelschlägen rasch vorankommen, aber zu Lande langsam sind. Das Verbreitungsgebiet der Europäischen Tafelente reicht über den Großteil Europas bis nach Asien hinein.

Sie hat etwa die gleiche Größe wie die Stockente. Beide Geschlechter haben graufarbene Flügel und dunkelgraue Füße. Der Kopf des Männchens ist rötlich-dunkelbraun. Kopf und Brust des Weibchens sind braun oder graubraun, die Brust des Männchens ist schwarz. Die Körper sind grau beziehungsweise bräunlich getönt.

Tafelenten nisten in Süßwassergebieten. Während des Vogelzugs und im Winter trifft man sie manchmal auch an Flußmündungen an. Sie bilden häufig große Schwärme.

Tafelenten sind sehr scheu. Wie alle Tauchenten rennen sie über das Wasser, um ihre Fluggeschwindigkeit zu erreichen, denn ihre Flügel sind kurz.

Große Bergente *(Aythya marila)*

Die Große Bergente ist etwas kleiner als die Stockente. Sie hat eine schwarze Vorderseite, einen schwarzen Kopf mit einem grünlichen Schein, einen dunklen Schwanz und einen hellgrauen Rücken; die Unterseite ist weiß. Praktisch der einzige Unterschied zwischen ihr und dem Männchen der Ringente besteht darin, daß die Ringente keinen weißen Streifen an den Schwungflügeln hat. Die Männchen der Großen und der Kleinen Bergente sind kaum zu unterscheiden, denn sie haben nahezu die gleiche Größe. Das Männchen der Kleinen Bergente hat jedoch einen purpurschimmernden Kopf und eine stärkere, büschelartige Kopfkrone.

Die weibliche Große Bergente ist bräunlich und hat einen hellen Fleck am Schnabelgrund. Diese Merkmale und der weiße Flügelstreifen sind die einzigen Kennzeichen, durch die sie sich von den Weibchen der Großen Bergente, der Ringente und der Amerikanischen Tafelente unterscheidet.

Große Bergenten nisten in fast allen Gebieten, die im hohen Norden der Kontinente liegen. Zu den bekanntesten Nistregionen gehören die Tundrateiche von Alaska. Sie brüten aber auch in Kanada, Nordeuropa und Asien. Manche dieser Vögel bleiben während des Winters überraschend hoch im Norden, während andere an den Küsten Europas, Asiens

Oben: **SCHELLENTE** *(Bucephala clangula)*
Gegenüberstehend, oben: Typisches Balzverhalten der Schellente
Gegenüberstehend, Mitte: **SPIESS-ENTE** *(Anas acuta)*
Gegenüberstehend, unten: **BLAU-FLÜGEL-KRICKENTE** *(Anas discors)*
Rechts: Im Fluge lassen sich Entenarten an der Farbe ihrer Flügel und Spiegel unterscheiden: (l) Zimtbraune Krickente, (2) Blauflügel-Krickente, (3) Grünflügel-Krickente, (4) Gemeine Krickente, (5) Stockente, (6) Schwarze Ente.

1

2

3

4

5

6

und Nordamerikas nach Süden ziehen. Sie bevorzugen Winterquartiere an den Küsten, wo sie sich zu großen Schwärmen sammeln. Am frühen Morgen oder in der Abenddämmerung gehen sie auf Nahrungssuche. Da sie sehr neugierig sind, nähern sie sich gern beweglichen Dingen, die sie nicht gleich als Menschen erkennen.

Kleine Bergente *(Aythya affinis)*

Diese nordamerikanische Entenart kommt zumeist im Inneren des Kontinents vor. Sie sieht der Großen Bergente sehr ähnlich, und die zwischen den beiden Arten bestehenden Unterschiede wurden schon erwähnt.

Kleine Bergenten nisten in den Gebieten zwischen Alaska, Mittelkanada und den Nordstaaten der USA. Sie ziehen im Winter zum Teil bis nach Panama, doch einige bleiben verhältnismäßig hoch im Norden.

Kleine Bergenten leben mehr von Pflanzennahrung als Große Bergenten. Ein weiterer Unterschied zwischen den beiden ist die Tatsache, daß die Kleine Bergente bedeutend scheuer und mißtrauischer ist.

Die hier genannten Arten der *Aythyinae* gehören zu den am häufigsten gejagten Tauchenten, zu welcher Gruppe auch Schellenten und Tafelenten zählen. Weitere Arten in dieser Gruppe sind die Südliche Tafelente von Südamerika und Afrika, die Rotschnabel-Tafelente des südlichen Südamerika, die Rotkamm-Tafelente, die zwischen Süd- und Osteuropa und Zentralasien vorkommt, die Australische Moorente, die rotbraune Moorente des südlichen Eurasien, die Baer-Tafelente des östlichen Sibirien, die Neuseeländische Tauchente und die eurasische Haubenente, die der vorerwähnten Ringente ähnelt.

Meeresenten

Zu den Meeresenten gehören Säger, Eiderenten und Trauerenten. Im allgemeinen leben Säger weniger als andere Meeresenten ständig an der Küste, doch ihre Nahrung besteht vorwiegend aus Fischen und anderen Wassertieren.

Die Säger haben lange, schmale, fast zylindrische Schnäbel mit Sägezähnen, im Gegensatz zu den kräftigen Schnäbeln, die bei anderen Meeresenten typisch sind. Der Gänsesäger *(Mergus merganser)* ist in Eurasien und Nordamerika verbreitet. Verschiedene weitere Arten kommen in Europa, Asien und Amerika vor.

Eiderenten *(Somateria mollissima)* sind größere, mehr im Norden und an den Küsten lebende Enten. Die Weibchen sind bräunlich, die Männchen im allgemeinen schwarzweiß gemustert, doch bei manchen Tieren sind die Köpfe farbenprächtig. Viele Vögel haben schwarze Flügel mit weißen Flecken auf den Deckfedern; manche haben bunte Schnäbel. Typisch für Eiderenten ist eine schildartige Schnabelerweiterung, die sich zur Stirn hin ausdehnt. Sie fliegen zumeist niedrig, gewöhnlich in einer Linie.

Die Trauerenten sind mit den Eiderenten verwandt. Die Männchen sind fast schwarz und die Weibchen dunkel-graubraun. Die Weißflügel-Trauerente *(Melanitta fusca)* hat einen weißen Spiegel und ist die am weitesten verbreitete Trauerente. Sie kommt in Nordamerika vor, besonders in Kanada, und an der Küste Europas von Portugal bis nach Skandinavien.

Gemeine Krickente *(Anas crecca)*

Die Krickente erreicht nur etwas mehr als die halbe Länge einer Stockente. Sie ist die kleinste europäische Ente und eine der kleinsten Enten in Nordamerika, wo sie an der Ostküste vorkommen kann.

Beide Geschlechter haben einen grün und schwarz gemusterten Spiegel und graue Füße. Das Weibchen sieht wie eine sehr kleine weibliche Stockente aus – ein braungesprenkelter Vogel mit weißlichem Bauch. Das Männchen hat einen schwarzen Schnabel und einen kastanienbraunen Kopf mit einem breiten, gebogenen grünen Augenstreifen mit einem schmalen hellen Rand. Dieser Streifen fehlt bei der amerikanischen Grünflügel-Krickente (s. u.); ebenso fehlt bei ihr der horizontale schwarzweiße Streifen, den die Gemeine Krickente oberhalb des Flügels hat. Die Grünflügel-Krickente hat jedoch einen senkrechten weißen Streifen zwischen Seite und Brust, der bei der Gemeinen Krickente fehlt.

Beide Arten kommen manchmal zusammen an der Atlantikküste Nordamerikas vor. Die Gemeine Krickente nistet in Island und in vielen Teilen Nordeuropas und Asiens. Auf ihrem Zug in den Süden gelangt sie bis zum Golf von Guinea oder zum Golf von Aden in Afrika und in Asien bis nach Ceylon und Malaya.

Grünflügel-Krickente *(Anas carolinensis)*

Diese sehr kleine Ente – etwa halb so groß wie eine Stockente – nistet in Alaska, Kanada und im Norden der USA. Das wichtigste Nistgebiet liegt zwischen dem Mississippi und der Küste des Pazifik. Sie zieht nach Süden bis nach Mittelamerika; am häufigsten überwintert sie jedoch im oberen Mexiko und an der Golfküste der USA.

Grünflügel-Krickenten sind robuste Vögel, die in manchen Gebieten erst sehr spät in ihre Winterquartiere ziehen und die sich nur selten auf Zwischenstationen längere Zeit zur Nahrungssuche aufhalten.

Die Grünflügel-Krickente läßt sich schwer von der Gemeinen Krickente unterscheiden (s. o., wo beide Arten beschrieben sind). Im Fluge erscheinen beide gleichartig, nämlich mit dunklem Kopf, klein und mit weißer Unterseite. Die Tiere gründeln im Wasser, doch mitunter suchen sie ihre Nahrung auch an Land. Der charakteristische Ruf des Männchens ist ein Pfeifton.

Blauflügel-Krickente *(Anas discors)*

Die Blauflügel-Krickente ist eine Art, die nur in Amerika vorkommt. Sie ist etwas größer als die Gemeine und die Grünflügel-Krickente (s. o.). Beide Geschlechter haben bräunliche Flügel mit grünen Spiegeln und einen großen, unübersehbaren hellblauen Fleck, den die oberen Deckfedern bilden; im hellen Sonnenlicht kann dieser Fleck weiß erscheinen. Das Männchen hat einen blaugrauen Kopf mit einem auffälligen weißen Bogen über dem Auge. Bei Dämmerlicht ist diese Ente von der Grünflügel- und Zimtbraunen Krickente schwer zu unterscheiden.

Blauflügel-Krickenten nisten in großer Anzahl im Gebiet zwischen den großen Seen und dem Pazifik. Sie ziehen zum Teil bis nach Chile und Argentinien. Zum großen Teil überwintern sie in den Sümpfen an der Mündung des Magdalenenstroms in Kolumbien. Weitere große Ansammlungen trifft man in Florida, in den Küstensümpfen von Louisiana und Texas und an der mexikanischen Küste. Sie überwintern auch auf Kuba und in Guyana.

Blauflügel-Krickenten suchen Nahrung auf überfluteten Reisfeldern, in Süßwassersümpfen und in seichten Gewässern. Sie leben zumeist von pflanzlicher Nahrung. Sie fliegen niedrig und schnell. Auf Wanderschaft ziehen sie häufig in dichten Schwärmen.

Zimtbraune Krickente *(Anas cyanoptera)*

Wie die Blauflügel-Krickente ist auch die Zimtbraune Krickente eine amerikanische Vogelart. Die beiden Arten haben etwa die gleiche Größe und die gleiche Lebensweise. Sie sind auch in den gleichen Gebieten beheimatet.

Die Zimtbraune Krickente hat denselben blauen Flügelfleck wie die Blauflügel-Krickente, doch trägt das Männchen ein leuchtend zimtbraunes Gefieder mit einem schwarzen Bürzel. Das Weibchen ist etwas mehr rostrot und hat einen längeren und weiteren Schnabel. Alle Enten tauchen gelegentlich, um einer Gefahr zu entgehen, doch die Zimtbraune Krickente ist eine besonders gute Taucherin und kann lange Strecken unter Wasser schwimmen.

Die wichtigsten Nistregionen sind die Staaten Washington, Idaho und Utah der USA. Das bedeutendste Überwinterungsgebiet ist Mexiko. Eine Unterart kommt in vielen Teilen Südamerikas vor.

Baikal-Krickente *(Anas formosa)*

Diese Art nistet vorzugsweise in Sibirien. Sie überwintert in vielen Gebieten Ostasiens; einzelne Vögel verirren sich auch nach Alaska. Zu den wichtigsten Überwinterungsgebieten gehören Südsibirien, Ostchina, Japan, die Mongolei und Korea.

Das Weibchen hat ein bräunliches Gefieder und ähnelt der weiblichen Grünflügel-Krickente (s. o.); sie hat jedoch einen auffälligen hellen Wangenfleck. Das Männchen ist besonders ansehnlich. Es hat ein einzigartiges Kopfmuster mit gelblichen, grünen und schwarzen Federn, die alle noch weiß abgesetzt sind. Seiten und Brust sind gefleckt. Die braunen Seiten haben grüne Spiegel.

In ihrer Lebensweise ähnelt diese Ente den bereits erwähnten Krickenten-Arten.

Südamerikanische Grünflügel- oder Gefleckte Krickente *(Anas flavirostris)*

Beide Geschlechter dieser Krickente sind bräunlich gefleckt mit dunkelbraunen Köpfen, die in den nördlichen Anden grau getönt sein können. Der Spiegel hat ein Aussehen wie bei der Gemeinen Krickente (s. o.), der Schnabel ist manchmal gelb und manchmal so dunkel wie bei der Nordamerikanischen Grünflügel-Krickente.

Diese Ente kommt in verschiedenen Teilen des westlichen und südlichen Südamerika vor. In ihrer Lebensweise ähnelt sie den vorgenannten Krickenten-Arten.

Mehrere weitere Krickenten-Arten werden in verschiedenen Gebieten der Erde gejagt. Zu ihnen gehören: die Silber-Krickente (Südamerika), die kleine Hottentotten-Krickente (Afrika und Madagaskar), die Kap-Krickente (südliches und mittleres Afrika), die Graue Krickente (Ostindien, Australien und Neuseeland) und die Madagaskar-Krickente, die manchmal als rötliche Variante der Grauen Krickente angesehen wird. Ferner gibt es die Kastanienbraune Krickente von Australien und Tasmanien, die Braune Krickente von Neuseeland und den angrenzenden Inseln und die Marmor-Krickente, die im Mittelmeergebiet und in Südwestasien lebt. Schließlich gibt es noch die eurasische Knäkente *(Anas querquedula).*

Amerikanische Pfeifente *(Anas americana)*

Diese häufig vorkommende Schwimmente ist mittelgroß und etwas kleiner als eine Stockente. Das Männchen hat eine weißliche Stirn und eine helle Krone, ein Kennzeichen, das oftmals im Fluge sichtbar wird. Das Weibchen hat einen grauen Kopf und einen bräunlichen Körper.

Männliche Enten sind in ihren Farbtönen und Kennzeichen im allgemeinen stärker ausgeprägt als die Weibchen. (1) Europäische Pfeifente, (2) Amerikanische Pfeifente, (3) Australische Krickente, (4) Baikal-Krickente.

Pfeifenten nisten im südlichen Kanada und in kleinerer Anzahl auch in Alaska und in einigen Nordstaaten der USA. Sie überwintern vorwiegend im mittleren Kalifornien, im Mississippi-Delta und an Teilen der Küste des Golfs von Mexiko.

Pfeifenten bevorzugen Süßwasserteiche und Sümpfe sowie Brackwasser- und Salzwassersümpfe und Buchten. Sie ernähren sich überwiegend von Wasserpflanzen. Da sie schlechte Taucher sind, gesellen sie sich gern zu anderen Entenarten, wie Kanevas- oder Bergenten, um die Wasserpflanzen zu verzehren, die beim Gründeln dieser Enten an die Oberfläche kommen.

Europäische Pfeifenten *(Anas penelope)*

Das Männchen der Europäischen Pfeifente unterscheidet sich leicht von der Amerikanischen Pfeifente (s. o.) durch eine braungelbe Stirn und Krone und durch ein kräftig orangebraunes oder kastanienbraunes Gesicht und Hals, im Gegensatz zum grünen Augenstreifen der Amerikanischen Pfeifente. Die Weibchen sind ebenfalls bräunlich, doch die Europäische Pfeifente ist gelblicher am Kopf und mehr schwärzlich am Körper. Beide Geschlechter der Europäischen Pfeifente haben weiße obere Deckfedern und grüne Spiegelmuster. Diese sind beim Weibchen mehr schmutzigweiß oder grau und zeigen weniger Grün.

Europäische Pfeifenten nisten in Island, Schottland, Nordskandinavien und weiter nach Osten im Norden der Sowjetunion. Sie überwintern in großen Teilen Europas und Asiens. Vögel aus Europa suchen manchmal die Atlantikküste Nordamerikas auf, und Vögel aus Asien fliegen bis zu den Pazifikküsten Nordamerikas. Diese Besuche erfolgen zumeist im Herbst oder Winter, während im Frühjahr das Innere Nordamerikas von Europäischen Pfeifenten besucht wird.

Die Lebenweisen der Europäischen und der Amerikanischen Pfeifenten ähneln einander.

Außer den oben beschriebenen beiden Pfeifentenarten der Nordhalbkugel gibt es noch die Chiloé-Pfeifente *(Anas sibilatrix)*, die im Süden des südamerikanischen Kontinents lebt. Sie ist die einzige Schwimmente, bei der das Weibchen auch einen lebhaft gefärbten grünschillernden Kopf wie das Männchen hat. Beider Flanken sind orange-braun, und ihre Brüste haben ein schuppenartiges Schwarzweißmuster.

Es wird manchmal von einer "Kap-Pfeifente" geredet, doch dies ist in Wirklichkeit eine falsche Bezeichnung für die Kap-Krickente *(Anas capensis)*, die nicht so klein ist wie andere Krickenten. Beide Geschlechter haben rosafarbene Schnäbel, grüne und schwarze, weiß eingefaßte Spiegel und sind sonst grau gesprenkelt.

Gegenüberstehend, oben und Kasten: **EUROPÄISCHE PFEIFENTE** *(Anas penelope)*.
Gegenüberstehend, unten: **EUROPÄISCHE EIDERENTE** *(Somateria mollissima mollissima)*
Unten: Europäische Eiderente, Weibchen links, Männchen rechts.
Links: Weitere Eiderenten: (1) Amerikanische Eiderente *(S. m. dresseri)*, (2) Königs-Eiderente *(S. spectabilis)*, (3) Weibchen oder Männchen der Brillen- oder Fischer-Eiderente *(S. fischeri)*.

III: Die Geschichte Der Jagd

Kapitel 1:

Die ersten Sportjäger

John F. Reiger

Fast seine gesamte Entwicklungsgeschichte kennzeichnet den Menschen als Jäger. Erst in neuester Zeit, nach über einer Million Jahren, trat er als »modernes« Wesen in Erscheinung: urbanisiert, industrialisiert und von seiner natürlichen Umwelt und den in früheren Zeiten von ihm gejagten Geschöpfen abgeschnitten. »Das erregende Leben des Jägers der Steinzeit ist in unseren sozialen Träumen erhalten geblieben als Ausdruck unserer biologischen Vergangenheit«, schreibt René Dubos, der hervorragende, in Frankreich geborene amerikanische Biologe. Diese Träume sind in der Tat »ein Ausdruck unserer biologischen Vergangenheit«.

Nachdem viele Jahrzehnte lang in der Forschung offensichtlich Vorurteile gegenüber den Eigenschaften der primitiven Jäger- und Sammlervölker bestanden hatten – man hielt sie für »Wilde«, für Vorläufer der »fortschrittlichen« Bauern –, setzte sich bei vielen Anthropologen und Prähistorikern jetzt eine neuere Auffassung durch. Fast könnte man sagen, daß die frühere Darstellung der menschlichen Entwicklung hiermit auf den Kopf gestellt wurde. Manche Forscher behaupten jetzt nämlich, daß die Dekadenz des Menschen begann, als er Bauer wurde. Damit begann auch der »Kampf gegen die Umwelt«.

Als Jäger hatte der Mensch gelernt, selbständig zu handeln, wachsam zu sein und sogar ausdauerndes Wild mit Geschicklichkeit zu überlisten. Er hatte auch die Zusammenarbeit in der Jagdgruppe und die richtige Aufteilung der Beute erlernt. Nahezu alle körperlichen und geistigen, Vorgänge, die die Entwicklung des »Nackten Affen« unterstützten, hatten ihren Ursprung in seinem Leben als Jäger.

In der vorgeschichtlichen Zeit stellt der Wechsel von der Wirtschaftsform, der Jäger und Sammler zur Bodenbestellung und Domestikation von Tieren den Beginn der Ansiedlung und der »Zivilisation« dar. Nach der überlieferten Darstellungsweise der geschichtlichen Ereignisse verfügte die Menschheit nunmehr über einen überschaubaren Nahrungsmittelvorrat und hatte daher mehr freie Zeit zur Entwicklung von kreativen Fähigkeiten zu Verfügung. Der Mensch war nun in der Lage, Kulturen mit sozialer Schichtung und Formen der Religionsausübung zu entwickeln, weiträumige Bauvorhaben zu planen und auszuführen und schließlich das geschriebene Wort oder Symbol zu erdenken, das den Übergang von der Vorgeschichte zur Geschichte kennzeichnete.

Es gibt natürlich Ausnahmen innerhalb dieses Schemas, wie zum Beispiel einige nordamerikanische Indianervölker, die bereits sehr früh eine soziale Schichtung und ein reiches kulturelles Leben entwickelten. Allgemein läßt sich jedoch sagen, daß der Mensch erst dann seßhaft und »zivilisiert« werden konnte, als er Bauer wurde. Manche Forscher sind neuerdings der Meinung, daß der Preis für die Zivilisation sehr hoch war. Die Menschen sahen in den Wildtieren nun Zerstörer ihrer Landwirtschaft und trachteten danach, alle Lebewesen rücksichtslos auszurotten, die sich nicht in das Schema ihrer bäuerlichen Welt einordnen ließen.

Der Bauer war an das Land gebunden und vom Wetter abhängig. Statt mit der Jagdgruppe seines Stammes umherzustreifen, mußte er sich jetzt mit der Bestellung eines kleinen Landstrichs begnügen. Auch war er in

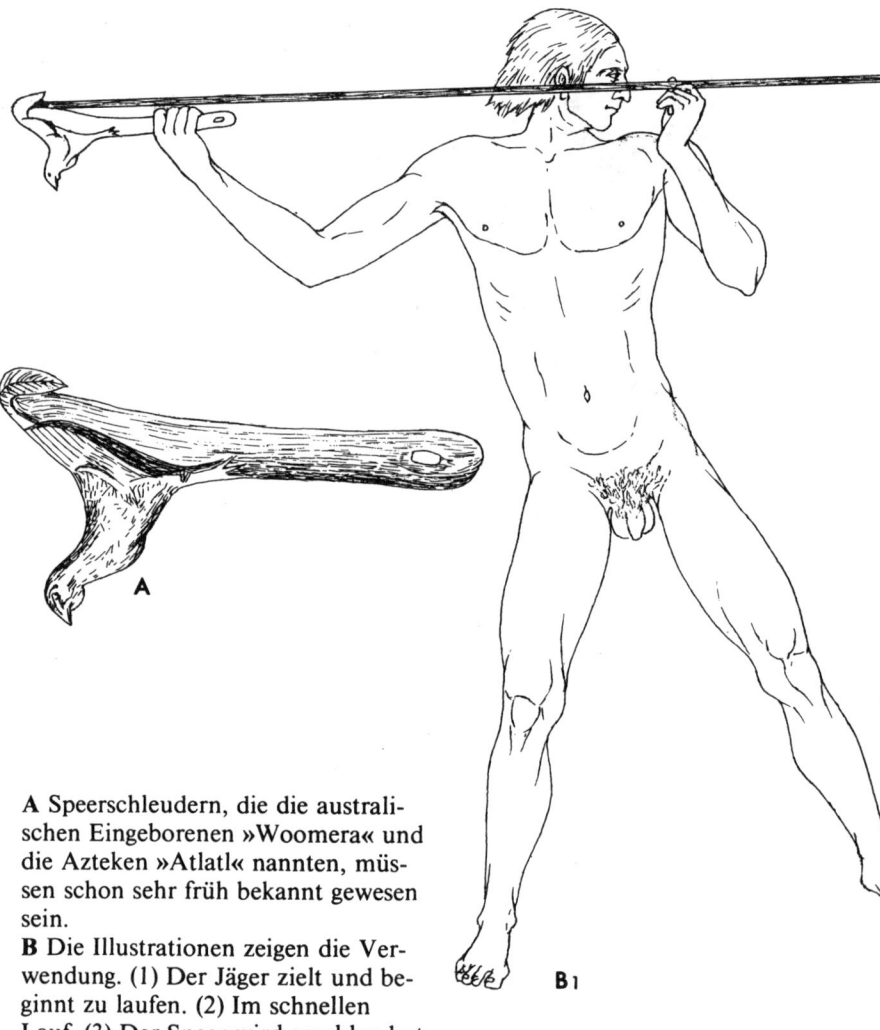

A Speerschleudern, die die australischen Eingeborenen »Woomera« und die Azteken »Atlatl« nannten, müssen schon sehr früh bekannt gewesen sein.
B Die Illustrationen zeigen die Verwendung. (1) Der Jäger zielt und beginnt zu laufen. (2) Im schnellen Lauf. (3) Der Speer wird geschleudert.

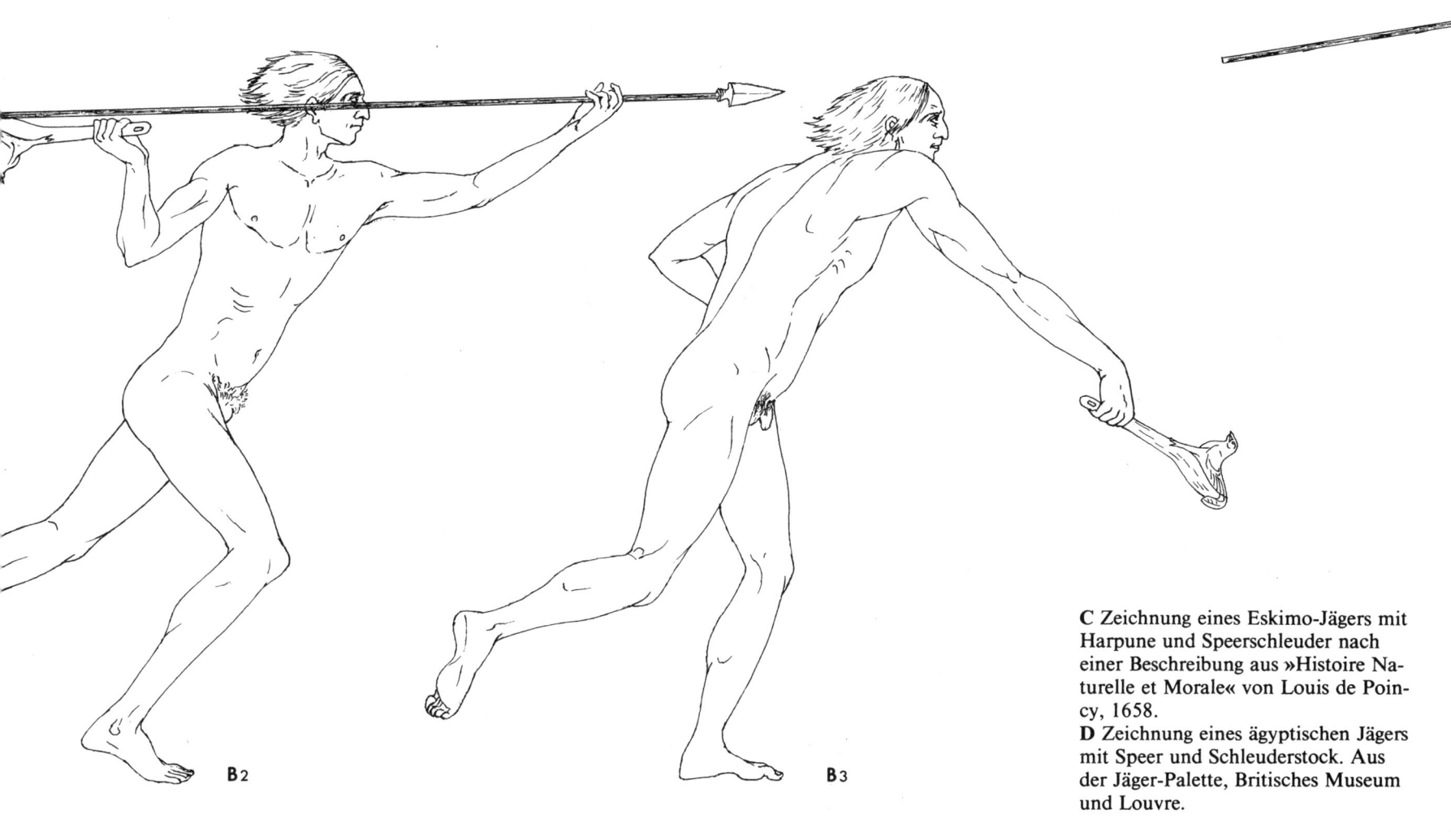

C Zeichnung eines Eskimo-Jägers mit Harpune und Speerschleuder nach einer Beschreibung aus »Histoire Naturelle et Morale« von Louis de Poincy, 1658.
D Zeichnung eines ägyptischen Jägers mit Speer und Schleuderstock. Aus der Jäger-Palette, Britisches Museum und Louvre.

ständiger Sorge, daß die Naturkräfte die Arbeit eines ganzen Jahres zunichte machen könnten. Anders ausgedrückt: Der Beginn der Landwirtschaft kennzeichnete zwar die Einleitung einer neuen Lebensform, die wir heute als Zivilisation bezeichnen, doch dieser Wandel war zugleich der Beginn der Versklavung und Ankettung des Menschen an einen festen Ort.

Die Lebensweise des Jägers der Steinzeit war zwar nach heutigen Begriffen hart und schwer; seine Tage waren jedoch mit bedeutungsvollen Tätigkeiten ausgefüllt. Die Jagd diente ihm nicht nur zur Selbsterhaltung, sondern sie war auch Bestandteil seiner Religion; sie war einerseits Arbeit, andererseits aber auch ein Vergnügen für ihn. Wenn die Jagd prähistorischer oder primitiver Gesellschaften beurteilt wird, so wird häufig zwischen den Erscheinungsformen der »Jagd zum Vergnügen« und der »Jagd zur Selbsterhaltung« unterschieden. Diese Differenzierung läßt sich zwar durchaus begründen, doch weitaus mehr spricht für die Auffassung, daß für den Menschen der Steinzeit beide Bedeutungen zugleich zutrafen, also die Jagd zur Selbsterhaltung gleichzeitig eine Form des Vergnügens war.

Daß die Jagd weitaus mehr darstellte als eine nur der Selbsterhaltung dienende Aufgabe, zeigt sich an dem Zauber, den die Malereien in den berühmten Höhlen bei Lascaux und Font-de-Gaume in Frankreich und bei Altamira in Spanien ausstrahlen.

Ich sah die Meisterwerke von Font-de-Gaume zum erstenmal im Sommer 1964. Ihr ästhetischer Eindruck und die Wirkung, die sie bei mir als Sportjäger hinterließen, läßt sich am besten anhand meiner Tagebucheintragung vom 25. August jenes Jahres wiedergeben:

»Der Höhleneingang liegt an einem Berghang. Die Malereien vermitteln genau jenen Eindruck, den man sich vom Leben in der vorgeschichtlichen Welt vorstellt... Die meisten Malereien, oder besser gesagt Skizzen, stellten Büffel dar, Pferde, große Hirsche, kleineres Wild und Mammuts... Die meisten Malereien waren von Cro-Magnon-Menschen angefertigt worden. Sie stammten aus zwei Hauptperioden: die eine Gruppe aus der Zeit vor etwa 17000 Jahren, die andere aus der Zeit vor mehr als 25000 Jahren. Offenbar war die Höhle zu diesen Zeiten von zwei unterschiedlichen Menschengruppen besiedelt worden und war in der Zwischenperiode unbewohnt; jede dieser Gruppen hatte in einem anderen Abschnitt der Höhle künstlerisch gewirkt.

Die Künstler bezogen die Unebenheiten der Höhlenwände so geschickt in die Malereien ein, daß die Darstellung Bewegung und Leben gewinnt – eine realistische Darstellung ist hier durchaus beabsichtigt.

Ich empfand Bewunderung für diese primitiven menschlichen Wesen, die ihrem inneren Bedürfnis, ihre Umwelt schöpferisch nachzugestalten, Ausdruck gegeben hatten. Man stelle sich vor, wie einer von ihnen eine Fackel hielt, während der Künstler mit feuchten Fingern die Konturen

A Eine Elchfalle, von der Seite gezeigt. Wenn der Elch gegen eine Leine (a) stieß, löste sich ein Halter (b). Der Speer (c), der an einem unter Spannung stehenden jungen Baumstamm befestigt war, wurde dann nach vorn geschleudert.
B Ein im tiefen Schnee steckengebliebener Elch wird von Jägern auf primitiven Skiern erlegt.

nachzeichnete und etwas schuf, das dem Büffel sehr ähnlich sah, den die Gruppe zuvor erlegt hatte. Danach versammelte sich vielleicht die Gruppe um den Künstler. Alle hielten ihre Fackeln nahe an das Meisterwerk, und alle grunzten voller Zufriedenheit und zweifellos auch voller Freude.«

Diese Cro-Magnon-Völker gehörten zu den ältesten Vertretern unserer Art »Homo sapiens«, des »klugen Menschen«. Ihre Klugheit entwickelte sich aus der Überwindung der Schwierigkeiten, die ihnen die Umwelt bereitete. Der vorher lebende Menschentypus, der Neandertaler, war der erste wirkliche Jäger; seine Jagdwerkzeuge und seine Methoden wurden von den Cro-Magnon-Menschen weiterentwickelt.

Das älteste Jagdwerkzeug zwar vermutlich eine Art Keule aus dem großen Knochen irgendeines Beutetiers. Die Menschen der Vorzeit werden sicher festgestellt haben, wie nützlich eine Keule bei der Abwehr von Hörnern, Hufen oder Zähnen der Wildtiere sein konnte. So waren Keulen aus Knochen wahrscheinlich auch die ersten wirksamen Jagdwaffen.

Auch schwere Steine, die auf Säugetiere oder Vögel geschleudert wurden, gehören zu den ältesten Typen von Jagdwaffen. Die riesigen Höhlenbären Europas wurden auf diese Art erlegt. Neandertaler töteten sie, indem sie aus der Höhe Felsbrocken auf die Bären herabwarfen.

An dieser Stelle könnte man die Frage stellen: Weshalb haben die Jäger der Vorzeit den großen Säugetieren nachgestellt, anstatt die kleineren und weniger gefährlichen Tierarten zu erlegen? Vermutlich empfanden es die Jagdgruppen als leichter und lohnender, große und unbewegliche Tiere – wie Mammuts – zu erlegen als kleinere und schnellere Arten zu jagen. Dies trifft auch auf Großwild wie zum Beispiel Büffel zu, die, in den tiefen Schnee getrieben, fast hilflos sind. Übrigens wurde diese Treibtechnik des Wildes in den Schnee sogar noch zu Beginn des 20. Jahrhunderts in Nordamerika und Europa angewandt.

Ein weiterer Grund für die Großtierjagd war vermutlich das Verlangen, sich in jener eiszeitlichen Epoche in Pelze aus einem Stück hüllen zu können. Die Menschen konnten damals noch nicht nähen. Daher war es wichtig, große Tiere mit dichten Fellen zu erlegen, vielleicht noch wichtiger, als an Fleisch heranzukommen.

Auch hier glich die Entwicklung des Verstandes des Menschen und seines Sinnes für Zusammenarbeit seine hohe Verwundbarkeit aus. Diese beiden Eigenschaften ermöglichten es ihm auch, Jagdwaffen und Methoden zu entwickeln, die ihn schließlich zum erfolgreichen Lebewesen der Eiszeit werden ließen.

Der Höhlenbär war einst ein bedeutendes Beutetier der steinzeitlichen Jäger. Doch als sich die klimatischen Verhältnisse änderten, wurde das Mammut zum wichtigsten Fleischlieferanten der Jäger Europas und Nordamerikas. Die Vorfahren der amerikanischen Indianer überquerten in mehreren Völkerzügen, als der Meeresspiegel tiefer lag, die Beringstraße zwischen Sibirien und Alaska, um ihre Jagdgebiete auszudehnen.

Wahrscheinlich wurde das Mammut in Europa und auch in Nordamerika bei der Jagd in tiefen Schnee oder in morastige Sümpfe getrieben, wo es steckenblieb und erlegt werden konnte. Manche Forscher meinen, die Mammuts seien auch bereits durch große Fallen gefangen worden, wobei sie dann von den Jägern mit schweren Baumstämmen erschlagen wurden. Die Forscher erklären allerdings nicht, wie man die schweren Stämme so hoch anheben konnte. Vielleicht hatten unsere Vorfahren auch tiefe Fallgruben ausgehoben, die zur Tarnung mit Baumzweigen bedeckt waren und in die die gejagten Mammuts hineinstürzten.

Vorstellbar ist es schon, daß das Jagdwesen damals schon so weit organisiert war, daß Treibergruppen das Tier zur Falle lockten oder auch zu Stellen, wo es im Morast oder im Schnee steckenblieb. Aus archäologischen Grabungen geht hervor, daß in manchen Gebieten viele Jäger zusammenwirkten, um große Tiere zu Bergabhängen zu treiben, wobei die Beute dann mit Spießen oder anderen spitzen Waffen getötet wurde.

C

D

Das Pferd war in Nordamerika bereits vor dem Erscheinen der ersten Menschen ausgestorben. In Mitteleuropa sollte es jedoch das Mammut als Hauptbeutetier der Steinzeit ablösen. Wildpferde zogen in großen Herden umher, und gerade ihr Herdentrieb war es, der sie zum Untergang führte. Die Tiere wurden durch von Feuer und anderen Hindernissen begrenzte Schneisen zu einem Bergabhang getrieben, in dessen Abgrund die vorderen Tiere von der nachdrängenden Herde gestoßen wurden.

Bei Solutré in der Nähe von Lyon gibt es eine berühmte Fundstätte mit den Überresten von über 10 000 Pferden. Die Gesamtzahl der an dieser Stelle umgekommenen Pferde wird auf über 100 000 geschätzt. Die Zeit, in der diese Pferdejagden stattfanden, liegt etwa 40 000 Jahre zurück.

Das Mammut hatte den Höhlenbären als Hauptjagdtier in Mitteleuropa abgelöst, das Pferd dann das Mammut, und schließlich war das Rentier zur wichtigsten Beute des jungsteinzeitlichen Jägers geworden. Diese Tierart hatte zwar schon den Neandertalern gelegentlich als Beute gedient. Zum wichtigsten Jagdtier wurde das Ren jedoch erst im Verlauf der letzten großen Eiszeit.

Die Rentiere grasten in großen Herden wie die Wildpferde, und die Jäger der Steinzeit verfolgten sie mit den gleichen Techniken, die sich auch bei der Pferdejagd bewährt hatten. Auch hier wurden Feuer und Treiber eingesetzt, doch die Rentiere wurden nicht über Bergabhänge gejagt, sondern in Flüsse getrieben, wo sie hilflos waren und erlegt werden konnten. Auch die nordamerikanischen Indianer wendeten bei der Hirschjagd ähnliche Methoden an. Sogar noch gegen Ende des 19. Jahrhunderts trieben indianische Jäger im Staat New York Weißwedelhirsche mit Hilfe von Jagdhunden in Seen hinein, wo sie von Kanus aus erlegt wurden.

In Europa verwendeten die Menschen der Jungsteinzeit bereits sehr weit entwickelte Jagdwaffen. Zu diesen gehörten Pfeil und Bogen und die Speerschleuder oder »Atlatl«. Diese besteht aus einem kurzen Stock mit einer Kerbe, in die das Speerende eingesetzt wird. Mit Hilfe des Atlatl erhält der Schleuderer zusätzliche Wurfkraft. Der Atlatl wird natürlich nicht mit dem Speer weggeschleudert, sondern in der Hand behalten. Die Wurfweite eines handgeschleuderten Speers läßt sich mit Hilfe dieser Vorrichtung um bis zu 60 Prozent steigern. Speerschleudern wurden in Europa, Nordamerika und Australien verwendet. Auch Eskimos benutzten sie, besonders bei der Jagd vom Boot aus, da sie auf diese Weise eine Hand zum Steuern frei behielten.

Zugleich mit der Weiterentwicklung der Waffen in der Jungsteinzeit begann auch die Ausbreitung der Landwirtschaft und die Domestikation von Tieren. Die Domestikation geht vermutlich darauf zurück, daß man die Jungen der Jagdtiere aufzog und an das Haus gewöhnte. Zu den ersten domestizierten Tierarten gehörte der Hund; er diente zugleich als Jagdgefährte.

In der Altsteinzeit erfolgte die Beschaffung von Nahrungsmitteln ausschließlich durch die Jagd und das Sammeln von eßbaren Pflanzen. Dies änderte sich in der Jungsteinzeit. Aus der Untersuchung von Abfallhaufen, die aus dieser Periode stammten, stellten Archäologen fest, daß nur ein kleiner Teil der Knochen von Wildtierarten, der größte Teil jedoch von Haustieren herrührte.

Mit dem Beginn der landwirtschaftlichen Nutzung des Bodens leitete der Mensch die Umgestaltung der natürlichen Welt ein. Seine Lebensweise wurde weniger unbestimmt und seine Überlebenschancen weniger ungewiß. Er war hierfür auch bereit, die Mühsal und Einseitigkeit eines im wesentlichen landwirtschaftlich geprägten Daseins hinzunehmen.

Aus Jägern wurden Siedler, und die Bevölkerung der Ansiedlungen wuchs mit den reichlicher vorhandenen Nahrungsmitteln. Stämme, die sich niedergelassen hatten, mußten oftmals ihre Ackergebiete und die Grasländer ihrer Herden verteidigen. Doch die Menschen waren immer noch in der Lage, in andere Gebiete weiterzuziehen, denn viele

Jahrtausende hindurch war die durchschnittliche Bevölkerungsdichte außerordentlich niedrig. Sehr gut entwickelte landwirtschaftliche Bereiche waren aber nur in geringer Zahl vorhanden, und naturgemäß blieben sie immer ein Streitobjekt zwischen den Stämmen, die sie für sich beanspruchten.

In weiter zurückliegenden Zeiten waren die kräftigsten und ausdauerndsten Gruppenmitglieder zugleich auch die tüchtigsten Jäger. Später wurden solche Männer als Krieger eingesetzt, die ihren Stamm beschützten oder Nachbarstämme befehdeten. Die Stärksten unter diesen Kriegern wurden Stammeshäuptlinge. Damit waren die Grundlagen für eine gesellschaftliche Schichtung geschaffen worden.

Stammeshäuptlinge, vielleicht auch deren Nachkommen, gewannen oder erwarben bestimmte Privilegien, darunter auch das Recht, Wildtiere zu jagen. Da immer mehr Land bestellt wurde oder den Viehherden zur Verfügung stand, schrumpften die Jagdgebiete allmählich zusammen. Im Verlauf von mehreren Jahrtausenden wurden die Jagdgebiete dann zu geschützten Bereichen, in denen das Wild weiterexistieren konnte. Die Jagd, für die Menschen der Steinzeit einst ein Element der Einwirkung von Zauberkräften und zugleich wichtigste Voraussetzung für die Beschaffung von Nahrungsmitteln, wurde zu einem Symbol des gesellschaftlichen Status. Zum erstenmal in der Geschichte wurde die Jagd zu einem reinen Element der gesunden Lebensgestaltung – zu einer Sportart.

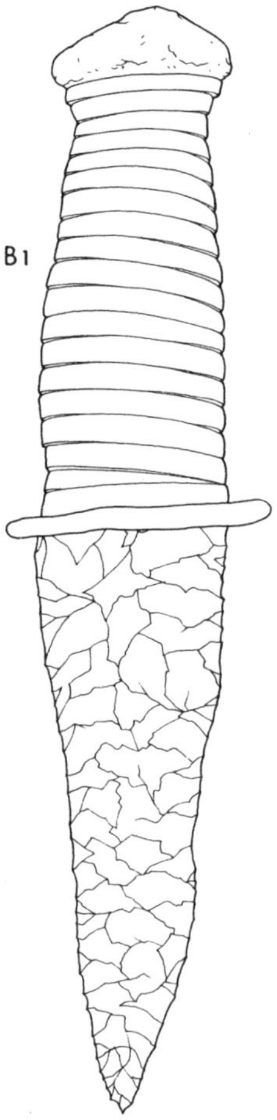

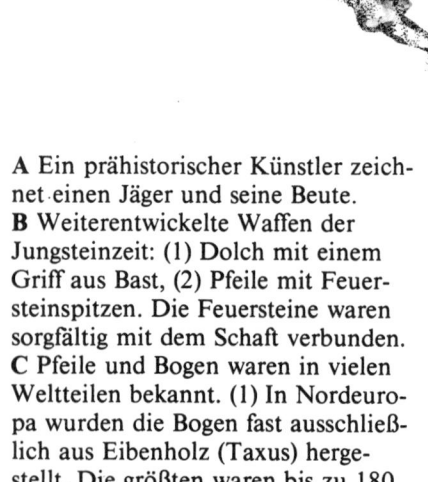

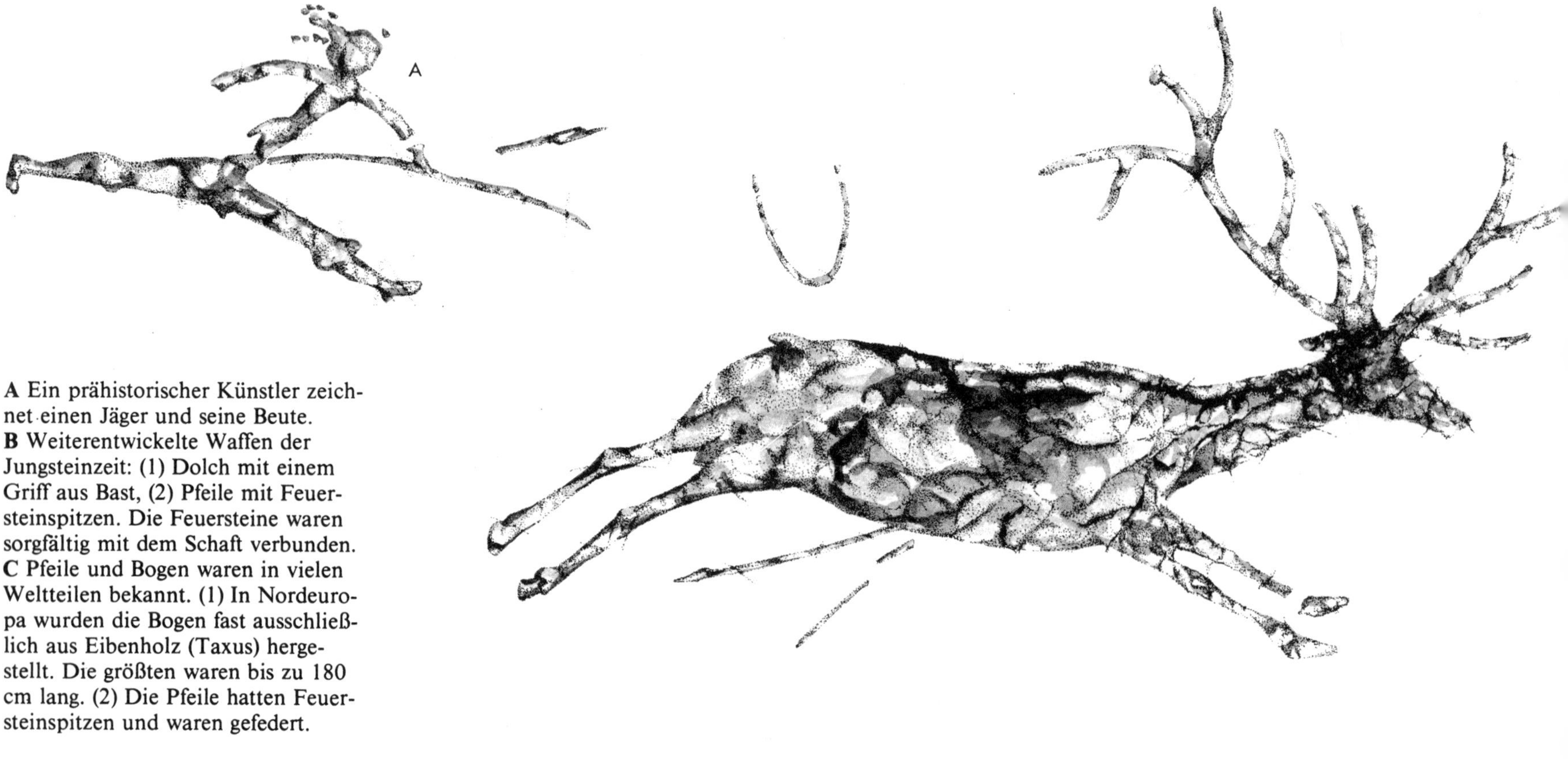

A Ein prähistorischer Künstler zeichnet einen Jäger und seine Beute.
B Weiterentwickelte Waffen der Jungsteinzeit: (1) Dolch mit einem Griff aus Bast, (2) Pfeile mit Feuersteinspitzen. Die Feuersteine waren sorgfältig mit dem Schaft verbunden.
C Pfeile und Bogen waren in vielen Weltteilen bekannt. (1) In Nordeuropa wurden die Bogen fast ausschließlich aus Eibenholz (Taxus) hergestellt. Die größten waren bis zu 180 cm lang. (2) Die Pfeile hatten Feuersteinspitzen und waren gefedert.

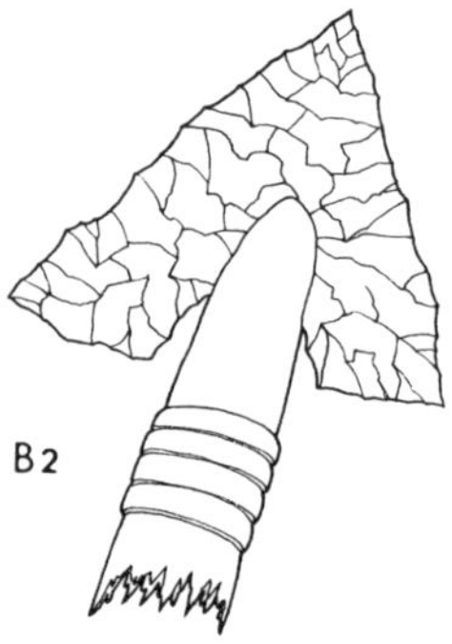

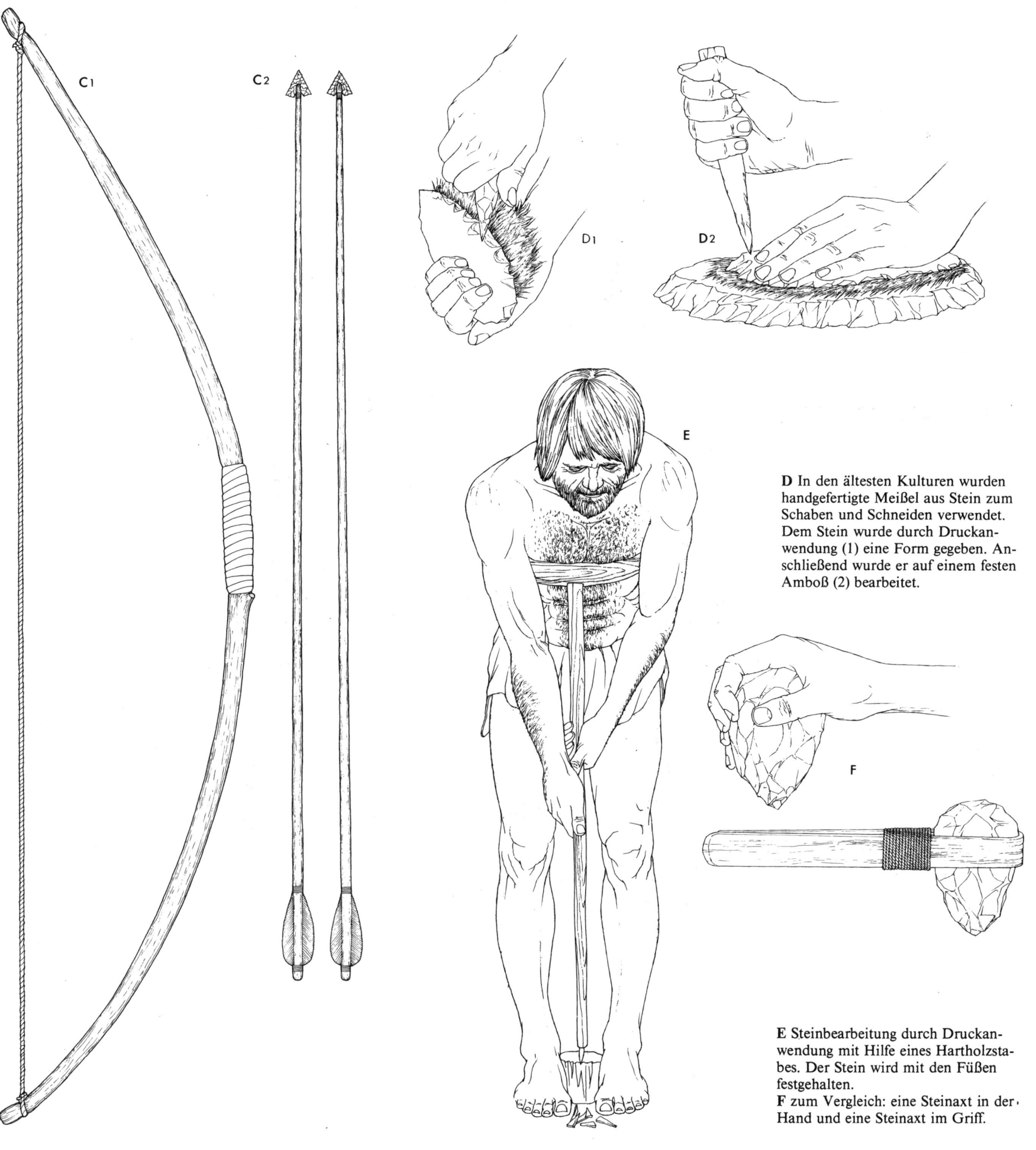

C1

C2

D1

D2

E

D In den ältesten Kulturen wurden handgefertigte Meißel aus Stein zum Schaben und Schneiden verwendet. Dem Stein wurde durch Druckanwendung (1) eine Form gegeben. Anschließend wurde er auf einem festen Amboß (2) bearbeitet.

F

E Steinbearbeitung durch Druckanwendung mit Hilfe eines Hartholzstabes. Der Stein wird mit den Füßen festgehalten.
F zum Vergleich: eine Steinaxt in der Hand und eine Steinaxt im Griff.

Kapitel 2:
Die Jagd vom Beginn der geschichtlichen Zeit bis zum Mittelalter
John F. Reiger

Für viele Jäger, die die Jagd mit Neigung und Leidenschaft betreiben, reicht ein bequemes Leben nicht aus. In seinen »Gedanken über die Jagd« (1942 und 1972) schrieb der spanische Philosoph José Ortega y Gasset: »Andere Lebewesen leben nur. Dem Menschen ist jedoch nicht die Möglichkeit gegeben, einfach nur zu leben; er kann und muß sich dem Leben widmen… Viele Menschen unserer Zeit haben sich dem Jagdsport gewidmet. Die ganze Geschichte hindurch, von Sumer und Akkad, Assyrien und dem Alten Reich der Ägypter angefangen bis hin zur Gegenwart, hat es immer Menschen gegeben, viele Menschen… die sich der Jagd gewidmet haben, aus freien Stücken, da sie Spaß daran hatten, oder aus Leidenschaft.«

Welche Bedeutung die Jagd für die Herrscher des Altertums hatte, erkennt man leicht bei der Betrachtung kunstgeschichtlicher Werke. Es ist erstaunlich, wie viele der Illustrationen Jagdszenen darstellen. Beispiele hierfür sind die Jagd auf Wildrinder an dem Tempel von Ramses III. (1195–1164 v. Chr.) in Theben und die berühmte Geflügeljagdszene in einem thebanischen Grab (1570–1349 v. Chr.); der assyrische König auf der Löwenjagd vom Palast des Assurbanipal in Ninive (669–626 v. Chr.), die großartige »sterbende Löwin« – eine von Pfeilen durchbohrte Löwin, die sich zum letzten Sprung aufrichtet – in Ninive; und schließlich der persische Herrscher Chosrau I. (531–570 n. Chr.) als Reiter auf der Steinbockjagd – Schöpfung eines Silberschmieds aus dem sechsten Jahrhundert.

Wo auch immer Jagdszenen dargestellt worden sind – allen diesen Kunstschöpfungen gemeinsam ist die Vitalität und realistische Auffassung. Ein Kunsthistoriker sagte hierzu: »Die natürlichen Formen sind mit der gleichen scharfen Beobachtungsgabe festgehalten worden, die auch den prähistorischen Höhlenmalereien zugrunde liegt.«

Wenn man die Kunstwerke der großen alten Kulturen aus dem Bereich der Jagd genau betrachtet, muß man Ortega y Gasset zustimmen, der den Jäger als den »wachsamen Menschen« bezeichnete, denn »nur der Jäger sieht alles, indem er die ständige Wachsamkeit des wilden Tieres nachahmt«.

In den Augen des Historikers sind die Darstellungen der Jagd deswegen besonders bedeutsam, weil er an ihnen erkennen kann, welche Tiere gejagt und auf welche Weise sie erlegt wurden.

Die Pharaonen veranstalteten bereits vergnügliche Hofjagden, wobei sie Hetzhunde verwendeten, die unseren heutigen Windhunden ähnelten. Eine Szene auf dem Schießbogenkasten des Königs Tutenchamun zeigt einen dieser Hunde, der neben einem gazellenähnlichen Tier herläuft und es beim Vorderbein packt. Der junge Pharao fährt in seinem Streitwagen hinterher und ist im Begriff, einen Pfeil auf das von seinem Hund gefaßte Tier abzuschießen.

Die Jagd vom Streitwagen, der von zwei schnellen Pferden gezogen wurde, scheint die bevorzugte Methode bei der Verfolgung von Großwild gewesen zu sein. Weniger gefährliche Beutetiere wurden zumeist mit Pfeilen erlegt, während der Speer zur Tötung wehrhafter Tiere wie Löwen und Wildrindern diente.

A Teil eines bemalten Reliefs aus dem Grab des Ti in Sakkara, 5. Dynastie, 2563–2423 v. Chr. Außer den langschwänzigen Jagdhunden zeigt das Relief noch andere Hunderassen und Tiere, z. B. ein Kaninchen und ein Igelpaar.

B Wirklichkeit oder Traum eines Jägers? Tutanchamun und sein Hund erlegen fünf Löwen und zwei Löwinnen. Der Pharao, der seinen Bogen linkshändig führt, hat nach dem Abschuß von 15 Pfeilen noch drei volle Köcher in Reserve. Bemalte Holztruhe im Grab des Tutanchamun in Theben.

Auch Kleinwild wurde von den ägyptischen Herrschern gern gejagt. Zu den berühmtesten Beispielen ägyptischer Grabmalskunst gehört die schon erwähnte Geflügeljagdszene von Theben. Der Jäger steht in seinem Boot, das tief in einen Papyrussumpf hineingefahren ist. Seine Waffe ist ein langer, S-förmiger Wurfspieß. In einer Hand hält er drei flatternde Enten an den Füßen fest. Es können Beutetiere oder auch Lockvögel sein, die der Jäger mitgenommen hat.

Wenn man sich vorstellt, wieviel Wassergeflügel es damals am Nil gegeben hat, dann war der schwere Wurfspieß, mitten in den Schwarm hineingeschleudert, sicherlich eine wirksame Waffe. Seltsam erscheint uns die Darstellung, daß hier die Katze des Jägers, und nicht ein Hund, die erlegten Vögel apportiert.

Nicht nur die Ägypter, sondern auch die Assyrer jagten Großwild vom Streitwagen aus, doch sie scheinen auch bei den wildesten Tieren Pfeil und Bogen bevorzugt zu haben. Eine berühmte Szene zeigt einen wütenden, schon von mehreren Pfeilen durchbohrten Löwen, der den Streitwagen von hinten anfällt, während der König aus nächster Distanz einen Pfeil auf ihn abschießt.

Auch auf einem anderen Kunstwerk wird dargestellt, wie sehr die Assyrer die gefahrvolle Jagd liebten. Es befindet sich in Ninive und zeigt den reitenden König auf der Löwenjagd. Diesmal verwendet er einen Speer, den er dem Löwen in den Rachen stößt, während das Tier auf den Hinterfüßen steht, offenbar im Begriff, den König aus dem Sattel zu ziehen. Hinter dem Jäger wird ein zweites Pferd von einem Löwen, in dessen Leib bereits drei Pfeile stecken, seitlich angegriffen.

Sowohl die Assyrer als auch die alten Perser liebten die Jagd so sehr, daß sie Wildtiere in großen Einfriedungen hielten. Der König veranstaltete dann mit seiner Jagdgesellschaft große Treibjagden. Ein assyrischer Herrscher rühmte sich, auf einer einzigen Jagd 450 Löwen, 390 Wildrinder, 200 Strauße und 30 Elefanten erlegt zu haben. Außerdem fing er bei dieser Gelegenheit große Mengen weiterer Wildtiere ein, die in die Einfriedung getrieben wurden, um dann späterhin gejagt zu werden. Erwähnenswert ist, daß das Wort »Paradies« aus dem Altpersischen kommt und sich auf einen eingefriedeten Jagdpark bezieht.

Mit dem Aufstieg des klassischen Griechenland und Roms wurde die Jagd ebenso leidenschaftlich wie zuvor betrieben. Allerdings wissen wir hier mehr Einzelheiten, da weitaus mehr Quellen überliefert sind. Sowohl die darstellende Kunst als auch die klassische Literatur zeigen uns, in welchem Umfang, zumindest in den oberen Bevölkerungsschichten, die Jagd als Sportart verbreitet war.

Doch die Jagd war nicht nur volkstümlich; sie wurde in steigendem Maße als umfassender Bestandteil der Erziehung zur Männlichkeit betrachtet, sowohl in körperlicher als auch in symbolischer Hinsicht.

In seiner Schrift über den Staat läßt Plato seinen früheren Lehrer Sokrates zu einem anderen Philosophen sagen: »Nun denn, Glaukon, wir müssen uns wie ein Kreis von Jägern um das Dickicht aufstellen, mit sehr wachsamem Geist, damit die Gerechtigkeit uns nicht entschlüpft... Gib also acht und tu dein Bestes, sie zu erkennen und sie mir entgegenzutreiben.« Plato beendet seinen Jagdmetapher, indem er Sokrates ausrufen läßt: »Großartig! Ich glaube, wir haben eine Spur, und ich meine, sie wird uns jetzt nicht entschlüpfen.«

Plato will damit dem Leser gegenüber ausdrücken, daß der Philosoph auf der Suche nach der Gerechtigkeit die gleiche Geisteshaltung anstreben soll, die auch ein guter Jäger besitzt. Somit haben die Jagd und die Philosophie etwas Gemeinsames: Beide sind geeignet, Probleme schwieriger Art zu lösen.

Der griechische Heerführer und Historiker Xenophon äußert sich lobend über die günstige Auswirkung der Jagd auf den körperlichen Zustand und die militärische Bereitschaft der Soldaten: In seiner Schrift »Cynegeticus«, dem ersten bekannten Handbuch über die Jagd, stellt er fest: »Männer, die die Jagd lieben, ziehen daraus keinen geringen Vorteil,

denn sie gewinnen Gesundheit des Körpers, einen schärferen Blick, besseres Hörvermögen und ein längeres Leben. Zudem ist die Jagd ein ausgezeichnetes Training für den Krieg.«

Die Art, wie zu damaliger Zeit gejagt wurde, scheint Xenophon bei seiner Einschätzung der körperlichen Vorteile für den Jäger recht zu geben. An die Stelle von Pfeil und Bogen scheinen um diese Zeit die Speere als beliebteste Jagdwaffen getreten zu sein. Es gab zwei Arten von Speeren: leichte Wurfspeere und schwere Spieße zum Stechen auf kurze Distanz. Man kann sich vorstellen, in welchem Maße die geistige und körperliche Wachsamkeit bei jenen Jägern gestählt wurde, die, nur mit einem Speer bewaffnet, einem wilden Eber gegenübertraten!

Die Wildschweinjagd mit nur einem Speer und einem kurzen Schwert war jahrhundertelang eine beliebte Jagdart in Europa; sogar noch im 20. Jahrhundert pflegten einige wagemutige Sportjäger in Europa und Nordamerika diese durchaus nicht ungefährliche Art, Schwarzwild zu erlegen.

Wildschweine wurden stets mit Hunden gejagt. Die Hunde trieben das Wild in Netze, wo es sich verfing und erlegt werden konnte. Jedoch mißlang dies mitunter, wie Xenophon uns berichtet, und der Jäger mußte sich dann dem Kampf mit einem Wildschwein stellen, das sich losgerissen hatte. Bezeichnend für diese Art der Verfolgung von Wildschweinen war es, daß die Jagd als Sport betrieben wurde und daß sie nicht in eine sinnlose Abschlachtung ausartete. Hauptaufgabe der Jäger war es, die Hunde so zu lenken, daß sie das Wild den Netzen entgegentrieben.

Wie sehr sich die Methoden in der nachfolgenden Zeit auch geändert haben mögen – der Grundgedanke der Jagd blieb über die Jahrhunderte erhalten: Sie kann nur dann als wirklicher Sport aufgefaßt werden, wenn das Wild eine faire Chance zum Entkommen behält und wenn der Jäger, wenn auch nur theoretisch, sich einer gewissen persönlichen Gefährdung aussetzt. Gunnar Brusewitz, ein schwedischer Historiker des Jagdwesens, sagte hierzu: »Es läßt sich ohne Übertreibung feststellen, daß der europäische Jagdsport seine Ursprünge in Rom und Griechenland hat.«

Nach Brusewitz ist die Hasenjagd ein ausgezeichnetes Beispiel für die Bedeutung der »Schaustellung« – das Jagen als Vorgang, und nicht die Erlegung des Wildes, ist das Wesentliche der Jagd. Schon Xenophon empfiehlt, daß ein von Hunden verfolgter Hase die Möglichkeit zum Entkommen haben sollte, »zum Ruhm der Göttin der Jagd«.

2 000 Jahre später sagte dies der französische Forscher und Philosoph Pascal auf andere Art: »Der besondere Wert eines Hasens liegt nicht darin, daß man ihn besitzt, sondern vielmehr darin, daß man ihn verfolgt.«

Erwähnenswert ist die Hasenjagd im Donaugebiet, der nördlichen Grenze des Römerreiches, aus einem anderen Grunde: Sie ist ein Beispiel für die auch heute noch vertretene Meinung, daß nur die »besseren Leute« die Jagd genießen können, denn die Reichen ritten auf ihren Pferden den Hunden hinterher, während die Armen zu Fuß folgen mußten. Ein besonderes Beispiel für die Prachtentfaltung bei der Jagd ist die englische Form der Fuchsjagd, die später auch in die amerikanischen Kolonien übertragen wurde. Auch hier spielt die Erlegung des Wildes eine untergeordnete Rolle, doch die sozialen Unterschiede bei der Jagdgesellschaft bleiben erhalten.

Die Römer übernahmen auch auf dem Gebiet des Jagdwesens viele Aspekte der griechischen Kultur. Besonders der Einfluß Xenophons wirkte sich hier aus. Doch der Niedergang des Römerreichs zog auch das Jagdwesen in Mitleidenschaft.

Auch Menschen, die das zwischen 72 und 80 n. Chr. erbaute und damals 50 000 Zuschauer fassende Kolosseum nicht gesehen haben, kennen sicherlich die grausamen, bis heute überlieferten Berichte über Gladiatoren, die mit Löwen kämpfen mußten, und über Sklavenmädchen, die von ausgehungerten Krokodilen zerrissen wurden. Bemerkenswert bleibt, daß viele dieser Berichte der Wahrheit sehr nahe kommen. Aus allen Reichsgebieten wurden wilde Tiere zum Kolosseum und zu anderen Arenen gebracht. Ganze Provinzen wurden von großen Tierarten entblößt. Die Jagd war zu einem bloßen Blutvergießen entartet.

Einige Historiker setzen den Beginn des Mittelalters in Europa mit dem Fall des Weströmischen Reiches im Jahre 476 an. Diese Periode dauerte bis zur Reformation und Renaissance und bis zum Beginn des Zeitalters der Entdeckungen an.

Von allen Jagdformen des Mittelalters war die Falknerei für diese Periode besonders kennzeichnend. Sie war schon Jahrhunderte zuvor in den Steppen Turkestans verbreitet. Mit den Wanderungen der Völkerschaften breitete sich dieser Sport dann nach Osten und Westen aus. Zwei Voraussetzungen mußten dabei allerdings erfüllt sein: ein ausreichender Bestand an Falken und freies Gelände, in dem man das Schauspiel in der Luft genießen konnte.

Auch hier zeigte sich, daß die sportliche Veranstaltung und nicht das Blutvergießen von wesentlicher Bedeutung war. In der Falknerei kommt es nämlich vor, daß der Falke seine Beute unverletzt freiläßt, nachdem er sie niedergeholt hat.

In Europa war der Reiher als Beutevogel in der Falknerei beliebt. Der Falkner ließ seine Falken die großen, langsamen Reiher jagen, wenn diese von ihren Fischgründen zu den Nistplätzen zogen.

Die Falknerei, die ursprünglich jedermann offenstand, wurde bald zu einem Privileg der oberen Gesellschaftsschichten, und nur der Kaiser hatte das Recht, mit einem Goldadler zu jagen. Im mittelalterlichen England war vorgeschrieben, daß ein König mit einem weißen Grönland-Falken jagen durfte, ein Herzog mit einem Wanderfalken und ein Ritter mit einem Hühnerhabicht. Der Falke wurde zu einer Art Rangabzeichen, und Themen über die Falknerei durchdrangen Kunst und Literatur.

Das 1486 gedruckte erste Jagdbuch in englischer Sprache ist das »Boke of St. Albans«, in dem die Falknerei ausführlich behandelt wird. In diesem Buch kommt zum Ausdruck, daß die Geistlichkeit – trotz ihrer offiziellen Verurteilung der Falknerei – gleichermaßen an diesem Sport interessiert war wie die Laienschaft außerhalb der Kirche.

Trotz allen Glanzes, der von der europäischen Falknerei ausging, sollte man nicht vergessen, daß dieser Sport seinen Ursprung im Osten hatte. Während die Europäer ihre Freude an den »Balletten in der Luft« hatten, genoß auch der große Kublai Khan dieses Schauspiel. Als Marco Polo im 13. Jahrhundert den chinesischen Herrscher besuchte, berichtete er, daß der Khan auf die Jagd ging mit »10000 Falknern und etwa 500 Geierfalken, außerdem Wanderfalken... und anderen Falken in großer Anzahl und Hühnerhabichten, die Wasservögel jagten...«.

Obwohl der europäische Adel die Falknerei mit Begeisterung pflegte, war er nicht in der Lage, den Niedergang dieses Sports zu verhindern. Die Falknerei verlor an Bedeutung, als immer mehr Ländereien unter den Pflug kamen und die Ansiedlungen sich ausbreiteten. Der Falkner und sein Vogel wurden in ihrer Freizügigkeit behindert, da ihnen nicht mehr große, offene Landgebiete zur Verfügung standen.

Nicht nur die Falknerei, sondern auch andere Jagdformen betrachtete der Adel im Mittelalter als Bereiche, in denen nur er zu bestimmen hatte. König Dagobert, ein fränkischer Herrscher, war der erste europäische Fürst, der Vorschriften über die Jagd aufstellte. Nach seinen »Waldgesetzen« aus dem siebenten Jahrhundert hatten nur der König und seine Edelleute das Recht zur Jagd. Später, im Jahre 1016, erließ König Knut das erste Jagdgesetz in England, das die Todesstrafe jenen androhte, die in den Waldungen des Königs jagten.

Der Jagdhistoriker Michael Brander berichtet: »Unter Knut war noch immer die alte sächsische Jagdmethode üblich, die darin bestand, daß das Wild durch trichterförmig angelegte Hecken den wartenden Jägern zugetrieben wurde.« Die Tiere wurden mit Pfeilen oder Speeren erlegt, wenn sie in die Nähe der Jäger gelangten.

Nach der Eroberung durch die Normannen im Jahre 1066 änderten sich in England neben vielen anderen Sitten auch die Jagdmethoden. Das Wild wurde nicht mehr den wartenden Jägern zugetrieben, sondern die Jagd zu Pferde mit Hilfe von Hunden wurde üblich.

Ein Jagdhund wurde losgelassen, um die Spur eines Hirsches bis zu seinem Lager zu verfolgen. Sobald das Tier aufgescheucht war, wurden weitere Hunde losgelassen, und der Jäger galoppierte hinterher, so schnell er konnte. Hörner wurden geblasen, um die Verbindung zwischen den Jägern aufrechtzuerhalten, bis die Hunde den Hirsch gestellt hatten. Zwischen dieser Jagdart und der später in England und Nordamerika üblichen Methode der Fuchsjagd besteht eine enge entwicklungsmäßige Verbindung. Sie wurde so beliebt und verbreitet, daß das englische Wort »Hunting« nicht nur die Jagd im allgemeinen beschreibt, sondern im engeren Sinne gerade für die Jagd zu Pferde gilt.

Jagd auf ein Flußpferd: Die Harpunen haben lose Spitzen, an denen Stricke befestigt sind. Der Jäger konnte durch einen Treffer in die Nasenlöcher verhindern, daß das Tier unterging – doch wie verhinderten die Jäger das Kentern ihres leichten Bootes? Aus Sakkara, 5. Dynastie.

B Zur Falkner-Ausrüstung gehört (1) ein schwerer Handschuh, der die Hand vor den Krallen und dem Schnabel des Falken schützt. Wenn der Falke nicht zurückkehrt, kann man ihn mit Hilfe einer Glocke (2) wiederfinden. (3) Eine Kopfhaube mit Federn im eleganten holländischen Stil. Sie muß so sitzen, daß sie die Augen des Vogels bedeckt, ohne sie zu schädigen.

A₁

A Ein Wanderfalke vor (1) und nach (2) seinem Sturzflug auf einen Fasan. Am Boden hat ein Falkner gerade einen Falken aufsteigen lassen. Weitere vier Vögel – sämtlich mit Kopfhauben, damit sie die Beute nicht zu früh sehen – warten auf einem Rahmen. Im Hintergrund hält ein berittener Falkner seinen Falken auf der Faust. Der Falkner trägt gewöhnlich auf der linken Hand einen schweren Handschuh. Der Vogel sitzt darauf und wird durch einen Fußriemen am Wegfliegen gehindert. Der Falkner muß geschickt mit Kopfhaube und Riemen umgehen können.

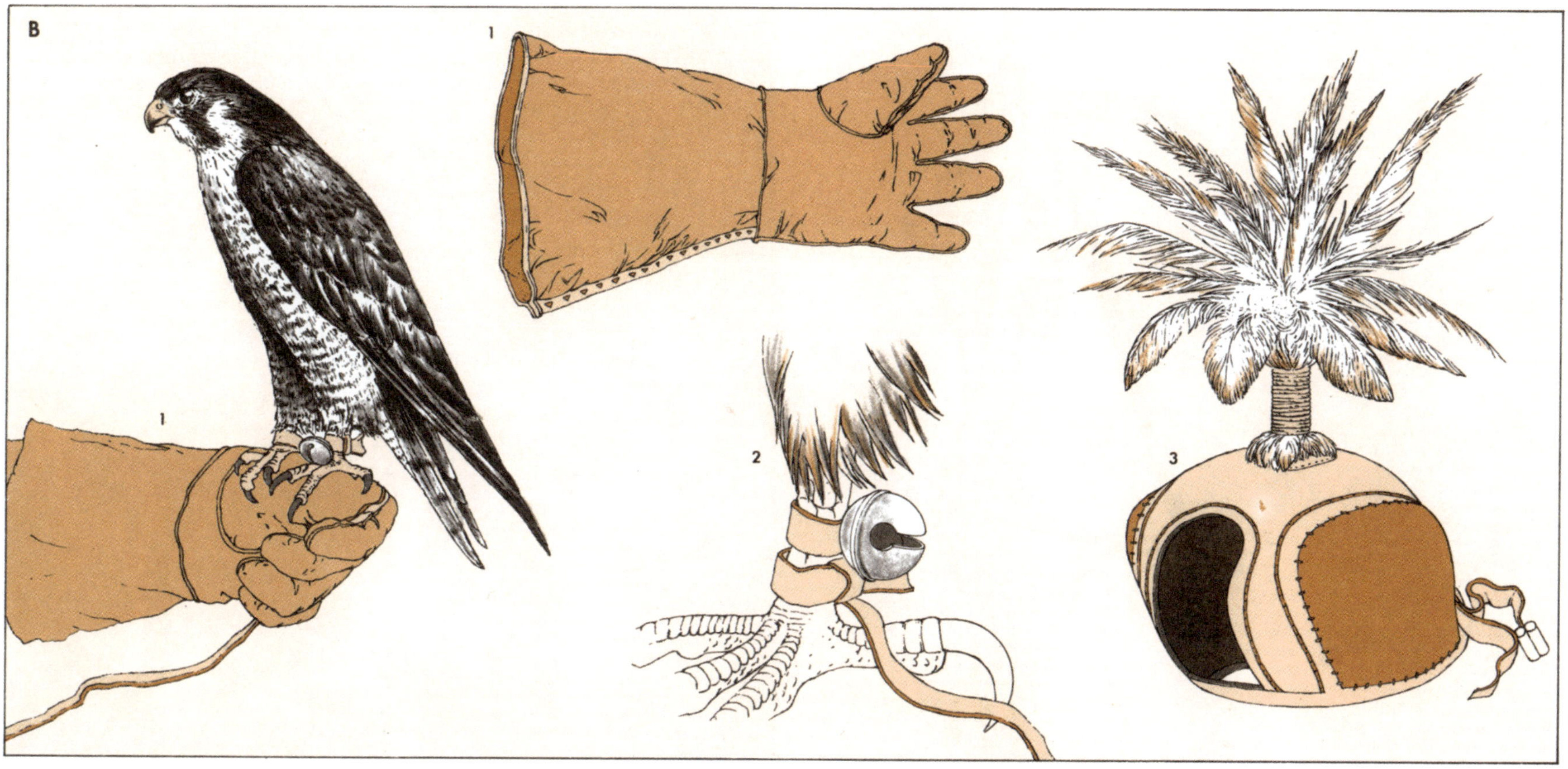
B
1
1
2
3

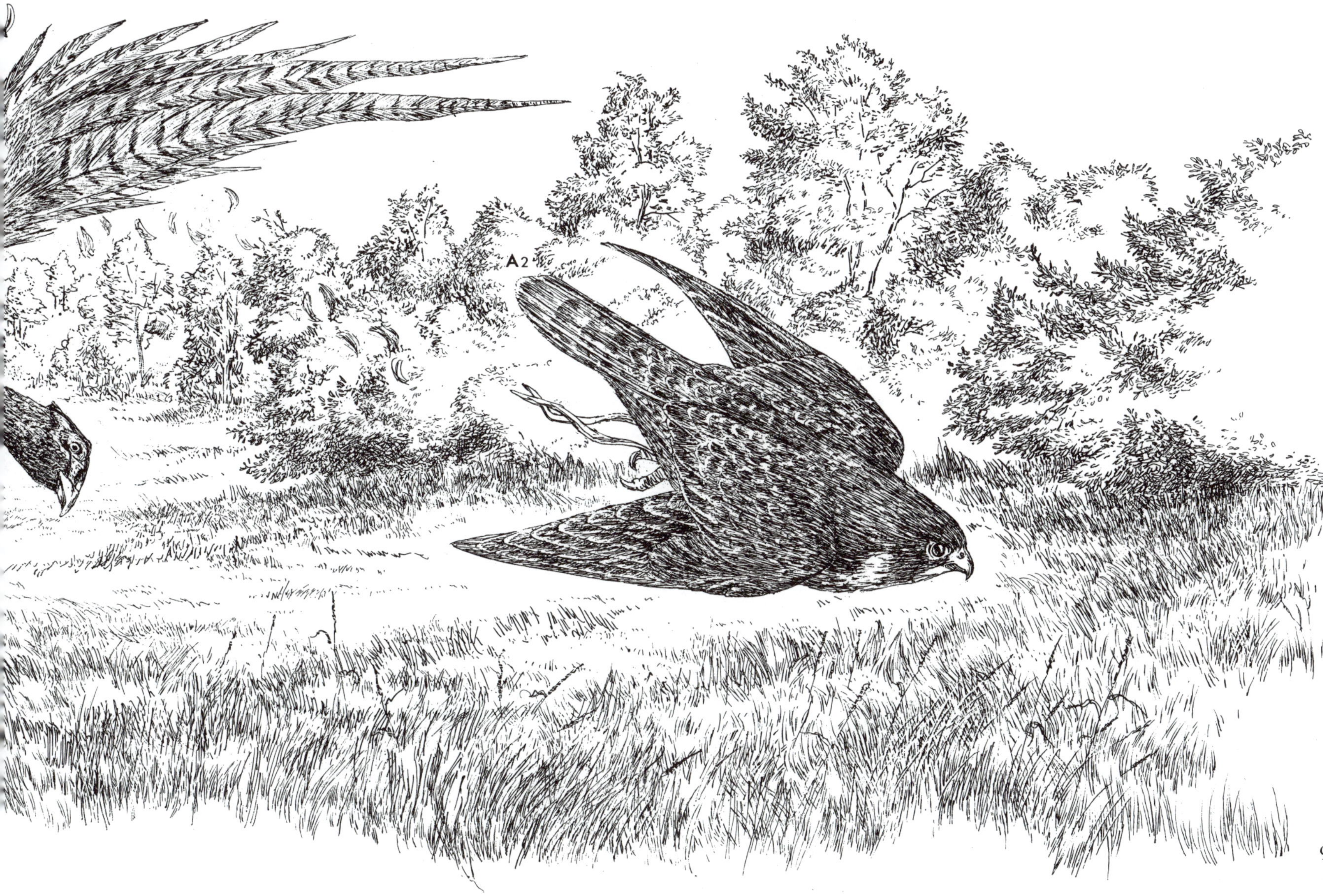
A2

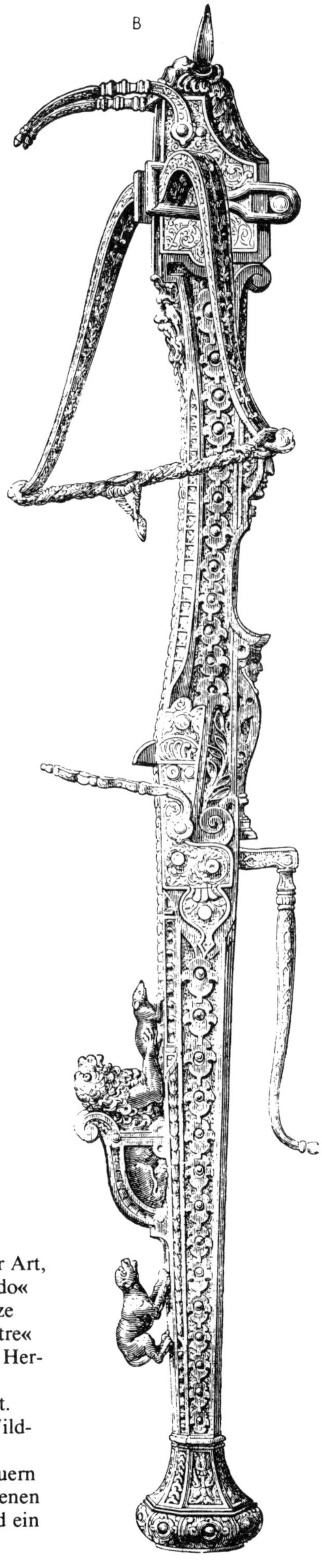

A Ein Wildschweinspieß von der Art,
wie er im »Inventario – Iluminado«
Karls V. aufgeführt ist. Die Spitze
trägt das Kaisermotto »Plus Oultre«
und das Wappen der Säulen des Her-
kules; um 1530.
B Eine mittelalterliche Armbrust.
Armbrüste wurden häufig zur Wildschweinjagd verwendet.
C Forken und Spieße für die Bauern
zu Fuß, Schwerter für den berittenen
Adel, einige verletzte Hunde und ein
gestelltes Wildschwein.

Kapitel 3:

Das Zeitalter der Feuerwaffen

John F. Reiger

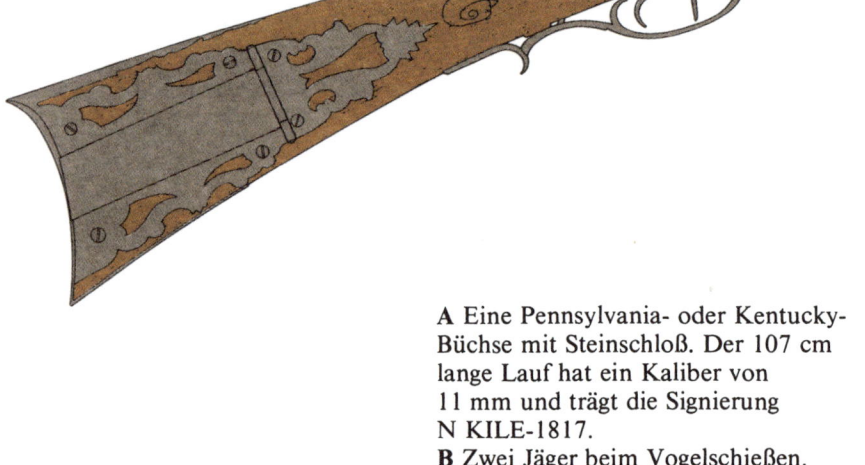

Ein großer Wandel bahnte sich an, als die Schiffe des Christoph Kolumbus die Küste Spaniens verließen, um den Westen zu erkunden. Mehr als jedes andere Ereignis kennzeichnet die erste Reise des Kolumbus im Jahre 1492 das Ende des Mittelalters. Und so wurde die Ausbreitung der europäischen Völker und Kulturen über alle Kontinente der Erde zum Hauptgegenstand der Weltgeschichte vom Beginn des 16. Jahrhunderts bis zur heutigen Zeit.

Zur Zeit der ersten Erforschungen war das östliche Nordamerika keine undurchdringliche Wildnis, wie viele Menschen noch heute meinen. Es war vielmehr ein Gebiet, das bereits landwirtschaftlich genutzt wurde. Die Indianer der Waldlandschaften des Ostens lebten in Wirtschaftssystemen, die auf der Jagd und dem Nahrungsmittel-Sammeln beruhten, sofern sie nicht Ackerbauern waren.

Man ließ Bäume absterben und verbrannte sie dann, um mehr Land für den Anbau von Mais und Bohnen zu schaffen. Mit Hilfe von Bränden wurde auch das Wild den bereitstehenden Jägern entgegengetrieben. Innerhalb der Waldlandschaft entstanden somit freie Flächen, die sich erst später wieder bewaldeten und in denen die Europäer, als sie in das Land vordrangen, Wildtiere in großer Anzahl vorfanden, wie Weißwedelhirsche, Haselhühner und Truthühner. Vermutlich hätten die Europäer weitaus weniger Tiere dieser Arten angetroffen, wenn das Land noch mit den ursprünglichen, undurchdringlichen Waldungen bedeckt gewesen wäre. Die genannten drei Arten bevorzugen eine gegliederte Umwelt, besonders Waldränder, wo sie einerseits Deckung finden, sich aber auch frei bewegen können.

Viele der Jagdmethoden, die die Indianer anwendeten, unterschieden sich kaum von den Jagdsitten der steinzeitlichen Vorfahren der Europäer. Die Indianer betrieben die Jagd nur zeitweilig als Sport. Um möglichst viel Fleisch zu erlangen, erlegten sie die Wildtiere vorzugsweise in großer Anzahl. Wie bereits erwähnt, wurde das Wild häufig mit Hilfe von Bränden dorthin getrieben, wo es leicht erlegt werden konnte, nämlich in Einfriedungen, in das Wasser oder in den tiefen Schnee.

Die indianische Methode der Massenabschlachtung wurde von den europäischen Siedlern anfangs nur selten übernommen. Dagegen eigneten sich die Europäer manche indianischen Gebräuche bei der Einzeljagd an. In Europa war es im Mittelalter bis zur Zeit der Renaissance Sitte gewesen, Hirsche mit Hilfe von Hunden in Teiche oder Flüsse zu treiben, wo berittene Jäger das Wild mit Speeren erlegten. Im östlichen Nordamerika lebte diese Methode in abgewandelter Form wieder auf, in Anlehnung an die indianische Sitte, Wild mit Hunden in Seen zu treiben, wo es vom Kanu aus erlegt wurde. Dieser grausame »Sport« wurde erst gegen Ende des 19. Jahrhunderts abgeschafft.

Eine weitere Jagdmethode war das nächtliche Anschleichen an das Wild. Die Europäer lernten dieses geschickte Vorgehen von den Indianern. Zwei Mann schlichen leise durch die Wälder, und der hinter dem Jäger gehende Gehilfe hielt eine Fackel. Das Wild blieb, durch den Lichtschein gebannt, reglos stehen, und der Jäger konnte auf die Augen des Tieres zielen, in denen sich das Licht reflektierte.

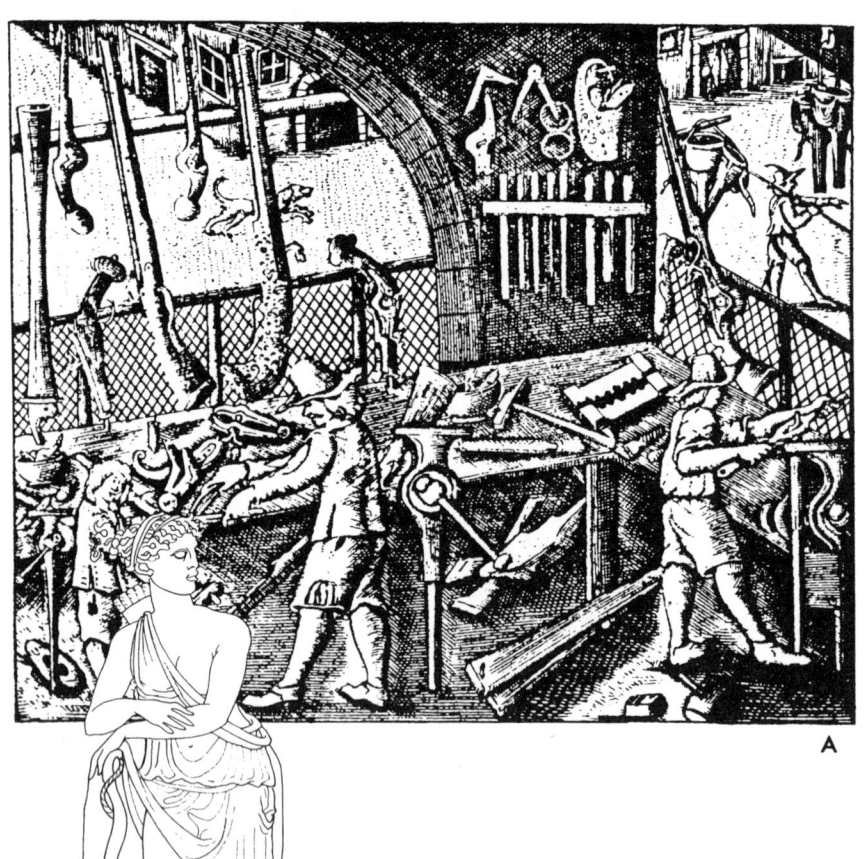

Diese Methode war nicht nur bei der Hirschjagd gebräuchlich. Sie ließ sich auch bei Wasservögeln anwenden. Gewerbsmäßige Jäger brachten häufig ein Licht am Bug ihres Bootes an, das sie leise und langsam auf Ansammlungen von Enten oder Gänsen zulenkten. In dunklen, ruhigen Nächten verharrten die Vögel häufig unbeweglich, bis sich der Schütze hinter dem Licht in unmittelbarer Nähe befand.

Diese unsportliche Jagdmethode ist keineswegs ganz aus der Mode gekommen. Wilddiebe haben im 20. Jahrhundert die Art der »Blendung« zum neuen Leben erweckt, indem sie das Wild mit den Scheinwerfern ihrer Autos auf eine Stelle bannen. In vielen Teilen Amerikas ist dieser Wildfrevel noch allzu gebräuchlich.

Es mutet seltsam an, daß die Europäer indianische Jagdmethoden übernahmen, da die Indianer doch nur über »primitive« Waffen verfügten, während die Weißen Feuerwaffen hatten. Das Schießpulver war vermutlich schon in neunten Jahrhundert in China bekannt, und es kam seit dem 14. Jahrhundert in Europa in Gebrauch. Die Entwicklung von Waffen, die für die Jagd geeignet waren, erfolgte jedoch nicht besonders zügig. Die ersten, um die Mitte des 14. Jahrhunderts hergestellten Feuerwaffen waren gefährlich in der Handhabung und benötigten beim Abschuß eine Stütze. Die ersten »Handkanonen« waren nicht handlich und schossen ungenau. Einige der Soldaten, die Kolumbus begleiteten, waren mit einer ziemlich unförmigen Luntenschloß-Arkebuse bewaffnet, die sich eher zur Kriegsführung als zur Jagd eignete. Die Expedition des Kolumbus führte daher zusätzliche kleine Waffen mit, darunter auch Armbrüste.

Einer der ältesten Entwürfe für eine Radschloß-Feuerwaffe wurde von Leonardo da Vinci gezeichnet. Waffen mit Radschlössern, die eine bedeutsame Weiterentwicklung darstellten, begannen seit dem Beginn des 16. Jahrhunderts zu erscheinen. Sie gewährleisteten eine schnellere und bessere Zündung als das Luntenschloß, und man konnte leichter mit ihnen zielen.

Das 18. Jahrhundert war schon fast zu Ende gegangen, als es englischen Büchsenmachern – besonders Henry Nock – gelang, das Zündsystem so zu verbessern, daß die Pulverladung in einem relativ kurzen Lauf völlig verbrannte. Im Jahre 1787 entwickelte Nock einen Verschluß, durch den das Feuer von der Zündpfanne viel schneller zum Lauf übertragen wurde. Hauptsächlich durch diese Verbesserung beeinflußt, gelang bei den Waffen mit glatten Läufen der Übergang von langen und schweren Gewehren zu den leichten, kürzeren Flinten, besonders zu den später so beliebten doppelläufigen Flinten.

Bei den Büchsen war besonders ein früh entwickeltes Modell den anderen überlegen. Dies war die sogenannte »Jäger-Büchse«, im wesentlichen ein deutsches Modell mit einem ausgezeichneten französischen Steinschloß. Sie war im kontinentalen Europa weit verbreitet. Man verwendete sie bei Schießwettkämpfen, aber auch im Krieg und auf der Jagd. Die Büchse hatte einen relativ kurzen Lauf und zeichnete sich durch gute Verarbeitung von Schloß, Visier, Zügen und Schaft aus. Typisch für sie war ein mit einem Schiebedeckel verschlossenes Fach im Kolben, in dem man Feuersteine und Wischlappen unterbrachte. Die »Jäger-Büchse« war eine direkte Vorläuferin vieler guter europäischer Jagdwaffen und Karabiner. Mit deutschen und schweizerischen Auswanderern gelangte sie im 18. Jahrhundert in die Neue Welt, wo sie mit der Zeit in eine leichtere Waffe mit längerem Lauf und kleinerem Kaliber umgewandelt wurde und zunächst als »amerikanische« Büchse bekannt war. Wegen ihres kleineren Kalibers und geringeren Gewichts konnten auch bei größeren Jagdunternehmungen Pulver und Kugeln in reichlicher Menge mitgenommen werden. Mit dieser Waffe konnte man gut genug zielen, um Eichhörnchen zu treffen, und die Kugeln hatten genug Durchschlagskraft, um Hirsche oder Bären zu erlegen. Die Büchse wurde zwar hauptsächlich in Pennsylvania hergestellt; bekannt wurde sie jedoch unter dem Namen »Kentucky Rifle«.

A Werkstatt eines Pariser Waffenschmieds, Ende 17. Jahrhundert. Links: Ein Lehrling lernt bei einem Meister. Rechts: Ein Gehilfe mit einem Gewehrlauf. Im Fenster hängen Pistolen, Gewehre und Halfter. Aus Nicolas Guérard: »Diverses Pièces d'Arquebuserie«, Paris um 1720.
B Versilberter Abzugsbügel an einem Steinschloßgewehr, angefertigt in Versailles unter Boutet für König Karl IV. von Spanien, um 1803.
C Zwei Schützen mit Luntenschlössern, 17. Jahrhundert.

In der ersten Zeit der Erkundung und Kolonisierung der Neuen Welt gab es jedoch weder doppelläufige Flinten noch Jägerbüchsen von großer Durchschlagskraft. Man verwendete die über den Atlantik mitgeführten Feuerwaffen zwar für den Abschuß von massenweise auftretenden Wasservögeln oder beim Beschleichen von Wild mit Hilfe von Fackeln. Bei größeren Entfernungen war der Langbogen jedoch noch immer die sicherste Schußwaffe.

Die indianischen Schießbogen waren den europäischen Langbogen, die in der Alten Welt bereits ungebräuchlich wurden, weit unterlegen. Doch hatten diese indianischen Waffen zumindest einen Vorzug gegenüber den ersten Feuerwaffen, die nach Amerika gekommen waren. Das Bogenschießen geht fast geräuschlos, vor sich, und wenn der erste Pfeil fehlgeht, kann man noch einen zweiten abschießen, da das Wild zumeist unbeweglich verharrt.

Mit der europäischen Armbrust konnte man zielsicher schießen, doch sie war schwierig zu bedienen und daher langsamer in der Handhabung als der Langbogen. Gute Armbrüste waren außerdem teuer und ließen sich nur schwer nachbauen. Bei der Jagd hatte daher der Schießbogen europäischen oder indianischen Ursprungs viele Vorteile, die manche Historiker nicht in genügendem Maße betont haben.

Die Indianer hatten mit ihren Schießbögen somit schnell zu handhabende »Repetierwaffen«, während die Europär auf Armbrüste und Feuerwaffen, aus denen sich jeweils nur ein Schuß abgeben ließ, angewiesen waren. Wie die Spanier im 16. Jahrhundert in Florida herausfanden, konnten sich die Indianer mit Pfeil und Bogen durchaus mit europäischen Waffen messen, nachdem ihre anfängliche Furcht vor den »Donnerbüchsen« überwunden war.

Dies galt besonders auch für den amerikanischen Westen, bevor im 19. Jahrhundert Repetiergewehre sich durchsetzten. Die berittenen Prärieindianer konnten einen Pfeil nach dem anderen abschießen, während ihre weißen Widersacher sich abmühen mußten, ihre Vorderlader mit weiteren Kugeln zu laden.

Bei der Jagd wendeten die Indianer des Westens Methoden an, die sich mit den Gebräuchen der steinzeitlichen Jäger Europas vergleichen ließen. Seit Jahrtausenden wurden zumindest zwei Bison-Arten (die ältere, jetzt ausgestorbene Art war größer) über Felshänge getrieben, in der Art, wie es die Europäer mit den Wildpferden getan hatten.

Bevor den Indianern das aus Europa eingeführte Pferd als Tragtier zur Verfügung stand, konnten sie sich nur der Hilfe von Hunden bedienen, die ihre Habe auf Schlitten zogen. Die Indianer hatten somit nur eine geringe Mobilität, und sie waren um so mehr auf die Jagd angewiesen, um überleben zu können.

Seit dem Ende des 18. Jahrhunderts, als die Prärieindianer über Pferde in ausreichendem Maße verfügten, änderte sich allmählich ihre Lebensweise. Mit dem Besitz von Pferden gewannen sie Mobilität, Sicherheit vor Hungersnöten, Möglichkeiten zur Kriegführung, und sie konnten in weitem Umkreis Jagden, teilweise zu ihrem Vergnügen, veranstalten.

Sie konnten nunmehr einem flüchtenden Bison hinterhergaloppieren und ihn mit Pfeil und Bogen erlegen. Wer die Beute am schnellsten zur Strecke brachte, wurde als großer Jäger angesehen.

Die Bisonjagd in Reservaten mit modernen Schußwaffen wird heute von vielen als unsportlich angesehen, da es sich um langsame Beutetiere handelt. Bei der damaligen Bisonjagd zu Pferde in der Prärie dagegen hatte der Jäger mit einem schnellen und kräftigen Gegner zu kämpfen, der sich auch auf den Reiter stürzen und ihn und sein Pferd töten konnte. Ein weiteres Gefahrenmoment war die Tatsache, daß das Gelände von vielen Schlupflöchern der Präriehunde durchzogen war. Der Anreiz, über die Prärie auf eine Büffelherde hin zu galoppieren, war jedoch so groß, daß in der Zeit zwischen 1830 und 1870 nicht nur viele Amerikaner, sondern auch Europäer weite Jagdreisen in den Westen unternahmen.

Die Jäger verwendeten zumeist Pistolen, um die Bisons aus der Nähe zu erlegen. So benutzte der amerikanische Schriftsteller Washington Irving auf einer solchen Jagd eine einschüssige Perkussionspistole und schrieb später über seine Erlebnisse in »A Tour on the Prairies«. Der Maler George Catlin stellte sich selbst auf der Bisonjagd dar, wobei er einen Colt-Revolver trug – offenbar eine ausgewählte Waffe, da Samuel Colt das Gemälde für Werbezwecke vorgesehen hatte. Im Jahre 1837 bereiste Captain William Drummond Stewart, ein berühmter schottischer Sportjäger und Forscher, die Prärien und die Rocky Mountains. Auch er ritt in die Bisonherden hinein, bewaffnet mit einer einschüssigen Perkussionspistole.

Im Jahre 1872 besuchte der Großfürst Alexis von Rußland die Vereinigten Staaten als diplomatischer Gast des Präsidenten Ulysses S. Grant. Ein Zweck seiner Reise war die Erprobung und Beschaffung von 44er Smith-&-Wesson-Revolvern für die russische Armee. Wie so viele andere wohlhabende Europäer war er darauf erpicht, inmitten von donnernden Bisons dahinzugaloppieren. Für ihn wurde eine Jagd veranstaltet, und er testete die Revolver, indem er Bisons mit ihnen abschoß. Seine Jagdbegleiter waren die Generale George A. Custer und Philip Sheridan, und seine Führer waren Colonel Cody, der berühmte »Buffalo Bill«, und der »Texas Jack«. Innerhalb von etwa 15 Jahren war der Bison von den Prärien verschwunden...

Im Osten der Vereinigten Staaten entwickelte sich die Sportjägerei schon sehr frühzeitig. Die Siedler in Virginia waren schon immer bestrebt, den Gebräuchen ihres Stammlandes England nachzueifern, und veranstalteten gern Treibjagden mit Hunden. George Washington war ein begeisterter Anhänger der Fuchsjagd.

Amerika war auch seit jeher für seine enorme Reichhaltigkeit an Wildgeflügel bekannt. Solange es aber noch reichlich Hirsche gab, kümmerten sich die meisten Jäger kaum um das Kleinwild. Es dauerte aber nicht lange, bis in einigen Regionen das Wild nahezu ausgerottet war, denn Wildfleisch war zum billigen Handelsartikel geworden. Fast alle Bemühungen zur Einführung von Jagdbeschränkungen scheiterten, denn »Jagdgesetze« galten als Überbleibsel der englischen »Tyrannei«, die die Kolonisten für überwunden hielten, seit sie die Alte Welt verlassen hatten.

Als es immer schwieriger wurde, Hirsche zu jagen, besannen sich die Kolonisten auf das Kleinwild. Wenn sie in der Nähe von Gewässern wohnten, fanden sie bald heraus, daß in manchen Jahreszeiten die Enten und Gänse mehr Fleisch liefern konnten als zuvor das Großwild. Wie Edward Winslow berichtete, wurde um 1630 in Massachusetts Wildgeflügel mit schweren Musketen geschossen, die wahrscheinlich auf einem Ansitz fest montiert waren.

In Amerika war es bis weit in das 19. Jahrhundert bei der Geflügeljagd üblich, auf die sitzenden Vögel zu schießen. Selbst nachdem die doppelläufige Flinte eingeführt wurde, blieb es Sitte, den ersten Schuß auf das Wasser oder auf den Erdboden zu richten, während der zweite Schuß auf die auffliegenden Vögel abgegeben wurde.

Die Übernahme der Sitte, auf fliegende Vögel zu schießen, hing zusammen mit der amerikanischen Mentalität, die Jagd als Sport zu betrachten. In seinem 1686 in England veröffentlichten Buch »The Gentlemen's Recreation« schreibt Richard Blome: »Man hat die Erfahrung gemacht, daß es eine sichere Methode ist, auf fliegende Vögel zu schießen. Denn wenn der Vogel fliegt, ist er mehr der Gefahr ausgesetzt. Wenn er die Flügel ausgebreitet hat, genügt ein Treffer, um seinen Sturz zu verursachen, der ihn jedoch nicht tötet. Der Spaniel kann sich als Sieger fühlen, und wenn er gut abgerichtet ist, holt er den Vogel herbei.«

Weitere Ratschläge zur Geflügeljagd erschienen 1783 in dem Buch »The Sportsman's Companion«, das man als das erste gute Jagdsportbuch bezeichnen kann, das in Amerika veröffentlicht wurde. Der

Verfasser ist unbekannt; wahrscheinlich handelt es sich um einen britischen Offizier, der in den damaligen Kolonien stationiert war. In ihm werden die neuesten Methoden der Geflügeljagd beschrieben; es gibt Ratschläge für die Verwendung von Vorsteh- und Apportierhunden, und es erinnert den Leser sogar daran, daß er eine Verantwortung für die Erhaltung des Wildbestandes trägt.

Im Gegensatz zu den Amerikanern scheinen die Engländer in der damaligen Zeit gern Jagdsportliteratur gelesen zu haben. Hierzu gehört das erste vollständige Werk über die Jagd in Europa, das zwischen 1406 und 1413 von Edward II., Herzog von York, ins Englische übersetzt wurde und jahrhundertelang ein Standardwerk blieb. Der Verfasser des Originals »Livre de la Chasse« war Gaston de Foix.

Weitere gern gelesene Bände waren »Short Treatise on Hunting« (1581) von Sir Thomas Cockaine, und »Country Contentments« (1615) sowie »Hunter's Prevention« (1621) von Gervase Markham. Mit der Ausbreitung des Merkantilismus interessierte sich auch eine relativ wohlhabende Mittelschicht für die Jagd. Besonders in diesen Kreisen waren Markhams Werke sehr verbreitet.

Das Interesse der Engländer für die Jagd war jedoch viel stärker ausgeprägt als ihre Jagdwaffentechnik, die den Erzeugnissen aus Spanien, Frankreich und Deutschland weit unterlegen war. Erst gegen Ende des 17. Jahrhunderts trat England in den Kreis der Länder ein, in denen das Büchsenmacherhandwerk verbreitet war. Die neuesten Erfindungen vom Kontinent wurden eingeführt, darunter auch einige Modelle von Repetier-Feuerwaffen. Im 18. und im beginnenden 19. Jahrhundert, als sich in England der Sport, auf fliegende Vögel zu schießen, verbreitete, wurden hier bereits die besten Sportflinten hergestellt. Und das erste wirklich gut funktionierende Perkussionsschloß – das berühmte »Riech-flaschen-Schloß« – wurde 1807 von dem schottischen Geistlichen Alexander John Forsyth erfunden, der ein begeisterter Wildvogeljäger war.

Erstaunlich ist, daß in England, wo es allgemein beliebt war, auf fliegende Vögel zu schießen, sich eine besondere Sportart verbreitete, nämlich das Schießen auf sitzende Enten vom Boot aus. Hierzu gehörten sogenannte Entenflinten, also Waffen mit sehr breiten, glatten Läufen, die wie Kanonen auf den Bug der Boote montiert waren. In den Vereinigten Staaten war die Entenjagd vom Boot aus Ende des 19. Jahrhunderts nicht mehr üblich, und schließlich wurde sie durch Gesetz verboten. In Großbritannien dagegen hat sich bei einem kleinen Kreis von Interessenten diese Methode bis heute gehalten. Die Anhänger dieser Jagdart meinen, der besondere Reiz liege in der sicheren Lenkung von Boot und Flinte, aber auch darin, daß man sich den Enten leise nähern müsse, damit sie nicht vorzeitig auffliegen. Ein fairer Schütze zielt aber dabei nicht auf die sitzenden Enten, sondern gibt die Schüsse auf die Vögel erst dann ab, wenn sie sich etwas über das Wasser erhoben haben.

In dieser Zeit, als sich in Europa die Büchsenmacherei und die Techniken für das Jagen von Wildgeflügel entwickelten, waren die Methoden in der Großwildjagd auf einem gewissen Tiefpunkt angelangt. Seit den Zeiten der römischen Arena waren Massenabschlachtungen von Wildtieren nicht so verbreitet wie im 17. und 18. Jahrhundert. Diese blutigen Schauspiele, die man den Zuschauern in Spanien, Frankreich und Deutschland darbot, hatten nichts mehr mit der »Jagd« zu tun, obwohl man diesen Ausdruck hierfür verwendete. Die Tiere wurden vor den Augen der Höflinge durch Engpässe oder »Triumphbögen« getrieben, Berghänge hinunter oder ins Wasser gejagt, wo sie dann von den »Jägern« erlegt wurden. Der Tiefpunkt der Geschmacklosigkeit waren dabei die Vorführungen, wo man die Tiere in bizarre Kleidungsstücke steckte, bevor man sie abschlachtete.

Ein selbstspannendes Radschloß mit ganz umschlossenem Mechanismus von Jacob Zimmerman, signiert und datiert 1646. Die Bewegung des Hahns, der den Pyrit enthält, drückt die Feder zusammen, die das Rad antreibt, wenn der Abzug gezogen wird.

Kapitel 4:

Vom Goldenen Zeitalter bis zur Gegenwart

John F. Reiger

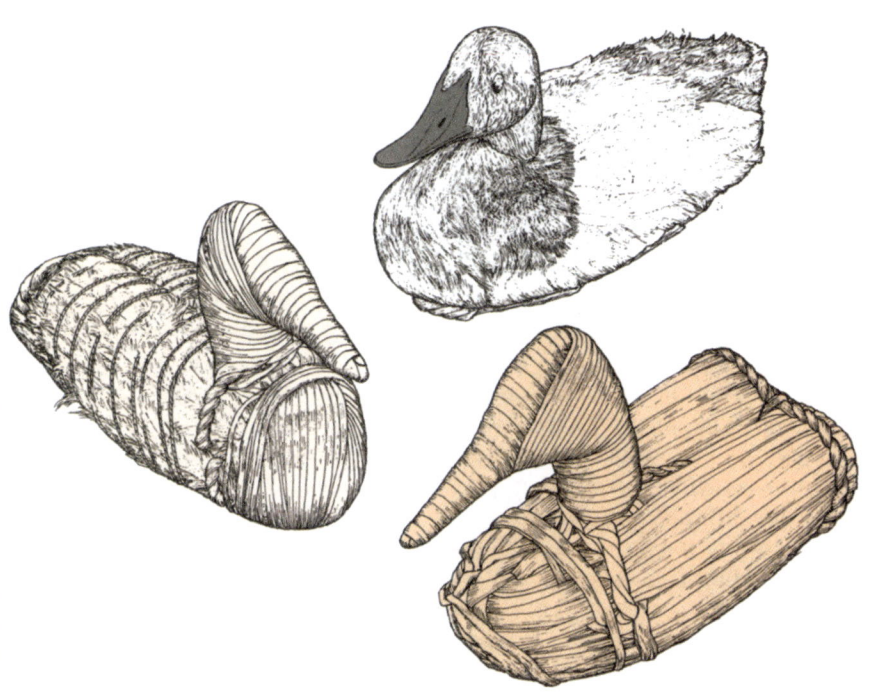

Zu Beginn des 19. Jahrhunderts änderten sich auf beiden Seiten des Atlantiks die jagdsportlichen Gebräuche. In Europa vollzog sich ein politischer, sozialer und philosophischer Wandel, und die Vorliebe höfischer Kreise für blutige Jagdsportveranstaltungen verlor allmählich an Bedeutung. Auch in Nordamerika gewann man nach und nach andere Vorstellungen von der Jagd. In den ersten Jahrzehnten sah es allerdings nicht so aus, als ob sich die dortigen Gebräuche jemals ändern würden, denn man scheute sich, Jagdvorschriften durchzusetzen, die man als Zeichen des Feudalismus der Alten Welt betrachtete, und man bestand darauf, daß jeder das Recht habe, ganzjährig zu jagen, denn der Wildbestand wurde für unerschöpflich gehalten.

Einen Wandel in dieser Einstellung hat besonders der Engländer Henry William Herbert bewirkt, der im Sommer 1831 in den Vereinigten Staaten eintraf. Im Jahre 1839 begann er mit dem Schreiben von Jagdsportartikeln, und er setzte diese Veröffentlichungen bis zu seinem Tode im Jahre 1858 fort.

Er schrieb unter dem Pseudonym Frank Forester und führte in Amerika jene waidmännischen Vorstellungen ein, die man als Ehrenkodex des Jägers bezeichnen kann. Seine bekanntesten Jagdbücher waren »Frank Forester's Field Sports« (1849), »American Game in Its Seasons« (1853) und »The Complete Manual for Young Sportsmen« (1856). Er vertrat die Auffassung, daß bestimmte Wildarten nur auf eine bestimmte Art zu erlegen seien und daß alle anderen Methoden »gewöhnlich« oder sogar als unmoralisch anzusehen seien. Nach seiner Grundvorstellung des »Fair play« sollte das Wild eine faire Chance zum Entkommen behalten, denn sonst sei das Jagen kein Sport. Ein »echter Sportsmann« dürfe die Jagd auch nicht aus wirtschaftlichen Erwägungen, sondern müsse sie aus ästhetischen Beweggründen betreiben. Herbert wurde zum Vorbild einer neuen Generation amerikanischer Jäger.

In Europa war der Verkauf von Wildfleisch schon immer ein Beweggrund gewesen, um Jagden zu veranstalten. Da jedoch die Eigentümer des Jagdlandes zugleich auch Eigner des Wildes waren, mußten sie daran interessiert sein, den Wildbestand nicht völlig auszurotten. Insofern lassen sich europäische Jagdmethoden nicht vergleichen mit der Abschlachtung des Wildes, wie es viele Schützen im Amerika des 19. Jahrhunderts praktizierten.

Die berufsmäßigen Jäger meinten – mit einigem Recht –, daß sie deswegen wenig geschätzt würden, weil sie weitaus mehr Wild erlegten als die »Amateure«. Sie vertraten auch die Auffassung, daß es »Mode« sei, das Wild wahllos abzuschießen, denn wenn nicht sie das Wildfleisch auf den Markt brächten, dann würden andere das Geschäft machen. Als ob er eine solche Einstellung noch bestärken wollte, schrieb ein Autor um 1830 in dem weitverbreiteten, vielbändigen »Cabinet of Natural History and American Rural Sports«: »Die Kanevasente hat ein unvergleichlich zartes und saftiges Fleisch... Bei Festessen und bei besonderen Gelegenheiten sind die Kanevasenten allgemein beliebt. Sie schmücken die festliche Tafel, und jeder Feinschmecker findet sie

Die Anfertigung von Attrappen hat eine lange Traditon in Nordamerika. Oben: Die drei in Nevada gefundenen Attrapen wurden von Indianern vor über tausend Jahren aus Binsen angefertigt. Eine Attrappe trägt Kopf, Haut und Federn einer Kanevasente über den Binsen. Mitte: Gänsejäger in einem Versteck verwenden flache, bemalte Attrappen. Von Charles A. Zimmerman, 19. Jahrhundert. Unten: Rahmen einer neuzeitlichen Gänseattrappe.

köstlich. Es ist daher nicht ungewöhnlich, für solche Enten ein bis drei Dollar zu zahlen, und wenn sich eine Gelegenheit ergibt, eine solche Ente zu genießen, sollte man es tun, gleichgültig zu welchem Preis.«

Zu Beginn des 19. Jahrhunderts schoß man Wassergeflügel, wie zum Beispiel Kanevasenten, von Positionen hinter Sichtblenden, die man an Flußrändern aufstellte. Mit der Zeit kamen Lockenten, sowohl lebende als auch künstliche, immer mehr in Gebrauch. Bisher blieb die Behauptung unbewiesen, daß die Methode, hölzerne Lockenten zu verwenden, von den Indianern übernommen wurde. Archäologen haben jahrtausendealte indianische Lockenten gefunden. Sie wurden im allgemeinen aus zusammengebundenen Schilfstangen geformt; ein aufgefundenes Exemplar war sogar mit dem Federkleid einer Ente überzogen. In Europa wurden Lockenten kaum verwendet. Die Tatsache, daß Jäger in Amerika sich ihrer gern bedienten, beruhte darauf, daß man sich angeschossene, also flügellahme Enten als Lockvögel hielt.

Hölzerne Lockvögel für die Jagd von Trauerenten, Schellenten und Eisenten wurden sowohl in Skandinavien als auch auf der westlichen Seite des Atlantik entwickelt. Die höchste Vollendung erreichte diese Jagdmethode jedoch in den Vereinigten Staaten und im südöstlichen Kanada. Häufig verwendete ein einzelner Jäger mehrere hundert Lockenten-Attrappen in Verbindung mit einem »Senkkasten«, den man auch »Batterie« nannte. Dieser sah ähnlich wie ein Sarg ohne Deckel aus; er hatte beschwerte »Flügel«, die das Eindringen von Wasser verhindern sollten, und er wurde an einer ruhigen Stelle im Wasser verankert, wo Enten häufig niedrig über der Oberfläche hinwegstrichen. Der Jäger, der den »Kasten« gänzlich mit Lockvögeln umgeben hatte, lag flach darin. Die niedrig fliegenden Enten sahen sich plötzlich mitten im Wasser einem Mann gegenüber, der aus nächster Distanz auf sie schoß.

Die Verwendung von Senkkästen erwies sich als verheerend für den Entenbestand, da sie überall an der amerikanischen Atlantikküste eingesetzt wurden und hier zu hohen Abschußzahlen führten.

In Europa gab es »Lockvögel« in verschiedenen Formen. Am weitesten verbreitet war jedoch eine Art Falle, bei der das schmale Ende eines Trichters verschlossen war und das breite Ende weit herausragte. Solche Fallen wurden seit dem Mittelalter in den Gebieten entlang der Nordsee- und Ostseeküste verwendet. Die Wildenten wurden durch lebende Lockvögel angelockt und mit Hilfe eines langsam schwimmenden Hundes allmählich in die Trichteröffnung hineingedrängt. In England verfolgte man die Methode, die Vögel durch einen rötlichen, fuchsähnlichen Hund, der darauf trainiert war, in Sichtweite der Enten zu erscheinen und wieder zu verschwinden, in den Trichter zu locken.

Die Verwendung eines hellfarbigen Hundes hat vermutlich eine entwicklungsmäßige Beziehung zu einer weiteren Jagdmethode, die in Europa »Jagd mit einem roten Hund« hieß und in Nordamerika »Ködern« genannt wurde. Der Hund wird so trainiert, daß er am Ufer in Sichtweite schwimmender Enten hin- und herläuft. Die Vögel werden neugierig und schwimmen auf das Ufer zu, wo sie dann von in Deckung stehenden Jägern geschossen werden. Diese Methode war im Bereich von New York bis etwa 1840 üblich, als die Entenjagd von Senkkästen aus in Gebrauch kam. In Neuschottland hielt sich die Sitte des »Köderns« mit einem bunten Hund sogar bis etwa 1930.

Im letzten Drittel des 19. Jahrhunderts begann für wohlhabende Jäger beiderseits des Atlantiks ein »Goldenes Zeitalter« der Jagd. Neue Hinterlader und doppelläufige Flinten hatten die alten Vorderlader ersetzt, und Repetierbüchsen waren an die Stelle der Musketen getreten. Gegen Ende des Jahrhunderts erschienen Repetierwaffen in Amerika, wo sie, besonders von den kommerziellen Jägern, mit Begeisterung aufgenommen wurden. Viele Europäer scheinen demgegenüber noch immer die Meinung zu vertreten, daß es unsportlich sei, mehr als zwei Schüsse hintereinander abzugeben, weshalb die Repetierwaffen sich bei den Jägern in Europa nie richtig durchsetzen konnten.

Im Zeitraum zwischen 1870 und 1914 trugen Fortschritte in der Büchsenmacherei und in der Munitionsherstellung zusammen mit neuen Entwicklungen im Verkehrs- und Nachrichtenwesen dazu bei, daß sich die Sportjägerei in großem Umfang ausbreitete. In dieser Periode des europäischen Imperialismus wurden auch die letzten weißen Flecken auf der Landkarte erkundet und erobert. Die »Eingeborenen« waren im allgemeinen friedlich, und für alle, die genügend Geld zur Ausrüstung einer Expedition in die Wildnis besaßen, gab es keine Beschränkungen beim Abschuß von wilden Tieren.

Bei den Großwildjagden jener Jahre nimmt Afrika südlich der Sahara naturgemäß die erste Stelle ein. Die burischen Farmer zogen in das Innere des Kontinents, und um ihre Felder und Viehherden zu schützen, schossen sie einen Großteil des Wildes ab. Hinzu kam, daß die Felle der Raubtiere und das Elfenbein der Elefanten in Europa begehrte Handelsartikel waren.

Noch zu Beginn des 19. Jahrhunderts zogen die Buren auf Elefantenjagd, ausgerüstet mit schweren Gewehren mit glattem Lauf. Später kamen doppelläufige Hinterlader-Büchsen mit gezogenem Lauf in Gebrauch, wodurch die Elefantenjagd nicht mehr ganz so gefährlich war.

Ebenso wie die Büffeljäger in Amerika erlegten sich auch die Großwildjäger in Afrika um diese Zeit kaum Beschränkungen auf. Wenn Europäer zu Besuch nach Afrika kamen, staunten sie über die riesige Jagdausbeute der dortigen Siedler. Was Sir John Willoughby und Sir Robert Harvey um 1880 in Kenia begonnen hatten, weitete sich bis zum Ersten Weltkrieg zu großen Abschußaktionen aus. Wie schon in Südafrika einige Jahre zuvor, so wurden jetzt auch in Ostafrika die großen Herden immer seltener. Schon um 1910 klagten Großwildjäger darüber, daß sie in weiten Bereichen der Steppe kaum noch größere Wildbestände angetroffen hätten.

Auch andere überseeische Länder kamen in den Jahrzehnten vor dem Ersten Weltkrieg als Jagdgebiete in Mode. Für viele Sportjäger war der Ferne Osten besonders reizvoll. Das erste Buch, das über den Jagdsport in Indien geschrieben wurde, war das 1807 erschienene Werk »Oriental Field Sports« von Captain Thomas Williamson. Der britische Offizier beschreibt darin die Jagd in Bengalen in den letzten 20 Jahren des 18. Jahrhunderts. Er befaßt sich dabei mit den Jagdmethoden der indischen Fürsten, die später von westlichen Sportjägern übernommen wurden, als sie begannen, den vielen in Indien lebenden Wildarten nachzustellen.

Williamson beschreibt die Vorliebe der indischen Fürstlichkeiten für große Schaustellungen, und er berichtet beispielsweise von der Teilnahme von 2 000 bis 3 000 abgerichteten Elefanten an einer einzigen Fürstenjagd!

Er erzählt auch von Jagden auf Bären und Wildschweine mit Lanzen, wobei die Jäger im allgemeinen beritten waren. Diese Jagdart ist für den Jäger nicht ungefährlich. Ein Jagdfachmann, der sich mit der Analyse von Williamsons Arbeiten befaßt hat, meint, daß sich im 19. Jahrhundert der englische Sport des »Schweinestechens« aus der früher üblichen Bärenjagd entwickelt hat. Sicher gehörte einiger Mut dazu, nur mit einer Lanze bewaffnet den Hauern eines Wildschweins gegenüberzutreten. In manchen Fällen stürzte der Reiter vom Pferd, verletzte sich oder wurde von dem angreifenden Schwein verletzt.

Natürlich waren im Indien des 19. Jahrhunderts auch Hetzjagden üblich. So wie Hetzjagden auf Hasen in Europa und Nordamerika, auf Emus in Australien üblich waren, war es in Indien Sitte, mit Windhunden Hasen, Gazellen und Schakale zu hetzen.

Zum Kleinwild gehörten viele Vogelarten, darunter auch Pfauen. Es klingt fast unvorstellbar, daß englische Vorstehhunde eigens für die Pfauenjagd nach Indien gebracht wurden!

Natürlich galten die spektakulärsten und gefährlichsten Jagden den

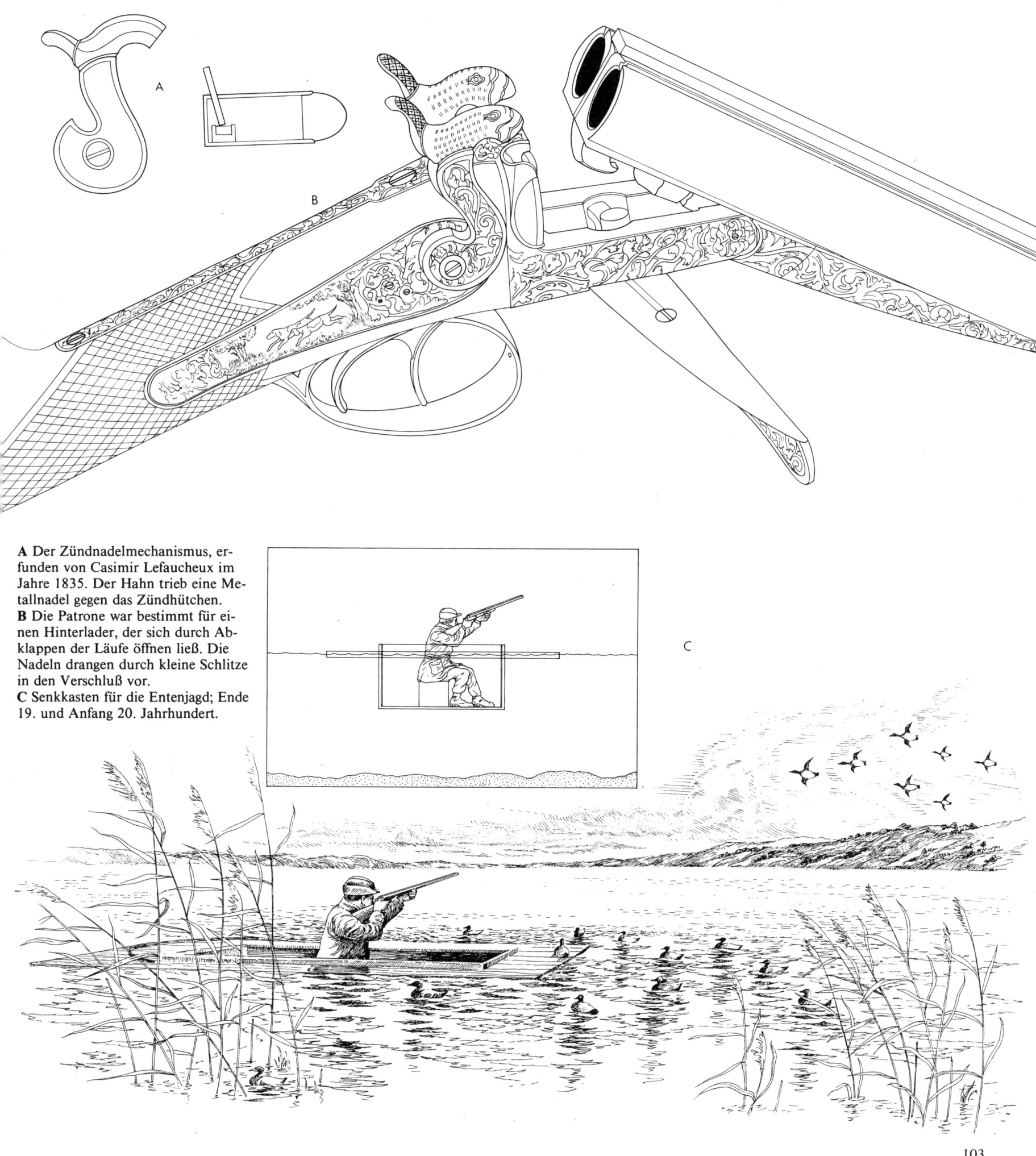

A Der Zündnadelmechanismus, erfunden von Casimir Lefaucheux im Jahre 1835. Der Hahn trieb eine Metallnadel gegen das Zündhütchen.
B Die Patrone war bestimmt für einen Hinterlader, der sich durch Abklappen der Läufe öffnen ließ. Die Nadeln drangen durch kleine Schlitze in den Verschluß vor.
C Senkkasten für die Entenjagd; Ende 19. und Anfang 20. Jahrhundert.

großen Säugetieren: Elefanten, Tigern, Leoparden und sogar Nashörnern. Auf dem Subkontinent waren diese und viele andere Tierarten bis in das jetzige Jahrhundert hinein in beträchtlicher Anzahl vorhanden. Im Unterschied zu den Steppen und Savannen Afrikas hielt sich das Wild in Indien mehr in dichten Regenwäldern verborgen und konnte daher nicht in so großer Anzahl abgeschossen werden.

Tiger wurden bis in die neuere Zeit vorzugsweise vom »Howdah«, einem festen Sitz auf dem Rücken eines Elefanten, aus gejagt. Auf ihm saß der Jäger, dem mit Hilfe von Treibern der Tiger zugetrieben wurde. Tiger gehören zu den gefährlichsten Raubtieren, denn sie greifen Menschen auch dann an, wenn sie nicht provoziert worden sind. Hierfür gibt es in Indien genügend Beispiele aus der Vergangenheit.

Außer der Einführung verbesserter Waffentechnik und anderer Jagdhundrassen änderten sich die Jagdmethoden des 18. Jahrhunderts nur wenig bis ins 20. Jahrhundert. Die Zeiten wandelten sich jedoch schnell, nicht nur in Indien, sondern auch in Europa und Amerika. Bevölkerungsexplosionen, die Ausbreitung der Industrie und Unabhängigkeitsbewegungen trugen dazu bei, das »Goldene Zeitalter« der Jagd zu Beginn des 20. Jahrhunderts zu beenden. In vielen Gebieten bemüht man sich endlich darum, den noch übriggebliebenen Wildbestand zu erhalten, doch in manchen Teilen der »Dritten Welt« scheinen diese Bemühungen zu spät zu kommen. Nur in Europa und Nordamerika, wo strenge Jagdvorschriften erlassen und durchgesetzt worden sind, gibt es manche Wildarten wieder in der Reichhaltigkeit wie im »Goldenen Zeitalter«.

Kapitel 1:

Flinten

J. A. M. Graham
Nick Sisley

Englische Flinten
J. A. Maxtone Graham

Wenn über die bei europäischen Jägern beliebten Schußwaffen gesprochen wird, muß zunächst erklärt werden, was Sportjäger meinen, wenn sie – mit einer gewissen Hochachtung – von »englischen Waffen« reden.

Im kontinentalen Europa und auch auf den Britischen Inseln sind doppelläufige Flinten weitaus beliebter als Repetierwaffen mit glattem Lauf. Doppelläufige Flinten sind in ganz Europa die Regel und entsprechen der Jagdtradition. Manche Firmen stellen Repetierer her, doch dies erfolgt besonders für den Export. Es besteht jedoch ein großer Unterschied zwischen den auf dem Kontinent und den in Großbritannien beliebten Doppelflinten. In den letzten Jahren hat auf dem Kontinent die Bockdoppelflinte mit übereinanderliegenden Läufen an Beliebtheit gewonnen, während in Großbritannien der Querflinte mit nebeneinanderliegenden Läufen immer noch der Vorzug gegeben wird.

Die Querflinte ist die »klassische« Flinte. Im 19. Jahrhundert wurde dieses Modell in Großbritannien perfektioniert. Es steht noch heute in engem Zusammenhang mit der Geflügeljagd auf den Britischen Inseln. Es gibt objektive Gründe, aus denen ein Jäger den Flinten mit übereinanderliegenden oder mit nebeneinanderliegenden Läufen den Vorzug geben könnte; diese Gründe werden im Absatz über Flinten für die Jagd in Amerika behandelt. Die britische Vorliebe für Querflinten erklärt sich aus einer gewissen Tradition und aus dem Aussehen dieser Waffen.

Der britische Import an Jagdwaffen aller Typen und Qualitätsgrade ist weitaus größer als der Export. Neue Käufertypen sind in Erscheinung getreten: kleine Landwirte, Fabrikarbeiter, Geschäftsleute und Handwerker. Solche Schützen gehen gelegentlich auf Wildvogeljagd, nehmen jedoch normalerweise an Jagden auf Waldhühner nicht teil und können sich solche Doppelflinten, wie sie die alte Aristokratie bevorzugte, nicht leisten. Viele Verkäufe hochwertiger handgefertigter Doppelflinten gehen nicht einmal auf das Konto neureicher Geschäftsleute. Solche Leute, die sich vielleicht zum erstenmal mit dem Jagdsport befassen, werden kaum die Geduld, das Interesse oder das Traditionsgefühl aufbringen, um mehrere Jahre auf die Fertigstellung einer in Handarbeit angefertigten Flinte zu warten.

Dennoch symbolisiert gerade eine solche Flinte die traditionelle britische Wildvogeljagd: eine Doppel-Querflinte, die als »Best Gun« bezeichnet wird. Dieser Begriff hat eine spezifische Bedeutung. Beispielsweise ist die beste in den USA hergestellte Doppelflinte, die Winchester, Modell 21, eine sehr gute Waffe, doch nach der britischen Begriffsbestimmung keineswegs eine »Best Gun«. Der Begriff soll nicht nur die erste Qualität in der Herstellung kennzeichnen, sondern er soll auch eine Waffe bezeichnen, die für den Einzelkäufer passend und gänzlich in Handarbeit hergestellt wurde.

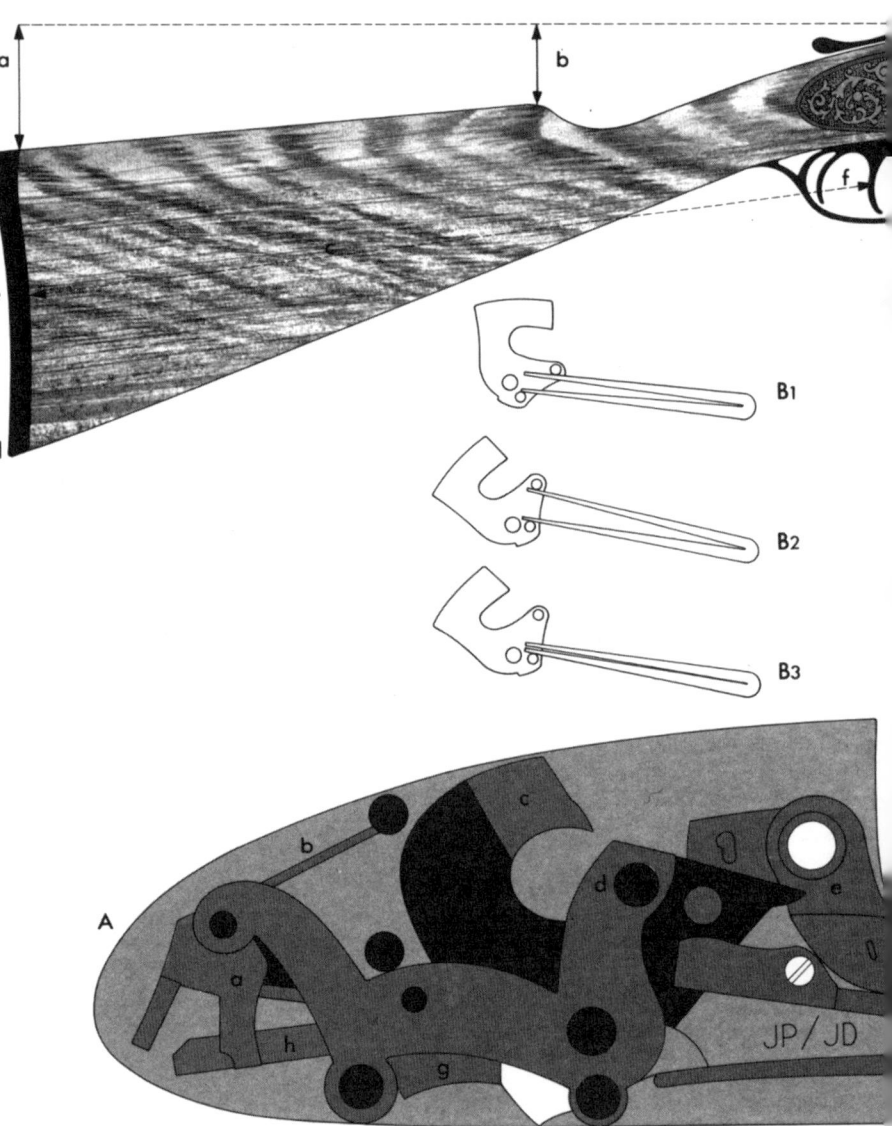

Die Büchsenmacherfirma James Purdey and Sons wurde in London unter Georg III. gegründet. Eine »Purdey Gun« wurde nach Maß angefertigt. Wir zeigen hier eine Flinte von Purdey mit nebeneinanderliegenden Läufen.

A Der berühmte Purdey-Mechanismus mit den Einzelteilen;

B Das Funktionsprinzip des Mechanismus: (1) Flinte abgefeuert und geschlossen, (2) Flinte offen und gespannt, (3) Flinte schußbereit.
C Die Teile einer Purdey: (1) Schaftrohling, (2) Rohling des Vorderteils, (3) und (4) Schaft und Vorderteil, (5) Abzug und Abzugsbügel, (6) Vorderendverschluß, (7) Verschlußbolzen,

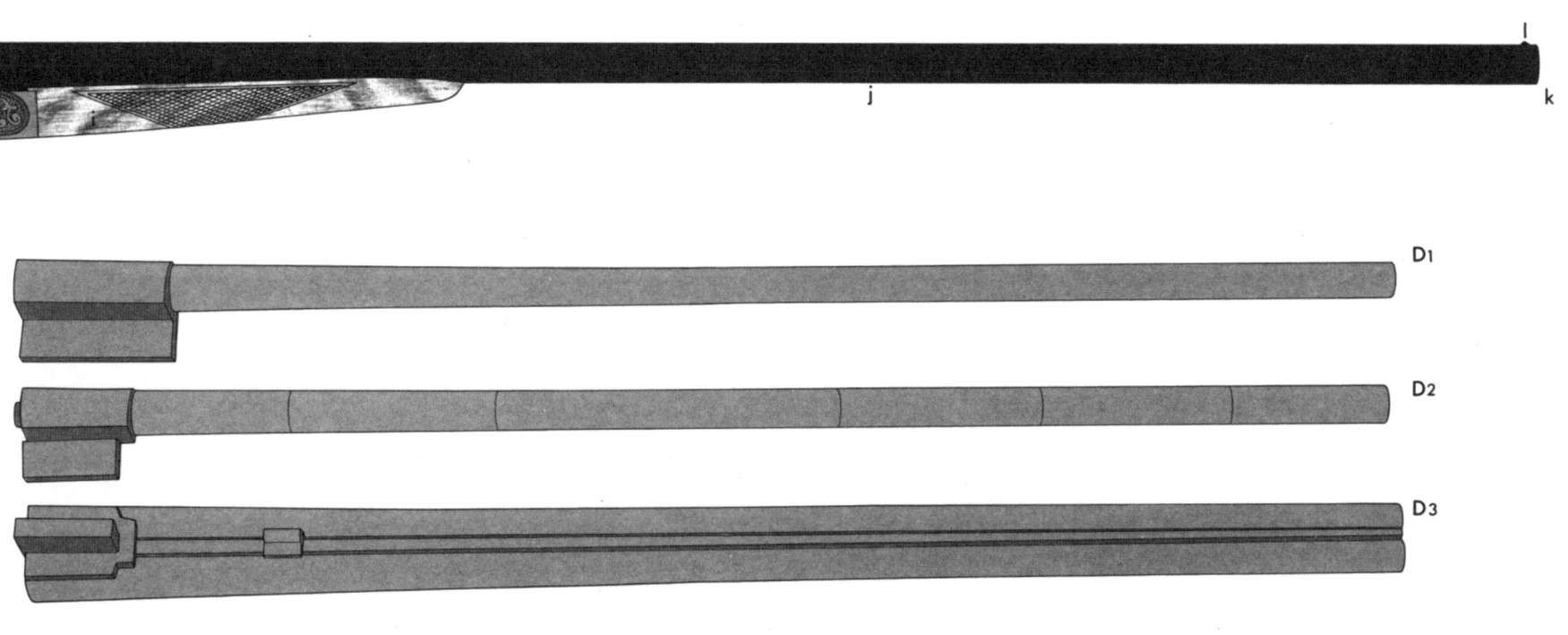

l

j

k

D1

D2

D3

28181

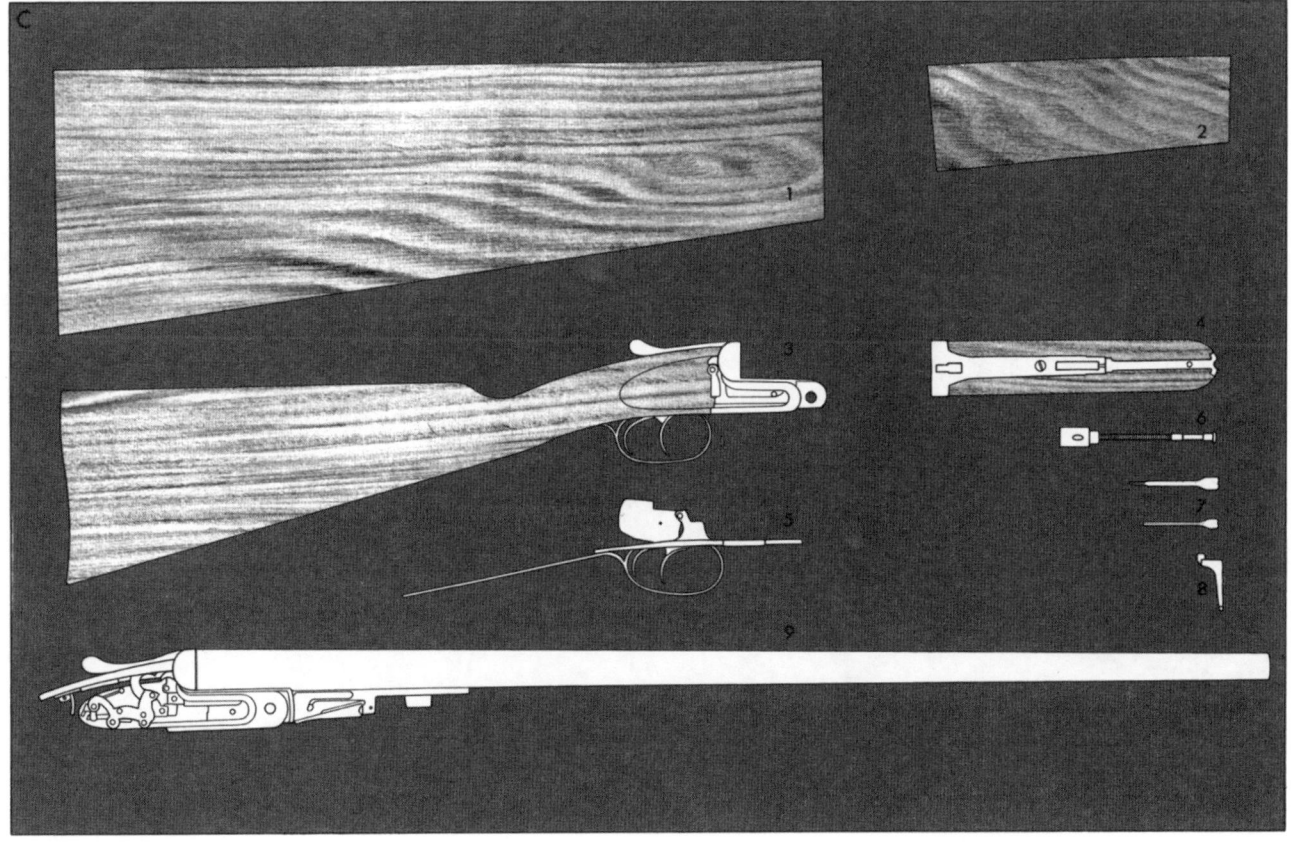

C

(8) Vorderendspitze, (9) Läufe und Mechanismus.

D Die Laufrohlinge (1) werden aus bestem Schmiedestahl gearbeitet. (2) Fertig bearbeitet. (3) Die Läufe werden zusammengelötet und die Laufschienen angepaßt.

Ein britischer Produzent könnte demnach sehr gute Waffen, jedoch keine »Best Gun« herstellen.

London war seit jeher Handelszentrum für »Best Guns«. Am Ende des 19. Jahrhunderts gab es dort etwa 25 Werkstätten und einige weitere in anderen Landesteilen. Heute gibt es nur noch acht Betriebe auf den Britischen Inseln: John Dickson, eine alte schottische Firma, befindet sich in Edinburgh; eine weitere Firma, W. W. Greener, in Birmingham. Die restlichen sechs Betriebe befinden sich in London. Am bekanntesten ist wohl die Firma James Purdey & Sons. In alphabetischer Reihenfolge lauten die Namen: Atkin, Boss, Churchill, Grant & Lang, Holland & Holland, Purdey und Rigby.

Die Anzahl dieser Firmen ist nicht etwa wegen mangelnder Nachfrage zurückgegangen. Im Gegenteil, viele Kunden stehen auf der Warteliste, und ein Käufer muß damit rechnen, seine »Best Gun« erst nach zwei Jahren geliefert zu bekommen. Die Firmeninhaber haben nämlich immer Wert darauf gelegt, etwas »Besonderes« anzufertigen, und daher darauf verzichtet, ihre Betriebe zu erweitern. Ein weiterer Grund für den Engpaß liegt in der Beschaffung der Rohmaterialien: Schaftrohlinge aus Walnußholz, die Purdey aus den Wäldern an der Dordogne in Frankreich beschafft, sind bereits vor der Bearbeitung schon sehr teuer.

Besonders fällt ins Gewicht, daß es sehr tüchtige Handwerker kaum gibt, denn die im Rentenalter ausgeschiedenen Handwerker lassen sich nur selten durch neue Leute ersetzen. Jährlich werden nicht mehr als 300 »Best Guns« angefertigt, und in dieser Branche tätige Firmen verkaufen geringerwertige Waffen ohne Verzierungen zum Stückpreis von etwa 1 000 Dollar. Demgegenüber würde selbst eine gebrauchte »Best Gun« etwas mehr und eine neuangefertigte erheblich mehr kosten.

Bevor die Fertigung beginnt, wird mit Hilfe einer »Meßwaffe« mit verstellbarem Schaft beim Käufer Maß genommen und seine Größe, sein Körperbau und seine Schießweise festgestellt. Seit über einem halben Jahrhundert hat sich die Fertigungsweise kaum verändert: Nach dem Maßnehmen ist die Anfertigung einer »Best Gun« Sache der Handwerker, denn mit Ausnahme der Flintenläufe werden alle Arbeiten mit der Hand gemacht.

A

B

Kein Mensch möchte eine »Best Gun« ohne eine schöne Gravur kaufen. Doch erfahrene Graveure sind schwer zu finden, und ihre Arbeit ist sehr zeitraubend: Bei einer einzigen Waffe sind schätzungsweise 22000 einzelne Gravurstiche erforderlich. Die tatsächliche Anfertigungszeit kann bei einer »Best Gun« eineinhalb Jahre betragen, wobei die Wartezeit nicht mitgerechnet ist.

Früher wurden derartige Waffen in doppelter Ausführung gekauft, denn bei Treibjagden auf Vögel war eine zusätzliche Flinte erforderlich. König Georg V., ein sehr tüchtiger Jäger, benötigte bei seinen Jagden auf Waldhühner sogar drei gleichartige Exemplare. In neuerer Zeit bestellen jedoch immer mehr Jäger Einzelflinten.

Etwa die Hälfte dieser handgearbeiteten Waffen werden noch immer für Liebhaber dieser Stücke in Großbritannien angefertigt. Der Exporthandel hat sich jedoch gewandelt. In früheren Zeiten kamen Bestellungen von Maharadschas und Sultanen, doch neuerdings bestellen immer mehr wohlhabende Amerikaner. Unter den Kunden gibt es berühmte Namen wie Chruschtschow, Peter Sellers und Lord Snowdon.

Wer nicht die Geduld hat, um auf seine neue »Best Gun« zu warten, oder wer nicht soviel Geld ausgeben will, der hat mitunter Gelegenheit, gebrauchte Waffen in gutem Zustand in den einschlägigen Werkstätten zu kaufen. Auch diese Waffen sind noch recht teuer, doch keineswegs so teuer wie neue Stücke, und sie können kurzfristig den Maßen des neuen Kunden angepaßt werden, wenn auch vielleicht nicht ganz so präzise wie eine neue »Best Gun«.

Die Firma Holland & Holland wurde 1835 in London gegründet. Sie ist eine der berühmtesten Büchsenmacherfirmen der Welt. Viele Waffen, die für Großwildjagden in Afrika und Indien verwendet wurden, stammten aus ihrer Produktion.
A Eine doppelläufige Flinte »Royal« mit Bohrung 12. Der Name »Royal« bezeichnet Flinten von bester Qualität.
B Eine prächtige Gravierung auf der »Chatsworth«-Flinte. Sie hat ihren Namen von der Waffenschau in Chatsworth 1966, wo sie zum erstenmal gezeigt wurde.

Jagdflinten in Amerika

Nick Sisley

Ein Jäger, der mit einer Büchse schießt, muß genau zielen; der Flintenschuß ist dagegen mehr das Werk eines »Künstlers«. Da er fast stets auf bewegliche Ziele schießt, muß der Flintenschütze unverzüglich abdrücken. Nie hat er Zeit, sich zu strecken, sorgfältig die Entfernung zu schätzen oder über Flugbahnen nachzudenken. Ein guter Flintenschütze muß ständig üben, Erfahrungen sammeln und mit Waffen umgehen, deren Schäfte genau passen.

Die vier wichtigsten Flintentypen sind die Repetierflinte, der Selbstlader, die traditionelle Doppelflinte mit nebeneinanderliegenden Läufen und die Doppelflinte mit übereinanderliegenden Läufen, die an Beliebtheit gewinnt.

Repetierflinten

Die in Europa verbreiteten Doppelflinten haben sich nie für die in Amerika gängigen Massenproduktionstechniken geeignet. Die europäischen Waffen enthalten nur zwei Schüsse, und in Nordamerika war das Interesse für Repetierwaffen schon immer besonders groß. Diese beiden Probleme – nämlich die zur Kostensenkung erforderliche Massenproduktion und der Wunsch nach Repetier-Feuerkraft – ließen sich durch die Erfindung des Repetierverschlusses lösen. Er funktionierte zuverlässig, erforderte keine besondere Verschlußgröße und enthielt ein röhrenförmiges Magazin für weitere Ladungen unterhalb des Laufs. Der Verschluß war so konzipiert, daß er in Massenproduktion hergestellt werden konnte. Das Winchester-Modell 97 war zwar nicht das erste seiner Art, doch es war die erste wirklich erfolgreiche Repetierflinte. Besonders bei Wildvogeljägern war dieses Modell sehr beliebt, denn sie konnten jetzt, ohne nachzuladen, mindestens fünf Schüsse abgeben. Manche Jäger bauten sogar stark verlängerte Magazine, die bis zu elf Ladungen enthielten (diese Praxis wurde später verboten). Vogelflinten mit so langen Magazinen hatten, besonders bei voller Ladung, einen schlechten Gewichtsausgleich; dennoch wurden mit ihnen Enten und Gänse in großer Anzahl geschossen.

Die meisten europäischen Jäger können sich mit der Repetierflinte nicht befreunden. Dennoch ist sie eine sehr erfolgreiche Waffe. Bei einer halbautomatischen Flinte oder einer Doppelflinte gibt ein Schütze manchmal den überaus wichtigen zweiten Schuß zu schnell ab: Das Ergebnis ist fast immer ein Fehlschuß – oder es fallen nur Schwanzfedern. Demgegenüber ist bei der Repetierflinte der Verschluß innerhalb von Sekundenbruchteilen zu betätigen; der Schütze kann seine Waffe für einen neuen Schuß herumreißen und hat somit eine weitaus bessere Trefferchance.

Die Repetierflinte ist auch die am wenigsten kostspielige Flinte bei der Jagd auf bewegliche Ziele. Sie ist mechanisch zuverlässig und sicher.

John Moses Browning konstruierte die meisten Repetierflinten, die um die Jahrhundertwende entwickelt wurden. Zunächst waren es Verschlüsse mit äußerem Spannhebel, doch in späteren Jahren wurden, wie auch noch heute, Repetierflinten nur noch mit innengelagertem Spannhebel gebaut.

Das röhrenförmige Magazin der Repetierflinte läßt sich leicht laden. Der Schütze bewegt mit der freien Hand einen Hebel rückwärts und dann vorwärts. Hierdurch wird die verbrauchte Patronenhülse ausgeworfen, eine neue Patrone eingeführt und die Waffe gespannt. Die Sicherung ist im allgemeinen ein Knopf neben dem Abzug oder ein Schieber am oberen Griff. Die Einfachheit des Lademechanismus ist ein großer Vorteil, besonders bei der Jagd in unwegsamem Gelände. Eine gute Repetierflinte funktioniert auch dann noch, wenn etwas Sand in den Verschluß eingedrungen ist, was bei einer Selbstladerflinte zum Versa-

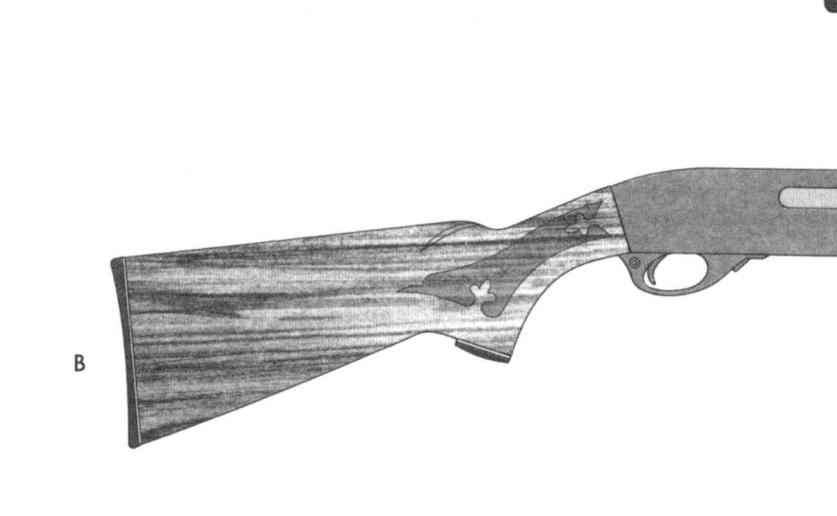

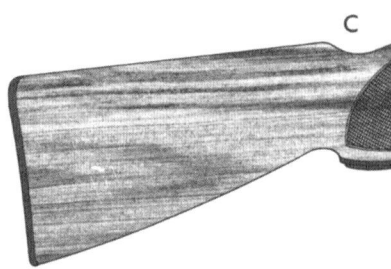

A Die Ithaca Modell 37 Standard Vent Rib, eine Repetierflinte. Die Belüftungsschiene ist eine Visierfläche, durch die die heiße Luft vom Lauf abgeleitet wird.
B Die Remington-Modell-870-Repetierflinte.
C Die italienische Beretta-RS-200-Repetierflinte. Beretta hat zwei Fabriken in Italien und eine weitere in Brasilien.

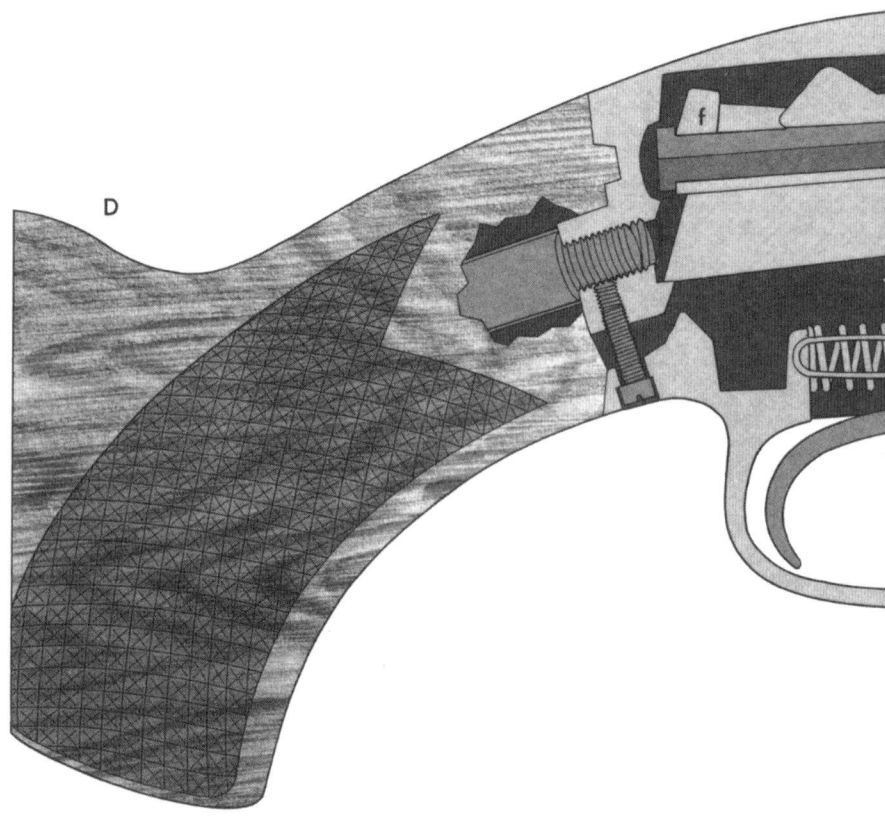

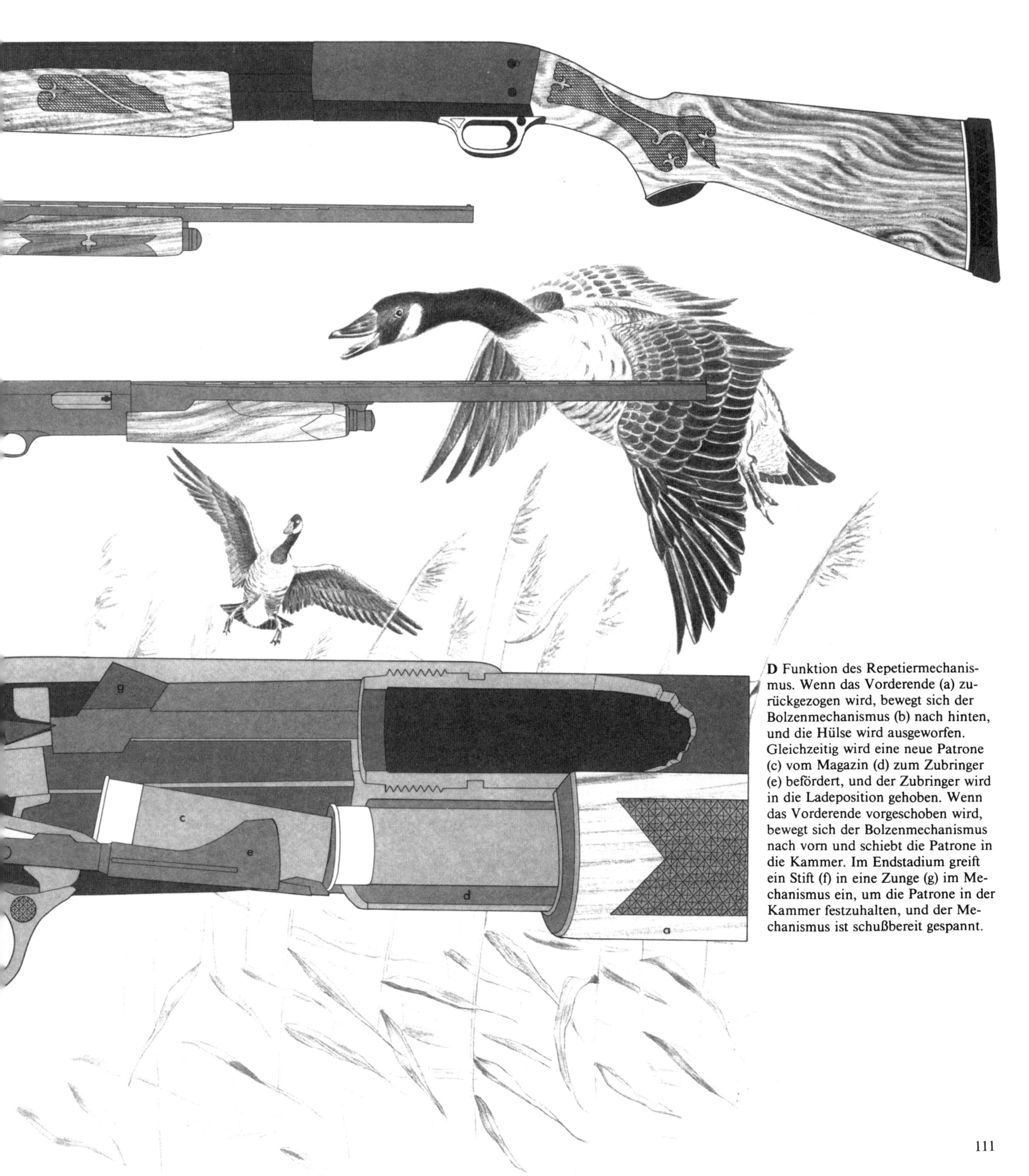

D Funktion des Repetiermechanismus. Wenn das Vorderende (a) zurückgezogen wird, bewegt sich der Bolzenmechanismus (b) nach hinten, und die Hülse wird ausgeworfen. Gleichzeitig wird eine neue Patrone (c) vom Magazin (d) zum Zubringer (e) befördert, und der Zubringer wird in die Ladeposition gehoben. Wenn das Vorderende vorgeschoben wird, bewegt sich der Bolzenmechanismus nach vorn und schiebt die Patrone in die Kammer. Im Endstadium greift ein Stift (f) in eine Zunge (g) im Mechanismus ein, um die Patrone in der Kammer festzuhalten, und der Mechanismus ist schußbereit gespannt.

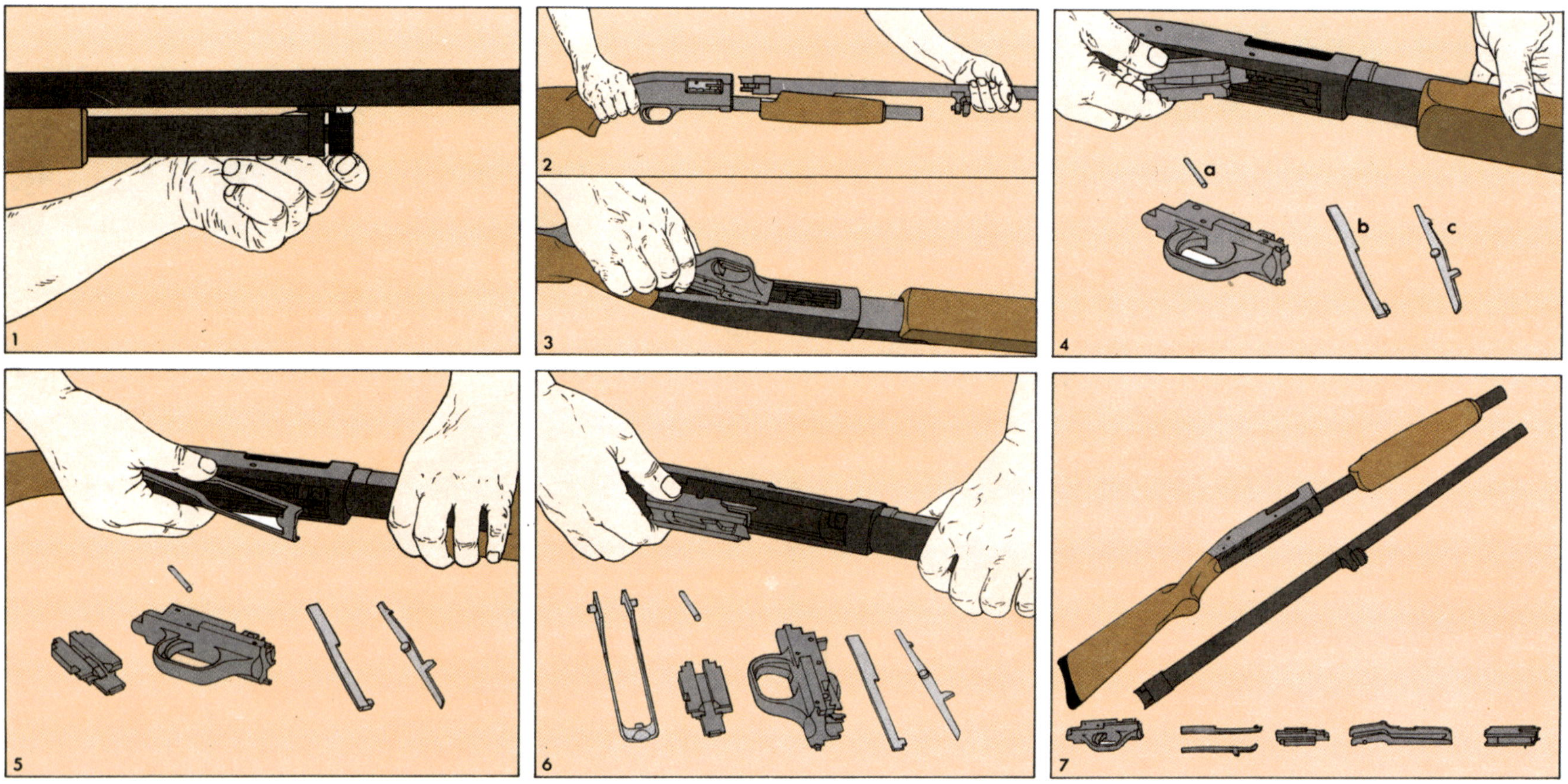

Oben: Wie eine Mossberg-500-Repetierflinte auseinandergenommen wird. Man schiebt das Vorderende um etwa 3 cm nach vorn und schraubt die Abnehmerschraube ab. (2) Abnehmen des Laufs; (3) Abnehmen des Abzuggehäuses; (4) Abnehmen der Patronenhalter a, b, c; (5) Abnehmen des Zubringers; (6) Abnehmen des Bolzenmechanismus. (7) Zum Wiederzusammensetzen bringt man die Teile in umgekehrter Reihenfolge zusammen.

Rechts: Der Choke einer Flinte reguliert die Ausbreitung des Schrotes nach dem Abschuß. Eine Verengung am Laufende bewirkt, daß sich das Schrot mit einer bestimmten Intensität ausbreitet. Mechanische Chokes, die für bestimmte Wildarten geeignet sind, gibt es im Handel zum Beispiel: (1) für das Schießen von Hühnern, Tauben und Wachteln über 20 bis 30 Meter; (2) für Fasane, Kaninchen und Hörnchen über 25 bis 40 Meter; (3) für Enten und Gänse über 30 bis 45 Meter.

gen führen würde. Sie ist auch eine vielseitig verwendbare Waffe, da die Läufe nicht speziell eingepaßt und leicht ausgewechselt werden können. Die Repetierflinte ist heute die in den USA und in Kanada beliebteste Flinte.

Selbstlader

Ursprünglich wurde bei der halbautomatischen Selbstladerflinte, einer weiteren Konstruktion John Brownings, das Rückstoßsystem angewendet. Flinten mit diesem System (die Browning Type Auto-5) sind noch in Gebrauch; in den letzten Jahrzehnten hat sich jedoch der Gasbetrieb durchgesetzt. Der Gasbetrieb ist zuverlässiger und läßt sich leichter und billiger herstellen als der Rückstoßbetrieb.

Der durchschnittliche Schütze ist sich nicht über die Auswirkung des Rückstoßes im klaren, auch wenn er sich bemüht, nach einem Schuß nicht zusammenzuzucken. Wenn er aber eine Selbstladeflinte mit Gasbetrieb verwendet, so kann er die Schüsse schnell aufeinanderfolgend abgeben, ohne die Treffgenauigkeit in bedeutendem Maße zu verringern.

Selbstlader sind manchmal etwas schwerer als Repetierflinten und Doppelflinten. Dieses zusätzliche Gewicht hilft, den Rückstoß aufzufangen, doch manche Waffen werden beim Tragen etwas lästig. Die leichteste zur Zeit hergestellte Selbstladeflinte ist die Franchi 48/AL – eine rückstoßbetriebene Waffe. Sie ist eine 12-Kaliber-Waffe und wiegt nur 2,7 kg mit ihrem 61 cm langen Lauf. Remington stellt jetzt eine leichte 20-Kaliber-Version des gasbetriebenen Modells 1100 mit geringem Rückstoß her.

Selbstlader sind dafür bekannt, daß sie bei längerem Gebrauch versagen. Der Grund liegt jedoch häufig beim Schützen selbst, nicht in der fehlerhaften Funktion. Gasbetriebene Waffen funktionieren einfach nicht, wenn sie nicht sauber sind – dies gilt für den Verschluß, die Führung, die Gasöffnungen und besonders für die Kammer. Daher können sie nie so zuverlässig sein wie Repetier- oder Doppelflinten. Jedoch kann sich der Schütze auf seine Waffe verlassen, wenn er stets für deren einwandfreien Zustand sorgt.

Dies bedeutet, daß er die Flinte nach jedem Gebrauchstag auseinandernimmt. Hierfür muß er das Vorderteil, die Verschlußstange, die Ringe und den Bolzen abnehmen. Dann sollte er alle Oberflächen mit einem Lösungsmittel absprühen, das nach einigen Minuten abgewischt wird. Der Lauf soll erst mit einem Stück Stoff und dann mit einer Drahtbürste gereinigt werden, zuletzt wird er trockengewischt. Plastikhülsen hinterlassen Rückstände im Kammerbereich; daher sollte er mit einer mit Stahlwolle umwickelten Messingbürste abgerieben werden. Werden die Rückstände nicht beseitigt, lassen sich die Hülsen nur schwer aus der Kammer herausziehen. Da jedesmal nur eine bestimmte Menge Gas zur Verfügung steht und wenn das Herausziehen der verbrauchten Hülse aus der Kammer zuviel Energie kostet, verbleibt kaum genügend Gas für weitere Funktionen.

Selbstladeflinten sind in der Produktion etwas teurer als Repetierflinten, kosten aber weniger als Doppelflinten. Als Jagdwaffen sind sie nur in Nordamerika beliebt, doch sie werden auch in Europa und im Orient hergestellt. Manche Europäer verwenden sie wegen ihrer geringen Rückstoßwirkung für das Tontaubenschießen.

Doppelflinte mit nebeneinanderliegenden Läufen

Dies ist die klassische Jagdflinte. Seit Jahren haben berühmte Betriebe sehr kleine Mengen von »Best Guns« in England hergestellt, doch die Preise waren so hoch, daß sich nur wenige Jäger solche Waffen leisten

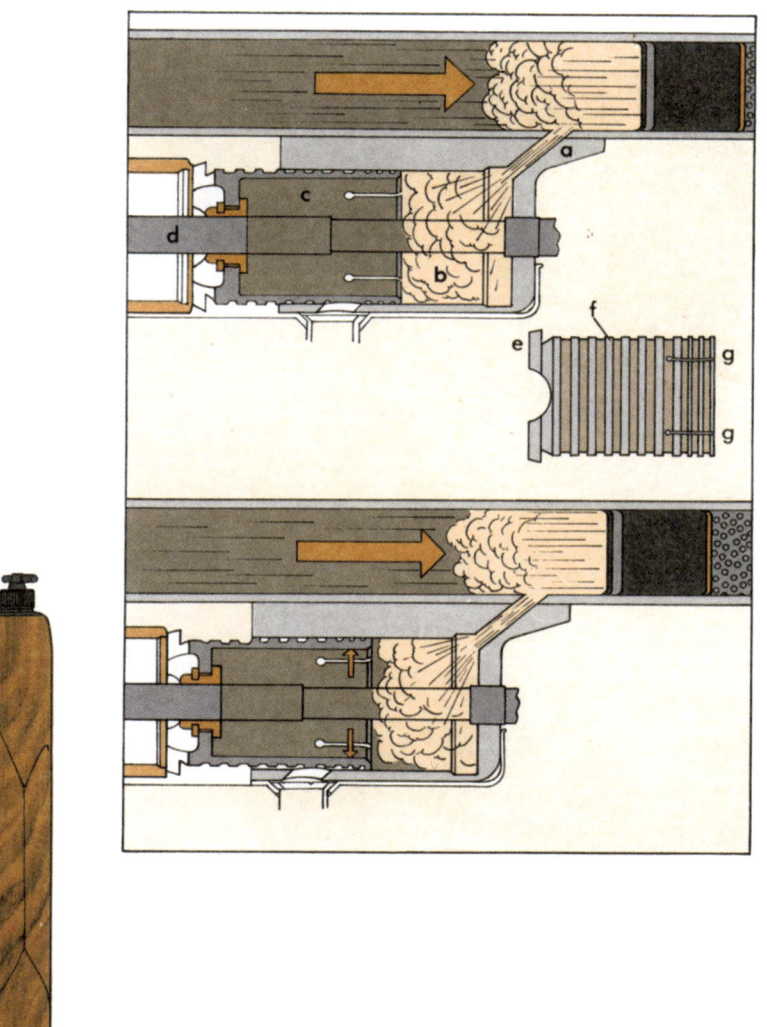

Die italienische Firma Beretta hat eine gute halbautomatische gasbetriebene Flinte entwickelt, die in Nordamerika verbreitet ist. Das hier gezeigte Modell ist die A 300 mit Bohrung 12 oder 20. Beim Abschuß wird ein Teil des von der Patrone erzeugten Gases durch eine Zuführung (a) in einen Zylinder (b) mit einem Kolben (c) geführt. Der Gasdruck schiebt den Kolben und seine Verbindungsstange (d) rückwärts und den Bolzen von der Kammer weg. Dabei wird die Hülse ausgeworfen und der Hahn gespannt. Durch den Federdruck schiebt der Bolzen eine neue Patrone in die Kammer. Der wieder bei (e) gezeigte Kolben kann sich dem Gasdruck jeder Patronenart anpassen dank der Konstruktion seiner Flanken (f) und der »Rippen« (g). Bei einer starken Patrone dehnen sich die Rippen nach außen, wie die Pfeile der unteren Illustration zeigen.

Mit Gas betriebene Flinten sind in Nordamerika beliebt, in manchen europäischen Ländern jedoch verboten.
A Die Remington, Modell 1100.
B Die Ithaca, Modell XL 300 Standard.
C Die Weatherby Deluxe, Modell Centurion.
D Das Innere einer Schrotpatrone: (1) Patrone von Fiocchi, eine Remington-Patrone (2) und eine Winchester-Patrone (3). Die Patronen können mit Schrot verschiedener Größe geladen werden. (a) Metallhülse; (b) Zünder; (c) Pulver; (d) Filzpfropfen; (e) Schrot; (f) Plastikschicht, die das Schrot beim Durchgang durch den Lauf schützen soll; (g) Plastikhülle.

E Die Browning 2000. Sie wird durch die Ladeöffnung geladen. Die Ladekapazität kann sich den Jagdvorschriften anpassen – zwei, drei oder fünf Schuß. Kasten: Bei der Browning wird überschüssiges Gas durch ein Loch am Vorderende entlüftet. Die Ablagerung von Pulverrückständen wird dadurch vermindert.

konnten. Ausgezeichnete Querflinten werden jetzt auch in Italien und in Spanien hergestellt. In den USA erreicht nur eine Sonderausführung der Winchester, Modell 21, den Standard der britischen »Best Guns«. Weniger teure Modelle sind auch zuverlässig, doch sie sind nicht nach Maß angefertigt, auch haben sie nicht das besondere Äußere der »Best Guns«.

Eine Doppelflinte hat im Vergleich zu einer Selbstlade- oder Repetierflinte eine Anzahl von Vorzügen. Sie kann mit verschiedenen Choke-Bohrungen gebaut werden. Sie ist kompakter. Verglichen mit einläufigen Waffen oder mit Flinten mit übereinanderliegenden Läufen, ist ihre Visierebene breiter. Dies sind weniger ästhetische als vielmehr objektive Unterschiede.

Jagd-Doppelflinten können verschiedenartige Choke-Bohrungen haben, je nach der vorgesehenen Schießweise. Es gibt schwache, mittlere und starke Choke-Bohrungen. Bei der Wildvogeljagd wird der erste Schuß im allgemeinen auf kürzere, der zweite auf weitere Entfernung abgegeben; der Schütze verwendet für den ersten Schuß den Lauf mit der weiten Choke-Bohrung und schließt daran den Schuß mit dem Lauf an, der die enge Choke-Bohrung hat. Umgekehrt wird der Schütze bei Treibjagden den Lauf mit der engeren Choke-Bohrung zuerst abfeuern und anschließend, wenn die Vögel ihn überfliegen, den Lauf mit der weiteren Choke-Bohrung verwenden. Diese Taktik wird von erfahrenen Taubenjägern angewendet, in entsprechenden Situationen auch von Wildvogeljägern.

Eine Doppelflinte ist kompakter als eine Repetier- oder eine Selbstladeflinte, da diese beiden Modelle einen langen Verschlußkasten haben, der die neue Patrone zuführt; eine Doppelflinte ist im Vergleich etwa 8 cm kürzer. Dadurch wird der Gewichtsausgleich verbessert; das meiste Gewicht ruht zwischen den Händen des Schützen, dadurch läßt sich die Waffe besser handhaben, besonders, wenn es sich um einen erfahrenen Schützen handelt.

Manche Schützen glauben auch, daß die weite Visierebene in der Deckung gegenüber einem dunklen Hintergrund Vorteile bietet, verglichen mit dem engeren Gesichtsfeld bei einer einläufigen Waffe oder einer Flinte mit übereinanderliegenden Läufen.

Bei Querflinten ist der Kastenverschluß weit verbreitet. Versager werden immer seltener, seitdem die für die Teile des Mechanismus verwendeten Stahlsorten immer weiter verbessert worden sind. Da das Kastenschloß in der Herstellung auch billiger ist als das Seitenschloß, ist es immer beliebter geworden.

Bei der Bestellung einer guten Doppelflinte mit nebeneinanderliegenden Läufen sollte man eine Waffe wählen, die für eine bestimmte Schießweise geeignet ist. Ein Entenjäger gibt wohl einer ziemlich schweren Waffe mit langem Lauf und enger Choke-Bohrung den Vorzug, während ein Schütze, der im allgemeinen im Bergland lebende Vögel jagt, etwas anderes benötigt. Eine klassische Doppelflinte hat häufig nur 61 cm lange Läufe; der eine könnte ein rein zylindrischer, der andere ein abgewandelt zylindrischer Lauf sein. Eine solche Waffe kann weniger als 3 kg wiegen.

Besonders in Nordamerika gibt es neuerdings eine Tendenz, schwerere Doppelflinten mit übereinanderliegenden Läufen sowie Selbstlade- und Repetierflinten zu verwenden, da schwerere Ladungen in Gebrauch gekommen sind. Hierfür werden stärkere Schlösser und schwerere Schäfte erforderlich, die den Rückstoß abfangen, bevor er die Schulter des Schützen erreicht. Andererseits sieht es so aus, daß manche Schützen eher die leichteren Ladungen bevorzugen. In Europa sind seit langer Zeit Ladungen von einer Unze oder $1^{1}/_{16}$ Unzen verbreitet. Vielleicht trägt dies dazu bei, daß eines Tages leichtere Flinten aller Typen in Gebrauch kommen. Für Jäger, die lieber mit leichten Ladungen schießen, ist jedoch heute die Qualitätsflinte mit nebeneinanderliegenden Läufen die ideale Waffe.

Die meisten amerikanischen Waffenproduzenten stellten mit Ausnahme der Marken Savage und Winchester nach dem Zweiten Weltkrieg die Produktion von Querflinten ein. Erwähnt werden muß allerdings, daß im letzten Jahrzehnt die längst schon nicht mehr produzierten Marken stark im Wert gestiegen sind. Zu diesen gehören die Modelle von Parker, L. C. Smith, Fox Sterlingworth, Lefever, Ithaca und Baker.

Doppelflinte mit übereinanderliegenden Läufen

Wie die Querflinte hat auch die Flinte mit übereinanderliegenden Läufen eine Auswahl von zwei Choke-Bohrungen. Sie ist kürzer und hat einen besseren Gewichtsausgleich als eine Repetier- oder eine Selbstladeflinte. Das Hauptgewicht ruht zwischen den Händen, weshalb sie besser zu bedienen ist als eine Waffe mit langem Verschlußkasten. Im Gegensatz zur Querflinte hat sie nur eine Visierebene.

Auch in der Art des Rückstoßes unterscheidet sie sich von der Querflinte. Der untere Lauf wird in der Regel zuerst abgeschossen. Der

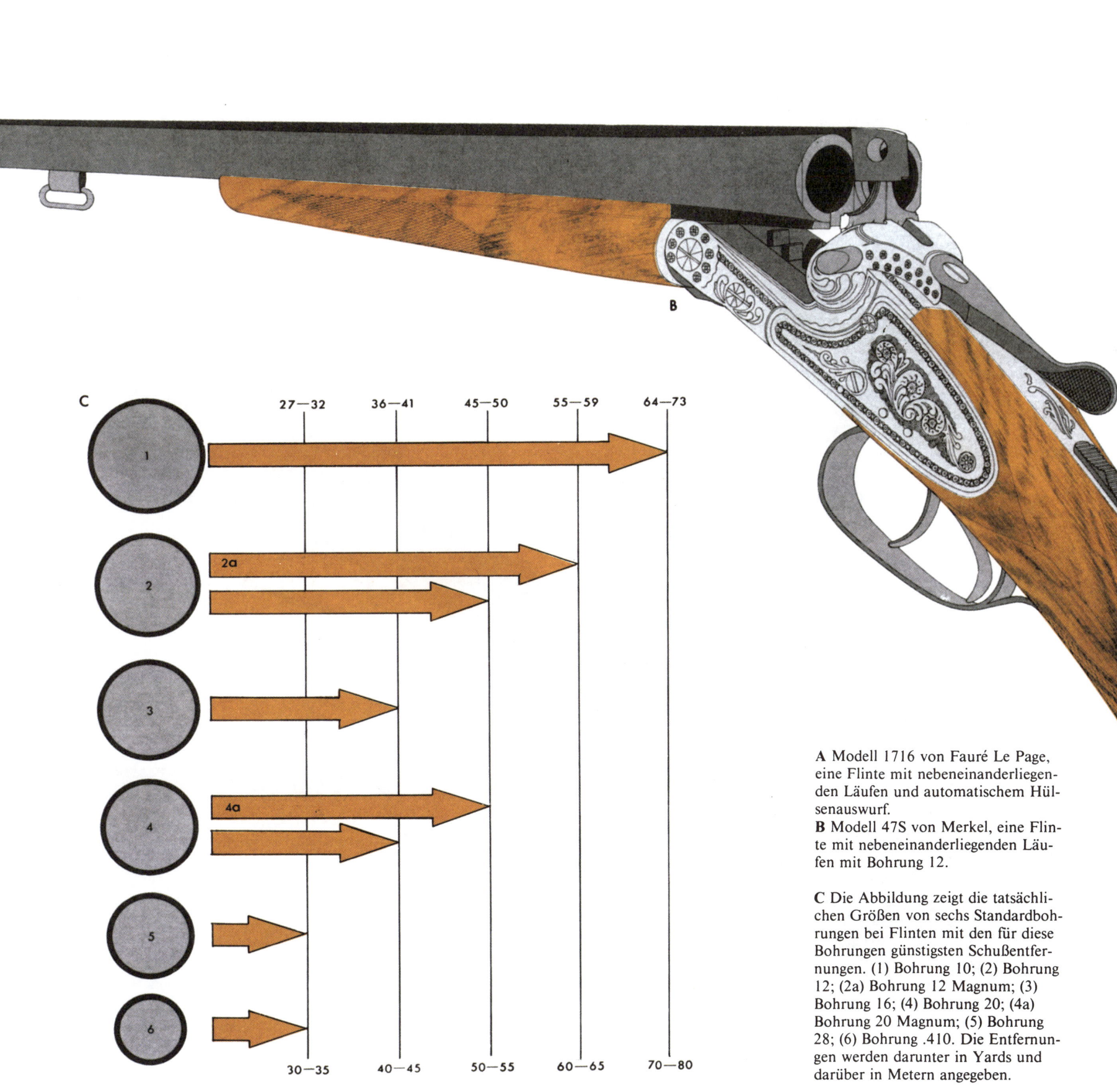

A Modell 1716 von Fauré Le Page, eine Flinte mit nebeneinanderliegenden Läufen und automatischem Hülsenauswurf.

B Modell 47S von Merkel, eine Flinte mit nebeneinanderliegenden Läufen mit Bohrung 12.

C Die Abbildung zeigt die tatsächlichen Größen von sechs Standardbohrungen bei Flinten mit den für diese Bohrungen günstigsten Schußentfernungen. (1) Bohrung 10; (2) Bohrung 12; (2a) Bohrung 12 Magnum; (3) Bohrung 16; (4) Bohrung 20; (4a) Bohrung 20 Magnum; (5) Bohrung 28; (6) Bohrung .410. Die Entfernungen werden darunter in Yards und darüber in Metern angegeben.

A Die Beretta, Modell 424, Flinte mit nebeneinanderliegenden Läufen mit Bohrung 12, mit dem patentierten Kastenschloß von Beretta.

B Die Browning Anson 23 mit nebeneinanderliegenden Läufen hat ein Purdey-Doppelschloß und automatischen Auswurf. (1) Die Läufe aus Stahl mit Chrom-Molybdän.

C Die Savage Fox B-SE ist die einzige Flinte mit nebeneinanderliegenden Läufen aus amerikanischer Produktion, die mit Bohrungen 12, 20 und .410 geliefert wird.

D Die Ithaca SKB, Modell 100, mit nebeneinanderliegenden Läufen mit Bohrungen 12 oder 20.
E Die Brno ZPE 47, Flinte mit Seitenschloß ohne Hahn.

Nordamerikanische und europäische Flinten mit nebeneinanderliegenden Läufen.

A Die Winchester, Modell 21, ist die einzige in Amerika hergestellte Maßflinte.

B Die Winchester, Modell 23 XTR, ist mit Bohrung 12 und 20 erhältlich.

C Im Gegensatz zu britischen und amerikanischen Flinten wird diese Flinte aus Suhl, Modell 127, mit Riemen geliefert. Sie ist mit Bohrung 12 und 16 erhältlich.

D Die Bernardelli Premier Gamelock

E Die Krieghoff 32 wurde nur mit Bohrung 12 hergestellt. Sie ist ein Modell ohne Hahn, mit automatischem Auswurf, Laufschiene mit Lüftung.

Rückstoß drückt die Waffe zurück auf die Schulter, also nicht nach oben zur Wange hin. Da die Mündung weniger stark springt, kann der Schütze schnell wieder das Ziel anvisieren.

Das Flintenmodell, das die Konstrukion mit übereinanderliegenden Läufen auf der ganzen Welt bekannt gemacht hat, war die Browning Superposed. Diese sehr zuverlässige Flinte, die sich John Browning 1923 patentieren ließ, wurde zunächst in Lüttich/Belgien hergestellt; sie ist seitdem ständig in Produktion. Bis 1976 wurde vorwiegend das Modell Grade 1 hergestellt; weitere Modelle, deren Produktion ebenfalls um diese Zeit eingestellt wurde, hatten die Namen Pigeon, Midas und Diana. Heute wird die Superposed im Rahmen der laufenden Serie Presentation produziert.

Nur bei sehr wenigen Flinten mit übereinanderliegenden Läufen gibt es Seitenschlösser; bei fast allen Modellen wird das Kastenschloß verwendet. Allerdings haben viele Beretta-Modelle neben ihren Kastenschlössern falsche Seitenplatten, z.B. auch die Weatherby Regency, auf denen der Graveur seine Kunst entfalten kann.

Die einzelnen Hersteller verwenden verschiedenartige Kastenschlösser. Die in Japan hergestellte Browning Citori hat ein »unteres«

Verschlußsystem, das aus einem Ansatz am Anschlagstück besteht, das über ein Gelenk in eine entsprechende Öffnung an der Unterseite des Verschlußkastens paßt. Zwei Ansätze am Ende des Anschlagstücks passen in zwei weitere Öffnungen an der Unterseite des Verschlußkastens. Schließlich erstreckt sich ein Ansatz von der Basis des Mechanismus zu einem Schloß an der Rückseite des Anschlagstücks. Dieses Verschlußsystem ist besonders robust; doch da alle Schlösser unterhalb der Läufe liegen, wird die Hand einen weiteren Zentimeter unter den Läufen angesetzt, wodurch die natürliche Zielgenauigkeit der Waffe etwas beeinträchtigt wird.

Manche Verschlußsysteme stellen insofern Verbesserungen dar, als sie Verschlußkästen von geringerer Tiefe erfordern, wobei die stützende Hand enger an die Läufe herankommt. Hierzu gehören die Remington, Modell 3200, und ihre Vorläufer, die Remington 32 und die Krieghoff 32. In ihrem Mechanismus gibt es am Vorderteil im Inneren des Verschlußkastens Gelenkzapfen, die dem Anschlagstück angepaßt sind. Außerdem hat dieser Verschlußtyp einen Deckel, der beim Schließen über den oberen Lauf gleitet. Schließlich hat die 3200 zwei gleichartige, eng zusammenpassende Oberflächenteile – die Rückseiten von Anschlagstück und Verschlußkasten.

Die SKB-Flinten mit übereinanderliegenden Läufen haben Zapfen in Verbindung mit einer Abwandlung des Greener-Kreuzbolzens, dem sogenannten Kersten-Kreuzbolzen. Zwei Ansätze an der oberen Rückseite des Anschlagstücks passen in Öffnungen an der Oberseite des Verschlußkastens. Bei der Schließung greifen zwei Bolzen in diese

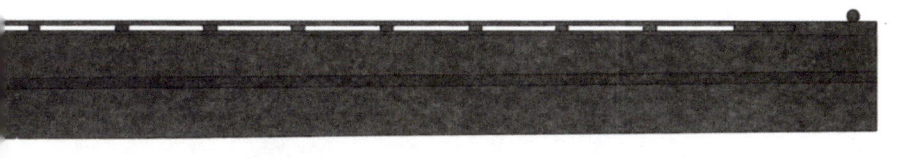

Flinten mit übereinanderliegenden Läufen für die Jagd und das Tontaubenschießen.

A Die Miroku Modell 3700HS mit Bohrung 12. Die Jagdflinte wiegt 3 kg.

B Die Remington 3200 Competition Trap mit Bohrung 12.

C Illustration des Mechanismus einer Winchester, Modell 101 Field Magnum, mit übereinanderliegenden Läufen. (a) Der Wählknopf für Sicherung und Laufwahl; (b) Automatische Auswerfer. (c) Die Seitenrippen verhindern, daß beim Jagen im Gelände Zweige zwischen die Läufe geraten.

D Die Winchester-Taubenflinte mit Bohrungen 12, 20, 28 und .410.

Ansätze ein und sichern den Verschluß. Es gibt noch weitere Verschlußsysteme, doch die beschriebenen Typen können als repräsentativ gelten.

Zwei Modelle von Flinten mit übereinanderliegenden Läufen werden zur Zeit in den USA hergestellt: die Remington, Modell 3200, und die Ruger Red Label. Beide sind Neuentwicklungen. Die 3200 wird auch gern beim Tontaubenschießen verwendet, doch als Jagdflinte wird sie nicht mehr hergestellt. Sie ist eine ziemlich schwere Waffe, die den Rückstoß gut auffängt, doch sie läßt sich nicht schnell handhaben und ist auch beim Transport zu lästig. Die Red Label ist leichter und schneller in der Reaktion.

Flinten mit übereinanderliegenden Läufen von besonders guter Qualität werden in Japan hergestellt. Hierzu gehören die Jagdmodelle SKB 500 und 600, die Browning-Citori-Sporter-Serie, die Nikko, die Winchester 101, die Weatherby Regency und die Weatherby Olympian. Alle sind ausgezeichnet, doch sie können sich nicht mit der Qualität der Flinten messen, die in Italien von Fabbri oder FAMARS hergestellt werden.

Italiener sind auch Hersteller von guten Waffen mit übereinanderliegenden Läufen in mittlerer Preislage. Die Perazzis gehören zu den besten Taubenflinten aller Zeiten. Beretta produziert viele Modelle, darunter solche für besonders anspruchsvolle Jäger, und das gleiche läßt sich auch von Franchi sagen. Auch deutsche Hersteller liefern sehr gute Flinten, wie die Krieghoff und die Merkel.

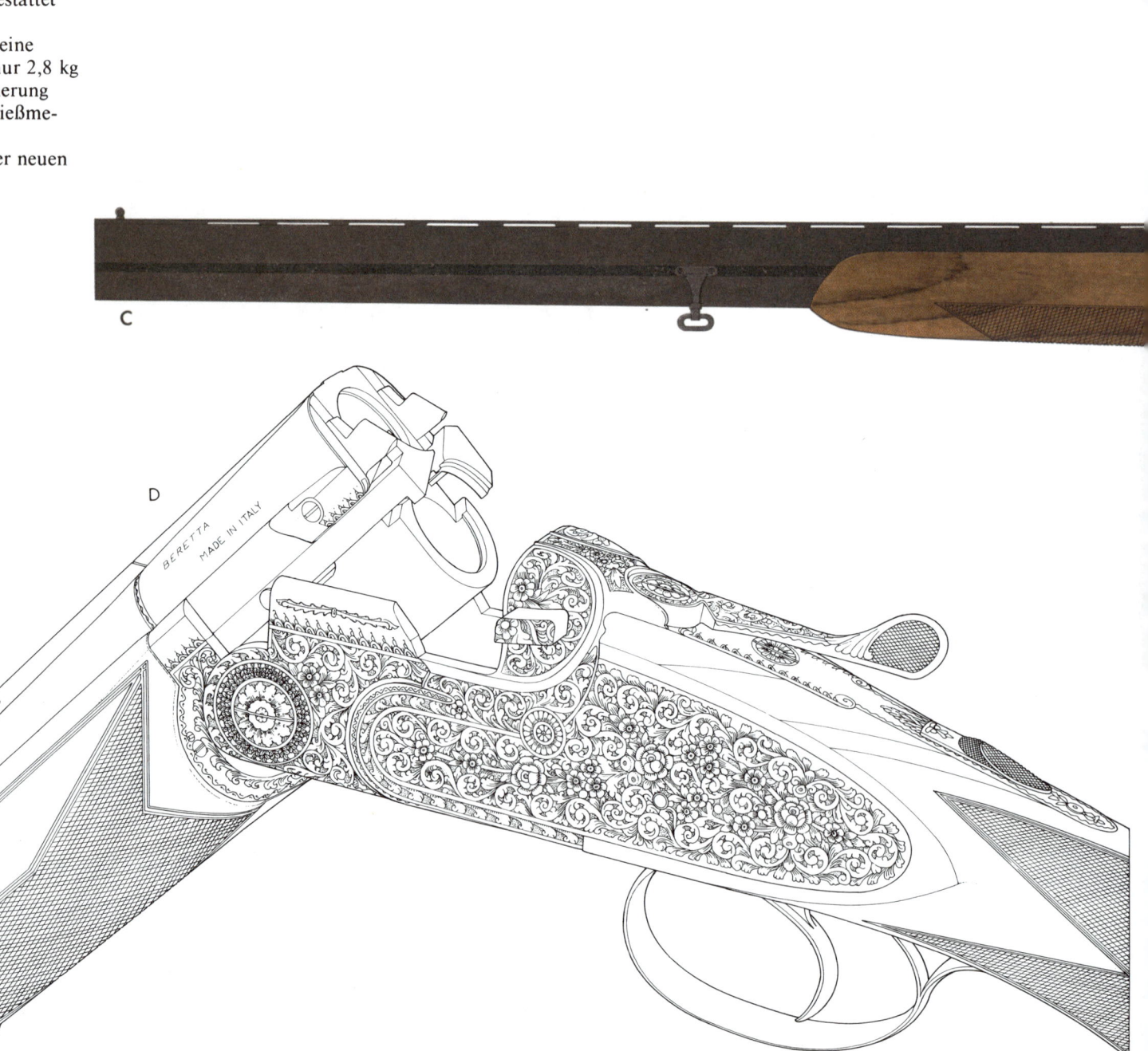

Weitere Flinten mit übereinanderliegenden Läufen.
A Die Nikko Golden Eagle mit Bohrung 12.
B Die Simson Bockhammerless 100 EJ mit Bohrung 12. Diese Flinte kann auch mit Riemen ausgestattet werden.
C Die Luigi Franchi 255 ist eine Flinte mit Bohrung 12, die nur 2,8 kg wiegt. (1) Laufwahl und Sicherung sind kombiniert. (2) Der Schießmechanismus.
D Die Beretta SO-4, eines der neuen Modelle.

C

D

BERETTA
MADE IN ITALY

Kapitel 2:

Europäische Waffen

Tom Turpin

Der Waffentyp, der auf dem europäischen Kontinent am engsten mit der Jagd in Beziehung steht, ist eine Kombination von Büchse und Flinte. Er wurde hier entwickelt und ist weit verbreitet. Ein Grund für die fortdauernde Beliebtheit ist die Art der europäischen Treibjagd. Bei vielen solchen Jagden beschränkt man sich nicht auf Federwild oder auf Haarwild, sondern man schießt beide Wildarten. Es ist nicht ungewöhnlich, daß die Teilnehmer einer Treibjagd Hasen, Kaninchen, Rebhühner, Fasanen, Füchse, Wildschweine und, wie in manchen Ländern, sogar Rehe und Hirsche schießen. Bei einer solchen Jagd ist eine kombinierte Waffe ideal, denn der Jäger verfügt dann über eine Büchse für Haarwild – mit Ausnahme von Hasen und Kaninchen – und eine Flinte für das Kleinwild und die Vögel. Kombinierte Waffen wurden auch deshalb beliebt, weil die Auffassung vorherrschte, eine Einzelwaffe genüge für einen Jäger, der damit alles vorkommende Wild schießen könne. In früheren Zeiten gab es zudem in Europa nur wenige Waffenliebhaber und Waffensammler, doch es gab schon immer Jäger, die ihre Kombinationswaffe durch Gravierungen oder Schnitzereien verschönern ließen. Neuerdings kommt es häufiger vor, daß Jäger mehrere Schußwaffen besitzen.

Jagdwaffen werden in den meisten europäischen Ländern hergestellt. Die Länder Spanien, Rußland, Ostdeutschland, Westdeutschland, Österreich, Frankreich, Italien, Belgien, die Tschechoslowakei, Finnland, Schweden und Großbritannien exportieren Jagdwaffen. Die Produktion ist in manchen Ländern spezialisiert. So werden Flinten vorwiegend in Italien, Spanien und Frankreich hergestellt. In Großbritannien, Belgien, Ostdeutschland, Westdeutschland, Österreich, der Tschechoslowakei und Rußland werden neben Flinten auch Büchsen produziert. Kombinierte Waffen werden im allgemeinen in Österreich und in den beiden deutschen Ländern hergestellt.

Kombinierte Waffen gibt es in vielerlei Formen. Sie haben zwischen zwei und vier Läufe und in Ausnahmefällen sogar fünf Läufe. Am weitesten verbreitet sind Modelle mit zwei übereinanderliegenden Läufen und der Drilling, der drei Läufe besitzt. Normalerweise hat ein Drilling einen Büchslauf unter zwei nebeneinanderliegenden Flintenläufen; beim seltener vorkommenden Doppelbüchsdrilling befindet sich ein Flintenlauf unter zwei nebeneinanderliegenden Büchsläufen. Bedeutende Hersteller von kombinierten Waffen sind die westdeutschen Firmen J. P. Sauer und Sohn, Krieghoff und F. W. Heym, ferner Franz Sodia und die Ferlach Genossenschaft in Österreich sowie Brno in der Tschechoslowakei. Auch in Italien und Finnland werden in geringerer Anzahl Waffen mit übereinanderliegenden Läufen hergestellt.

Es gibt mehrere technische Abarten bei den Drilling-Modellen; im allgemeinen werden diese Waffen jedoch mit Kastenschloß-Mechanismus gebaut, mit Greener-Kreuzbolzen und Greener-Sicherheitsvorrichtung. Der Wählhebel für den Büchsenlauf ist dort angebracht, wo sich der Sicherheitshebel bei einer Doppelflinte befinden würde, und wenn er vorgeschoben wird, kommt ein hinteres Visier auf der Laufschiene hoch, und der Vorderabzug wird zum Abschuß des Büchsenlaufs geschaltet;

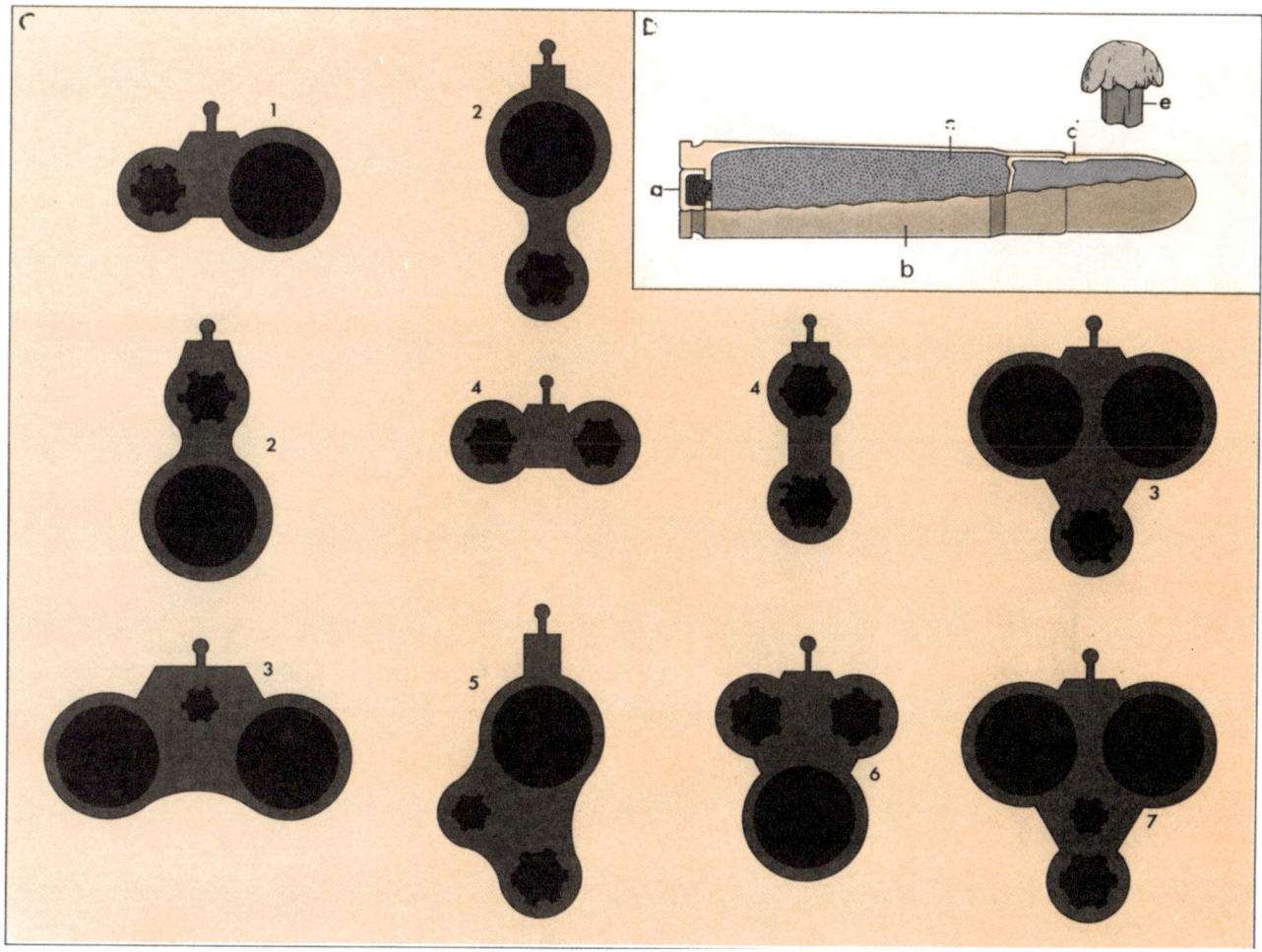

A Der Carl-Gustaf-Standard-Drilling: Zwei nebeneinanderliegende Flintenläufe über einem Büchsenlauf. (1) Der Schießmechanismus im einzelnen.

B Die Merkel Modell 32 S ist ein Drilling, der eine Flinte mit Bohrungen 12 oder 16 mit einer Büchse mit einem Kaliber zwischen .222 und 7 mm kombiniert.

C Die von europäischen Jägern bevorzugten Kombinationen: (1) Büchsflinte; (2) Büchse und Flinte; übereinander liegend; (3) Drilling; (4) Doppelbüchse; (5) Bockdrilling; (6) Flintenlauf unter Doppelbüchse; (7) Vierling.

D Ein abgerundetes Geschoß mit weichem Kern und Patrone: (a) Zünder; (b) Messinghülse; (c) Pulver; (d) Verstärkung der Umhüllung; (e) ein ausgeweitetes Geschoß nach dem Aufschlag.

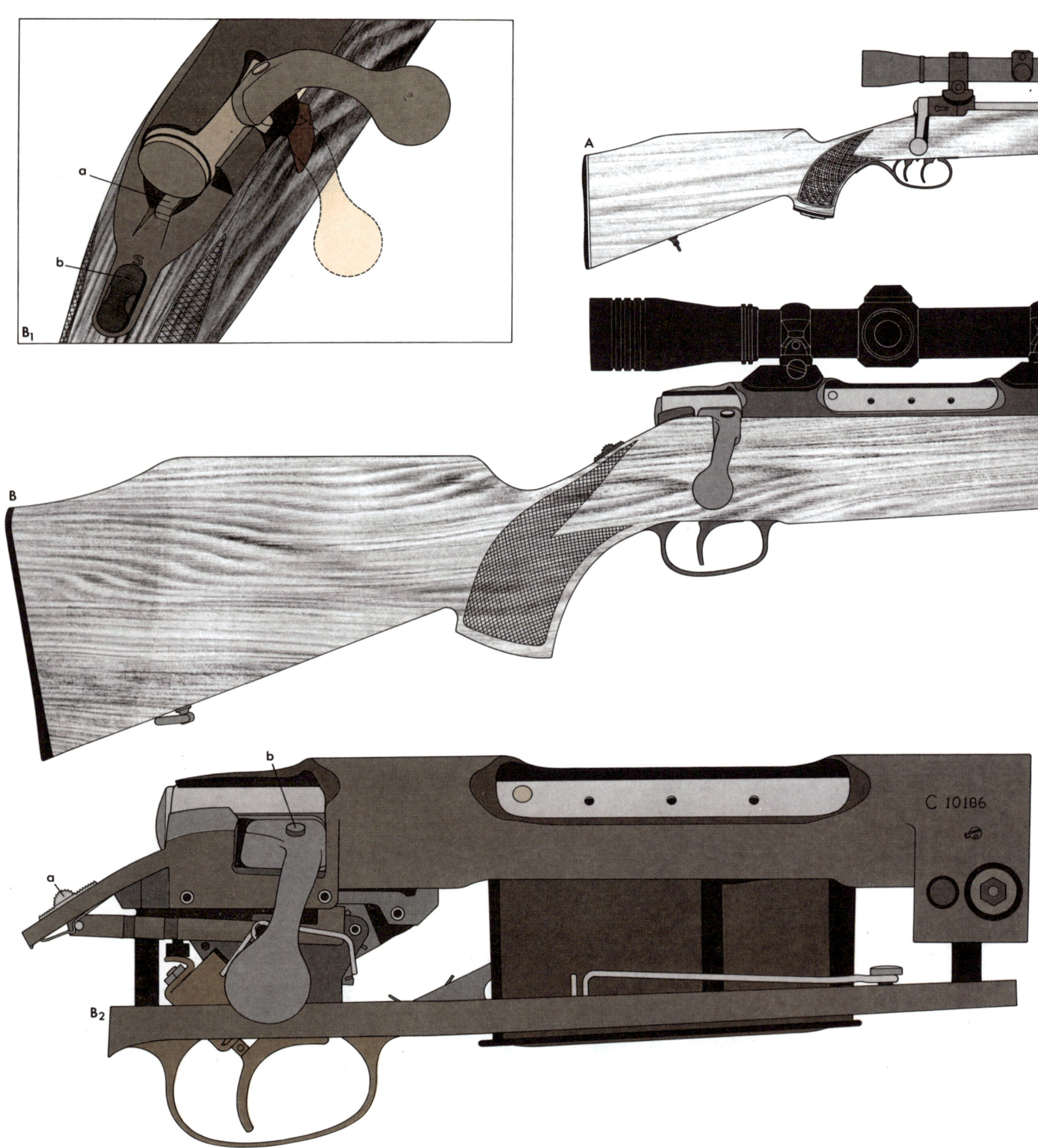

A

B

B₁

a

b

B₂

b

a

C 10186

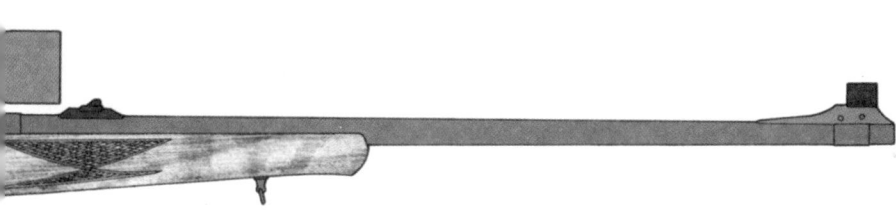

A Die Anschütz-Savage-Büchse, Kaliber 7 x 57, mit Zielfernrohr. Eine gute Waffe aus den sechziger Jahren.
B Die Carl-Gustaf-3000-Standard wird mit zwei Mechanismen hergestellt. (1) Der Kammerverschluß von hinten. Ein roter Punkt (a) ist nur dann verdeckt, wenn die Sicherungsvorrichtung (b) eingestellt ist. (2) Wenn der Sicherungsflügel (a) be-

tätigt ist, springt ein Knopf (b) hoch. Wenn der Knopf eingedrückt wird, kann der Hebel zum Zurückziehen der Hülse in der Kammer geöffnet werden, ohne die Sicherung zu lösen.
C Die Husqvarna 1979 Monte Carlo. (1) Die Gravierung auf der Unterseite.
D Die finnische Sako Modell 72

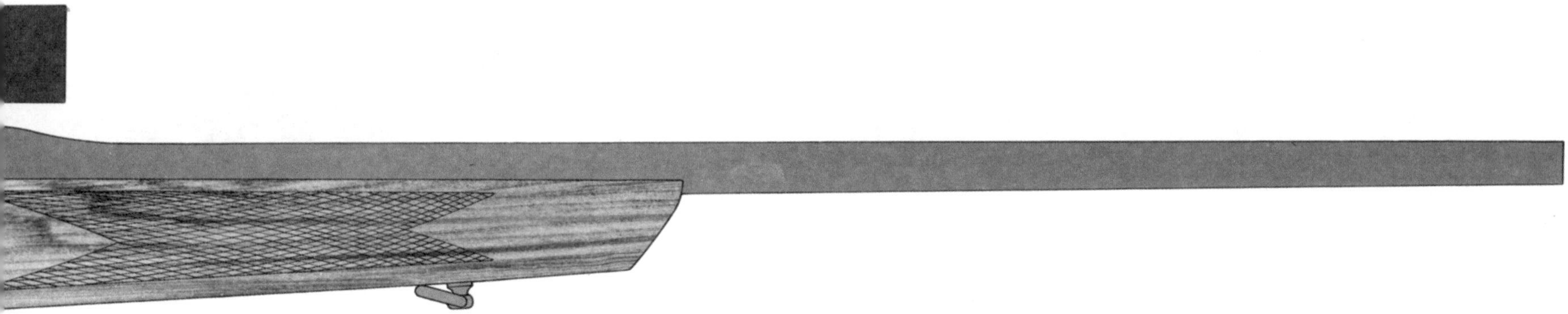

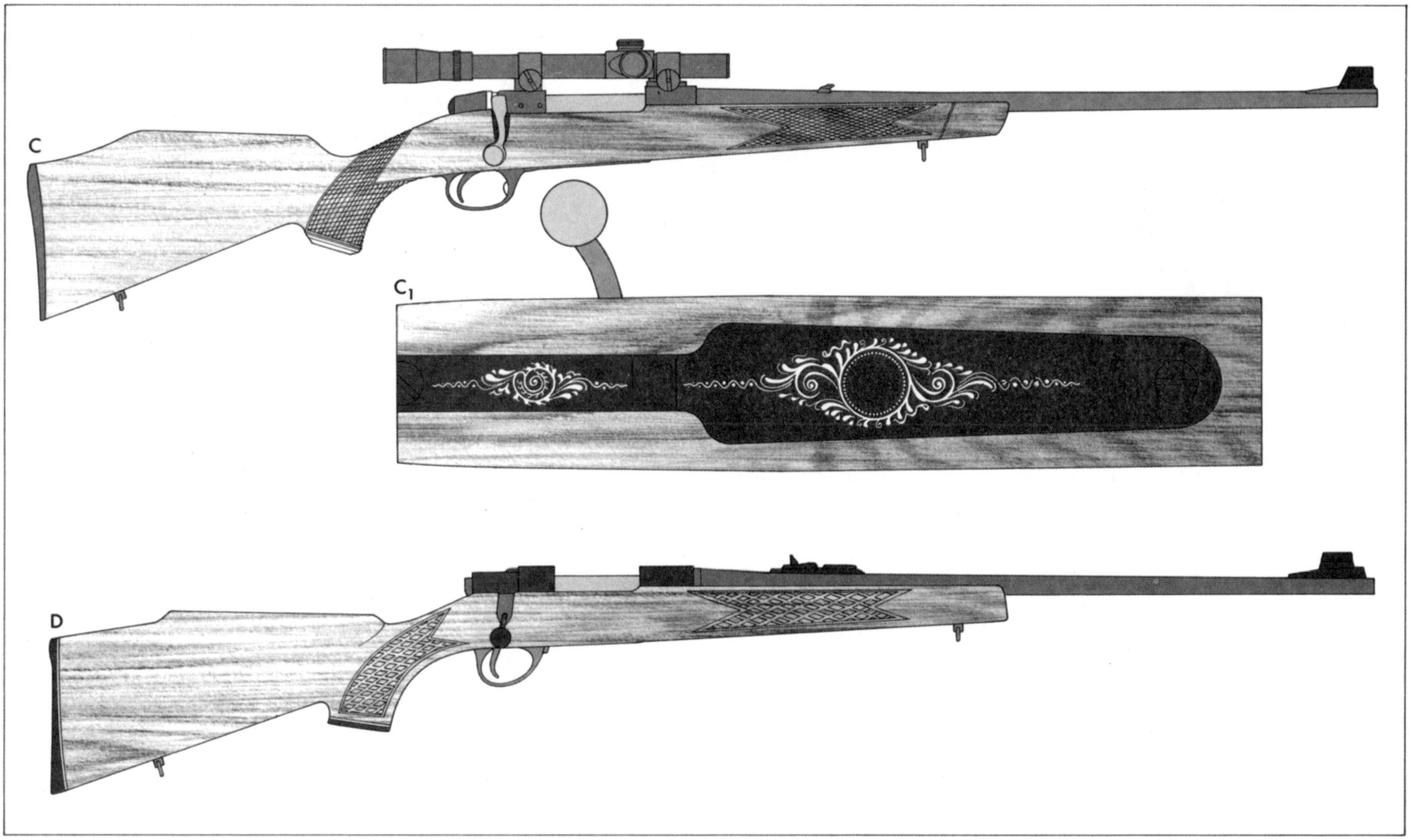

D

E

anderenfalls schießt man mit den Abzugshebeln die Flintenläufe ab. Der Schütze kann somit schnell von Flinte auf Büchse umschalten.

Bei den Waffen mit zwei übereinanderliegenden Läufen liegt bei den deutschen und österreichischen Modellen der Büchsenlauf gewöhnlich unter dem Flintenlauf; bei einigen tschechoslowakischen und amerikanischen Modellen ist die Reihenfolge umgekehrt. Bei manchen Modellen gibt es einen gleitenden Laufwählknopf; andere haben zwei Abzüge. Bei dem letztgenannten System hat man natürlich die schnellste Wahl zwischen Büchse und Flinte und kann sogar schneller als mit dem Drilling operieren. Manchmal ist es ein entschiedener Nachteil, daß man bei zwei übereinanderliegenden Läufen einen Schuß weniger hat als beim Drilling.

Drei weitere Formen von kombinierten Waffen werden neuerdings nur in geringeren Mengen hergestellt. Hierzu gehören die Büchsflinte mit Büchsen- und Flintenlauf nebeneinanderliegend, der Bockdrilling mit zwei übereinanderliegenden Läufen und einem weiteren Lauf in der Laufschiene und die komplizierteste dieser Waffenformen, der Vierling, bei dem vier Läufe von einem Mechanismus aus bedient werden. Auf den

ersten Blick ähnelt ein Vierling dem Drilling, doch bei näherer Prüfung erkennt man den vierten Lauf, der sich entweder in der schweren Laufschiene zwischen den Flintenläufen und dem Büchsenlauf oder in der oberen Laufschiene befindet. Aus dem vierten Lauf schießt man gewöhnlich eine kleine und relativ schwache Patrone ab.

Alle kombinierten Waffen sind komplizierter als die Standard-Doppelflinte und daher auch teurer. Die Kombination mit zwei übereinanderliegenden Läufen ist weniger kostspielig als der Drilling, denn sie hat einen Lauf weniger, und sie kann mit einem starken Flintenmechanismus gebaut werden. Waffen mit zwei übereinanderliegenden Läufen werden häufig mit zwei verschiedenen Sätzen von Läufen verkauft, nämlich mit den kombinierten Läufen sowie mit Flintenläufen.

Der Drilling ist erheblich komplizierter, denn er hat außer seinem Spezialmechanismus ein drittes Schloß für den Büchsenlauf und das Laufauswahlsystem.

Ein Zielfernrohr für die verschiedenen Typen von kombinierten Waffen wird gewöhnlich auf einen Klauenträger montiert, was mehrere

A Die Merkel-Modell-220E-Doppel-
büchse
B Repetierbüchse, Modell SR 20 L,
von F. W. Heym
C Die Ruger, Modell HR 38 de luxe
D Die HDF-Standard-Büchse
E Die Krico, Modell 620 L

131

Vorteile hat. Wenn es richtig montiert ist, wird sichergestellt, daß das leicht abnehmbare Zielfernrohr stets in genau der gleichen Lage ist. Ein richtig einvisiertes Zielfernrohr kann daher so oft wie erforderlich, ohne daß man die Nulleinstellung verändert, abgenommen werden. Die Träger treten nicht stark in Erscheinung und stören nicht beim Schießen aus den Flintenläufen. Klauenträger sind allerdings teuer, und die Anbringung erfordert handwerkliches Können.

Europa ist der Kontinent, wo Doppelflinten stark verbreitet sind, sowohl die Modelle mit nebeneinander- als auch mit übereinanderliegenden Läufen. Auch die Produktion von halbautomatischen oder Selbstlader-Waffen ist vertreten, besonders in Italien und Belgien, doch diese sind vorwiegend für den Export bestimmt. In manchen Ländern werden Selbstlader-Waffen gelegentlich zum Tontaubenschießen verwendet. Jäger, die bei der Ausübung der Jagd keine Doppelflinten verwenden, treten nur selten in Erscheinung.

Die britischen »Best Guns« sind noch immer sehr geschätzt, doch neuerdings machen ihnen italienische Fabrikate starke Konkurrenz. Viele Schützen sind heute der Meinung, daß die besten Flinten der Welt in Italien hergestellt werden, wozu unbedingt Fabrikate wie FAMARS, Fabbri und Perazzi gehören.

Ausgezeichnete Flinten werden auch in Spanien produziert, zum Beispiel die Modelle AYA, Victor Sarasqueta, Armas Garbi und Ignacio Ugartechea. Die belgische Firma Fabrique Nationale stellt seit Jahren sehr gute Flinten her, und manche französischen Firmen sind Hersteller von hervorragenden Querflinten in kleineren Mengen. Die schon genannten deutschen Hersteller von kombinierten Waffen fabrizieren auch Flinten von hoher Qualität, besonders solche mit übereinanderliegenden Läufen. Anerkannt gute Flinten kommen aus der Fabrik Gebrüder Merkel in Suhl. Ebenfalls sind die österreichischen Fabrikate der Genossenschaft in Ferlach sowie die tschechoslowakischen des Fabrikats Brno von guter Qualität. Auch russische Flinten haben einen guten Ruf erlangt, und selbst die weniger teuren Modelle sind so robust gebaut, daß sie schon ein ganzes Jägerleben lang in Funktion geblieben sind. Die genannten Namen soll man jedoch nicht als erschöpfende Liste auffassen, sondern sie sollen nur als Beispiele dienen; eine komplette Aufzählung würde zuviel Raum in Anspruch nehmen.

Büchsen werden in Europa von mehreren Firmen hergestellt. Zu den bedeutendsten Fabriken zählen BSA (Großbritannien), SAKO (Finnland), Steyr (Österreich), Mauser, Heym und Sauer (Westdeutschland), FN (Belgien) und Brno (Tschechoslowakei). Auch in Jugoslawien, Spanien und Schweden gibt es kleinere Produktionen.

Die deutschen Büchsenhersteller führen wohl die meisten Neuerungen ein, wobei Mauser mit einer Anzahl technologischer Entwicklungen an der Spitze steht. Das vor einigen Jahren eingeführte Modell 66 hat eine Vielzahl von neuen Merkmalen, darunter auswechselbare Läufe. Auch das vor kurzem herausgebrachte Modell 77 hat viele Neuerungen.

Voere, eine kleinere deutsche Firma, hat eine ausgezeichnete Büchse entwickelt, die eine Verbesserung von Paul Mausers ursprünglichem Modell darstellt. Sie ist eine der vielen Firmen, die sich nicht damit begnügen, lediglich Duplikate der altehrwürdigen – doch noch immer guten – Mauser-Konstruktion herzustellen.

Zu den Besonderheiten der europäischen Jagd gehört auch die Verwendung von Hochsitzen oder die Sitte, in der Morgen- oder Abenddämmerung zu jagen, wofür spezielle Ferngläser entwickelt worden sind. Wildschweine werden häufig nachts gejagt, wofür spezielle Optiken erforderlich sind. Das 8x56-Zielfernrohr und Ferngläser wurden entwickelt, um maximale Lichtsammlungsqualitäten sicherzustellen, ebenfalls die dichten, zaunartigen Fadenkreuzmuster auf europäischen Zielfernrohren.

Im Gegensatz zu Nordamerika sind in Europa viele Büchsen und Flinten mit Riemen ausgestattet. Die meisten europäischen Jäger tragen

Der Elch ist das mächtigste unter den Großwildtieren Europas. Er wird in Schweden, Finnland, Norwegen und Rußland gejagt. Jährlich werden allein in Schweden etwa 100000 Elche geschossen. Robuste Büchsen mit Kammerverschluß sind zur Jagd dieser Tiere erforderlich.

A Die Walther, Modell A, eine Büchse mit Kammerverschluß und doppeltem Abzug.
B Die Weatherby Mark V hat einen auffälligen Schaft und Kammerverschluß.
C Die Tikka Deluxe wird in Finnland hergestellt.

Jagdtaschen aus starkem Leder, in denen sie Munition, Jagdmesser, Verpflegung und anderes mit sich führen.

In viel größerem Maße als in Nordamerika betrachtet man in Europa die Jagd als gesellschaftliches Ereignis, und die Jäger sind sich der Traditionen bewußt, auf denen ihr äußeres Verhalten beruht. Anders als in anderen Weltteilen ist in Europa die Jägerkleidung formell; man trägt im allgemeinen grüne, aber auch graue oder braune Anzüge, zumeist mit Krawatten. Das Jagdhorn wird nicht nur zur Lenkung der Jagd, sondern auch zum Verblasen der Strecke verwendet.

Für viele Jäger spielen die formalen Überlieferungen eine große Rolle, denn sie symbolisieren den im Grunde ernsten Charakter des Jagdwesens. In früheren Zeiten war die formelle Kleidung ein Vorrecht des Adels, dem die Jagdrechte zukamen; heute soll in ihr die edle Gesinnung des Jägers zum Ausdruck kommen. Man muß allerdings auch einräumen, daß die in Europa übliche formelle Kleidung für andere Weltteile ungeeignet sein würde. Im heißfeuchten Klima Afrikas und Asiens würde man es kaum mit Krawatte aushalten, und ein teurer Jagdanzug würde im unwegsamen Gelände Nordamerikas bald zerreißen.

Als zur europäischen Jagdausrüstung gehörig wäre noch der Bergstock zu erwähnen, ein einfacher, etwa zwei Meter langer Stock, zumeist aus Haselholz und mit einer Eisenspitze versehen. Er dient als Stütze beim Klettern, wenn im Gebirge gejagt wird, besonders in den Alpen, weshalb man ihn auch Alpenstock nennt.

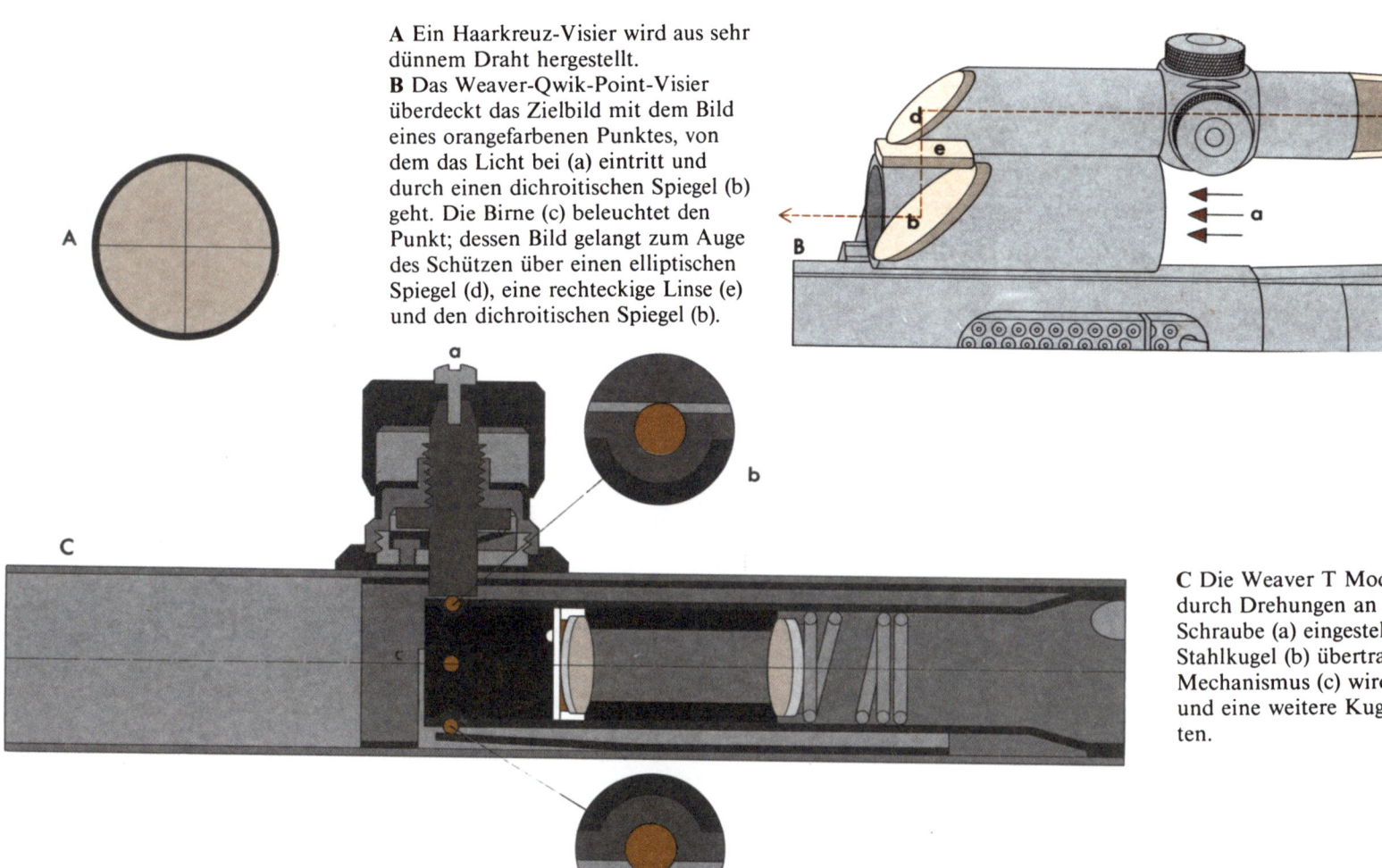

A Ein Haarkreuz-Visier wird aus sehr dünnem Draht hergestellt.
B Das Weaver-Qwik-Point-Visier überdeckt das Zielbild mit dem Bild eines orangefarbenen Punktes, von dem das Licht bei (a) eintritt und durch einen dichroitischen Spiegel (b) geht. Die Birne (c) beleuchtet den Punkt; dessen Bild gelangt zum Auge des Schützen über einen elliptischen Spiegel (d), eine rechteckige Linse (e) und den dichroitischen Spiegel (b).

C Die Weaver T Model Scope wird durch Drehungen an einer geriffelten Schraube (a) eingestellt, die auf eine Stahlkugel (b) übertragen werden. Der Mechanismus (c) wird durch diese und eine weitere Kugel (d) festgehalten.

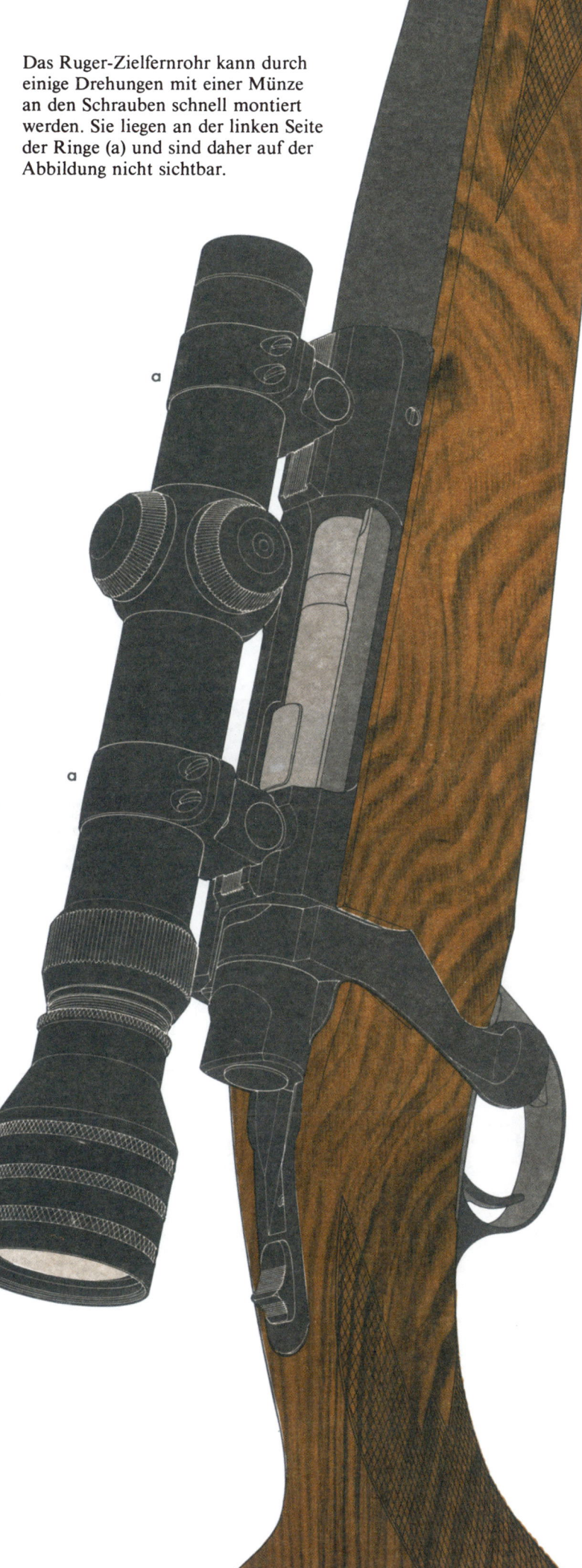

Das Ruger-Zielfernrohr kann durch einige Drehungen mit einer Münze an den Schrauben schnell montiert werden. Sie liegen an der linken Seite der Ringe (a) und sind daher auf der Abbildung nicht sichtbar.

Kapitel 3:

Büchsen im amerikanischen Jagdwesen

Jim Carmichel

Büchsen mit Bolzenverschluß

Die Büchse mit Bolzenverschluß beherrscht neuerdings die amerikanische Jagdszene, besonders bei solchen Jägern, die zwei oder mehr Büchsen mit Mittelzündung besitzen. Einer der Gründe hierfür ist die Bedeutung, die man der Patronenwirkung beimißt, besonders den Magnum-Patronen.

Obwohl in Nordamerika, wie auch in anderen Weltteilen, das meiste Wild auf Entfernungen von weniger als 100 Metern geschossen wird, möchten nordamerikanische Jäger auf größere Schußentfernungen vorbereitet sein. Dies gilt besonders für Jäger in den Weststaaten, wo Schüsse auf Gabelantilopen, Elche und Maultierhirsche auf Entfernungen bis zu 300 Metern abgegeben werden. Bei solchen Schüssen braucht man keine große Feuergeschwindigkeit, aber man benötigt Patronen mit großer Durchschlagskraft und eine Büchse mit überdurchschnittlicher Genauigkeit. Insofern erklärt sich die Beliebtheit der Büchsen mit Bolzenverschluß, bei denen sich eine große Auswahl an Kalibern mit der Genauigkeit des Bolzenmechanismus verbindet. Hinzu kommt, daß solche Büchsen besonders ansehnlich sind und allein schon deshalb bei den Jägern Gefallen finden.

Obwohl das ursprüngliche Konstruktionsprinzip im Verlauf der Jahre verbessert wurde, hat es sich jedoch seit den Zeiten von Paul Mauser, der vor einem Jahrhundert das Drehbolzenprinzip entwickelt hatte, nicht viel verändert. Die Einfachheit und die Robustheit der Konstruktion machen das System zum sichersten und zuverlässigsten Repetiermechanismus.

Für die dem System innewohnende Genauigkeit gibt es mehrere Gründe. Hauptgrund ist die Festigkeit des Mechanismus. Beim Schießen verringert sich durch Krümmung des Mechanismus die Genauigkeit, und die symmetrische Verschlußanordnung bei den meisten Bolzenbüchsen wirkt dieser Krümmung entgegen. Die gleiche Wirkung erzielt man durch den aus einem Stück bestehenden Schaft, der im allgemeinen mit dem Mechanismus fest verbunden ist. Die moderneren Bolzenverschlüsse erzielen auch eine besonders schnelle Handhabung und haben Abzüge, die fein eingestellt werden können.

Der Bolzenverschluß gilt zwar als der langsamste aller Mechanismen der Repetierbüchsen; dennoch ist die Feuergeschwindigkeit, die sich erzielen läßt, überraschend groß. Beim Schießwettbewerb »American Match Course of Fire« wird unter anderem über 200 Yards geschossen, wobei der Schütze innerhalb von 60 Sekunden zehn Schüsse abzugeben hat: Der Schütze beginnt in der stehenden Position und muß dann in die sitzende Lage übergehen; er muß fünf Schüsse abgeben, das Magazin neu laden und fünf weitere Schüsse abfeuern. Ein mit seiner Bolzenbüchse vertrauter Schütze kann hierbei sogar noch Sekunden einsparen und alle seine Treffer auf einer Fläche landen, die kleiner ist als seine Hand.

Die Amerikaner wurden erst während des Ersten Weltkriegs in großem Umfang mit solchen Büchsen vertraut gemacht, als an die Soldaten

Springfield-Gewehre, Modell 1903, ausgegeben wurden. Bis dahin hatten Versuche mit Bolzenkonstruktionen nur begrenzten Erfolg. So begann Winchester 1879 mit der Fabrikation der Hotchkiss-Bolzenbüchse, und in den darauffolgenden 20 Jahren wurden etwa 85 000 Stück angefertigt. Remington stellte Bolzenbüchsen von 1886 bis 1906 her. Einen größeren Erfolg hatte die Krag-Jorgensen-Büchse, das amerikanische Militärgewehr von 1894 bis 1904, das auch im Spanisch-Amerikanischen Krieg verwendet wurde.

Seitdem sind nicht nur viele amerikanische, sondern auch Dutzende von europäischen Modellen von amerikanischen Jägern in Gebrauch genommen worden. Die beliebtesten europäischen Fabrikate waren die Sakos und die verschiedenen Mauser-Büchsen. Die zur Zeit beliebtesten amerikanischen Modelle mit Mittelzündung sind die Remington M-700, die Winchester M-70, die Ruger M-77 und die Savage M-110. Eine weitere verbreitete Bolzenbüchse ist die Weatherby Mark V; sie ist das Produkt einer amerikanischen Firma, deren Gewehre zunächst in Westdeutschland hergestellt wurden und die jetzt in Japan gebaut werden. Zu erwähnen sind noch Büchsen mit Mittelzündung für das Scheibenschießen; besonders formschön und treffsicher sind hier Fabrikate wie Shilen und Wichita.

Die Winchester, Modell 52, die seit 1979 nicht mehr hergestellt wird, war Nordamerikas beliebteste Büchse mit Randzündung; sie war die verbreitetste Waffe für das Zielschießen und hat viele nationale Preise gewonnen. Die für die Jagd bestimmte Version des Modells 52 wird als die beste ihrer Art in den USA angesehen, und Sammler zahlen jetzt mehrere hundert Dollar für ein gutes Exemplar. Zur Zeit ist das in Deutschland hergestellte Fabrikat Anschütz mit Randzündung die beliebteste Büchse bei den nordamerikanischen Scheibenschützen.

Viele amerikanische Büchsenliebhaber haben das Ziel, eine der formschönen handgefertigten Büchsen zu erwerben, wie sie von führenden amerikanischen Schäftemachern angeboten werden. Doch die Nachfrage ist größer als das Angebot, die Preise liegen bei mindestens mehreren hundert Dollar. Von wenigen Ausnahmen abgesehen, sind sie alle Büchsen mit Bolzenverschluß.

Büchsen mit Hebelverschluß

Die Büchse mit Hebelverschluß symbolisiert mehr als jede andere Waffe das amerikanische Jagdwesen und die im Lande herrschende Vorstellung von einer Jagdwaffe. Dies beruht auf der großen Wirksamkeit der einschlägigen Literatur, auf Film und Fernsehen, die diesen Waffentyp immer wieder mit der »Zähmung« des amerikanischen Westens in Verbindung bringen.

Interessant ist die Feststellung, daß fast alle Versuche zur Verbesserung der Konstruktion der aus dem 19. Jahrhundert stammenden Büchse mit Hebelverschluß fehlgeschlagen sind.

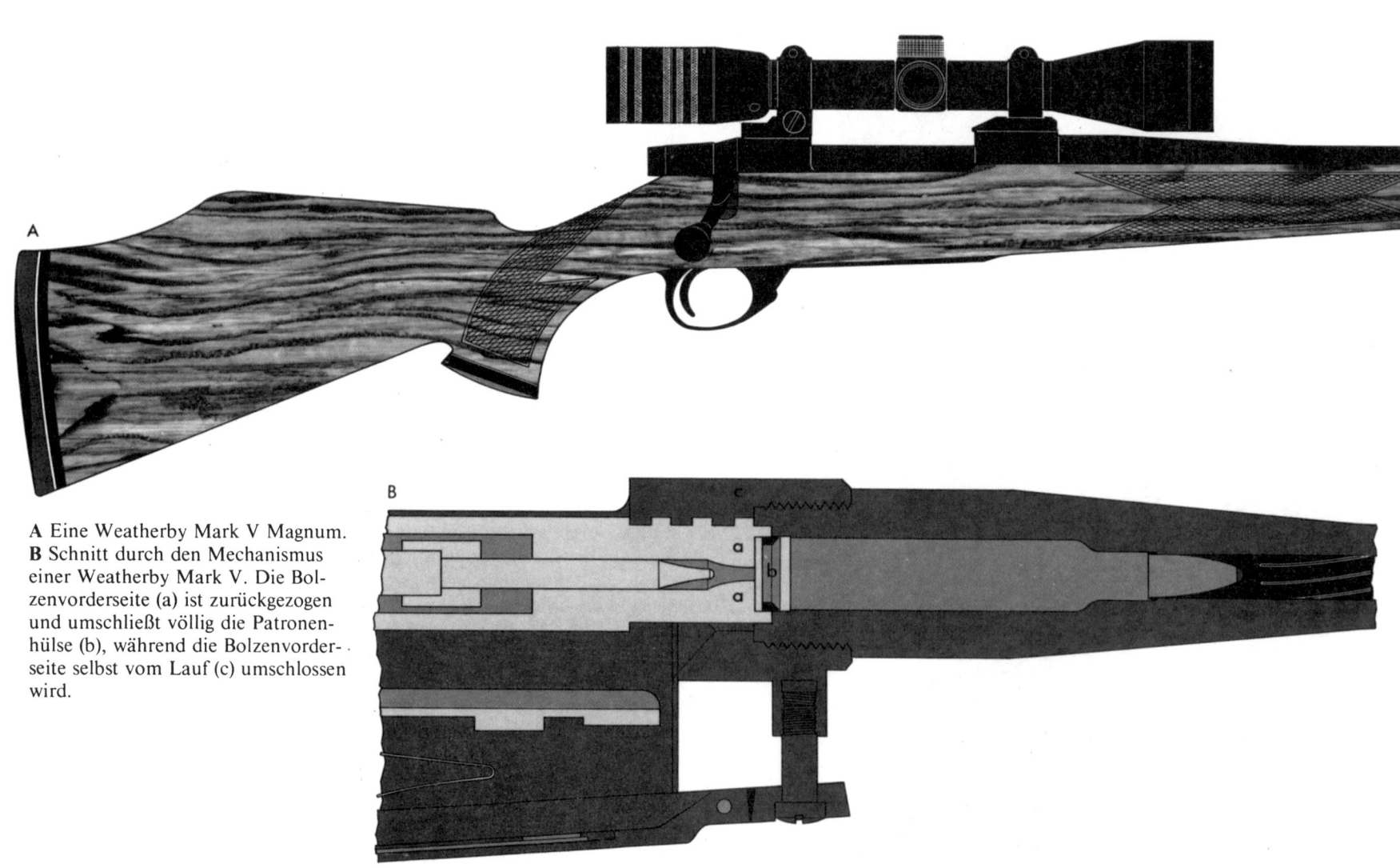

A Eine Weatherby Mark V Magnum.
B Schnitt durch den Mechanismus einer Weatherby Mark V. Die Bolzenvorderseite (a) ist zurückgezogen und umschließt völlig die Patronenhülse (b), während die Bolzenvorderseite selbst vom Lauf (c) umschlossen wird.

Beispiele dafür sind die modern ausgeführten Winchester, Modell 88 Centerfire (1955–1973) und Modell 150 Rimfire (1967–1973), Sakos Finnwolfe (1963–1972) sowie Modell 73 (1973–1975), Marlins »Levermatic« Rimfire Modell 56 und Modell 57 sowie Centerfire Modell 62 (1955–1965) und Remingtons Modell 76 (1962–1964). Hierbei handelte es sich durchweg um verbesserte Auflagen der Büchsentypen mit verdecktem Schlaghammer, die aber trotz aller Verbesserungen gegenüber den Hebelverschluß-Modellen des 19. Jahrhunderts innerhalb weniger Jahre nurmehr Ladenhüter waren.

Der modernste der zur Zeit hergestellten mechanischen Hebelverschlüsse, der des Modells Browning BLR, wird im Stil der Zeit um 1890 angefertigt, um die Büchse als „Western"-Waffe erscheinen zu lassen. Die einzige Ausnahme von dieser Regel des „Western"-Stils ist die Savage, Modell 99, die zwar ein Modell von 1899 ist, aber ein Äußeres ohne Hahn hat.

Waffenhistoriker stellen selten die Tatsache heraus, daß der Hebelmechanismus trotz seiner Bedeutung in der amerikanischen Geschichte kommerziell zu Anfang eine enttäuschende Neuerung war. Oliver Winchester betrachtete die Konstruktion als Militärwaffe und propagierte sie als solche in den Kriegsministerien von Europa, Asien und Südamerika. »Wo«, fragte er, »ist der militärische Genius, der die Bedeutung dieser Kriegsmaschine erfaßt und mit ihr die Hauptstädte der Welt beherrscht?« Die militärischen Genies blieben skeptisch, und Winchester mußte sich mit verhältnismäßig kleinen Zivilaufträgen begnügen. Dennoch ist sein Karabiner-Modell 94 zum Symbol aller Hebelverschlußwaffen geworden und gilt als typisch für alle Modelle dieser Art.

Die Büchse mit Hebelverschluß gilt in Nordamerika als »Buschwaffe«. Man verwendet sie gern im Gelände, das mit Gebüsch oder Wald bewachsen ist, wo die meisten Schüsse auf Entfernungen unter 75 Meter abgegeben werden und wo Schüsse über 90 Meter die Ausnahme sind. Für diese Bedingungen wird ein Karabiner benötigt, der kurz und leicht zu tragen ist und der eine relativ schnelle Feuergeschwindigkeit erzielt.

Hebelverschlußbüchsen wurden nie als besonders zielgenau angesehen, und sie sind es auch nicht, wenn man sie mit Bolzenverschlußbüchsen und manchen Typen von Einzelschußbüchsen vergleicht. Dieser relative Mangel an Genauigkeit beruht darauf, daß der Schaft aus zwei Stücken besteht, ferner auf dem leichten Lauf und dem nicht sehr starren Verschlußkasten, der sich beim Abschuß etwas verbiegt. Auch das Patronenlager dieses Waffentyps wurde erst in neuerer Zeit für besonders genau schießende Patronen eingerichtet.

Dennoch kann man mit besonderer Munition gute Schießergebnisse erzielen. Manche Modelle können auf 100 Meter Entfernung in einem Kreis von 5 cm Durchmesser fünf Treffer erzielen. Dies ist zwar eine Ausnahme; doch mit den meisten neueren Modellen kann man die fünf Treffer in einem Kreis vom doppelten Durchmesser unterbringen.

Die ersten Hebelverschlußbüchsen hatten Kammern, die für in sich geschlossene Patronen geeignet waren, wie sie auch in Pistolen verwendet wurden. Die Winchester, Modell 73, feuerte Patronen für Pistolen vom Kaliber .44/40, die kaum für Hirsche und schon gar nicht für Bären, Elche und Büffel geeignet waren. Für stärkere Patronen wurden größere und robustere Büchsen benötigt, und Winchester und Marlin brachten Büchsen heraus, mit denen man Patronen für die Büffeljagd abschießen konnte.

Büchsen mit Hebelverschluß, die für immer stärkere Patronen gebaut wurden, sind letztlich nur Wegbereiter für Büchsen mit Bolzenverschluß gewesen; geblieben sind schließlich nur die leichten, schnell zu bedienenden Karabiner mit Hebelverschluß für die Jagd auf Rotwild oder Schwarzbären. Eine Ausnahme bilden die Hebelverschlußbüchsen der Kaliber .45/70 und .444 von Marlin, für die Marlin spezielle Patronen

A Eine der klassischen Büchsen mit Hebelmechanismus, die Marlin 336 A. Sie hat einen 55 cm langen Lauf. Das Magazin (a) liegt unter dem Lauf und enthält fünf Schuß.

im Stil des 19. Jahrhunderts herstellt. Diese Patronen erweitern aber keineswegs den Aktionsspielraum solcher Büchsen, so daß eigentlich nur Jäger mit einer Neigung für Romantik oder Nostalgie derartige Waffen verwenden.

Ein Hauptmerkmal der Büchsen mit Hebelverschluß sollte eigentlich ihre schnelle Handhabung sein, doch wird sie in der Praxis nur selten erreicht: Eine hohe Feuergeschwindigkeit läßt sich nur dann beibehalten, wenn der Kolben an der Schulter bleibt, während der Hebel betätigt und der Abzug gezogen wird. Der typische Jäger nimmt jedoch im allgemeinen die Büchse von der Schulter weg, während er zwischen den Schüssen den Mechanismus betätigt. Die Feuergeschwindigkeit ist dann in der Praxis etwa gleich groß wie bei einer Büchse mit Bolzenverschluß.

Der an der Außenseite befindliche Hahn der meisten Waffen mit Hebelmechanismus bietet längst nicht die Sicherheit, die man ihm im Grunde beimißt. Um den Hahn in die untere, »gesicherte« Lage zu bringen, muß der Abzug betätigt werden; gelegentlich gleitet der Hahn unter dem Daumen weg, und ein Schuß wird abgegeben. Um dies zu verhüten, hat die Firma Mossberg bei ihrem Modell 479 eine Änderung eingeführt, durch die der Hahn blockiert wird, auch wenn er unbeabsichtigt fällt.

Büchsen mit Hebelverschluß sind im allgemeinen mit offenen Lochvisieren ausgestattet. Der Käufer von heute wird jedoch im allgemeinen dazu neigen, ein Zielfernrohr zu beschaffen. Dies kann jedoch zu Problemen führen.

Die beliebte Winchester 94 wirft die Hülsen über die Oberseite des Verschlußkastens aus. Selbst wenn hier ein Zielfernrohr montiert werden könnte, so bestünde die Gefahr, daß die ausgeworfenen Hülsen hier aufprallen, in den Mechanismus zurückfallen und eine Blockierung verursachen. Dieses Problem läßt sich im allgemeinen dadurch beheben, daß man das Zielfernrohr versetzt an der linken Seite des Verschlußkastens anbringt, so daß die ausgeworfenen Hülsen es nicht berühren. Andere Modelle, wie Browning, Marlin und Mossberg, sind mit seitlichem Auswerfer und festen Deckeln der Verschlußkästen ausgestattet, die eine normale Montage des Zielfernrohrs gestatten.

Die beliebteste Patrone hat das Kaliber .30/30 WCF und wird am häufigsten bei den Fabrikaten Winchester, Marlin, Mossberg und Savage verwendet.

Mit Sicherheit läßt sich voraussagen, daß Hebelverschlußbüchsen mit Mittelzündung noch viele Jahre hindurch beliebt sein werden und daß sie ihr jetziges Aussehen nicht wesentlich verändern. Das gleiche läßt sich von den Büchsen mit Randzündung vom Kaliber .22 sagen, die wegen ihres Aussehens als »Western«-Gewehre beliebt sind; ihre Genauigkeit ist etwa die gleiche wie bei den meisten anderen Büchsen mit Randzündung. Ihre Feuergeschwindigkeit ist größer als jene der Bolzenverschlußbüchsen mit Randzündung; ebenfalls sind sie auch leichter zu handhaben. In einer Beziehung dürften sie den meisten anderen amerikanischen Jagdbüchsen mit Randzündung überlegen sein, und zwar in ihrer ungewöhnlich hochwertigen Qualität. Die Hebelschlußbüchsen von Browning, Marlin und Winchester sind entschieden sorgfältiger angefertigt als die meisten anderen Büchsen mit Randzündung; ihr hoher Preis erklärt sich zum Teil durch die Tatsache, daß sie aus besten Materialien hergestellt werden.

Halbautomatische und Selbstlade-Büchsen

Kein geringerer Fabrikant als Colt brachte schon 1885 eine Repetierbüchse heraus: die »Lightning«. Obwohl sie gut gebaut war, brachte sie doch keine besonderen Erfolge, so daß nach der Jahrhundertwende die Produktion eingestellt wurde. Während der Repetiermechanismus bei

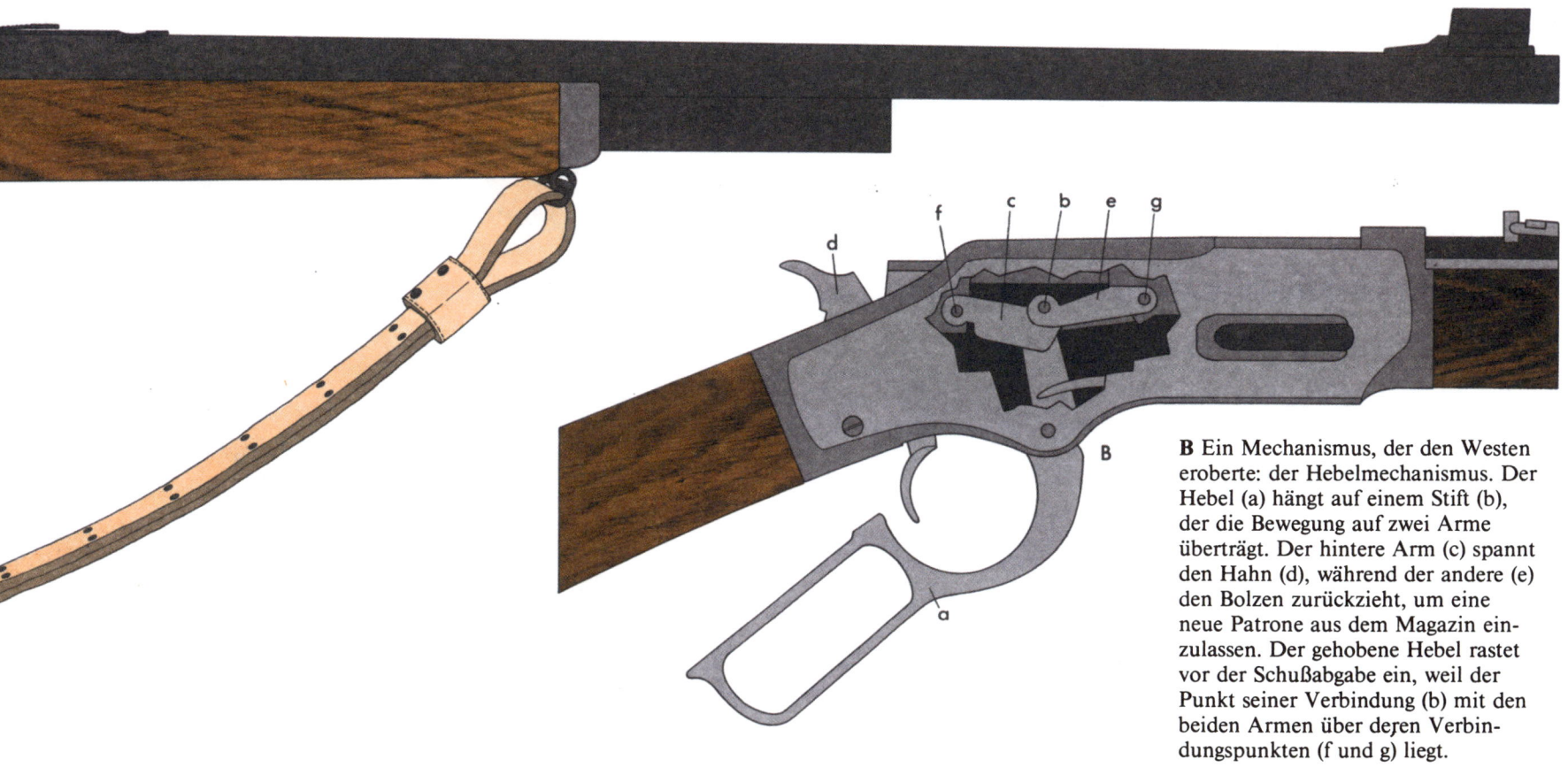

B Ein Mechanismus, der den Westen eroberte: der Hebelmechanismus. Der Hebel (a) hängt auf einem Stift (b), der die Bewegung auf zwei Arme überträgt. Der hintere Arm (c) spannt den Hahn (d), während der andere (e) den Bolzen zurückzieht, um eine neue Patrone aus dem Magazin einzulassen. Der gehobene Hebel rastet vor der Schußabgabe ein, weil der Punkt seiner Verbindung (b) mit den beiden Armen über deren Verbindungspunkten (f und g) liegt.

nordamerikanischen Flinten sehr beliebt ist, hat er sich jedoch bei Büchsen nie richtig durchsetzen können. So wird er besonders von jenen Jägern bevorzugt, die Repetierflinten besitzen und daran gewöhnt sind, die Hülsen durch Pumpen des Vorderschafts auszuwerfen.

Geläufige halbautomatische Büchsen mit Mittelzündung sind schnell aufgezählt: das Remington-Modell 760 Gamemaster (Kaliber .243, 6 mm Remington, .270, .308 und .30/06) und das Savage-Modell 170 (entweder Kaliber .30/30 oder .35 Remington). In geübten Händen steht die Repetierbüchse in der Geschwindigkeit ihrer Handhabung nur der Selbstladebüchse nach.

Nach dem Abschuß wird der Vorderschaft mit der Stützhand ganz nach hinten gezogen und dann wieder nach vorn geschoben, bis der Verschluß in Schußposition einrastet. Mit dieser Rückwärts- und Vorwärtsbewegung wird die Hülse herausgezogen und ausgeworfen, der Zündmechanismus gespannt und eine neue Patrone der Kammer zugeführt. Es ist eine glatte, natürliche Bewegung, die den Vorteil bietet, daß die Hände des Schützen in der Schießposition bleiben können. Der wesentliche Nachteil ist die geringe mechanische Hebelwirkung während des Auswerfens: Wenn verbrauchte Hülsen in der Kammer steckenbleiben, kann das Auswerfen schwierig werden, und eine zeitweilige Blockierung kann die Folge sein.

Die Genauigkeit von Repetierbüchsen mit Mittelzündung ist etwa gleich groß wie bei Büchsen mit Hebelverschluß und bei Selbstladebüchsen. Bei Büchsen des gleichen Fabrikats, Modells und Kalibers können jedoch erhebliche Genauigkeitsunterschiede bestehen.

Selbstlader oder halbautomatische Büchsen mit Mittel- oder mit Randzündung sind in den USA viel beliebter als Repetierbüchsen. Zur Zeit sind etwa ein halbes Dutzend in Amerika hergestellte Selbstlader mit Mittelzündung auf dem Markt, die als Jagdgewehre gelten.

Der offenkundige Vorzug einer Selbstladebüchse ist ihre Feuer-

geschwindigkeit und leichte Handhabung. Der Schütze braucht nur den Abzug zu ziehen, und das Herausziehen und Auswerfen der Hülse sowie die Neuzuführung erfolgen automatisch. Es ist falsch, diese Waffen »Automatics« zu nennen, denn genaugenommen ist eine automatische Waffe eine Maschinenwaffe, die ständig feuert, solange der Abzug betätigt wird. Richtiger ist es, solche Waffen als »halbautomatisch« zu bezeichnen. Bei einem Selbstlader muß der Abzug für jeden Schuß erneut gezogen werden. In den USA ist der private Besitz von vollautomatischen Waffen oder Maschinenwaffen nur mit besonderer Genehmigung gestattet, und weder in den USA noch in Kanada sind Automatics für die Jagd zugelassen. Dagegen dürfen Selbstlader zur Jagd verwendet werden, wenn die Vorschrift eingehalten wird, daß die Magazine nur wenige Schuß Munition enthalten.

Häufig hört man, daß Selbstlader klemmen sollen. Ursache dafür ist häufig, daß von Hand geladene Munition nicht richtig zubereitet worden ist. Von solchen Schwierigkeiten abgesehen, sind Selbstlader im allgemeinen störungsfrei und zuverlässig.

Die Mechanismen der zur Zeit hergestellten Modelle werden entweder mit Gas betrieben oder durch geraden Rückstoß. Das letztgenannte Prinzip ist sehr einfach: Der Rückstoß der abgeschossenen Patrone drückt den Bolzen nach rückwärts und leitet dadurch einen neuen Betriebszyklus ein. Wegen seiner Einfachheit und Leichtigkeit in der Anfertigung ist dieser Mechanismus bei Randzündungsbüchsen beliebt, doch er eignet sich nicht gut bei Patronen mit stärkerer Ladung, die einen robusten Verschluß zum Auffangen des Rückstoßes benötigen.

Bei Büchsen, die Patronen mit starker Ladung abfeuern, werden häufig die Gase der abgeschossenen Patrone zur Betätigung des Mechanismus verwendet, wie dies auch bei halbautomatischen Flinten geschieht. Dieses System wird zum Beispiel bei der Browning BAR Sporter, der Remington 742 und der Ruger Mini 14 angewendet.

Obwohl die Genauigkeit der Selbstladebüchsen häufig gering eingeschätzt wird, besteht jedoch kein Grund zu der Annahme, daß sie weniger genau sind als Repetierbüchsen oder Büchsen mit Hebelverschluß oder Bolzenverschluß. Besonders ausgewählte Exemplare der amerikanischen Militär-Selbstladegewehre, die M-1 Garand und die M-14, sind außerordentlich zielgenau, und sie können manchmal auf 200 Yards in einer Scheibe von 7,5 cm Durchmesser zehn Treffer landen. Viele Selbstlader haben jedoch den Nachteil, daß sich der Abzug nur schwer ziehen läßt oder daß die Schäfte schlecht sitzen, und durch diese Fehler wird die Genauigkeit beeinträchtigt, was jedoch mit dem eigentlichen Schießmechanismus nichts zu tun hat.

Im Nordosten der USA, wo es bei der Jagd auf schnellfeuernde Waffen ankommt, die auf kurze Entfernungen eingesetzt werden, sind Selbstladebüchsen sehr verbreitet. Doch sie sind auch in anderen Landesteilen bei der Großwildjagd beliebt. Dagagen sind Modelle mit Randzündung bei solchen Jägern verbreitet, die Kleinwild schießen, wie Eichhörnchen und Kaninchen.

A Die Browning BAR 22 ist eine halbautomatische Büchse, und das Magazin enthält 15 Schuß. (1) Der Ausschnitt zeigt den Abzug (a) und den Sicherungsknopf (b), der eine lebhaft rote Farbe hat.

B Die Remington »Nylon 66« Black Diamond. Der Schaft und das Vorderende sind aus Nylon. Sie wiegt nur 1,8 kg.

C Die Harrington & Richardson, Modell 865, hat ein abnehmbares Magazin mit fünf Schuß.

Kapitel 4:
Faustfeuerwaffen
Jim Carmichel

Faustfeuerwaffen – Pistolen und Revolver – werden zur Jagd in großem Umfang nur in Nordamerika, besonders in den USA, verwendet. In den meisten Ländern werden der Besitz und die Verwendung von Faustfeuerwaffen stark eingeschränkt, und die USA sind hierbei keine Ausnahme. Manche dieser Einschränkungen gelten der allgemeinen Sicherheit; andere bestimmen, daß mit Faustfeuerwaffen nur Kleinwild geschossen werden darf, und manche Vorschriften verbieten den Gebrauch von Faustfeuerwaffen mit schlechten Visieren oder sehr kurzen Läufen. Wo es jedoch statthaft ist, schießen sehr viele nordamerikanische Jäger sehr gern mit Faustfeuerwaffen.

In den Jahren nach 1970 wurden immer mehr Faustfeuerwaffen zur Jagd auf Klein- und Großwild in Amerika verwendet. Die Gründe hierfür waren: Immer mehr solcher Waffen mit stärkerem Kaliber standen zur Verfügung, verbesserte Jagdmunition war verfügbar, weiterentwickelte Visiere wurden aufgesetzt, und in manchen Jagdzeitschriften wurde der Jagdsport mit Faustfeuerwaffen propagiert.

Zu den hier verwendeten Faustfeuerwaffen gehören Revolver und halbautomatische bzw. Selbstlade-Pistolen, die oft fälschlich als Automatics bezeichnet werden, obwohl sie nicht automatisch schießen können. Es gibt hierbei Revolver für einfache als auch für doppelte Funktion. Der Hahn eines Revolvers für einfache Funktion muß nach jedem Schuß von Hand gespannt werden, während das Spannen und Abschießen beim Revolver mit doppelter Funktion allein durch Betätigen des Abzugs erfolgt, wobei man so stark am Abzug ziehen muß, daß die Waffe wackelt und ungenau schießt. Eine solche Waffe wird daher auf der Jagd fast stets vor dem Abschuß mit der Hand gespannt. Bei einem guten Modell erzielt man dadurch eine leichte, sehr kurze Abzugsbetätigung und eine gute Zielgenauigkeit.

Es gibt Selbstlade-Pistolen mit einfacher und mit doppelter Funktion, doch die erstgenannte Art wird häufiger verwendet. Hier bedeutet die einfache Funktion, daß die Waffe nur beim ersten Schuß von Hand gespannt werden muß, denn beim Schießen funktioniert der Mechanismus automatisch: Er zieht die leere Hülse heraus und wirft sie aus, er führt der Kammer eine neue Patrone zu, und er spannt und verschließt den Verschluß für den nächsten Schuß.

Kein bestimmter Faustfeuerwaffentyp ist bei der Jagd dem anderen überlegen: Sie alle sind in Nordamerika beliebt, und jeder hat seine Vor- und Nachteile. Man wählt die Waffe nach individuellen Wünschen aus, je nach der Jagdweise, die man mit der betreffenden Waffe am häufigsten betreibt.

Auch einschüssige Pistolen sind neuerdings wieder sehr verbreitet. Dies läßt sich hauptsächlich darauf zurückführen, daß die Munition verbessert worden ist, aber auch darauf, daß es längere Zielfernrohre gibt, die es dem Jäger ermöglichen, die Pistole in größerer Entfernung vom Gesicht zu halten. Am genauesten und sichersten schießt man mit ausgestreckten Armen und mit beiden Händen, und die Zielsicherheit ist dann am größten, wenn die Hände oder Unterarme des Schützen – jedoch nie die Waffe selbst – auf einer festen Unterlage ruhen.

A Der Smith-&-Wesson-Revolver, Modell 19, hier mit 10 cm langem Lauf. Die Läufe können auch 6 cm und 15 cm lang sein.

B Smith & Wesson, Modell 29, ist ein sechsschüssiger Revolver. Je nach der Lauflänge wiegt er zwischen 1,2 kg und 1,4 kg.

A Das Bild zeigt den Ruger-Revolver ungespannt.
B Einschüssige Pistolen sind wieder beliebt geworden, und viele, wie diese Thompson-Center-Contender, werden mit auswechselbaren Läufen hergestellt.

Durch die Verwendung eines Zielfernrohrs hat man größere Chancen, auch auf größere Entfernung das Wild zu treffen. Denn im offenen Gelände sind schnelle Wiederholungsschüsse im allgemeinen nicht erforderlich, wenn der erste Schuß gut gezielt war und eine Anzahl von Faktoren zusammenkommen: die mechanische Genauigkeit der Waffe, die Genauigkeit der Visiereinrichtung und die richtige Geschwindigkeit, Schußbahn und Energie des Geschosses. Da die einschüssige Pistole für relativ weitreichende Patronen geeignet ist, wird sie im nordamerikanischen Jagdwesen in letzter Zeit viel verwendet.

Alle Arten des in Nordamerika vorkommenden Haarwildes werden mit Faustfeuerwaffen gejagt. Der Autor hat solche Waffen für Kleinwild verwendet, wie Kaninchen, Hörnchen und Waschbären, aber auch für Großwild, wie Wildschweine, Hirsche, Bären und Elche. Manchmal wurden die Tiere mit einer Faustfeuerwaffe erlegt, weil sie zu nahe herangekommen waren und leichter mit einer Pistole als mit einer Büchse geschossen werden konnten. Das Großwild wurde überwiegend mit einem Ruger-Blackhawk-Revolver des Kalibers .44 Magnum zur Strecke gebracht, ein Wildschwein mit einem .41er Magnum-Revolver. Für das Rotwild wurden verschiedene Waffen verwendet: ein .357er Magnum-Revolver, ein einschüssiger .30er Herrett-Revolver und sogar eine automatische .45er ACP. Letztgenannte wird selten als Jagdwaffe benutzt. Eigentlich ist keine der einschüssigen Faustfeuerwaffen repräsentativ für die nordamerikanische Großwildjagd; das Handelsangebot ist einfach zu groß.

Bei der Jagd auf Weißwedelhirsche wird gern der .357er Magnum-Revolver benutzt, und mit Recht. Die Mehrzahl der Jäger macht bei der Jagd auf größeres Wild Gebrauch von .44er Magnum-Revolvern, meist dem Smith & Wesson-Modell 29 oder einem Ruger Blackhawk. Nur wenige verwenden die starke, aber selten halbautomatische .44er AMP Automag-Pistole oder die einschüssige Thompson-Center-Contender.

Letztere ist außer in den gebräuchlichen Faustfeuerwaffenkalibern auch in den Büchsenkalibern .30/30 WCF und .35 Remington erhältlich.

Viele relativ preiswerte .22er Selbstlade-Pistolen und Revolver mit Mittelzündung eignen sich recht gut für die Jagd auf Kleinwild wie Hörnchen und Kaninchen, aber die meisten Jäger bevorzugen doch erstklassige Revolver wie beispielsweise den Smith & Wesson K-22 oder einen der hervorragenden Selbstlader, die neben ihrer Systemgenauigkeit verstellbare Visiere und leichten Abzug aufweisen.

In Teilen der USA bezeichnet man die sehr beliebte Jagd auf bestimmte räuberische Kleintiere, wie zum Beispiel Waldmurmeltiere, Präriehunde und Coyoten, als »Varmint Hunting«. Wenn ein Jäger von Varmint-Büchsen oder -Pistolen spricht, so meint er damit Waffen, die für präzise Schüsse auf weite Entfernungen geeignet sind, mit denen die genannten Tierarten gejagt werden. Auch Rotfüchse gehören in diese Kategorie.

Manche Varmint-Jäger verwenden die gleichen Magnum-Revolver oder -Pistolen, die sie auch bei der Großwildjagd benutzen, und es ist bezeichnend, daß sie sich bei der Jagd auf Kleinwild die erforderliche Zielsicherheit holen. Es gibt jedoch auch viele begeisterte Varmint-Jäger, die diesen Sport als eigene Kategorie betreiben. Manche Varmint-Büchsen sehen wie eine Art Kreuzung zwischen einer Sportwaffe und einer Schießscheiben-Übungswaffe aus. Noch eigenartiger wirken manche Faustfeuerwaffen, die für die Varmint-Jagd eigens konstruiert sind; sie haben auch besondere Munition.

Ein Schütze, der eine der üblichen Faustfeuerwaffen mit offenem Visier verwendet, muß schon sehr viel Übung – und auch Glück – haben, um ein so kleines Wild wie ein Waldmurmeltier auf etwa 100 Meter Entfernung zu treffen. Dennoch ist es für viele Jäger sehr reizvoll, auf solche Ziele zu schießen, besonders dann, wenn sie als Faustfeuerwaffe einen der leistungsstarken Magnum-Revolver zur Verfügung haben.

Eine besondere Art des Übungsschießens ist in letzter Zeit sehr beliebt geworden. Es handelt sich um das Schießen auf eine Metallsilhouette. Seit 1975 beteiligen sich auch solche Schützen an diesen Wettbewerben in großer Anzahl, die früher am Übungsschießen uninteressiert waren. Zu Anfang handelte es sich um Büchsenschießen auf Entfernungen von 200, 300, 385 und 500 Meter auf Stahlprofile von Hühnern, Schweinen, Truthähnen und Schafen in voller Größe. Die Regeln sind einfach: Fünf Schüsse werden in zweieinhalb Minuten abgegeben, und man hat einen Punkt gewonnen, wenn man eine Silhouette abschießt. Dies ist gar nicht so leicht, denn die Silhouetten sind schwer, und die Kugel muß das Ziel an der richtigen Stelle treffen, um es umzuwerfen. Es genügt nicht, daß die Kugel an einer beliebigen Stelle auftrifft.

Dieses Wettschießen wurde so beliebt, daß auch Pistolenschützen teilnahmen. Die Zielfiguren wurden beibehalten, die Entfernungen jedoch auf 50, 100, 150 und 200 Meter verringert. Sowohl einschüssige als auch Repetierpistolen wurden verwendet.

Die Pistolenschützen mußten jedoch feststellen, daß die ihnen zur Verfügung stehenden Waffen und die Munition zum Abschießen der schweren Stahlfiguren wenig geeignet waren. Die Folge war, daß man sich sehr um die Weiterentwicklung bemühte. Da das Übungsschießen an Silhouetten Ähnlichkeiten mit dem Schießen vom lebenden Wild hat, wurden Tausende von Amerikanern dadurch angeregt, Großwild auch mit Faustfeuerwaffen zu jagen.

C Eine einschüssige Pistole, die Remington, Modell XP-100, schießt mit Remington »Fireball«-Patronen, Kaliber .221. Sie wird für das Übungsschießen und für die Jagd von Kleinwild verwendet. Mit Zielfernrohr kann sie die Genauigkeit einer Büchse erreichen.
D Der Colt-Revolver Trooper Mark III.

Kapitel 5:

Waffen zur Jagd in Afrika und Asien

Robert Elman

Bevor sie ihre erste Safari in Afrika oder Asien antreten, haben nordamerikanische oder europäische Jäger häufig die Absicht, ganze Arsenale von neuen Waffen zu kaufen. Dies ist aus zwei Gründen überflüssig: Eine einzige Büchse eignet sich für verschiedene Wildarten, und manche der in Europa und Nordamerika verwendeten Waffentypen eignen sich für viele Wildarten, die es in Afrika und Asien gibt. Die Hauptsache ist jedoch, daß man am besten mit einer vertrauten Waffe schießt – mit einer Waffe, auf die sich der Schütze verlassen kann, weil er mit ihr schon zuvor Wild geschossen hat. Im folgenden Buchteil, der von den Jagdmethoden handelt, werden Vorschläge zu geeigneten Kalibern für afrikanisches und asiatisches Wild gemacht. So wertvoll diese Vorschläge sind, sie sollten jedoch nicht dazu anregen, neue Waffen zu kaufen, wenn der Jäger schon etwas Geeignetes besitzt.

Im vergangenen Jahrzehnt sind einige ungewöhnliche Waffentypen nach Asien und besonders nach Afrika gebracht worden. Halbautomatische Büchsen sind häufig verwendet worden, obwohl ihr Gebrauch in manchen Ländern nicht gestattet ist, und sogar Repetierbüchsen und solche mit Hebelverschluß sind aufgetaucht. Einige Jäger brachten sogar ihre Vorderlader mit, die in Nordamerika aus nostalgischen oder sportlichen Gründen wieder beliebt geworden sind; in geübten Händen kann eine solche Waffe bei nicht gefährlichem Wild manchmal ihren Zweck erfüllen. Dies sind jedoch Ausnahmen; für die Jagd in Afrika und Asien haben sich am besten die modernen Büchsen mit Kammerverschluß bewährt.

Viele professionelle Jäger haben eine besondere Vorliebe für großkalibrige Büchsen mit Klappvisieren. Wie die Doppelflinte wurden diese klassischen Büchsen für Afrika und Asien in Großbritannien weiterentwickelt mit dem Ziel, großes und gefährliches Wild auf kurze Entfernung zu erlegen. Obwohl viele von ihnen eine Serie von drei oder mehr Klappvisieren haben, kann man mit diesen Büchsen sehr schnell zielen; zumeist sind die Kammern für besonders große, starke Patronen vorgesehen. Man nennt sie manchmal auch Rückzugsgewehre, denn ein professioneller Jäger verwendet sie in Notfällen, die dann eintreten können, wenn ein Jagdgast ein gefährliches Wild angeschossen, aber nicht getötet hat.

Die Treffsicherheit der Geschosse ist bei diesen Doppelbüchsen auf weite Entfernung nicht sehr groß, und der Rückstoß ist zumeist sehr stark zu spüren. Obwohl sie in manchen Fällen lebensrettend sein können, empfiehlt es sich für den durchschnittlichen Jäger nicht, solche Waffen zu verwenden, denn er hat zumeist keine praktische Erfahrung mit großkalibrigen Büchsen. Wenn man eine solche Waffe wirksam einsetzen will, muß man sich zuerst an ihre Handhabung, vor allem an ihren Rückstoß, gewöhnen.

Im Jahre 1906 war in Henry Sharps Buch »Modern Sporting Gunnery« die Rede von Schwarzpulver-Doppelbüchsen mit 4er Bohrung sowie modernen Nitro-Schnellfeuermodellen der Kaliber .256 (einem Kaliber, das besser zur Gazellenjagd geeignet ist als für Elefanten) bis hin zu .600. Für die afrikanische Großwildjagd empfahl Sharp die Kaliber .600 oder .577. Er berichtete, daß bei einem Treffsicherheitstest zehn Schüsse (fünf aus jedem Lauf) der .577er Büchse das 8 cm große Ziel aus einer Entfernung von 90 Metern trafen.

Als die .577er um 1880 eingeführt wurde, galt sie als klein; aber sie war lange Jahre der Favorit in Afrika und wird noch immer gelegentlich verwendet. Arthur H. Neumann, der als der kühnste Elefantenjäger gerühmt wurde, bediente sich bei der Elefanten- und Nashornjagd normalerweise einer Gibbs-Doppelbüchse des Kalibers .577. Er war stets ein Befürworter kleiner Kaliber. Viele Jäger jedoch zogen die .600 Nitro Express vor, die etwa 1910 auf den Markt kam.

Die Jeffery-Elefanten-Doppelbüchsen erlangten weltweite Berühmtheit. Über Jahre hinweg waren sie die stärksten der Welt: Sie stießen Kugeln von 58 g Gewicht mit einer Mündungsgeschwindigkeit von 600 m pro Sekunde und der Kraft von 1,050 kgm aus. Seitdem hat sich natürlich das Bild gewandelt. Heute sind alle Kaliber von .375 bis hin zu einigen der .450er- oder .500er-Klasse in Gebrauch.

In seinem Buch »African Hunter« empfiehlt der bekannte Forscher und Jäger James Mellon die folgenden Kaliber für afrikanisches Großwild wie Elefant, Nashorn, Büffel und Flußpferd: .375 Holland & Holland Magnum, .378 Weatherby Magnum, .458 Winchester Magnum und .460 Winchester Magnum. Für Löwen und Elenantilopen empfiehlt Mellon Patronen von .378 Weatherby und .375 Holland & Holland bis zu den .300 Magnums, die von Holland & Holland, Weatherby und Winchester hergestellt werden. Für Zebras und die größeren Antilopen empfiehlt er die gleichen Patronen, ferner die .30-06, die .308 Norma Magnum, die 7.62 mm NATO (.308 Winchester) und die 7 mm Remington und Weatherby Magnums. Aber auch andere durchschlagsstarke europäische und amerikanische 7-mm-Patronen eignen sich für solche Wildarten.

Für Gazellen und die kleineren Antilopen nennt Mellon Patronen im Kaliber von den .300 Magnums, den .30-06 und den 7.62 mm bis zur 6-mm-Gruppe. Er ordnet Kleinwild wie Kaninchen, Vögel und Dik-Dik in eine Gruppe ein, die nicht mehr als 6 kg wiegt und für die sehr kleinkalibrige Geschosse ausreichen. Mellon empfiehlt Patronen mit Randzündung – die .22 Magnum Rimfire oder die .22-Long-Rifle-Patrone. Viele Jäger aus allen Teilen der Welt besitzen Büchsen, die für eine dieser Randzündungspatronen oder für die etwas stärkere 5-mm-Patrone geeignet sind.

Das asiatische Wild läßt sich in ähnlicher Weise einordnen wie das afrikanische, wobei das asiatische Wildrind mit dem afrikanischen Büffel vergleichbar ist. Auch die Antilopen sind gleichartig. Der Tiger läßt sich mit dem Löwen vergleichen, asiatische Hirsche mit europäischen und afrikanischen Hirschen und asiatische Wildschweine, Ziegen und Schafe mit jenen, die es in Europa und Nordamerika gibt.

Das Federwild, sowohl Land- als auch Wasservögel, wird, wie auch in Europa und Amerika, zumeist mit Flinten geschossen. Es gibt hier zwar keine »bedeutenden« Wildarten, doch eine große Vielfalt von Vogelarten für die Jäger, die in den meisten Fällen wegen des Großwilds nach

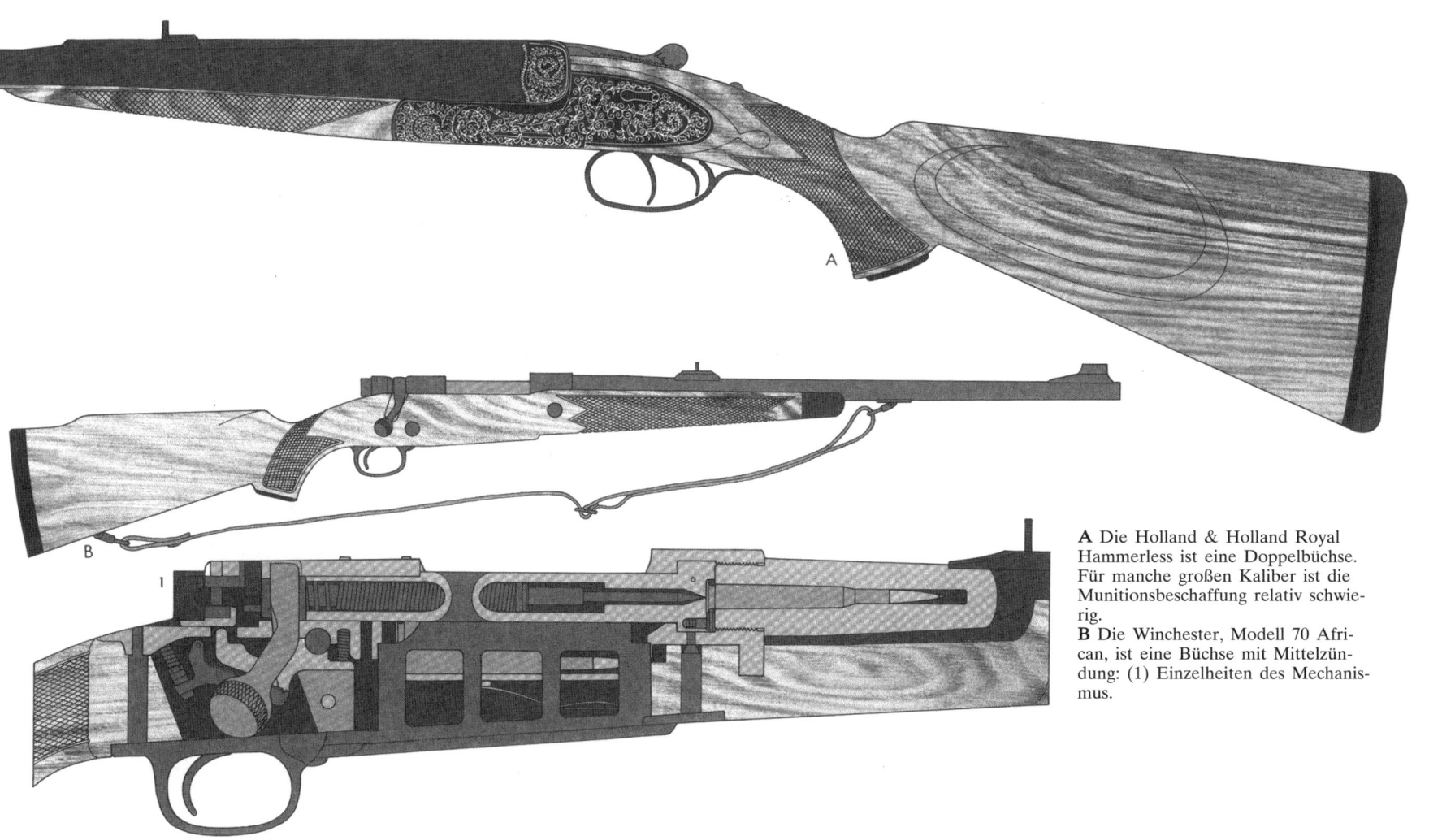

A Die Holland & Holland Royal Hammerless ist eine Doppelbüchse. Für manche großen Kaliber ist die Munitionsbeschaffung relativ schwierig.
B Die Winchester, Modell 70 African, ist eine Büchse mit Mittelzündung: (1) Einzelheiten des Mechanismus.

Afrika und Asien kommen. Viele Vogelarten sind ziemlich groß – zum Beispiel Perlhühner, Frankolinhühner und manches Wassergeflügel –, und für die Jagd genügt eine Flinte mit 12er Bohrung, die sich für die verschiedenen Wildarten eignet.

In den letzten Jahren haben nordamerikanische Jäger die vielseitige Verwendbarkeit von Flinten mit variablen Choke-Bohrungen bewiesen. Dennoch bleibt die konventionelle doppelläufige Flinte als ausgezeichnete Jagdwaffe für Afrika und Asien empfehlenswert; sie ist sehr vielseitig, und Versager kommen seltener vor als bei dem komplizierten Mechanismus mancher Repetierwaffen. Weniger wichtig als die Wahl zwischen übereinander- oder nebeneinanderliegenden Läufen ist die Bedingung, daß die Flinte zwei Läufe hat, die nicht unbedingt das gleiche Bohrungsmaß haben müssen. Die Flinte kann jedoch auswechselbare Laufausstattungen haben, so daß zumindest zwei Choke-Kombinationen zur Verfügung stehen. Eine Flinte mit einer engen und einer recht offenen Laufbohrung ist für viele Jagdarten auf Federwild in Afrika und Asien die am besten geeignete Waffe.

Kapitel 6:

Waffenpflege, Einschießen und Munition

Wilf E. Pyle

Der überzeugte Jäger begnügt sich nicht damit, am Tage der Jagd seine Büchse oder Flinte an sich zu nehmen und sie danach wieder wegzustellen. Er setzt gern seine Freizeit für die vielfältigen Aufgaben ein, die mit der Jagd zusammenhängen. Hierzu gehören die Waffenpflege, das Einschießen und das Neuladen der eigenen Munition, und die Erfüllung dieser Aufgaben macht sich immer bezahlt.

Reinigung, Pflege und Aufbewahrung von Waffen

Vor einigen Jahren war es noch erforderlich, daß der Schütze nach Abgabe von ein paar Schüssen seine Waffe gründlich reinigte, da sonst rostbildende Zünderbestandteile dem weichen Stahl des Laufs bald ein Ende gemacht hätten. Durch Feuchtigkeit verursachten Pulver und Zünderrückstände sehr leicht Rostfraß in den Läufen. Die starken Schäden wurden früher häufig auf die Verwendung von Schwarzpulver in den alten Patronen zurückgeführt; doch erst als man rauchloses Pulver zu verwenden begann, stellte man fest, daß die Zünderbestandteile die eigentliche Schuld an den Schäden trifft.

Treibladungen und nicht korrosive Zünder neuerer Patronen sind weit weniger gefährlich, denn sie hinterlassen im Gegensatz zum alten Schwarzpulver eine Schutzschicht im Lauf, so daß nach jedem Schießen eine Reinigung nicht erforderlich ist. Wenn jedoch eine Schußwaffe über längere Zeit außer Gebrauch ist, sollte sie zuvor gereinigt und eingewikkelt werden.

Eine gute Reinigungsgarnitur muß einen gut passenden Reinigungsstock enthalten; er kann aus Aluminium, Stahl, Messing, Holz, mit Kunststoff bezogenem Stahl oder festem Draht bestehen. Viele Stöcke bestehen aus mehreren Teilen, die sich zusammenfügen lassen; einteilige Stöcke lassen sich jedoch am besten verwenden. Die meisten Stöcke sind mit einer anschraubbaren Spitze versehen; der Schütze kann sich auswählen, welche Art er verwenden will, denn es gibt die drei Grundtypen geschlitzt, ringförmig oder gezackt.

Wichtig ist auch, daß in einer Reinigungsgarnitur ein guter Vorrat an passenden kleinen Lappen enthalten ist. Sie können aus Flanell oder Baumwollstoff bestehen und aus alten Kleidern zugeschnitten sein. Ratsam ist jedoch, fertig gekaufte Lappen zu verwenden, denn der Schütze kann dann sicher sein, daß sie die richtige Größe für das Kaliber haben und beim Durchziehen nicht leicht im Lauf steckenbleiben.

Ein gutes Pulverlösungsmittel und ein kleiner Ölvorrat werden außerdem benötigt, ferner eine Tube Waffenfett, die man dann in Gebrauch nimmt, wenn die Waffe längere Zeit nicht benutzt wird. Auch eine feine Drahtbürste ist in vielen Reinigungsgarnituren enthalten.

Der Reinigungsvorgang ist einfach: Nachdem man sich vergewissert hat, daß die Waffe nicht geladen ist, öffnet man den Verschluß vollständig. Dann legt man ein Läppchen auf die Spitze des Stocks, schiebt den Stock durch den Verschluß in den Lauf und bewegt ihn einige Male hin und her, wobei man die Mündung nach unten hält, um zu

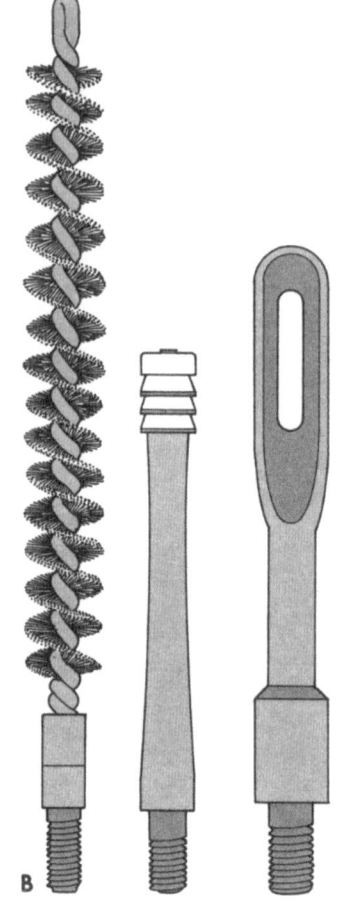

A Ein Durchzug für Büchsen. Man läßt das beschwerte Ende durch den Lauf mit dem Reinigungslappen hinten, wie in (1) und (2) gezeigt.
B Eine Bürste und zwei Arten von Spitzen

C Die Vorderseite des Bolzens muß gereinigt werden, da sich hier viel Fett und Schmutz ansetzt. Hierfür kann man eine Zahnbürste verwenden.

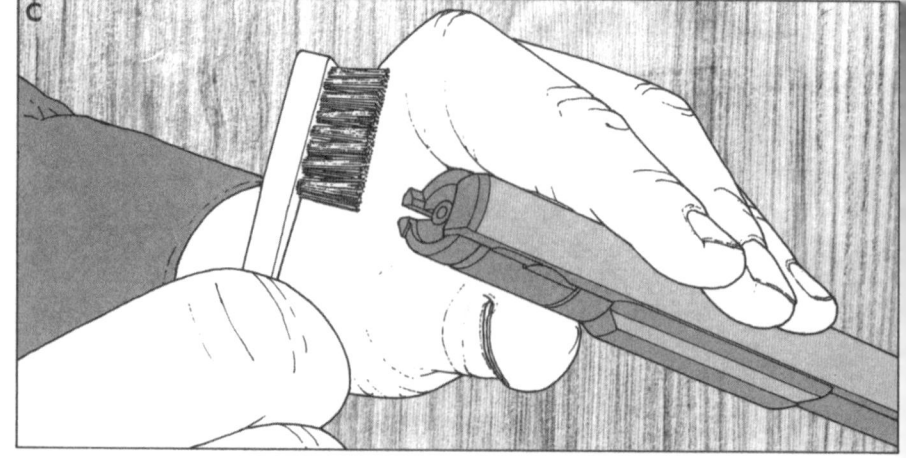

verhindern, daß Pulverrückstände in den Mechanismus fallen. Diese Methode gilt für Büchsen mit Bolzenverschluß und Hebelverschluß, auch für Repetierwaffen und Selbstlader. Auch bei den meisten Flintentypen ist sie angebracht. Es empfiehlt sich nicht, weitere Waffentypen nur wegen der einfachen Reinigung auseinanderzunehmen. In solchen Fällen ist es besser, die Waffe von der Mündung her zu reinigen; hierbei muß man vorsichtig sein, denn der Stock kann die Mündung beschädigen, und er muß daher langsam zwischen den Fingern in die Mündung gleiten. Eine alternative Methode ist die Verwendung eines Durchzugs: Er besteht aus einem Gewicht, das an einer festen Schnur hängt, an deren anderem Ende eine geschlitzte Reinigungsöse angebracht ist. Man läßt das Gewicht durch das Verschlußende der Büchse fallen, befestigt ein Läppchen an der geschlitzten Öse, zieht am Gewicht und befördert damit das Läppchen durch den Lauf. Diese Methode ist langsamer als die Verwendung eines Stocks, aber sie ist sehr brauchbar.

Eine Reinigung mit einer Bürste ist nicht häufig erforderlich, wenn neuzeitliche Munition verwendet wird; doch wenn ein Wechsel der Munition erfolgt oder wenn Bleigußkugeln verwendet werden, sollte der Lauf mehrmals mit einer Bürste gereinigt werden.

Keine weitergehende Reinigung ist nötig, wenn die Waffe bald erneut gebraucht werden soll; doch wenn sie gelagert wird, hat man noch einiges zu tun. Der Lappen ist vom einen zum anderen Laufende durchzuziehen, um sicherzustellen, daß alle Verunreinigungen herausfallen (auf ein Stück Papier auf dem Fußboden, damit keine Schmierflecken entstehen). Dann zieht man einen frischen, mit Pulverlösungsmittel getränkten Lappen durch den Lauf und wiederholt dies mit drei oder vier weiteren

D Reinigung einer Flinte mit einem Reinigungsstab. Die Mündung soll dabei nach unten weisen.
E Eine gute Reinigungsgarnitur ist für die Waffenpflege erforderlich: (a) Diverse Lappen, (b) Reinigungsstab, (c) Pulverlösungsmittel, (d) Waffenöl, (e) Öl für den hölzernen Schaft.

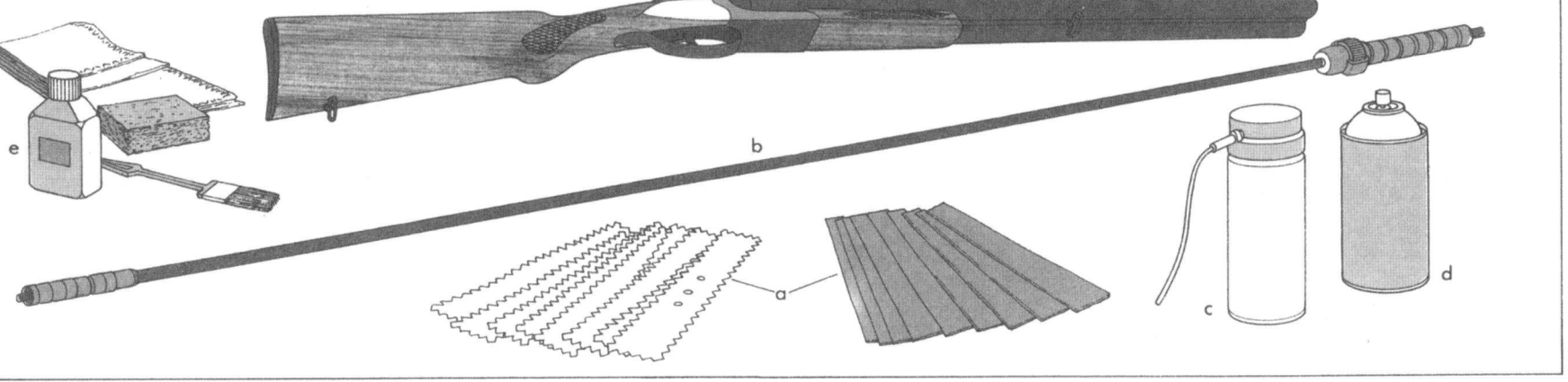

Lappen, bevor man den Lauf mit einer Anzahl weiterer Lappen gut trocknet und darauf achtet, daß auch der Stock oder der Durchzug sauber und trocken sind. Ist die Arbeit beendet, sollte die Waffe völlig trocken sein. Dann tränkt man einen frischen Lappen in Waffenöl und zieht ihn etwa dreimal durch den Lauf, damit auf der Oberfläche der Laufbohrung ein Ölfilm verbleibt, der eine Zeitlang Schutz bietet.

Wenn die Waffe über sehr lange Zeit hinweg gelagert werden soll, streicht man etwas Waffenfett auf einen Lappen und zieht ihn durch den Lauf. Dann wischt man mit einem Öllappen über alle Metallteile und bedeckt alle beweglichen Teile mit einer dünnen Schicht Waffenöl. Die Außenseite des Laufs ist mit einem Öllappen sauberzuwischen; Fingerabdrücke sollten unverzüglich entfernt werden, denn an ihnen entstehen häufig Roststellen. Der Griff einer Waffe mit Bolzenverschluß sollte leicht eingeölt und die Oberfläche mit einer kleinen Bürste, z.B. einer Zahnbürste, gereinigt werden.

Wenn die Waffe wieder in Gebrauch genommen wird, ist es unbedingt erforderlich, das Fett vom Lauf und den beweglichen Teilen zu entfernen, denn eine Ausbauchung kann die Folge sein, wenn man schießt, während sich noch Fett im Lauf befindet. Bei einem öligen Lauf erzielt man beim ersten Schuß keine Treffsicherheit, und bei einer öligen Kammer erhöht sich der Druck in der Kammer beim Schießen, was Probleme beim Auswerfen der Hülsen oder noch Schlimmeres, nämlich eine Explosion des Verschlusses, nach sich ziehen kann.

Bleibt eine Waffe längere Zeit außer Gebrauch, so sollte sie mit der Mündung nach unten gelagert werden. Man verhindert dadurch, daß sich Öl und Fett im Mechanismus ausbreiten. Man sollte das Öl sparsam verwenden, denn zuviel Öl könnte den Schlagbolzen behindern und die Treffsicherheit beeinträchtigen. Wenn man hier Zweifel hat, sollte man den Mechanismus mit Benzin auswaschen.

Manche Schützen rühmen sich, daß sie ihre Waffen nie reinigen – und an diesen Waffen sieht man auch die Folgen. Es gibt aber auch Schützen, die ihre Lieblingswaffen so oft reinigen, daß sie den Lauf mehr beschädigen, als dies häufiges Schießen hätte bewirken können. Der heutige Jäger muß erkennen, daß viele alte Gewohnheiten jetzt vergessen werden können, während eine gute Waffenpflege zwar nicht mehr so wichtig wie früher, jedoch noch immer von großer Bedeutung ist, wenn man sein ganzes Leben lang eine gutfunktionierende Jagdwaffe haben will.

Das Einschießen von Waffen

Neuere Waffen schießen zwar präziser als ältere Modelle, doch die Treffsicherheit ist geringer, wenn sie nicht sorgfältig eingeschossen worden sind.

Die meisten Jagdbüchsen verlassen die Fabrik mit eisernen Visieren, und viele Jäger meinen irrtümlich, diese Visiere würden als Zielhilfsmittel ausreichen. Doch die tatsächliche Leistung einer Waffe hängt auch vom Körperbau des Schützen und von seiner Schießweise ab. Die Visiere ersetzen nicht ein sorgfältig abgestimmtes Einschießen der Waffe.

Es gibt drei Grundtypen von Visieren, nämlich in der Waffenfabrik angebrachte Vorder- und Hintervisiere, ferner Lochvisiere und schließlich Zielfernrohre, die heute am weitesten verbreitet sind.

Die an der Waffe angebrachten Visiere haben verschiedenartige Formen; im allgemeinen bestehen sie jedoch aus einer rückwärtigen V- oder U-förmigen Kimme und einem vorderen, fest angebrachten Korn. Manchmal läßt sich das rückwärtige Visier justieren, in den meisten Fällen jedoch nicht. Die Richthöhe läßt sich zumeist durch eine Schraube oder einen Gleiter einstellen. Übungswaffen sind in manchen Fällen nicht mit diesen Visieren ausgestattet.

Das Lochvisier, bei dem der rückwärtige Teil mit einer lochartigen Öffnung ausgestattet ist, hat neuerdings eine geringere Verbreitung als früher. Wenn sie richtig montiert wurden, sind solche Visiere sehr robust und zuverlässig; sie lassen sich fast immer nach Abweichung und Richthöhe einrichten. Die meisten neueren Lochvisiere haben eine Skala nach halben Winkelminuten (1 cm für 100 Yards); auch manche Vordervisiere sind einstellbar.

Das heute übliche Zielfernrohr ist ein robustes, genaues und zuverlässiges optisches Instrument, aber es muß genau eingerichtet werden. Dies ist heute sehr einfach, denn die Schrauben zur Justierung der Richthöhe und der Abweichung liegen oben und rechts direkt am Gerät. Die Schrauben lassen sich mit einem Schraubenzieher oder mit einem Münzenrand drehen; ein Pfeil zeigt an, in welcher Richtung die Drehung erfolgen muß. Viele Zielfernrohre haben eine Skala nach Winkelminuten, und kleinere Einteilungen sind zwischen den vollen Minuten eingetragen; in der Praxis bedeutet eine Winkelminute etwa 2,5 cm auf 100 Yards oder 90 Meter; bei größeren oder kleineren Entfernungen sind die Unterschiede dementsprechend.

Wenn man das gewünschte Visier an der Waffe hat, ist es möglich, die Büchse einzuschießen, vorausgesetzt, daß ein Übungsschießplatz zur Verfügung steht. Wenn man die Hirschjagd als Norm zugrunde legt, muß die Büchse so eingeschossen werden, daß die Treffer auf 90 Meter Entfernung eine Streuung von 7,5 cm haben. Ohne weitere Justierung ist es dann möglich, die Entfernung bis zu 250 Meter zu erweitern, denn die lebenswichtigen Organe eines Hirsches bilden ein Zielgebiet von etwa 45 cm im Geviert, und ein Schuß, der auf 90 Meter um 7,5 cm abweicht, liegt auch bei der größeren Entfernung noch immer im Zielgebiet. Beim Übungsschießen braucht man Munition des gleichen Fabrikats, das man auch auf der Jagd verwenden will, und einen Vorrat von Schießscheiben, die gewöhnlich in kleine Quadrate eingeteilt sind.

Wenn kein Übungsschießplatz zur Verfügung steht, kann man auch auf einem flachen Gelände mit gutem Kugelfang üben; dies darf natürlich nur dort geschehen, wo es gestattet ist und man die Erlaubnis des Grundeigentümers eingeholt hat. Wichtig ist, daß man eine Gewehrstütze mitführt, zum Beispiel einen faltbaren, ausgepolsterten Tisch. Auch die Kühlerhaube eines Wagens läßt sich als Gewehrstütze benutzen.

Die Abbildungen zeigen die erforderlichen Schritte beim Einschießen einer Büchse. Eine typische Büchse vom Kaliber .30, die so eingeschossen wurde, sollte die meisten Jäger in die Lage versetzen, auf etwa 250 Meter zu schießen, ohne über das Ziel halten zu müssen.

Wenn man das richtige Gerät zur Verfügung hat und versteht, um was es sich handelt, ist das Einschießen nicht schwierig. Der Schütze, der die Waffe zur Jagd verwenden will, sollte auch das Einschießen vornehmen. Niemand sollte glauben, daß eine von der Fabrik gelieferte Waffe, die direkt zur Jagd verwendet wird, genaue Schüsse abgeben kann.

Grundzüge des Neuladens

Das Neuladen von Büchsen- und Flintengeschossen ist nicht nur ein interessantes Hobby, sondern auch eine Arbeit, die es dem Jäger ermöglichen kann, die Hälfte bis zu zwei Dritteln des Preises der von der Fabrik gelieferten Munition zu sparen. Das große Sortiment lieferbarer Bestandteile ermöglicht es dem Jäger, Munition für einen bestimmten Waffentyp oder Zweck herzustellen, ohne daß ein Qualitätsverlust eintritt, denn Kugeln, Zünder und Pulver, die hierfür verkauft werden, unterliegen strengen Gütekontrollen. Außerdem gestatten die verschiedenartigen Ladungen, daß die Büchse, Flinte oder Pistole vielseitiger verwendbar wird.

Der teuerste Teil einer Patrone ist die Messinghülse, die häufig weggeworfen wird, obwohl Hülsen mehrmals verwendet werden können. Der erste Schritt für das Neuladen ist daher eine Prüfung der Hülse; man muß sie reinigen und dann nachsehen, ob Sprünge eingetreten sind.

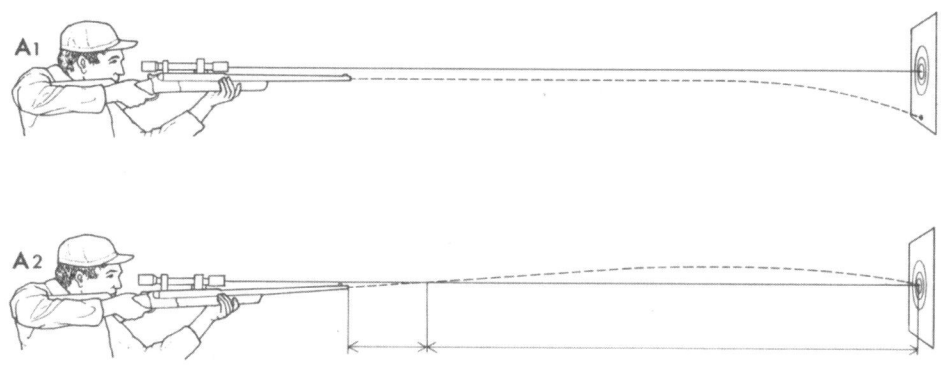

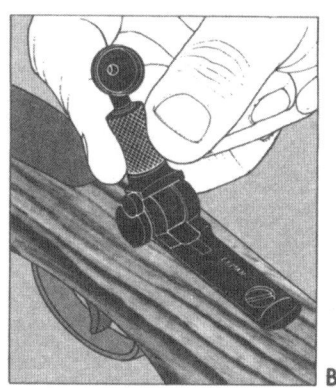

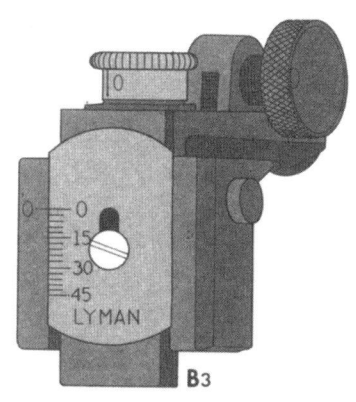

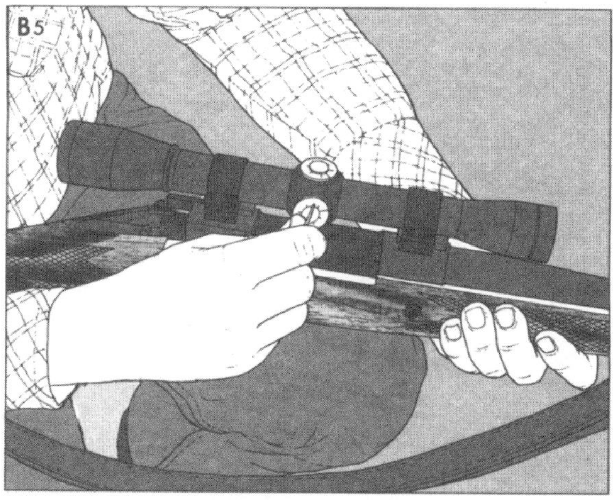

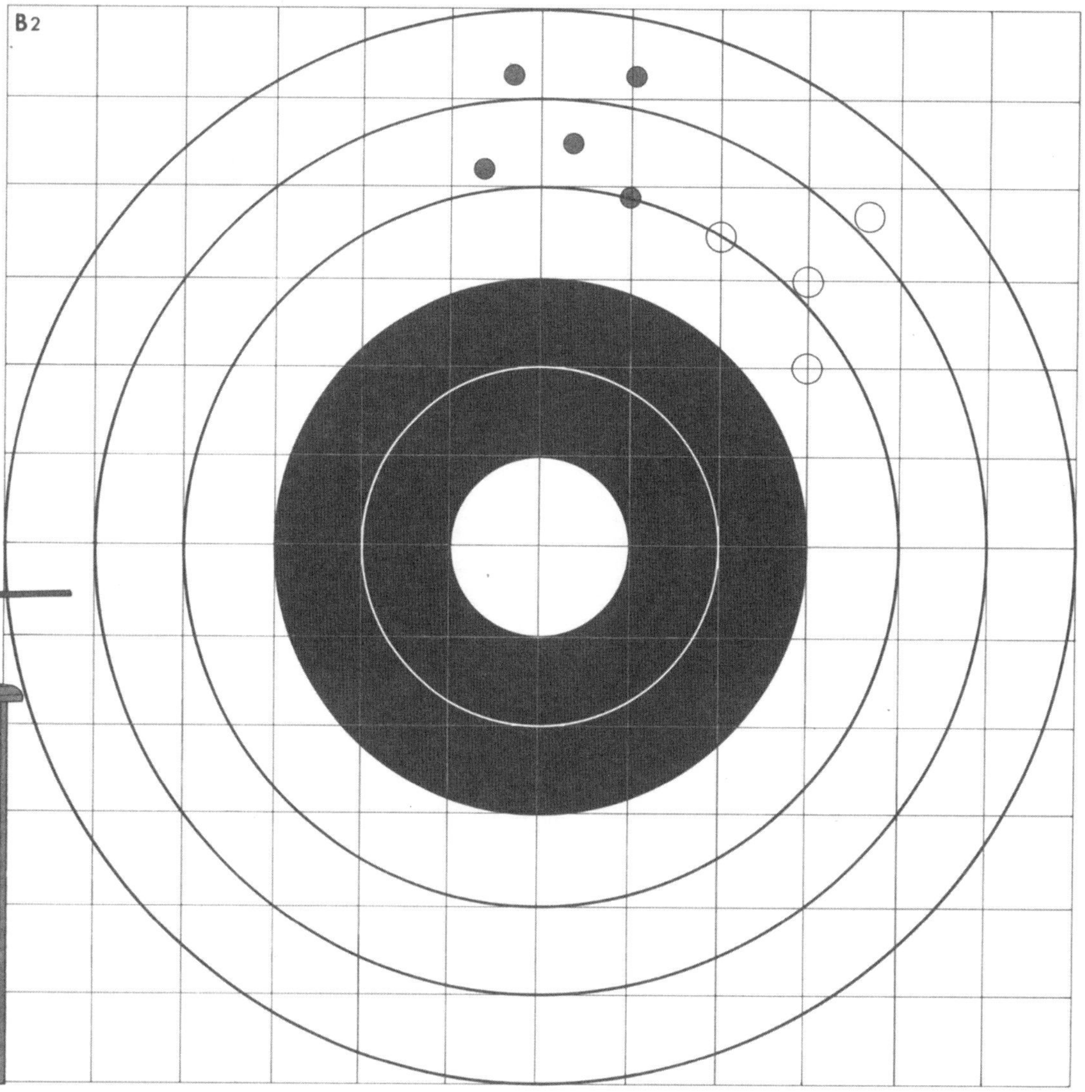

A (1) Bei einer nicht eingeschossenen Waffe trifft das Geschoß tiefer. (2) Bei einer richtig eingeschossenen Waffe kreuzt die Schußbahn zweimal die Sichtlinie.

B Beim Einschießen feuert man mehrere Schüsse auf ein etwa 25 Meter entferntes Ziel ab. Die Waffe ruht dabei auf einer tischartigen Unterlage (1). Zielscheiben mit einem Gitter (2) können verwendet werden. Nach Abmessung der Entfernungen vom Bullauge bestimmt man, wie viele Winkelminuten diese Entfernungen darstellen. Demgemäß sind die Visiere einzustellen. (3) Ein Diopter-Visier mit Einstellung nach Viertelminute. (4) Frühere Visiere waren nur nach der Höhe einzustellen. Nach Berichtigung feuert man eine zweite Schußgruppe ab, und danach eine Gruppe auf 100 Meter. Die Mitte dieser Gruppe sollte etwa 8 cm über dem Bullauge liegen. (5) Moderne Zielfernrohre lassen sich leicht mit Hilfe einer Münze einstellen. Die Höhe wird gewöhnlich oben eingestellt, während sich die Seiteneinstellung rechts befindet.

 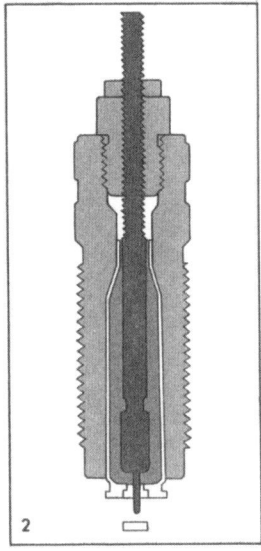 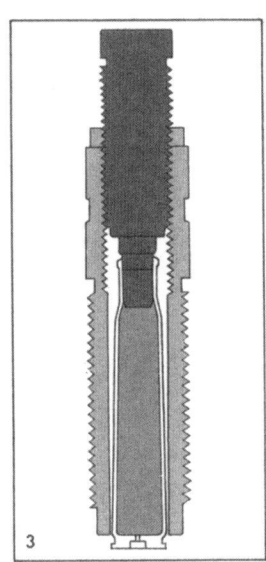 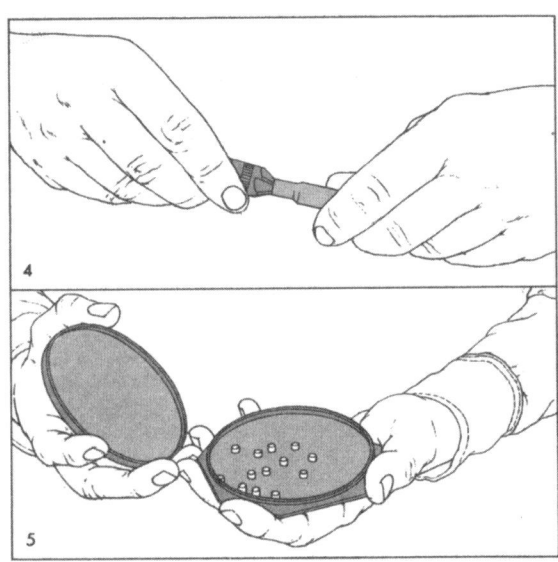

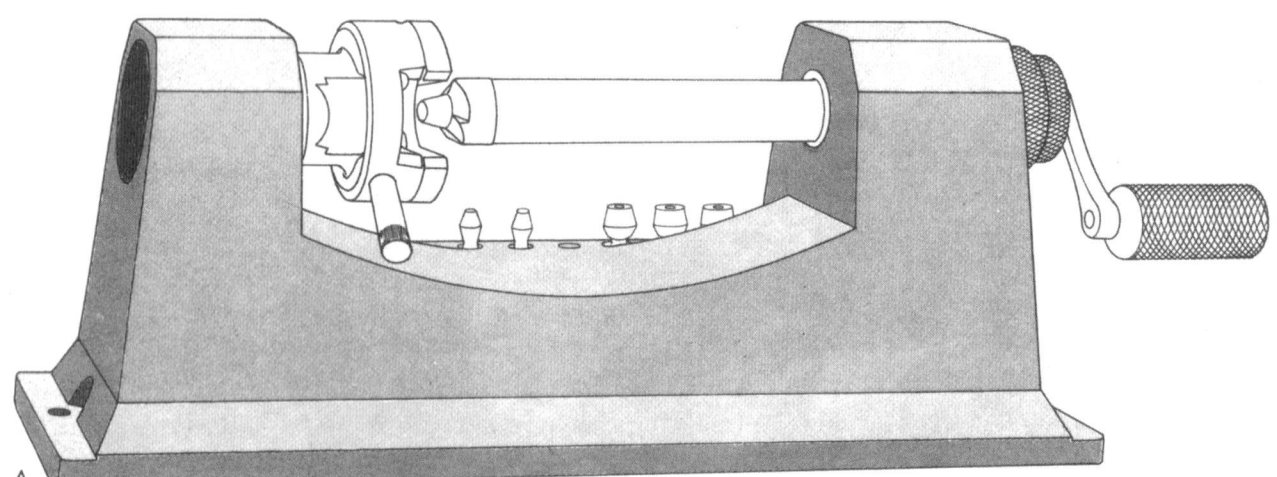

Neuladen einer Büchsenpatrone: (1) Die Patronenhülse in der Ladepresse, (2) und (3) Werkzeuge zur Bearbeitung der Hülse, (4) Abkanten mit der Hand, (5) Sortieren der Zünder, (6) Laden einer Hülse mit Pulver aus einem Pulvermaß, (7) Einsetzen des Geschosses in die Hülse, (8) das Geschoß in der Einsetzschraube.
A Lymans Universalmaschine für die Wiederherrichtung von Hülsen.
B Weitere erforderliche Geräte: (1) Waage, (2) Abgratwerkzeug, (3) Pulvertrichter.

Hülsen mit Sprüngen dürfen nicht wieder verwendet werden, auch solche nicht, die Ringe oder Ausbauchungen haben, denn die neuen Patronen könnten platzen, was für den Schützen eine große Gefahr bedeutet. Nach der Auswahl der Hülsen sind die folgenden fünf Arbeitsgänge grundsätzlich zu beachten:
1. Entfernung des verbrauchten Zünders,
2. Wiederherstellung der Originalgröße der gebrauchten Hülse,
3. Einsetzen eines neuen Zünders,
4. Ladung der Hülse mit Pulver,
5. Einsetzung des neuen Geschosses.

Es gibt eine Vielzahl von Ladegeräten verschiedener Fabrikate. Außer dem eigentlichen Ladegerät, das man häufig auch Ladepresse nennt, braucht man eine Anzahl Ladeformen für die einzelnen Kaliber, ein Schrotpatronen-Ladegerät, eine Pulverwaage und eines der vielen auf dem Markt befindlichen Handbücher über das Laden. Es empfiehlt sich, daß Jäger, die das Laden ihrer Munition selbst vornehmen, die entsprechenden Neuerscheinungen beachten.

Aus der einschlägigen Literatur lassen sich Hinweise auf die verschie-

denen Fabrikate entnehmen. Maximale Ladungen sollten nie überschritten werden, und erhöhte Ladungen sollte man vorsichtig vornehmen.

Nach der Auswahl der Hülsen sollte man sie vor der Weiterbearbeitung gleitfähig machen. Wenn das Gleitmittel Graphitpulver ist, besteht keine Gefahr, daß die Pulverladung darunter leidet. Wenn Öl oder ein Gleitmittel mit dem Zünder in Kontakt kommt, kann es Schwierigkeiten geben, und die Zündung kann nicht mehr funktionieren.

Zünderentfernung, Formgebung und Ausdehnung der Hülsenöffnung zur richtigen Größe werden gleichzeitig durch die Ladepresse vorgenommen. Die Entfernung des verbrauchten Zünders erfolgt durch einen Stift. Der Patronenhals wird durch eine Expanderkugel so geformt, daß er ein Geschoß des entsprechenden Kalibers aufnehmen kann. Die Innenseite des Patronenhalses muß zur Erleichterung dieses Vorganges gleitfähig gemacht werden.

Die neu geladene Patrone muß richtig passen, und zwar soll sie den Raum einnehmen, der zwischen der Spitze des geschlossenen Kammerbolzens und der Stelle in der Kammer liegt, an der sie nicht mehr weiter vorgeschoben werden kann. Der Hülsenrand hält die Weiterbewegung

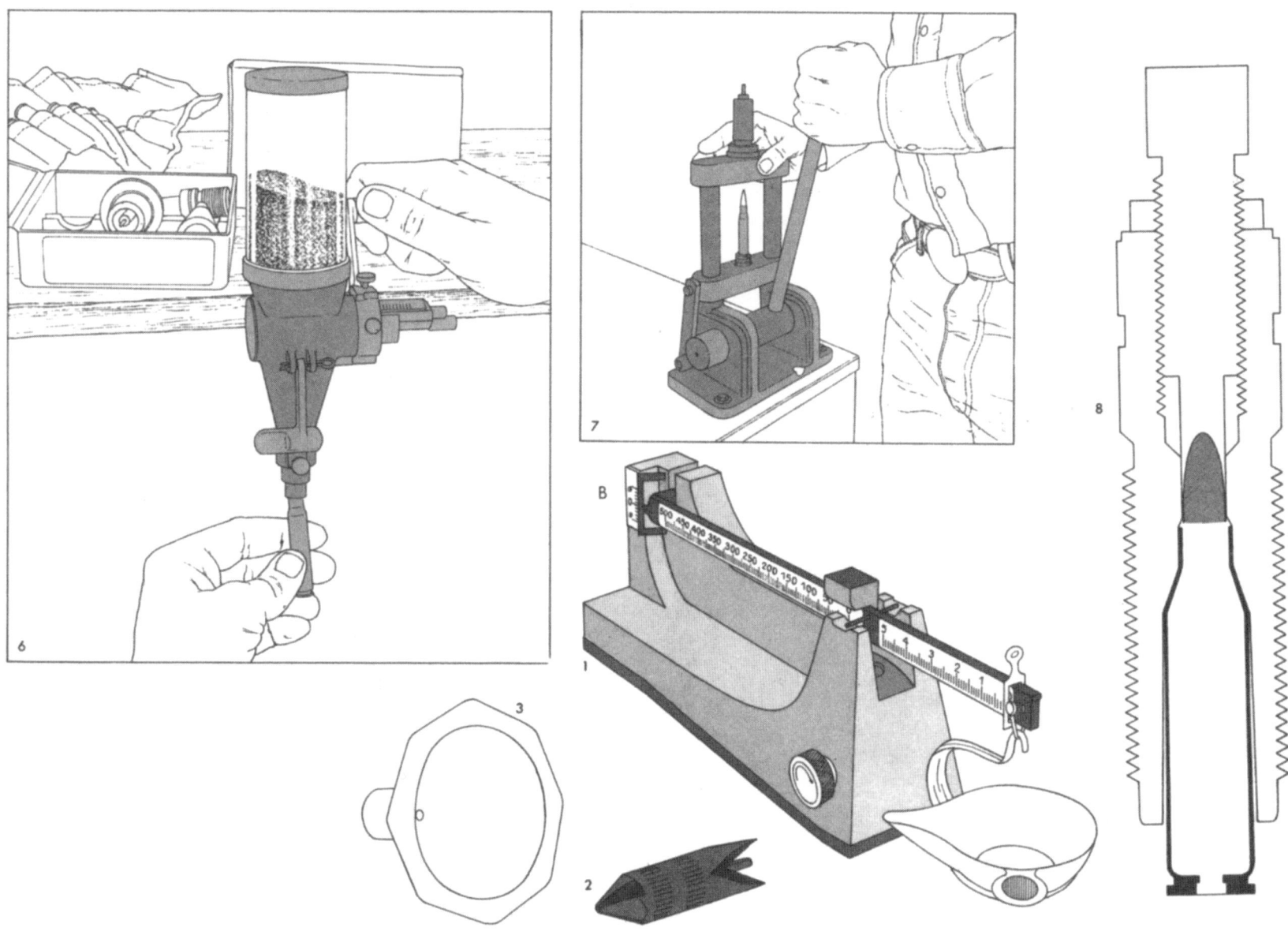

auf, während randlose Hülsen durch eine Kante an der Kammerwand festgehalten werden. Sicherheit und Genauigkeit hängen von dieser richtigen Lagerung ab. Das Formwerkzeug muß daher vorschriftsmäßig in das Ladegerät eingepaßt werden.

Der nächste Arbeitsvorgang ist die Ausstattung der neugeformten Hülse mit einem Zünder. Die meisten Ladegeräte sind so konstruiert, daß dies erfolgen kann, wenn die Hülse vom Formwerkzeug herausgezogen wird. Bevor der neue Zünder richtig eingepaßt wird, muß die alte Zündmasse völlig entfernt werden; ein Abgratungswerkzeug kann hierfür verwendet werden.

Der Zünder wird durch einen Druck auf den Griff der Presse befestigt. Er muß fest an den Boden der Zündertasche gedrückt werden; anderenfalls könnte eine Nachzündung die Folge sein, denn die Kraft des Schlagbolzens würde durch die Vorwärtsbewegung eines falsch eingesetzten Zünders abgeschwächt werden. Warnung: Man darf nie einen Zünder in eine Hülse einsetzen, die mit Pulver geladen worden ist. Jedoch kann die Hülse, in der ein Zünder befestigt ist, mit Pulver geladen werden, und für das richtige Neuladen ist es wichtig, eine Pulverladung

auszuwählen, die den Erfordernissen des Jägers entspricht. Da es viele Pulversorten gibt, konsultiert man am besten ein einschlägiges Handbuch. Mit einem Pfund rauchlosen Pulvers kann man mehr Patronen laden, als ein Durchschnittsjäger im Jahr verschießt.

Nachdem man die Art der Ladung ausgewählt hat, wiegt man sie auf einer Ladewaage aus und legt das Pulvermaß fest. Da es sehr gute neue Pulvermeßgeräte gibt, braucht die Pulvermenge nur von Zeit zu Zeit zur Kontrolle nachgewogen werden. Mit dem Meßgerät läßt es sich systematisch arbeiten.

Der letzte Arbeitsgang ist die Befestigung des Geschosses. Das Werkzeug ist zunächst vorschriftsgemäß einzusetzen. Mehrere Faktoren bestimmen die Einsetzungstiefe für das Geschoß; als Faustregel für Mantelgeschosse gilt, daß man das Geschoß auf den Grund der Hülsenöffnung aufsetzt. Ein weiterer Faktor ist die Gesamtlänge von Hülse und Geschoß. Wenn man mit dem Einsetzen fertig ist, wischt man Fett oder Gleitmittel von der Hülse ab; die Patrone ist dann fertig zur Endkontrolle.

Die Neuladung von Schrotpatronen erfolgt in sechs Arbeitsgängen:
1. Entfernung des verbrauchten Zünders und Neuformung der Hülse,
2. Einsetzen eines neuen Zünders,
3. Einfüllen der Pulverladung,
4. Befestigen des Filzpfropfens auf der Pulverladung,
5. Einfüllen der Schrotladung,
6. Anwürgen des Patronenrandes.

Die schrotschützenden, aus einem Stück bestehenden Plastikpfropfen haben das Neuladen stark vereinfacht und haben in vielen Fällen dazu geführt, daß die Pulverladung verringert werden konnte, da die Plastik-bestandteile besser abdichten. Für das Neuladen von Schrotpatronen ist es sehr wichtig, die richtige Kombination von Bestandteilen auszuwählen.

Ladegeräte für Schrotpatronen sind im allgemeinen für Massenfertigung konstruiert; es gibt viele gute Modelle. Ältere Modelle, die für die Verwendung von Filzpfropfen vorgesehen waren, lassen sich zumeist nicht gut gebrauchen für die Verwendung der neuartigen Plastikpfropfen.

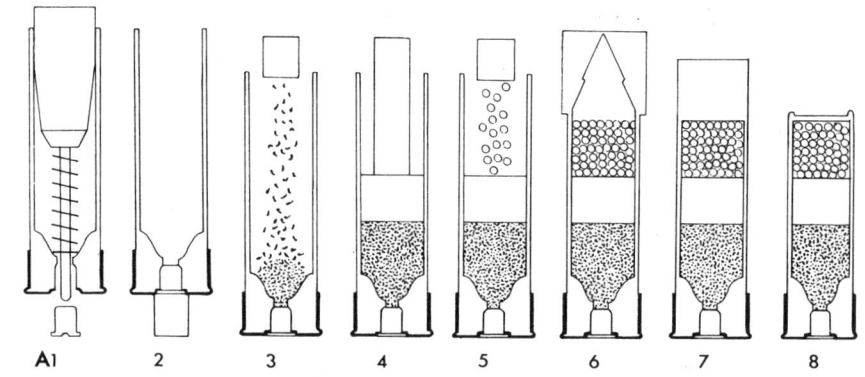

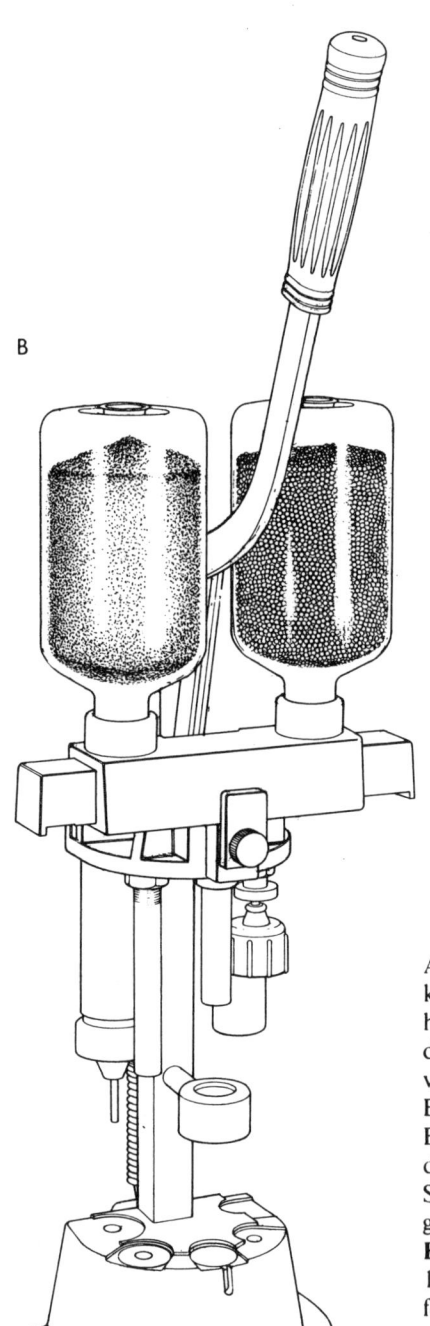

A Das Verfahren beim Neuladen kann etwas unterschiedlich gehandhabt werden. Auf der Abbildung ist die Formgebung der letzte Arbeits-vorgang. (1) Zünderentfernung, (2) Einsetzen eines neuen Zünders, (3) Einfüllen des Pulvers, (4) Befestigung des Filzpfropfens, (5) Einfüllen der Schrotladung, (6) Beginn des Anwür-gens, (7) Anwürgen, (8) Formgebung.
B Diese Schrotlademaschine Pacific 105 hat fünf Arbeitsvorgänge: Neu-formung der Hülse und Zünderentfer-nung; Zündereinsetzung; Pulverla-dung, Pfropfenbefestigung und Schrotladung; Beginn des Anwürgens; Beendigung des Anwürgens.

V: Jagdmethoden

Kapitel 1:
Die Jagd in Europa und Nordamerika

Verschiedene Autoren

Rotwild in Europa

Das in Europa und Westasien beheimatete Rotwild ist auch in Argentinien und Neuseeland erfolgreich eingeführt worden, da es dort keine konkurrierenden einheimischen Arten gibt. In Nordamerika dagegen, wohin kleinere Stückzahlen eingeführt wurden, steht es in bezug auf Nahrung und Lebensraum in Konkurrenz mit Weißwedel-, Maultier- und Wapiti-Hirschen.

Rotwild findet man in ganz Europa, von den Britischen Inseln bis in die Sowjetunion, wo es tiefe Wälder gibt. Eine Ausnahme bildet das baumlose Heideland in Schottland, wo es noch immer viel Rotwild gibt. Dieses Gebiet war bis zur ersten Hälfte des 18. Jahrhunderts dicht bewaldet; es hat seinen Wildbestand behalten, jedoch nicht seine Bäume.

Auf dem europäischen Kontinent, wo das Rotwild, je weiter nach Osten hin es lebt, eine größere Körperform hat, belauert der Jäger den Hirsch vom Hochsitz aus. Er pirscht sich in den dichten Wäldern heran, oder er ahmt, um ihn in der Brunftzeit anzulocken, seinen Ruf nach.

Auf dem Hochsitz kann der Jäger häufig nicht verhindern, daß seine Witterung mit dem Wind zum Hirsch getragen wird, der sogleich flüchtet. Bewegungen auf dem Hochsitz werden vom Hirsch schneller entdeckt als vom Reh. Wenn die Stelle des Hochsitzes jedoch sorgfältig ausgewählt wird, kann diese Jagdmethode recht erfolgreich sein, denn vom Hochsitz aus kann man auch andere Wildarten schießen.

Bei der Pirsch muß der Jäger in der Lage sein, sich ziemlich geräuschlos durch den Wald zu bewegen. Seine Witterung darf nicht zum Wild gelangen. Hierzu sind besondere waidmännische Fähigkeiten erforderlich, und der Jäger muß aus Erfahrung wissen, in welchem Teil des Waldes er vermutlich auf das Wild stößt.

Das Heranlocken von Hirschen in der Brunftzeit besteht darin, daß das Röhren eines anderen Hirsches nachgeahmt wird. Der Jäger – oder sein Jagdführer – stößt einen »Kampfruf« aus, der, wenn er Glück hat, von einem Hirsch beantwortet wird. Mit einem geübten Ohr kann man den höheren Ton eines jüngeren vom tieferen Ton eines älteren Hirsches unterscheiden. Kampfruf und Antwort wechseln sich ab, bis der Hirsch in eine Stellung gelockt worden ist, wo er abgeschätzt und geschossen werden kann, wenn er eine gute Trophäe abgibt. Diese Methode läßt sich jedoch nur von etwa Mitte September bis Mitte Oktober anwenden, nämlich vor und zu Beginn der Brunftzeit. Der Grund liegt darin, daß sich das Fleisch der Hirsche nach dem Beginn der Brunftzeit nicht zum Verzehr eignet.

Rehwild und Damwild

Das Rehwild und das Damwild sind in Europa heimisch; allerdings stammt das Damwild aus Kleinasien und Mesopotamien. Es ist auch halb domestiziert, besonders in Parks, daher sind seine Sinne abgestumpft. So ist die Damwildjagd auch längst nicht so interessant wie die

Ein waidgerechter Schuß soll sofort töten. Dies ist der Fall, wenn die Kugel das Zentralnervensystem, das Herz oder die Lunge trifft. Das Zielgebiet ist klein (25 x 30 cm) und es liegt (1) über dem Vorderbein oder (2) zwischen den Vorderbeinen. Beim Schießen von hinten (3) bricht ein Kopfschuß das Genick; ein Beckenschuß lähmt das Tier. Unten: Ein typischer Dauerhochsitz am Rand eines Sumpfes.

Rehjagd, wenn auch die nachstehend beschriebenen Jagdmethoden für beide Wildarten gelten.

Für die Rehjagd sind mehrere verschiedenartige Methoden anwendbar: die Pirsch, das Belauern vom Hochsitz aus, das Anlocken durch Nachahmen des Rufes, vielleicht in Verbindung mit einer der beiden vorgenannten Methoden, die Fährtenverfolgung im Schnee mit einem Hund und die Treibjagd mit Hunden.

Die schwierigste Methode ist die Pirsch. Macht der Jäger nur einen kleinen Fehler, dann verliert er zumeist seine Schußchance. Auch in einem kleinen Revier muß der Jäger sich auf die Pirsch verstehen, denn das Wild ist reviertreu und verläßt seinen Bereich erst dann, wenn es nachhaltig gestört wird. Ein Jäger, der in einem ihm nicht vertrauten Revier jagen will, sollte mit einem Jagdführer auf die Pirsch gehen. Jedenfalls benötigt der Jäger ein Fernglas – vielleicht auch ein Zielfernrohr –, und er sollte seine Kleidung den Farben in der Natur anpassen. Regen und stürmisches Wetter sind für den Jäger sicherlich nicht angenehm, doch die Geräusche in der Natur erleichtern ihm die Annäherung an das Wild. Es wird gegen den Wind vorgegangen, und es ist vorteilhaft, wenn die Sonne im Rücken steht. Es lohnt sich auch, sehr früh am Morgen die Jagd zu beginnen, denn die Rehe sind dann meistens zur Äsung unterwegs, bevor sie am Tage die Deckung aufsuchen.

Ein Hochsitz von mindestens drei Meter Höhe gibt dem Jäger nicht nur eine gute Rundsicht, sondern hält seine Witterung auch vom Erdboden und damit vom Wild fern. Das Warten in einem primitiven Sitz kann unbequem sein. Doch gibt es auch gutausgestattete Sitze, die ein Dach und sogar einen Heizofen haben.

Bei Hochsitzen aller Art tritt häufig der Fall ein, daß die Schußbahnen in der Erde nahe dem geschossenen Wild enden. Da ein Reh verhältnismäßig leicht ist, hält sein Körper das Geschoß oftmals nicht auf. Für den Besitzer eines Jagdreviers ergibt sich bei dauernder Verwendung eines Hochsitzes auch das Problem, daß dieser von Wilddieben mitbenutzt wird. Daher sind manche Hochsitze transportabel.

Rehböcke in der Brunftzeit können ziemlich leicht angelockt werden; junge Böcke reagieren jedoch schneller als die alten. Für sie bläst man auf einem Grasblatt, das zwischen den Daumen festgehalten wird. Das Ergebnis ist ein schwaches Miauen, der Ruf einer Ricke, die einen Bock anlocken will. Dieser Ruf ist im Sommer zu hören, da Rehe eine besonders frühe Brunftzeit haben und da Ricken dank der Wirkung des biologischen Phänomens der verzögerten Implantation den ganzen Sommer lang äsen können, bevor der reproduktive Zyklus tatsächlich einsetzt.

Rehspuren lassen sich auch im Schnee verfolgen, wenn der Jäger sich die Gewohnheit der Rehe zunutze macht, nur langsam weiterzulaufen, wenn sie wenig gestört werden. Sie bleiben dann gewöhnlich stehen und versuchen die Ursache der Störung zu erkennen. Dies ist der Augenblick, in dem der Jäger einen Schuß abgeben kann, vorausgesetzt, daß er nahe genug herangekommen ist.

Zur Unterstützung des Jägers können auch Hunde eingesetzt werden, jedoch nur solche Rassen, die das Wild nicht verscheuchen. Manche Hunderassen, wie zum Beispiel Dachshunde, können Eigenschaften entwickeln, die das Wild fast neugierig auf den Verfolger machen. Da die Witterung von Rehwild sehr stark ist, braucht der Jäger bei dieser Jagdmethode nicht sehr früh am Morgen aufzubrechen; statt dessen kann er warten, bis die schwächeren Hasen- und Fuchswitterungen verschwunden sind.

Die Treibjagd – mit Treibern mit oder ohne Hund – läßt sich bei Rehwild gut durchführen; das Wild sollte jedoch nicht so schnell getrieben werden, daß die Schußchancen verdorben werden. Rehe verlassen ungern ihr Revier, und bei einer Treibjagd ohne Hunde wird so manches Stück Wild übersehen, da sich die Tiere sehr gut verstecken können. In manchen Fällen kann sogar eine dichte Treiberreihe nicht

verhindern, daß ein Reh durchbricht, weil es in sein Revier zurück will.

Da das Rehwild klein ist, läßt es sich am besten mit leichten Büchsen schießen, wie der Remington .222, der .22-250 oder der Winchester .243. Auch der Zielbereich ist klein und umfaßt nicht viel mehr als die Fläche einer Hand. Er liegt direkt über und etwas hinter der Stelle, an der das Vorderbein am Körper ansetzt. Es ist schwierig, auf Rehe zu zielen, wenn sie sich nicht ganz still verhalten. Ein Schuß läßt sich dann gut anbringen, wenn der Jäger absichtlich ein sehr leises Geräusch verursacht und der Bock lauschend stehenbleibt. Flinten sind zur Rehjagd kaum geeignet, auch nicht bei sehr kurzen Entfernungen. Die Methode, Rehwild zu Jägern zu treiben, die mit Flinten bewaffnet sind, wurde als eine zu brutale Jagdpraxis in den Jahren nach 1950 in Großbritannien abgeschafft.

Bei der Jagd auf Damwild oder Rehwild sollte es aber nicht nur um die schönsten Trophäen gehen, sondern um die Erhaltung eines gesunden Wildbestandes. Daher werden jene Böcke geschossen, die alt, verletzt oder krank sind, aber auch gesunde, doch unscheinbare Böcke.

Jeder Jäger sollte es sich zur Ehre gereichen lassen, statt eines prächtigen, vielleicht zehnjährigen Damhirsches mit vollausgebildeten Geweihschaufeln, die um 2,5 kg wiegen, lieber einen etwa sechsjährigen Rehbock zu schießen, dessen Geweih zwar weniger imposant ist als das des Damhirsches, aber den Lohn waidmännischen Verhaltens darstellt.

Jagdliches Brauchtum in Europa

In Mitteleuropa ist die Jagd mehr als ein Sport; sie ist praktisch eine Lebensart. Ein angehender Jäger kann nicht einfach, wie beispielsweise in Nordamerika, eine Jagdlizenz kaufen. Er muß an einem Kursus teilnehmen, in dem er nicht nur Jagdmethoden und -bestimmungen lernt, sondern auch die Besonderheiten der einzelnen Jagdtiere, die Pflege und Abrichtung von Jagdhunden, die Schützentraditionen und viele weitere Aspekte des Jagdlebens. In Schweden müssen sich Elchjäger jährlich einem Test unterziehen, in dem ihre Treffsicherheit überprüft wird.

In Mitteleuropa gibt es eine langjährige Tradition, die bestimmt, wie eine Jagdveranstaltung durchgeführt werden sollte. Natürlich sind diese Bräuche besonders dann ausgeprägt, wenn die Veranstaltungen viele Teilnehmer haben und wenn viel Wild erlegt worden ist. In der Abenddämmerung wird die gesamte Strecke ausgelegt, nach Wildarten geordnet. Die Anzahl der erlegten Wildtiere läßt sich schnell erkennen, denn jedes zehnte Tier wird vielfach besonders gekennzeichnet. Das Ganze wird häufig mit Tannenzweigen eingerahmt. Die Jäger verblasen nun die Strecke; sie benutzen hierzu Jagdhörner, mit deren Hilfe sie auch während der Jagd untereinander Verbindung gehalten hatten. Die letzte Jagd der Saison wird in manchen Fällen dadurch gefeiert, daß die versammelten Jäger gemeinsam Salut schießen.

Ein fröhlicher Augenblick ist die Krönung des Jagdkönigs. Diese Ehrung kommt demjenigen zu, der im Verlauf des Tages das meiste Wild geschossen hat. Die ganze Gesellschaft trifft sich dann am Abend zu einem Jagdessen, an dem jene nicht teilnehmen dürfen, die gegen die Jagdbräuche und Traditionen verstoßen haben und deshalb »bestraft« werden.

Pirschjagd auf Hirsche in Schottland

Rothirschgeweihe sind als Trophäen sehr begehrt. Wenn sie gut ernährt sind, können Hirsche im europäischen Flachland mehr als 14 und, in Ausnahmefällen, sogar mehr als 16 Geweihenden haben. Schottische Hirsche haben zumeist nicht mehr als 16 Enden. Sie leben im baumlosen

Bei der Rotwildpirsch in Schottland kommt es auf die Erfahrung und Ausdauer von Jäger und Jagdführer an. Schon vor Beginn der Jagdzeit beginnt die Erkundung (1). Die Hirsche sind im Juli noch im Bast (2). Der Anmarsch zur Pirsch ist oftmals anstrengend. Wenn die Hirsche in Sicht kommen, müssen Jäger und Jagdführer darauf achten, gegen den Wind vorzugehen und kein Geräusch zu machen. Wenn sie auf etwa 100 Meter an das Wild herangekommen sind, lädt der Jagdführer das Gewehr und übergibt es dem Jäger, der dann die letzten Meter allein weiterpirscht. (3) Der Jäger kriecht vorwärts, bis er auf etwa 75 Meter an den Hirsch herangekommen ist und einen sicheren Schuß abgeben kann. Wenn er den Schuß gehört hat, kommt der Ponybursche, der in einiger Entfernung gewartet hatte, heran und hilft beim Aufbrechen des Hirsches. (4) Der Tierkörper wird auf das Pony geladen und zum Ausgangspunkt zurückgebracht.

Hochland, wo es auch Schneehühner und Schafe gibt und wo sich das Wetter auch im Spätsommer und Frühherbst, wenn sie gejagt werden, sehr schnell ändert.

Zwar gibt es in Schottland sowohl Rehwild als auch Damwild, aber der Text des wohlbekannten Liedes »My heart's in the Highlands a' chasing the deer« bezieht sich auf den Rothirsch, *Cervus elaphus.* Dieses majestätische Tier in seiner ruhigen Würde war oft Gegenstand der Poesie wie auch der Malerei, wovon Landseers Gemälde »The Monarch of the Glen« (Der Herrscher der Schlucht) ein überzeugendes Beispiel gibt.

Die in Schottland übliche Pirschjagd ist eine Sportart, bei der man bis auf Schußweite, etwa 75 Meter, an den Hirsch herangeht und ihn schießt; der Hirsch merkt nichts von der Annäherung des Jägers und seines Jagdführers, die schon seit Stunden auf der Pirsch sind. Der Jagdführer bestimmt die Annäherungsroute und die Taktik; die Pirsch kann äußerst strapaziös sein, damit der Hirsch nicht auf seine Verfolger aufmerksam wird. Der Jäger muß unter Umständen eine halbe Stunde durch das knietiefe, eiskalte Wasser eines Baches waten und dabei geduckt bleiben, damit er nicht in die Sicht des Wildes oder auch nur eines einsamen Schafes gerät, das den Eindringling verraten könnte. Er muß Hügel hinan- und hinabklettern und vielleicht auch bewegungslos in einem Gewässer oder Sumpf ausharren, während das Rotwild, aufgeschreckt durch einen von Jäger und Jagdführer aufgestörten Schwarm Moorhühner, zehn oder fünfzehn Minuten lang in die Richtung der beiden Jäger äugt. Wenn es nicht gelingt, den Hirsch beim ersten Schuß zu erlegen, erfordert es die Jagdetikette, das verwundete Tier zu verfolgen und zu töten, gleichgültig, wieviel Zeit der Jäger hierfür aufwenden muß.

Vielleicht gerade wegen dieser Strapazen erfreut sich die Pirschjagd in Schottland großer Beliebtheit, und viele Jagdgäste reisen aus dem Ausland an. Die hohen Kosten, die mit der Aufrechterhaltung der Pirschjagd in Zusammenhang stehen, werden zum Teil durch den Verkauf von Hirschfleisch gedeckt. In kontinentaleuropäischen Ländern, besonders in Deutschland, besteht eine rege Nachfrage nach Hirschfleisch, das sich dort zu hohen Preisen verkaufen läßt. Dem Jäger, der den Hirsch schießt, steht nur der Kopf zu, und wenn er auch Stücke vom Fleisch haben will, muß er sie kaufen.

Die Jagdzeit für Hirsche in Schottland beginnt am 1. Juli und endet am 20. Oktober; für Hirschkühe beginnt die Jagdzeit am folgenden Tag, dem 21. Oktober, und endet am 15. Februar. Gewöhnlich finden im Juli und Anfang August nur sehr wenige Pirschjagden statt, denn die Tiere leben dann noch auf den Berghöhen und lassen sich nur schwer finden; ihre Geweihe sind dann auch noch im Bast. Erst um Mitte August, wenn die Herden schon in die Täler zu ziehen beginnen, lohnt sich die Pirsch.

Diese Art der Jagd ist natürlich nichts für Neulinge, auch nicht für solche, die nicht gut in Form sind. Zur Pirsch auf Hirschkühe werden deshalb oft nur Jäger zugelassen, die sich bereits bei anderen Gelegenheiten als kühn, ausdauernd und kameradschaftlich erwiesen haben.

Die Jagd auf Hirschkühe findet fast den ganzen Winter über statt, häufig bei schlechtem oder gar miserablem Wetter, so daß niemand länger draußen bleibt als unbedingt nötig; im Laufe eines Tages können ein halbes Dutzend und mehr Tiere geschossen werden. Bei der Pirschjagd auf Hirsche hingegen werden selten zwei Tiere am gleichen Tag zur Strecke gebracht, es sei denn, es bereitet keinerlei Schwierigkeiten, des nachts zwei Hirsche vom Jagdgelände zu holen.

Der Jäger und sein Jagdführer sollten eine gute Vorstellung von dem Bestand an Hirschen in dem betreffenden Gebiet haben; dies ergibt sich durch Wildzählungen, welche die Grundlage für die Abschußzahlen liefern. Zunächst müssen die unfruchtbaren und sehr alten Hirschkühe geschossen werden. Auch kranke Tiere sollten abgeschossen werden, desgleichen ihre Kälber, die allein kaum gedeihen würden. Gelegentlich sieht man ein Tier, das von einem schlechten Schützen (natürlich des

benachbarten Reviers) nur angeschossen wurde; auch dieses sollte getötet werden.

Findet in den Wäldern keine Jagd auf Hirschkühe statt, ist die Zeit für den Pirschgänger gekommen. Jäger, denen das nötige Geld für die Pirsch in der Hochsaison fehlt und die das Zeug dazu haben, sich in Schnee und Eis hinauszuwagen, werden möglicherweise nach ein paar Abenden an Hotelbars und ein paar Runden Whisky von einem freundlichen Pirschgänger eingeladen, ihn einen Tag lang zu begleiten. Natürlich müssen sie erst Kondition und Treffsicherheit beweisen, ehe man handelseinig wird.

Die Büchse für die Hirschjagd hat im allgemeinen ein Kaliber von mindestens .240. Bei der Pirschjagd ist es üblich, daß der Jagdführer den Jäger bittet, zuvor seine Büchse auszuprobieren. Der Übungsschuß erfolgt dann auf ein gut sichtbares, etwa 90 Meter entferntes Ziel. Der Jagdführer prüft dann gründlich die Ergebnisse von einem oder zwei Testschüssen und entscheidet, welches die sicherste Entfernung ist, wenn ein Hirsch geschossen werden soll. Viele Jagdführer gestatten es den Jägern nicht, den Schuß auf eine weitere Entfernung als etwa 75 Meter abzugeben. Auf laufendes Wild wird nie geschossen. Verwundet der Jäger den Hirsch, ohne ihn zu erlegen, dann muß er ihn weiter verfolgen, schlimmstenfalls den ganzen folgenden Tag, bis er ihn schließlich gefunden und geschossen hat.

Die Munition sollte so beschaffen sein, daß man mit ihr eine mehr oder weniger flache Schußbahn auf einige hundert Meter erzielt; die Treffsicherheit auf weitere Entfernungen ist nur von akademischem Interesse, denn die Schüsse sollten nie auf größere Weiten abgegeben werden. Das Schätzen der Entfernungen ist häufig schwierig für jene, die an das trübe und wechselnde Licht des Hochlandes nicht gewöhnt sind. Viele Schüsse müssen bergab erfolgen, und häufig wird das Ziel verfehlt. Wenn der Hirsch sich unterhalb der Waffe im Winkel von 45 Grad befindet, berechnet man die horizontale Entfernung und stellt das Visier daraufhin ein. Bei einer horizontalen Entfernung von 75 Meter ist das Auge des Hirsches sichtbar, auf 140 Meter ist das Ohr gerade noch zu sehen, und auf 185 Meter ist das Ohr nicht mehr zu erkennen. Diese Angaben beziehen sich natürlich nicht auf Waffen mit Zielfernrohren, die jetzt allgemein in Gebrauch sind. Wenn der Jagdgast, wie es häufig der Fall ist, seine eigene Büchse nicht bei sich hat, kann er sich ein Gewehr zumeist vom Jagdveranstalter borgen. Besucher, die nach Großbritannien kommen, müssen allerdings beachten, daß der Besitz von Feuerwaffen durch sehr strenge Bestimmungen geregelt ist, und es ist nicht immer möglich, einen Waffenschein zu erlangen.

Wie bei der Moorhuhnjagd ist auch bei der Pirschjagd die Kleidung keine Frage der Mode, sondern der Tarnung. Ein starker Tweed ist am besten geeignet, nicht nur, weil er unscheinbar ist, sondern auch deswegen, weil er kein Geräusch verursacht, wenn sich Stoffteile reiben. Statt langer Hosen sind Knickerbocker und bequeme Lederschuhe oder Schnürstiefel empfehlenswert.

Schottlandbesucher werden von Macnab gehört haben, einem Namen, der auch für eine Sportart steht. Er stammt von der Novelle »John Macnab«, die der schottische Autor John Buchan 1925 veröffentlicht hat. Die Geschichte handelt im wesentlichen von John Macnab, der wildert und unbefugt Lachse fischt, vorher jedoch dem Grundeigentümer die Nachricht zukommen läßt, er werde einen Versuch wagen. Er wagt und gewinnt . . .

Diesen Namen trägt nun ein interessanter und – organisierter – Jagdsport, bei dem innerhalb eines Tages ein Lachs gefischt sowie ein Hirsch und ein Moorhuhn gejagt werden muß. Meist wird ein Tag in der letzten Septemberwoche gewählt, damit alle drei Tierarten anzutreffen sind.

Ans Lachsfischen muß man unbedingt noch vor dem Frühstück gehen, im Morgengrauen, wenn das Zusammenspiel von Licht, Wind und

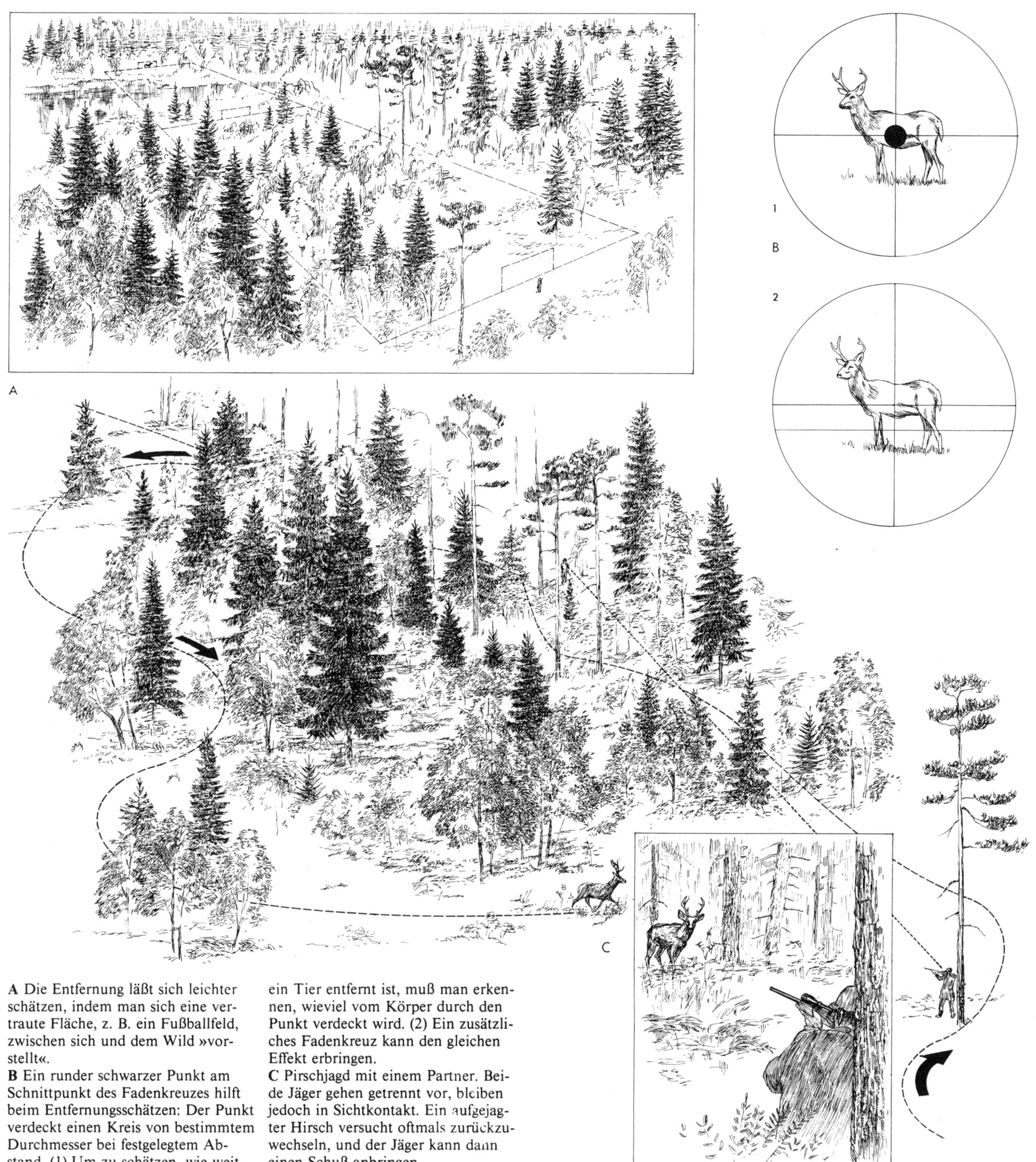

A Die Entfernung läßt sich leichter schätzen, indem man sich eine vertraute Fläche, z. B. ein Fußballfeld, zwischen sich und dem Wild »vorstellt«.

B Ein runder schwarzer Punkt am Schnittpunkt des Fadenkreuzes hilft beim Entfernungsschätzen: Der Punkt verdeckt einen Kreis von bestimmtem Durchmesser bei festgelegtem Abstand. (1) Um zu schätzen, wie weit ein Tier entfernt ist, muß man erkennen, wieviel vom Körper durch den Punkt verdeckt wird. (2) Ein zusätzliches Fadenkreuz kann den gleichen Effekt erbringen.

C Pirschjagd mit einem Partner. Beide Jäger gehen getrennt vor, bleiben jedoch in Sichtkontakt. Ein aufgejagter Hirsch versucht oftmals zurückzuwechseln, und der Jäger kann dann einen Schuß anbringen.

Temperatur den Fisch hervorlockt. Dann heißt es rasch das Jagdrevier aufsuchen, wo sich ein Jagdführer bereithalten muß. Es kommt vor, daß zwar Lachs und Hirsch erlegt sind, anhaltender starker Regen es jedoch unmöglich macht, an Moorhühner heranzukommen. Bei einem Versuch des Autors stellte sich der Erfolg ein, nachdem die scharfen Augen des Jägers die Moorhühner auf den Hafergarben eines Stoppelfeldes entdeckt hatten und er sich anpirschen konnte.

Nordamerikanische Hirsche und Antilopen

Nordamerika, besonders aber die USA einschließlich des Staates Hawaii, ist die Heimat sehr vieler Wildarten, für die sehr unterschiedliche Jagdmethoden angewendet werden. Manche stammen noch aus der Alten Welt, während andere von den Indianerstämmen übernommen wurden. Die Jagdtiere sind so unterschiedlich in der Größe wie die 45 kg bis 55 kg schwere Gabelantilope, die mit einer Geschwindigkeit von 100 Stundenkilometer laufen kann, und der Elchbulle, der ein Gewicht bis zu 800 kg erreicht.

Zu den Scheuesten der nordamerikanischen Großwildarten gehören die Weißwedelhirsche. Sie äsen zumeist in der Nacht und ziehen bei Tagesanbruch zu ihren Lagern. In Gebirgsgegenden liegen die Weideplätze vielfach in den Tälern. Sobald der Jäger die Weideplätze erkundet und herausgefunden hat, auf welchen Wegen sich die Tiere bewegen, sollte er dort von der Morgendämmerung bis etwa acht oder neun Uhr auf Beobachtungsposten bleiben. Das Wild folgt seinen Gewohnheiten; wird es jedoch gestört, dann zieht es auch in andere Reviere und weidet tagsüber länger.

In sehr unwirtlichen Gebieten, in denen wenig gejagt wird, muß der Jäger die Hirsche auch in dem Revier suchen, wo sie tagsüber lagern. Oft findet er sie an Berghängen kurz unterhalb des Grates, in der Nähe eines Dickichts im Sonnenschein. Hirsche, die im tiefen Moor versteckt lagern, sind allerdings von einem Jäger, der allein ist und schmalen, gewundenen Pfaden folgen muß, schwer auszumachen. Hier ist es eine gute Technik, sich langsam und vorsichtig an das Wild heranzupirschen und gegen den Wind vorzugehen. Im Spätsommer und Frühherbst scheuern die Hirsche den Bast von ihren Geweihen ab, wobei sie häufig jungen Baumwuchs vernichten, denn sie reiben dabei die Rinde ab. Die Bäume weisen entsprechende Markierungen in etwa 30 cm bis 90 cm Höhe auf. Später, während der zwischen Mitte Oktober und Anfang Januar – je nach der geographischen Breite – fallenden Brunftzeit, scheuern die Hirsche weiterhin an Baumstämmen und Ästen ihre Geweihe ab. An den Hufspuren am Boden läßt sich häufig erkennen, daß Hirsche in der Nähe sind, wenn die Spuren an den markierten Bäumen auftreten. Die Hirsche kennzeichnen hiermit ihr Eigenrevier.

Wenn zwei Jäger gemeinsam auf die Pirschjagd gehen, können sie ihre Einzelchance, einen Hirsch zu erlegen, verdoppeln. Einer von ihnen sollte gut gedeckt am Berghang vorgehen, der andere etwa 45 bis 90 Meter davor und parallel hierzu, aber etwas tiefer. Ein vom Lager aufgescheuchter Hirsch versucht häufig, bergauf zu flüchten, bevor er um den Berg herum zurückkehrt. Der weiter oben vorgehende Jäger hat eine gute Chance, einen Schuß abzugeben. Aus naheliegenden Gründen sollte jeder der beiden Jäger wissen, wo sich der andere befindet.

Wie in Europa wird auch in Teilen von Texas bei der Jagd auf Hirsche, hier auf Weißwedelhirsche, ein Hochsitz verwendet.

Hochsitze bestehen nicht immer nur aus roh gezimmerten Plattformen in Bäumen; in ganz Europa findet man häufig sehr komfortable, ja sogar beheizte. Ein Hochsitz bietet den Vorteil, die Witterung des Jägers vom Erdboden fernzuhalten. Außerdem ist er höher, als das Blickfeld des Wildes reicht (außer Rotwild). Und ferner verläuft die Schußlinie in absteigender Richtung, so daß Kugeln, die ihr Ziel verfehlen, ohne Schaden anzurichten in die Erde fahren.

161

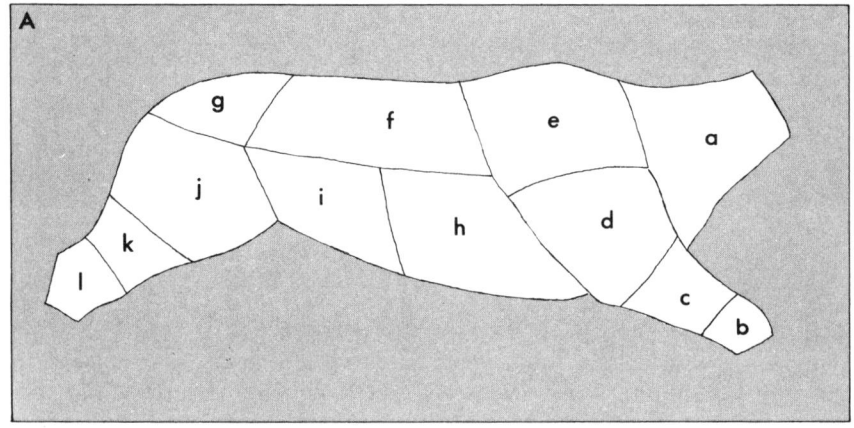

A Körperteile beim Fleischhauen; (a) Hals; (b) Knie: schmeckt nur den Hunden; (c) Bein: Stews oder Schabefleisch; (d) Bugstück: Bratenfleisch; (e) Schulter: Braten oder Steaks. (f) Lende: Schnitzel oder Steaks; (g) Hinterkeulen: Braten; (h) Rippenstück: Braten oder Stew; (i) Seitenteil: Steaks oder Stew; (j) Rundteil: Steaks; (k) Schenkel: Stew; (l) Fessel: schmeckt nur dem Hund.

B und C Zwei Arten, einen Tierkörper zu befördern. B Eine Schlinge um Maul und Hörner. C Eine Zeltbahn, an einem Stab befestigt. Der Kopf wird am Stab festgemacht.

D Im Jagdlager soll das Wild ausgenommen und zum Auskühlen aufgehängt werden. Der Körper sollte mit Hilfe von Stöcken offengehalten werden.

E Beim Ausnehmen entfernen manche Jäger die Mittelfußdrüsen (a). Der erste wichtige Schnitt verläuft von den Genitalien (b) zum Rippenbogen (c): Die Schneide des Messers hält man nach oben, um die Eingeweide nicht zu verletzen. Nach diesem

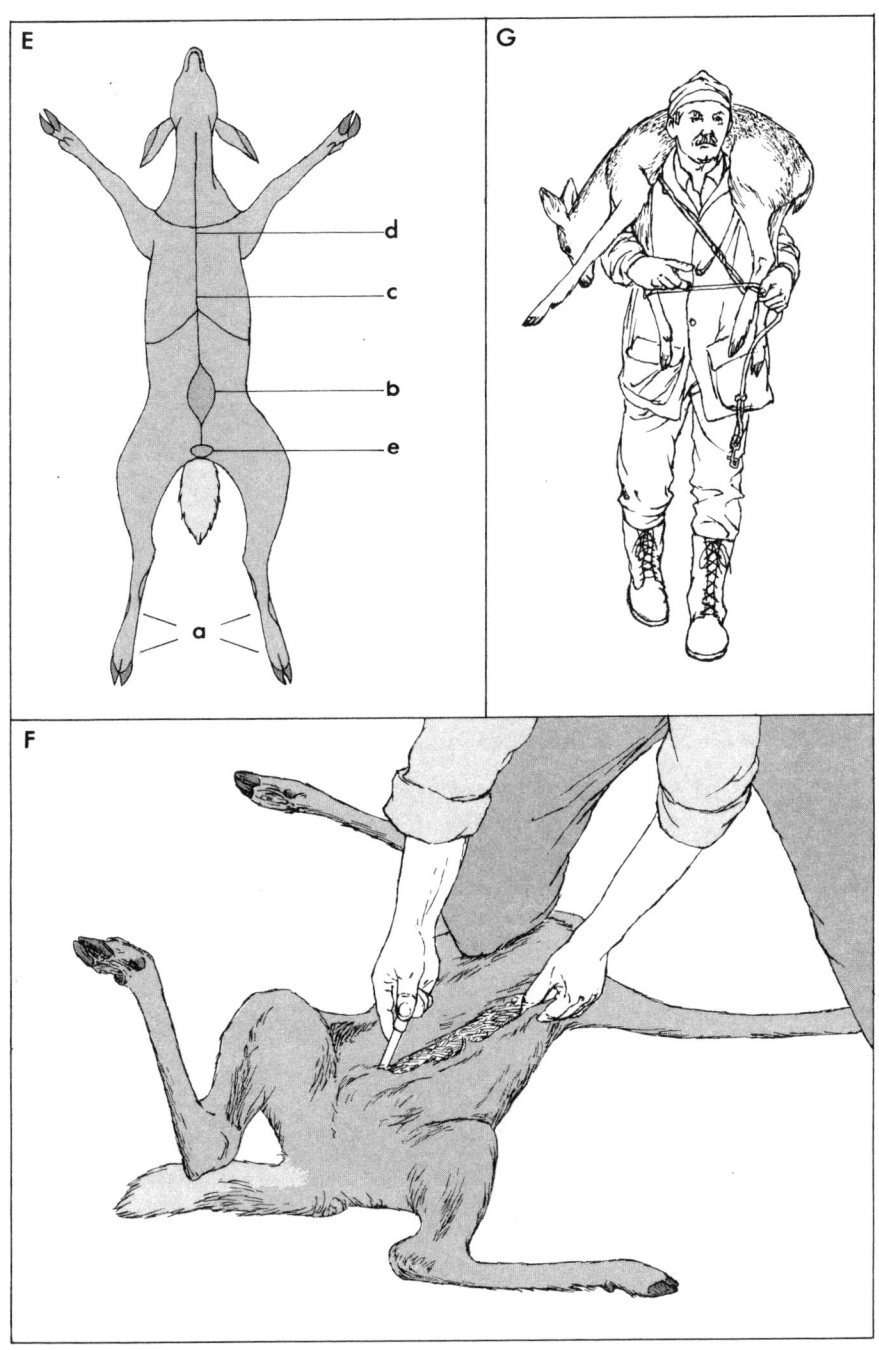

Schnitt treten die Eingeweide und der Magen hervor und können leicht entfernt werden, da sie an den Wänden der Magengrube nur schwach haften. Es ist nicht erforderlich, den Brustkorb zu öffnen. Luft- und Speiseröhre sollen nahe am Schädel des Tieres zertrennt werden (d). Dann können alle Organe leicht entfernt werden. Die Genitalien (b) und der After (e) werden durch mehrere tiefe Rundschnitte entfernt, wobei darauf zu achten ist, daß Blase und Darmkanal nicht durchstochen werden.

F Beim Ausnehmen werden die Beine des Tierkörpers gespreizt.
G Relativ leichtes Wild kann auf den Schultern getragen werden. Die Hörner müssen dabei verdeckt werden, damit kein anderer Jäger versehentlich auf sie schießen kann.
H Selbst ein Großwild kann mit einem leichten Flaschenzug hochgezogen werden.

Das Wild wird auch mit Hilfe von Treibern gejagt. Für eine einfache Treibjagd sind nur ein einziger Schütze und zwei oder drei Treiber nötig. Eine größere mit vielen Treibern und Schützen hingegen muß fast mit militärischer Genauigkeit durchgeführt werden.

Je mehr Treiber, desto besser sind die Ergebnisse, wenn das Wild allmählich vorangetrieben wird, so daß es langsam aus der Deckung hervorbricht. Die weiblichen und die Jungtiere zeigen sich im allgemeinen zuerst; die Hirsche bleiben häufig zurück und versuchen manchmal, sich vorbeizuschleichen.

Einer der Vorteile der Treibjagd ist es, daß die Teilnehmer das Gelände nicht genau kennen müssen; sie brauchen nur einen guten Orientierungssinn und einen Jagdführer, der weiß, daß sich im Revier Wild aufhält. Kurze Treibjagden von etwa einem Kilometer Länge bringen bessere Ergebnisse als lange Strecken.

Zwei oder drei Jägern, die daran gewöhnt sind, zusammen auf die Jagd zu gehen, ist eine langsame Pirsch zu empfehlen. Das betreffende Gelände muß allen gut bekannt sein. Vor Beginn der Pirsch wird ein gemeinsamer Treffpunkt ausgemacht. Hierbei hat jeder Jäger die gute Chance, einige der von den Jagdgenossen aufgeschreckten flüchtigen Tiere schießen zu können.

In den Südstaaten der USA und im kanadischen Ontario verwendet man Jagdhunde, um Weißwedelhirsche den Jägern zuzutreiben; dies ist die einzige Möglichkeit, um das Wild in dichten Wäldern und Sümpfen zu jagen. Wird geschossen, sind die Tiere meist nicht weiter entfernt als 30 oder 40 Schritte. Deshalb werden in den USA mit Rehposten geladene Schrotflinten verwendet, während in Ontario die Jäger jedoch Gewehre benutzen.

Eine besondere Methode, um Weißwedelhirsche anzulocken, ist im Südwesten der USA, besonders in Texas, entwickelt worden. Hierbei hält der Jäger die beiden Teile eines Geweihs in den Händen und stößt sie gegeneinander, wodurch das Geräusch zweier kämpfender Hirsche nachgeahmt wird. Er lockt damit einen in der Nähe befindlichen Hirsch herbei. Diese Methode läßt sich natürlich nur während der Brunftzeit erfolgversprechend anwenden. Der Jäger verbirgt sich am besten am Rande eines Gebüsches; manche Jäger überdecken dabei ihren eigenen Körpergeruch durch Skunkdrüsen. Ein entsprechendes Präparat ist im Handel.

Weißwedelhirsche sind auch in der Tschechoslowakei und in Finnland eingeführt worden. In Finnland haben sie sich stark vermehrt und stehen zahlenmäßig nur den Elchen nach. Zumeist werden sie in Treibjagden erlegt.

Im trockenen Westen der USA sind die Maultierhirsche beheimatet. Im Maultierhirschgelände des Westens sind die schattigeren Hänge und Schluchten der Berge und Hügel mit Kiefern, Fichten und Espen bewachsen; die Gehölze wechseln mit niedrigen Grasflecken, Beifußflächen und weit ausgedehnten mannshohen Gebüschdickichten. Nach Tagesanbruch und am Abend, wenn sie die Deckung verlassen oder diese aufsuchen, lassen sie sich gut beobachten. Der Jäger kann sich dann an den Lagerplatz des Wildes heranpirschen, wenn der Wind für ihn günstig ist. Besonders die alten, erfahrenen Hirsche lagern sich gern unterhalb von Felsvorsprüngen, wo sie auf der Hut sein können vor ihren Feinden, wie Wölfen und Koyoten, die sich von den Tälern nähern. Ein erfahrener Jäger hält sich im höheren Gelände auf.

Der Jäger sollte sich vorsichtig und langsam in die Deckung hineinarbeiten, aus der die Maultierhirsche im allgemeinen bergauf zu flüchten versuchen. Zwei Jäger können auch um die Deckung schleichen; der weiter oben gehende Mann wirft dabei Steine in die Deckung und treibt das Wild dem Jäger unten zu.

In manchen Gebieten des Westens können in den Wäldern auch Treibjagden stattfinden. In großen Waldgebieten ist die Pirschjagd, wie bei den Weißwedelhirschen, eine gute Methode. Auch Schwarzwedelhirsche,

Jagd auf Maultierhirsche im Südwesten der USA. In dem gezeigten Revier kann eine einfache Treibjagd mit zwei oder drei Jägern organisiert werden. Einer von ihnen geht langsam einen Canyon hinab. Am anderen Ende haben sich die beiden anderen Jäger aufgestellt. Das Wild bewegt sich auf die Jäger zu. Zuerst kommen die Hirschkühe und die Jungtiere, während die Hirsche vorsichtig zurückbleiben. Der Treiber muß langsam vorgehen, damit das Wild nicht wegläuft. Manchmal kann auch der Treiber einen Schuß auf den Hirsch anbringen, wenn dieser zurückzuwechseln versucht.

die mit den Maultierhirschen verwandt sind und in den Wäldern leben, lassen sich auf diese Weise jagen.

In den Regenwäldern der Pazifikküste bleibt der Jäger besser in der Nähe von Lichtungen wie Grasflächen, Brandschneisen oder abgeholztem Gelände und Holztransportwegen oder Straßen. Dort, zwischen Büschen und kleinen Bäumen, pflegen Schwarzwedelhirsche frühmorgens und am späten Nachmittag zu äsen.

In manchen Staaten des Westens der USA, jedoch nicht in allen Gebieten, dürfen Hetzhunde zum Treiben von Wild verwendet werden; die Methoden sind ähnlich wie in den Südstaaten. Die Jäger stellen sich zum Schuß an Waldwegen oder Wildpfaden auf.

Im Westen Nordamerikas sind Gabelantilopen recht zahlreich; wenn man sie, z.B. durch ein Fernglas, erspäht hat, kann man sich an sie heranpirschen. Sie sind nicht nur sehr scheu, sondern auch sehr schnell und können auf kurze Entfernungen Geschwindigkeiten bis zu 100 Stundenkilometern erreichen. Man muß sie daher zumeist auf weite Entfernungen schießen, und die Büchsen müssen mit stark vergrößernden Zielfernrohren ausgestattet sein.

Für die Jagd in den Wäldern des östlichen Nordamerika sollte man eine leichte und handliche Büchse verwenden, mit der es sich schnell schießen läßt. Ein größeres Kaliber von .30 und mehr empfiehlt sich für die Jagd im dichten Gebüsch.

Für die Maultierhirschjagd sind Gewehre mit relativ flacher Kugelbahn vorzuziehen, die eine größere Reichweite gewährleisten. Jedes Kaliber von .243 bis .30 tut gute Dienste. Die Kaliber .25–06 und .270 sind bei vielen Jägern beliebt.

Gabelantilopen werden normalerweise aus großer Entfernung geschossen und erfordern Patronen mit hoher Geschwindigkeit und flacher Bahn. Alle Kaliber von .243 oder 6 mm bis .300 Magnum eignen sich gut dafür. Hervorragend aber sind die Kaliber .25–06, .270 und 7 mm Remington.

Wapiti, Elch und Karibu

Drei wichtige Jagdtiere in Nordamerika sind der Amerikanische Elch oder Wapiti-Hirsch, der auch in Skandinavien verbreitete Elch und das Karibu, das man auch Rentier nennt. Wapiti und Elch leben gern im unberührten Gelände; das Karibu bewohnt die Subarktis und die fast baumlose Tundra. Das Hauptunterscheidungsmerkmal der verschiedenen Unterarten ist der Lebensraum, der zu einem Teil oberhalb, zum andern unterhalb der Baumgrenze liegt; nördlich dieser Linie lebende Tiere sind im allgemeinen kleiner.

Karibus sind die einzige Hirschart, bei der sowohl männliche als auch weibliche Tiere Geweihe tragen. Diese haben mehr oder weniger die gleiche Größe; bei den Kühen sind sie etwas leichter als bei den Bullen. Eine weitere Besonderheit, die nicht auf den ersten Blick auffällt, ist das Haarkleid des Tieres: Es ist leicht, dicht, wasserabstoßend und isoliert ausgezeichnet. Karibus können Wintertemperaturen bis zu minus 40 Grad Celsius aushalten, leiden jedoch unter Sommerhitze. Langanhaltender Regen oder Schwimmen machen ihrer Haut gar nichts aus, denn die luftspeichernden Eigenschaften des Haarkleides halten diese elastisch.

Die Jagd auf Karibus ist technisch nicht schwierig. In entlegenen Gebieten sind die Tiere oft neugierig und kommen sogar nahe an den Jäger heran. Am besten lassen sie sich mit einem Fernglas von einer Anhöhe aus beobachten. In Neufundland stellen die Jäger den Karibus auch in Wäldern und flachen Sumpfgebieten nach. Die in Wäldern lebenden Tiere sind im allgemeinen scheuer als jene, die offenes Gelände bewohnen. Am weitesten verbreitet ist die Pirschjagd, wobei der Jäger sich gegen den Wind zu dem Tier vorarbeitet, bis er in Schußweite kommt.

Zu Beginn der Brunftzeit kann man den Standort eines Wapiti-Hirsches durch das Geräusch erkennen, das er beim Fegen des Bastes verursacht. Der Jagdführer lockt den Hirsch durch einen Lockruf mit seiner Wapiti-Pfeife ins Freie, wobei er die Hand zur Dämpfung vor die Pfeifenöffnung hält. Der Hirsch erscheint, um den Kampf mit einem vermeintlichen Gegner aufzunehmen. Der Jäger, der den Hirsch zuvor beobachtet hat, kann einen Schuß abgeben, sobald das Tier auf Schußweite herangekommen ist.

Das Anlocken von Wapiti-Hirschen ist eine Kunst, die auf die Indianer zurückgeht. Der Jäger muß sich das Pfeifen einüben; es darf nicht zu oft und nicht zu leise geschehen, da der Hirsch sonst verscheucht wird. Normalerweise wird das Pfeifen dem Jagdführer überlassen.

167

Eine typische Elchtreibjagd in Schweden, wo jährlich über 100 000 Elche
geschossen werden. Die Schützen
stellen sich an numerierten Positionen auf. Vor der Jagd wird der jewei-
lige Schußbereich festgelegt und von
Baumwuchs gesäubert. Elche flüchten
im allgemeinen in Sümpfe und dichtes Gehölz. Die Treiber, die sich in
Abständen zwischen 45 und 90 Metern aufstellen, treiben die Tiere langsam vor sich her, denn sobald Elche

anfangen, schnell zu laufen, werden
die Trefferchancen gering. Hier kann
der Jäger auf Stand 12 einen sicheren
Schuß auf eine Elchkuh abgeben. Die
Jagdgruppe darf nur eine bestimmte
Anzahl von Bullen, Kühen und Kälbern abschießen. Unten: Angeschossene Elche werden von besonders abgerichteten Hunden verfolgt.

Oben rechts: Es ist nicht leicht, einen Tierkörper aus den Wäldern zu holen. Treiber und Jäger helfen einander dabei. In manchen Fällen werden auch von Pferden oder von Traktoren gezogene Schlitten verwendet.

169

Die in Waldgebieten lebenden Karibus wiegen bis zu 180 kg. In der arktischen Tundra erreichen sie nur die Hälfte dieses Gewichts. Das Karibu-Fleisch ist wohl das beste Wildbret, das es in Nordamerika gibt. Es ist in der Qualität dem Elchfleisch überlegen.

Wapitis lieben die dichten Wälder und flüchten beim geringsten Geräusch. Bei der Jagd ist es daher wichtig, allen Lärm auf ein Minimum zu beschränken. In der Brunft stoßen Wapiti-Bullen hohe, trompetenartige Rufe aus, die leise beginnen, sich dann steigern und wieder abschwellen. Dies ist ein Kampfruf der Hirsche, ähnlich dem Röhren der Rothirschbullen, und da sie damit einander anlocken, imitiert auch der Jäger ihre Rufe.

Durch die Antwort eines Hirsches kann der Jäger aber auch dessen Standort abschätzen. Der Lockruf erfolgt am besten getarnt am Wiesenrand oder an einer Waldlichtung, wo der Jäger schußbereit sitzt. Der Lockruf sollte nicht zu oft erfolgen, sondern abwechselnd mit dem Antwortruf des Hirsches. Auch muß der Jäger darauf gefaßt sein, daß sich der Hirsch ihm so geräuschlos nähert, daß er plötzlich vor ihm steht.

Lockpfeifen gibt es in vielen Jagdsportgeschäften zu kaufen; der Jäger kann sie aber auch selbst anfertigen: Am besten eignet sich dafür eine etwa einen Zentimeter breite und dreißig Zentimeter lange Rohrpfeife. Die Hirsche lassen sich auch durch Rufe aus Instrumenten verschiedenen Materials anlocken; die Pfeife muß nicht aus Bambus, sie kann auch aus Plastik oder Metall sein.

Die Wapiti-Jagd ist ein interessanter Sport für erfahrene Jäger, die es verstehen, sich im dichtesten Wald leise voranzupirschen. Wenn der Jäger einen Hirsch mit dem Fernglas erspäht hat, muß er darauf achten, daß der Wind seine Witterung nicht zum Wild trägt. Die Tiere haben einen sehr guten Geruchs- und Gehörsinn und flüchten sofort.

Ein Wapiti-Bulle ist ein schweres Tier. Der Jäger braucht hierfür eine Büchse, die ein Kaliber von mindestens 7 mm hat.

Elche sind noch größer als Wapitis, und da sie andere Gewohnheiten haben, sind bei ihnen auch etwas andere Jagdmethoden erforderlich. In entlegenen Regionen Nordamerikas kann ein Jäger einen Elch, der einmal auf der Flucht ist, in den meisten Fällen nicht mehr sichten. Elche flüchten, da sie gute Schwimmer sind, auch über Seen und Flüsse. Im offenen Terrain des Westens kann die Elchjagd häufig zu Pferde begonnen und dann als Pirschjagd weitergeführt werden. Im Winter wird die Elchjagd auf Schneeschuhen ausgeübt; auch wenn sich Elchspuren nicht finden lassen, ist der Standort der Tiere manchmal leicht durch das schußartige Geräusch zu orten, das sie beim Brechen von Zweigen verursachen. Sehr verbreitet ist auch die Indianermethode, Elche durch Rufe herbeizulocken.

Es gibt zwei verschiedene Rufe: Der eine ahmt einen brunftigen Bullen nach, der andere eine hitzige Kuh. Während letzterer natürlich nur brunftige Bullen ohne Kuh herbeilockt, ruft der andere meist irgendeinen Bullen aufs Feld, oft sogar einen in Begleitung seiner Kuh, der den vermeintlichen Eindringling vertreiben will.

Nachdem er einige Male und ziemlich leise den Elchruf imitiert hat – Neulinge rufen zu häufig und oftmals zu laut –, lauscht der Jäger zehn oder fünfzehn Minuten lang, bevor er erneut ruft. Wenn ein Elch antwortet, ist ein leiser Ruf häufig viel wirksamer als ein lauter. Ein falscher Ton kann in vielen Fällen den Erfolg verderben. Hat ein Hirsch den Jäger gewittert, dann kommt er nicht mehr näher. Manche Elche antworten zwar, bewegen sich aber nicht aus der Deckung, oder sie kommen etwas hervor und wenden sich dann ab.

Lockrufe sind im Osten Nordamerikas von größerem Nutzen als im Westen, obgleich sie auch dort zum Erfolg verhelfen können. In den Wäldern Ostkanadas – zum Beispiel in Ontario, Quebec und im nördlichen Manitoba – ist das Gelände trotz aller Lichtungen, Kahlschläge, offener Waldbrandflächen und Sümpfe im allgemeinen ungeeignet für die Pirschjagd, so daß sich das Rufen großer Beliebtheit erfreut. Der Westen Kanadas hingegen ist weit und offen genug für eine Pirsch, und nur selten werden Elchrufe imitiert.

Elchjagd in Skandinavien

In Skandinavien findet die Elchjagd im Herbst statt. In Schweden sorgt ein kompliziertes System von Jagdlizenzen dafür, daß die jahreszeitlichen Unterschiede zwischen dem Norden und dem Süden nicht übersehen werden und daß ein Ausgleich geschaffen wird zwischen den Rechten der Grundbesitzer und dem Grundsatz, das Ökosystem des Elchs aufrechtzuerhalten. In Schweden und in Norwegen wird die Anzahl der Tiere – Bullen, Kühe und Kälber –, die abgeschossen werden dürfen, vorausberechnet; Jäger, die mehr Tiere abschießen, als ihnen zusteht, bekommen Schwierigkeiten.

In beiden Ländern müssen einheimische und ausländische Jäger beweisen, daß sie mit der Büchse umzugehen verstehen. Die Formalitäten sind nicht allzu groß, und ein erfahrener Schütze kann den Test leicht bestehen.

Die Jagdmethoden hängen von der Größe des bejagten Gebiets ab: In kleineren Revieren werden die Hunde an der Leine gehalten, während sie in größeren Revieren frei laufen. In Schweden ist es die klassische Jagdmethode, mit einem einzelnen Hund auf Fährtensuche zu gehen; es können aber auch mehrere Hunde mitgeführt werden. Einen Hund braucht man auf jeden Fall, um einen verwundeten Elch aufzuspüren.

Eine bewährte Methode besteht darin, daß man einen Hund vor dem Jäger herumstreifen läßt, bis er eine Witterung aufnimmt. Ein gut abgerichteter Hund kann auch an einer hochgelegenen Geländestelle Witterung aufnehmen oder das Wild sichten. Danach muß er aber in der Lage sein, sich nicht mehr zu mucksen, denn ein erschrecktes Wild flüchtet sofort, Jäger und Hund schaffen es dann kaum, mit ihm Schritt zu halten. Ein guter Hund kann jedoch einen Elch stellen, und am Klang des Gebells kann der Jäger den Ort des Geschehens abschätzen. Bis auf eine Entfernung von etwa 100 Meter kann er dann einen Schuß anbringen.

Elche können auch ohne Hunde auf der Pirschjagd während der Morgen- und Abenddämmerung gejagt werden. Auch gibt es mancherorts die Jagd vom Hochsitz aus.

In Südschweden ist die Treibjagd auf Elche besonders verbreitet. Wenn den Schützen im voraus bestimmte Standorte zugewiesen werden, ist es ratsam, den Schußbereich von Pflanzenwuchs zu säubern und die verbotenen Schußbereiche zu kennzeichnen.

In Schweden treten bei der Elchjagd besonders in kleineren Revieren, manchmal zwei Probleme auf. Das eine Problem ist der Übertritt von verwundeten Elchen in ein anderes Revier, das andere der Abschuß von mehr Elchen, als es die Lizenz vorsieht. Gegen den Abschuß von zu vielen Elchen können sich die Jäger durch ein eindeutiges Signalsystem, am besten durch Sprechfunk, untereinander verständigen. Da die Jäger verpflichtet sind, jedes verwundete Tier zu verfolgen und abzuschießen, beenden erfahrene Jäger die Jagd schon lange vor Sonnenuntergang, da die Verfolgung eines Elches sehr lange dauern kann. Dies ist auch ein Grund, weshalb verantwortungsbewußte Jäger nur dann schießen, wenn sie sicher sind, das Tier töten zu können.

Wenn ein Elch im Zentralnervensystem getroffen wird, fällt er sofort. Ein Herz- oder Lungenschuß tötet ihn in zehn bis fünfzehn Sekunden, doch kann diese Zeitspanne ausreichen, um das Tier aus dem Gesicht zu verlieren, wodurch sich Verfolgungsprobleme ergeben können. Ein Schuß in einen anderen lebenswichtigen Bereich, z.B. in die Leber, kann zur Folge haben, daß es erst nach einigen Minuten in der Deckung eingeht. Der Jäger hat auf jeden Fall das Tier zu finden. Hinzu kommt,

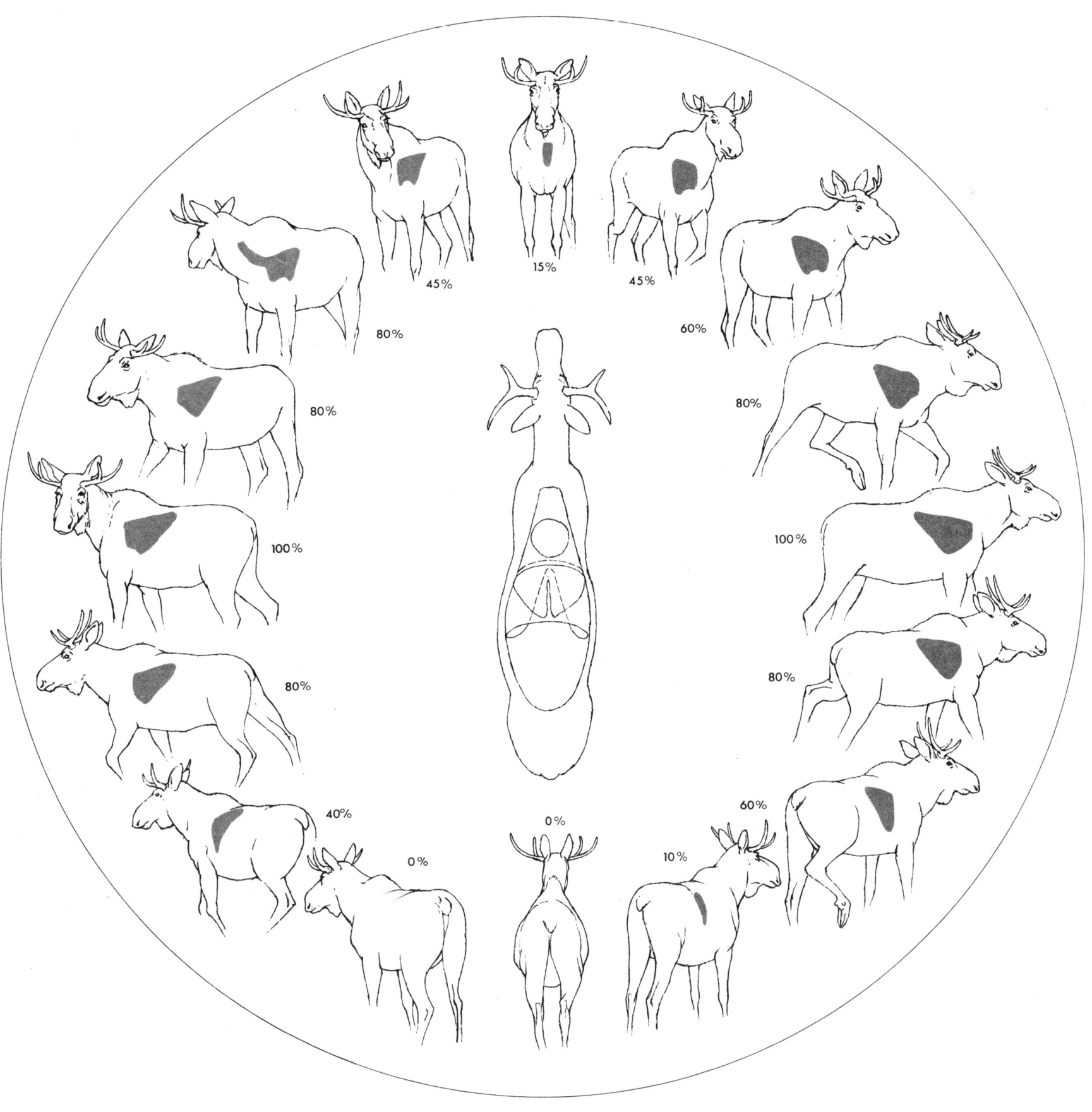

Da die Verfolgung eines angeschossenen Elchs viele Stunden oder sogar Tage dauern kann, sollte der Jäger wissen, wo er das Tier treffen muß. Dieses Diagramm, das man in Schweden »Elchuhr« nennt, zeigt den Anteil der lebenwichtigen Organe des Elchs, der bei Schüssen aus verschiedenen Winkeln den Treffern ausgesetzt ist. Der beste Schuß trifft direkt von der Seite, wenn 100 Prozent der lebenwichtigen Organe diesem Schuß ausgesetzt sind.

daß das ausgezeichnete Elchfleisch, besonders bei warmem Wetter, sehr schnell verdirbt, wenn der Jäger sich nicht um das erlegte Wild kümmert.

Ein verwundetes Tier wird, nachdem es Deckung gefunden hat, durch die Schockwirkung bald schwächer, so daß es nicht mehr aufstehen und weglaufen kann. Eine Stunde Abwarten genügt. Diese Zeit wird dazu verwendet, das Gelände, in dem der Schuß fiel, genau zu untersuchen. Der Jäger muß abschätzen, wo das Tier getroffen wurde und welchen Fluchtweg es eingeschlagen hat. Vielleicht hat es auch eine Blutspur hinterlassen. Ein Spürhund ist hier von großem Nutzen; er muß aber so gut abgerichtet sein, daß er nur der Witterung des verwundeten Elchs folgt und sich nicht durch andere Spuren ablenken läßt. Der Hund sollte an der Leine laufen, bis er den geschossenen Elch gefunden hat.

Elchjäger in Schweden verwenden im allgemeinen Büchsen mittleren Kalibers, da vor Beginn der Jagdzeit viele Schießübungen veranstaltet werden und Munition dieses Kalibers nicht sehr kostspielig ist. Nordamerikanische Jäger werden solche Büchsen für zu leicht halten, und erfahrene Jäger empfehlen beispielsweise das Kaliber .270 höchstens Jägern, die Probleme mit dem Rückstoß haben. Das 7 mm Magnum mit einer schweren Kugel von 11 g ist dem guten alten .270 vorzuziehen. Das .308 Magnum oder eines der .338er beziehungsweise .350er Magnum eignen sich hervorragend für die Elchjagd. Diese Büchsen wiegen etwa 4,5 kg, ungefähr 25 Prozent mehr als die des Kalibers .270, leisten aber auch ganze Arbeit.

Wilde Schafe und Ziegen

In den Hochgebirgen Europas und des westlichen Nordamerika gibt es eine Jagdart, die vielleicht noch anstrengender ist als die Pirschjagd auf Hirsche in Schottland. Es handelt sich um die Jagd auf Wildschafe und Ziegen in Nordamerika, um die Jagd auf Gemsen, Verwandte der Wildziegen des nördlichen Amerika, und auf die seltenen Mufflon-Wildschafe, die von Korsika und Sardinien auf das europäische Festland und von dort auf die Hawaii-Insel Lanai eingeführt wurden.

Die übliche Methode, sich diesen Wildtieren zu nähern, ist die Pirsch. In manchen Gebieten fahren die Jäger auch mit Erntewagen nahe heran, bevor sie die Pirsch beginnen. In Nordamerika ist es üblich, zu Fuß in die Berge zu ziehen, mit dem erforderlichen Gerät auf Packpferden. In jedem Fall muß der Jäger in guter körperlicher Verfassung und bereit sein, weite Strecken zu wandern und zu klettern.

Eine der besten Taktiken ist es, einen hoch gelegenen Punkt mit guter Aussicht zu besteigen und das umliegende Gelände mit einem Fernglas zu beobachten. Die Körperfarbe der Tiere stimmt jedoch häufig mit dem Hintergrund überein, so daß sie daher in vielen Fällen schwer zu erkennen sind. Ein kontrastierender Hintergrund, z.B. grüner Pflanzenwuchs, kann hilfreich sein; steiniges Gelände erschwert das Auffinden des Wildes, und der Jäger muß gute Augen haben, um etwas zu erkennen. Am besten späht er erst einmal durch sein Fernglas hinauf, bevor er bergan klettert, aber alle diese Tiere sind außerordentlich scharfsichtig. Außerdem nähern sich ihre natürlichen Feinde – Wölfe und Silberlöwen – normalerweise von unten, so daß Wildschafe und Gemsen höchst empfindlich auf Bewegungen am Hang reagieren. Mufflon-Wildschafe sind besonders scheu. Sie lassen sich jedoch von einem sich nähernden Jäger ablenken, wenn dieser unauffällig von einem Wagen abspringt und den Wagen weiterfahren läßt. Auch Gemsen sind in den Gebieten sehr scheu, in denen kleine Bestände stark bejagt wurden. Wo ihnen wenig nachgestellt wird, besonders in unzugänglichen Höhenlagen, scheinen Gemsen dagegen den Menschen nicht zu fürchten.

Wenn der Jäger ein Tier gesichtet hat, muß er es durch Fernglas und Zielfernrohr beobachten. Schätzt er es als gute Trophäe ein, muß er entscheiden, wie er sich auf Schußweite nähern kann. Muß er klettern,

Das Mufflon ist das einzige europäische Wildschaf. Es ist außerordentlich scheu und daher schwer zu jagen. Mit Hilfe eines Fahrzeugs kann man sich jedoch leicht heranpirschen. In manchen Teilen der Welt ist diese Methode nicht statthaft; sie wird jedoch in Europa häufig angewendet. Wie viele andere Tiere fürchten sich Mufflons nicht vor einem Pferdewagen und flüchten nur vor Menschen, die sie wahrnehmen. Wenn sie die Mufflonherde sichten, entscheiden der Jäger und sein Jagdführer, ob ein Bock dabei ist, dessen Abschuß sich lohnt. In diesem Fall springen sie heimlich vom Wagen ab, während die Tiere den weiterfahrenden Wagen beobachten. Der Jäger geht dann in Schußweite auf den Bock vor. Den besten Bock, der wenigsten sechs Jahre alt ist, bezeichnet man als Klasse A. Seine Hörner müssen mindestens 60 cm lang sein und eine Dreiviertelrundung bilden.

An Gemsen kann man sich nur heranpirschen. Wie das meiste Hochgebirgswild sichtet man Gemsen zumeist von unten mit Hilfe eines Fernglases. Der Jäger muß dann eine Schußposition über dem Tier finden, ohne entdeckt zu werden, wobei häufig besondere Geländeschwierigkeiten zu überwinden sind. Kasten: Ein häufiger Schießfehler in den Bergen besteht darin, daß man auf ein tiefer befindliches Wild zu hoch zielt. Innerhalb eines Bereichs von etwa 300 Meter muß man nur die horizontale Entfernung zwischen sich und dem Ziel anrechnen.

hängt er sich das Gewehr über den Rücken, damit er beide Hände frei hat. Geräusche sind zu vermeiden, damit das Wild nicht gewarnt wird. Es wäre sinnlos, einen Schuß abzugeben, wenn der Jäger bei unzugänglichem Gelände nicht an das erlegte Wild herankommen kann. Manchmal fällt das abgeschossene Tier über die Felsen hinab und zerschmettert oder ist ganz für den Jäger verloren. Gelegentlich läßt sich das Wild aber auch in eine günstigere Richtung leiten, beispielsweise durch Abfeuern einer Kugel, die den Felsen neben dem Tier streift, so daß es zur entgegengesetzten Seite flüchtet.

Büchsen für die Schafjagd sollen so beschaffen sein, daß die Geschosse eine mäßige Geschwindigkeit zur Erzielung einer flachen Schußbahn erreichen. Ein Kaliber von 7 mm, bei Ziegen von über 7 mm, wird empfohlen. Die Büchsen sollten stets mit einem Zielfernrohr ausgestattet und für verhältnismäßig weite Schußentfernungen geeignet sein, was besonders für die Gemsjagd gilt.

Ausgezeichnete amerikanische Büchsenkaliber für die Gemsenjagd sind .243, .257, .270 und .25–706; für Mufflon-Wildschafe eignen sich die Kaliber .270, .308, 7,62 mm NATO und .30–06. Für beide Tierarten gibt es auch gute europäische Büchsen der Kaliber 6,5 x 57, 7 x 57, 7 x 64 und 7 x 65; das Kaliber 8 x 57 genügt für Mufflon-Wildschafe. Nicht immer ist es möglich, nah genug an das Wild, speziell Gemsen, heranzukommen, so daß man gezwungen ist, aus relativ großer Entfernung zu schießen.

Bären

In Nordamerika überschneiden sich die Verbreitungsgebiete der Dall- und Steinschafe sowie der Bergziegen mit jenen der Schwarzbären und im Nordwesten mit den Grizzlybären.

Wenn Jäger durch ihr Glas nach Schafen, Ziegen, Elchen oder Karibus spähen, können sie auch Grizzlys und Schwarzbären sichten. Im Herbst sind Bären an Berghängen oder an Bächen zu erkennen, wo sie nach Lachsen fischen. Zu ihrer Pflanzennahrung gehören Beeren, Blätter, Wurzeln und Knollen verschiedener Art. Grizzlys ernähren sich auch von Aas und Kleintieren, die sie erlegen. Wenn sie nach dem Winterschlaf hervorkommen, müssen Grizzlys fast ausschließlich von Gräsern und Knospen leben.

Es gibt etwa 20 anerkannte Unterarten von Schwarzbären, doch ähneln sie einander in solchem Maße, daß die Unterschiede nur von akademischer Bedeutung sind. Nur in der Farbe des Fells heben sie sich voneinander ab, einige Arten haben ein grauweißes Haarkleid, andere sind mehr bläulich getönt, und wieder andere sind pechschwarz bis honigblond. Im östlichen Nordamerika haben die Tiere meist eine schwarze Färbung; das Gesicht ist häufig grauhaarig, und oft kommt ein weißer Brustfleck vor.

Schwarzbären lieben wilde Beeren und Früchte, Honig (und Bienen), Nüsse und viele andere pflanzliche Nahrungsmittel. Aber auch Aas gehört zu ihrer Nahrung. Im Frühling leben Schwarzbären vorwiegend von frischem Pflanzenwuchs; im Herbst halten sie sich gern in solchen Landstrichen auf, wo sie Beeren oder andere Früchte finden.

An Bären muß man sich vorsichtig auf Schußweite heranpirschen. Sie können zwar nicht gut sehen, doch haben sie sehr gute Nasen und Ohren; der Jäger muß sich daher sehr leise gegen den Wind heranarbeiten. Die Pirsch ist im offenen Bergland leichter als im waldigen Gelände. Um einen Grizzly zu erlegen und nicht nur zu verwunden, muß man sehr nahe an ihn herankommen; der Jäger muß wissen, daß ein verwundeter Grizzly sehr gefährlich werden kann.

In manchen Gebieten Nordamerikas ist es üblich, Bären mit Hilfe von Ködern zu erlegen. Man legt Kadaver oder Fleischabfälle aus und beobachtet, ob sich Bären nähern. Diese Methode mag zwar statthaft sein, doch manche Jäger dürften sie als unwaidmännisch empfinden.

Die Jagd mit Hilfe von Ködern erfordert viel Geduld, denn man muß häufig sehr lange ausharren. Auch der Bär beobachtet den Köder manchmal sehr lange, bevor er sich nähert, oder er kommt gar nicht heran, wenn er Verdacht geschöpft hat.

Die sportlichste Methode der Jagd auf den Schwarzbären ist die Hetzjagd mit Hunden. Sie hat besonders im Hügelland des Südens der USA Tradition. In vielen Teilen des Landes gibt es speziell für die Bärenjagd abgerichtete Hundemeuten.

Die klassische Methode ist einfach: Die Hunde werden in ein Bärenrevier gebracht und losgelassen, wenn sie eine frische Spur gefunden haben. Die Jäger folgen der Meute. Wenn der Bär gestellt wird – häufig vor einem Baum, einem Felsbrocken oder im dichten Gebüsch –, verteidigt er sich heftig, und oftmals verletzt oder tötet er einige Hunde, bevor der Jäger herankommt und ihn erlegt. Diese Methode wird auch in Finnland und Rußland angewendet.

In früheren Zeiten zogen die Jäger zu Fuß auf die Bärenjagd. Heutzutage fährt man mit Lastwagen die Forstwege entlang ins Bärenrevier. Ein speziell abgerichteter Hund kündigt durch sein Gebell an, wenn er eine Bärenwitterung aufgenommen hat. Ein weiterer Hund folgt der Spur; ist sie frisch genug, läßt man die Meute vom Lastwagen herunter. Die Jäger haben es nicht leicht, den Hunden zu Fuß zu folgen.

In Revieren, die von vielen Wegen durchzogen werden, wendet man eine abgewandelte Methode an. Die Schützen stellen sich in günstiger Position an den Rändern des Reviers auf. Andere Jäger gehen mit den Hunden vor, und wenn sie einen Bären aufgespürt haben, haben die wartenden Schützen manchmal eine Chance, einen Schuß auf den flüchtenden Bären abzugeben.

Die meisten Schwarzbären werden jedoch nicht geschossen, wenn sie mit Hunden gejagt werden, sondern sie werden sozusagen zufällig erlegt: Ein vor den Jägern flüchtender Bär kann leicht in das Schußfeld eines weiteren Jägers geraten, der sich auf der Jagd nach ganz anderem Wild, z.B. nach Hirschen, befindet.

Eisbären wurden früher in großem Ausmaß vom Flugzeug aus vor der Küste Alaskas gejagt. Jetzt stehen sie in den USA unter dem Gesetz zum Schutze von Meeressäugetieren, das auch die Einfuhr von Trophäen verbietet. In sehr geringem Ausmaß ist die Jagd noch mit Hilfe von Eskimos und Schlittenhunden im Norden Kanadas möglich, wenn die Jäger bereit sind, die Strapazen und Gefahren solcher Unternehmungen auf sich zu nehmen.

Wildschweine

Das Wildschwein kommt in vielen Gebieten Nordamerikas und Europas vor. Die Jagd mit Hunden ist die interessanteste Art der Schweinejagd und läßt sich mit der Bärenjagd vergleichen. Die Jäger postieren sich an Stellen, an denen flüchtende Wildschweine kreuzen; die Hunde sind abgerichtet, eine frische Spur zu finden und zu verfolgen. Wie Bären können auch Wildschweine von Hunden gestellt werden; die Verfolgung kann jedoch mehrere Tage dauern.

Die Pirsch ist in vielen Gebieten die am weitesten verbreitete Methode der Schweinejagd. Die Tiere sind am lebhaftesten, wenn sie in der Dämmerung im offenen Gelände auf Nahrungssuche sind. Wie bei der Hirschjagd muß der Jäger vorsichtig gegen den Wind vorgehen, denn Wildschweine haben gute Nasen und Ohren. Er muß häufig stehenbleiben, sich umsehen und lauschen. Er muß sich auf solche Reviere konzentrieren, wo er viele Spuren, Losung, frische Suhlen und aufgewühlte Erde findet, und es ist zweckmäßig, vor Beginn der Jagd nach solchen Zeichen zu suchen.

Zwei typisch europäische Methoden der Wildschweinjagd sind die Treibjagd und die Benutzung eines Hochsitzes. Man verwendet gern

Oben: In Europa finden im Winter Treibjagden auf Wildschweine statt. Spuren (a) führen hier in ein von Wegen umgebenes Revier. Da keine Spuren herausführen, müssen sich die Tiere in ihm befinden. Treiber gehen von (b) aus vor, und Jäger stellen sich in Abständen von etwa 100 Metern auf (c). Der Jäger darf niemals in das Revier schießen, in dem sich Treiber befinden. Er schießt erst dann, wenn das Wild an ihm vorbeigewechselt hat.

Oben: Wildschweine können ein Gemüsefeld sehr schnell zerstören; sie sind daher bei den Landwirten recht unbeliebt. Sie werden von transportablen Hochsitzen zur Nachtzeit gejagt. Hier wurde ein Hochsitz in einem Zuckerrübenfeld aufgestellt.

Links: In den USA werden Hunde zur Wildschweinjagd verwendet. Eine typische Situation wird hier graphisch dargestellt. Die Hunde werden losgelassen, wo die Straße einen Bach kreuzt (a), der durch ein mit Bäumen bewachsenes Tal fließt. Die Hunde verfolgen bachaufwärts die Spuren, und die Jäger (b) warten an den Berghängen oder an einer Bachmündung (c).

einen transportablen Hochsitz, der in solchen Feldern aufgestellt wird, in denen Wildschweine beobachtet werden konnten. Zur Ausrüstung gehören ein gutes Nachtglas – üblich ist das schwere, aber zweckmäßige 8 x 56-Glas – und ein Zielfernrohr mit guten Lichtsammlungseigenschaften.

Die Treibjagd findet oftmals im Winter nach einem Schneefall statt, weil es dann leichter ist, den Spuren der Wildschweine in ein bestimmtes Revier zu folgen, aus dem sie dann herausgetrieben werden. Der Erfolg einer Treibjagd hängt davon ab, daß die Treiber auch tatsächlich alle Dickichte durchsuchen, in denen sich Wildschweine versteckt halten könnten. Auch die Jäger müssen sich nach den Regeln richten: So dürfen sie nie dorthin zielen, wo das Treiben stattfindet, sondern sie müssen warten, bis das Wild durchgebrochen ist.

Die Treibjagd kann auf verschiedene Weise durchgeführt werden. Eine besondere Methode besteht darin, daß jeder Jäger seinen eigenen, numerierten Platz einnimmt und dort bleibt, bis die Jagd vorüber ist. Besonders in Deutschland, wo die Jagdmethoden sehr weit entwickelt sind, muß der Jäger die Signale des Jagdhorns kennen, die angeben, wann die Jagd beginnt, wann sie endet, wann geschossen werden darf und wann das Schießen untersagt ist. Zwar kann man statt dessen auch Funksprechgeräte verwenden, jedoch büßt man dann auch wieder ein Stück Jagdtradition ein.

Bei einem Kesseltreiben kreisen Jäger und Treiber, im Abstand von jeweils etwa 20 bis 50 Metern, ein Revier ein. Der Kessel kann einen Durchmesser bis zu eineinhalb Kilometer haben. Bei größeren Jagden, an denen sich etwa 75 bis 100 Jäger beteiligen, muß jeder Teilnehmer genau wissen, wann das Schießen in den Kessel gestattet und wann es verboten ist. Bei einer solchen Treibjagd muß der Jäger darauf gefaßt sein, daß ihm alle Arten von Wild, sowohl Haar- als auch Federwild, vor die Flinte kommen können. Im Endstadium streben nur die Treiber dem Mittelpunkt des Kessels zu. Die Jäger bleiben in einer vorherbestimmten Entfernung stehen, und Schüsse sind nur dann gestattet, wenn das Wild die Schützenlinie durchbricht.

Wildschweine sind kräftige Tiere; ein besonders schweres Büchsenkaliber ist jedoch nicht erforderlich. Manche Jäger in Europa bevorzugen den Drilling – eine Waffe mit drei Läufen, zumeist zwei nebeneinanderliegende Flintenläufe und ein Büchsenlauf –; auf kurze Entfernungen schießen sie mit Schrot, was für Wildschweine völlig ausreicht, und der Büchsenlauf ist den weiteren Entfernungen vorbehalten.

Nabelschweine

Nabelschweine oder Pekaris kommen im Südwesten der USA sowie in Mittel- und Südamerika vor. Die Jagdmethoden sind ähnlich wie bei den Wildschweinen. Der Jäger kann, wenn er Geduld hat, an Wasserstellen auf das Erscheinen dieser kleinen Wüstenschweine warten, doch eine vorsichtige Pirsch ist oftmals lohnender. Die Tiere sammeln sich in Herden, und ein oder zwei Schweine sind ständig auf Wache, so daß es schwierig ist, sich ihnen zu nähern.

Nabelschweine können auch mit Hunden gejagt werden. Im Gegensatz zu den Wildschweinen haben sie keine große Ausdauer, und gut abgerichtete Hunde können sie nach kurzer Zeit stellen. Sie haben jedoch scharfe Zähne und können die Hunde recht kräftig beißen. Die Jagd mit Hunden ist nicht in allen Teilen der USA zulässig.

Kapitel 2:

Die Geflügeljagd – Land- und Wassergeflügel

Auerhahn

Dieses große Waldhuhn hat in den Augen vieler Jäger in Mitteleuropa eine besondere Bedeutung und wird als Trophäe sehr geschätzt. Es wird im Frühling gejagt, wo man sich die Balz zunutze machen kann, um sich ihm zu nähern. In Skandinavien darf es dagegen im Frühling nicht gejagt werden, und man muß andere Methoden anwenden, wenn man es schießen will. Das Auerhuhn kommt auch häufig in Schottland vor, doch hat es hier bei weitem nicht die jagdliche Bedeutung wie in den anderen europäischen Ländern.

In der Balzzeit im April und Mai muß der Jäger schon lange vor Sonnenaufgang auf den Beinen sein, wenn die Pirsch Erfolg haben soll. Schon lange vor dieser Zeit haben Jagdführer die Reviere durchstreift, in denen sich Auerhühner aufhalten. Die Vögel benutzen Jahr für Jahr die gleichen Bäume für ihre Balz, und wird ein Vogel abgeschossen, übernimmt ein anderer seinen Platz. Etwa eineinhalb Stunden vor Sonnenaufgang beginnt der Hahn seine Morgenbalz von sich ständig wiederholenden vier Versen. Obwohl der Auerhahn normalerweise sehr scheu ist, ist er während des vierten Verses seines Gesangs, einem Zischen, allen anderen Erscheinungen gegenüber taub und damit verwundbar. Der Jäger achtet auf den Beginn des Gesangs: ein Knappen. Darauf folgt ein Trillern und dann ein scharfes Knallen. Der Jäger darf sich nur bewegen, wenn das Zischen beginnt. Es dauert nur wenige Sekunden, die jedoch ausreichen, um ein paar Schritte vorzugehen. Der Jäger »erstarrt« dann. Der Vogel beginnt wieder seinen Gesang, und der Jäger kann weiter vorgehen. Während er wartet, plant er seine nächsten Schritte.

Auch bei einer sorgfältig geplanten Pirsch ist es manchmal schwierig, bis auf Flintenentfernung heranzukommen. Am besten eignet sich daher ein Drilling oder eine andere Kombination von Büchse und Flinte. Die Flinte sollte mit starkem Schrot geladen sein, denn die Auerhähne haben dichte Federn, die das Schrot durchdringen muß.

An warmen, trockenen Tagen, wenn die Vögel bereits auf dem Boden nach Nahrung suchen, können sie mit Hilfe eines Vorstehhundes gejagt werden. Wenn man eine Vogelgruppe findet, fliegen die Hennen meistens zuerst auf, während die Hähne noch etwas auf dem Boden herumlaufen. Der Hund muß ein guter und furchtloser Apportierer sein, denn ein Hahn kann sich tapfer verteidigen.

Im Herbst und Winter muß der Jäger andere Methoden anwenden. Die Vögel kommen aus den Wäldern auf Stoppelfelder oder an den Waldrand, wo sie nach Nahrung suchen. In Schweden und Finnland setzt man Hunde ein, um die Vögel in den Wäldern aufzujagen, damit sie auf die Bäume fliegen. Die Hunde bellen und lenken die Aufmerksamkeit der Vögel von den Jägern ab, die sich gegen den Wind an sie heranpirschen. Die Entfernungen können so weit sein, daß nur mit einer Büchse geschossen werden kann. Eine Kleinkaliberbüchse mit Zielfernrohr braucht man, wenn die Entfernung etwa 150 Meter beträgt. Die Vögel können auch in einer Treibjagd erlegt werden, wenn die Teilneh-mer einer kleinen Jagdgesellschaft sich als Treiber und Schützen abwechseln. Ein guter Apportierhund ist erforderlich.

Jagd auf Moorschneehühner in Schottland

Das Moorschneehuhn ist nur in Großbritannien heimisch. Man findet es hauptsächlich in Schottland, besonders auf der trockeneren Ostseite, in Wales, Derbyshire, gelegentlich auch in Devon und vielfach in Lancashire und Yorkshire, wo sich die Jagd besonders lohnt. In das Gebiet der belgischen Ardennen ist es eingeführt worden.

Das Moorschneehuhn braucht für seine Nahrung auch junge Heidekrauttriebe. Damit die Triebe heranwachsen können, wird in manchen Moorgebieten das alte Heidekraut im Wechsel von zehn bis fünfzehn Jahren abgebrannt.

Das Gelände, in dem die Vögel leben, ist hoch gelegen, wild und oftmals feucht. Versuche, Moorschneehühner künstlich aufzuziehen, sind bisher immer fehlgeschlagen. Die Hege beschränkt sich auf Erhaltung eines guten Heidekrautwuchses und auf Bekämpfung der natürlichen Feinde, wie Füchse und Wiesel.

Die Hühner leben in Gruppen, die aus einem Paar Elternvögeln mit bis zu einem Dutzend Jungen bestehen. Spät im Jahr vereinigen sich die Gruppen zu Ketten von 100 oder mehr Vögeln. Die Anzahl der Moorschneehühner soll seit der Einführung der Treibjagden im 19. Jahrhundert sehr angestiegen sein. Wenn die Hühner in Richtung auf die Ansitzlöcher getrieben werden, dann fliegen die alten Vögel vorn weg und werden geschossen – der Bestand kann sich daher verjüngen und vermehren.

Die Jagden auf Moorschneehühner sind eine Art Gesellschaftssport, an denen zwischen drei und 100 Personen teilnehmen können. Die Jagdzeit beginnt am 12. August und dauert bis zum 10. Dezember, doch nach Ende Oktober wird nur noch wenig gejagt.

Es gibt drei Hauptmethoden der Jagd. Die Streife strengt am wenigsten an; sie findet normalerweise zu Beginn der Jagdzeit statt, wenn die Hühner noch keine Furcht vor den Menschen haben, so daß die Schützen auf Schußweite herankommen können, bevor die Vögel auffliegen. Bei der Streife setzt man Neufundländer und Spaniels ein.

Die bekannteste Methode ist wohl die Treibjagd. Die Schützen warten in Ansitzlöchern, während eine Treiberlinie die Vögel über ein weites Gelände auf sie zutreibt. An einem Tag können mehr als ein halbes Dutzend Treibjagden stattfinden, und die Anzahl der geschossenen Hühner kann sehr groß sein. Der Rekord steht bei 1464$^1/_2$ Paar Hühnern, den acht Schützen in Lancashire im Jahre 1915 erzielten. (Wie Rebhühner werden auch erlegte Moorschneehühner paarweise gezählt.) In Großbritannien wird gesetzlich keine Beschränkung der Strecke auferlegt, doch ein vernünftiger Jagdveranstalter läßt keine übermäßig großen Strecken zu, um den nächstjährigen Bestand nicht zu gefährden.

Die Bestanderhaltung ist stets oberstes Anliegen der Jagdsportler

Jagd auf Moorschneehühner aus dem
Ansitzloch. Die Vögel fliegen schnell
und niedrig, und der Schütze und sein
Lader haben alle Hände voll zu tun.
Von seinem Ansitzloch aus hat der
Schütze zuvor die Geländestellen
markiert, die seinen Sicherheits-
Schußwinkel von 45 Grad begrenzen.

Im Westen der USA fliegen abends Steppenhühner von den trockenen Höhenzügen zu Wasserstellen oder Teichen hinab. Die Jäger verstecken sich hinter Heustapeln und schießen auf die vorbeifliegenden Vögel.

gewesen, aber die allgemeine Kostensteigerung hat inzwischen viele Gutsbesitzer dazu gezwungen, die Jagd als Geschäft zu betrachten. Sie überlassen die Moorhuhnjagd entweder für die gesamte Saison einem Sportverband oder für die Dauer einer Woche beziehungsweise nur eines einzigen Tages Jagdgesellschaften aus dem Ausland. Die Nachfrage nach Treibjagden auf Moorschneehühner ist groß, und genau vom »Zwölften« ab gibt es keine beschaulichen Tage mehr im Pachtgelände, denn dann beginnt die Hatz.

Die Logistik der Treibjagd auf Moorschneehühner stellt an den Jagdveranstalter Anforderungen, die sich mit der Führung einer Kompanie Soldaten in der Schlacht vergleichen lassen. Ziel der Treibjagd ist es, so oft wie möglich eine möglichst große Anzahl von Hühnern über die wartenden Schützen hinwegzutreiben. An einem Tag würden zum Beispiel acht Schützen eingesetzt, und in einem Gelände mit sehr vielen Vögeln hätte jeder Schütze, der von einem Lader begleitet wird, zwei Flinten. Es würden fünf bis sechs Treibjagden veranstaltet werden, die jeweils etwa eine Stunde dauern, an denen etwa ein halbes Dutzend Wildhüter und 20 oder noch mehr Treiber teilnähmen.

Vor Beginn der Treibjagd holt der Jagdveranstalter ein Lederkästchen von der Größe einer Spielkarte hervor, in dem eine Reihe von Elfenbein- oder Plastikstreifen stecken. Jeder Schütze zieht nun einen Streifen und merkt sich die darauf sichtbare Zahl, denn diese bezeichnet das Ansitzloch, das er zuerst besetzen wird. Die Nummern der Ansitzlöcher steigen entweder hügelaufwärts an oder, im Flachland, von rechts nach links. Nach jeder Treibjagd zählen die Schützen zwei zu ihrer Zahl hinzu und bestimmen damit ihren nächsten Platz: Wer bei der ersten Treibjagd die Nummer 3 hatte, bekommt bei der folgenden das Ansitzloch Nummer 5; bei acht Schützen besetzt Nummer 7 beim nächsten Mal das Ansitzloch Nummer 1 usw.

Die Treibjagd auf Moorschneehühner kann sehr leicht Unfälle hervorrufen. Wenn die Schwärme herbeifliegen, ist dies ein erregender Anblick für die Schützen. Das Licht ist häufig trübe, und mancher Schütze denkt dann vielleicht nicht daran, daß das nächste Ansitzloch in nur 70 Meter Entfernung in einer Senke liegt. Wenn ein unerfahrener Schütze einem Schwarm »durch die Linie« folgt und schießt, wenn seine Flinte auf die benachbarten Ansitzlöcher zielt, wird es besonders gefährlich: Möglicherweise trifft eine Schrotkugel einen oder mehrere Teilnehmer. Ein vernünftiger Schütze zielt überhaupt nicht durch die Linie, sondern in fast senkrechter Richtung auf die Vögel, bevor er den Lauf wieder senkt und auf den abziehenden Schwarm schießt.

Die besten Schützen erzielen ihre Abschüsse im Vorfeld ihrer Ansitzlöcher, denn ein von vorn getroffener Vogel wird zumeist getötet. Dagegen treffen die Schrotkugeln abfliegende Vögel zumeist in die hinteren Körperteile. Die Vögel stürzen nicht sofort herunter, sondern gehen erst viel später ein. Ein erfahrener Schütze mit zwei Flinten und einem guten Lader kann fünf oder sogar sechs Vögel aus einem großen Schwarm erlegen, besonders dann, wenn die Vögel gegen einen steifen Wind anfliegen.

Vor dem Ende einer Treibjagd müssen die Schützen die Entfernung zwischen den Ansitzlöchern und den näher kommenden Treibern beachten. Wenn die Treiber die Linie zwischen den Ansitzen erreichen, ist die Treibjagd beendet. Während der Pause sollten alle Waffen entladen und zur Sicherheit in die Waffentaschen gesteckt werden.

Während des Sammelns ist es stets besser, einen nur angeschossenen Vogel davonfliegen zu lassen, als hastig nach dem Gewehr zu greifen und einen Schuß abzugeben, der die anderen im Gelände verstreuten Wildhüter, Treiber und Schützen gefährden könnte.

Bei der Treibjagd auf Moorschneehühner ist es Sitte, die Jagdbeute zu zählen. Das geschieht ohne Prahlerei und dient nur dem Zweck, alle Vögel aufzulesen, die abgeschossen wurden. Gegebenenfalls wird dem

Wildhüter gesagt: »Ich muß noch sechs Vögel finden.« Zu sagen: »Ich habe achtzehn geschossen, aber nur zwölf gefunden«, klingt nach Aufschneiderei.

Es kommt häufig vor, daß zwei benachbarte Schützen ein und denselben Vogel schießen. In diesem Fall beweist man seine Kameradschaftlichkeit, indem man dem Nachbarn die Beute überläßt. War die Treibjagd sehr erfolgreich, erfordert es die Höflichkeit, dem Jagdveranstalter und dem obersten Wildhüter zu gratulieren.

Die Beute des jeweiligen Ansitzes wird ausgelegt und von den Wildhütern für den Abtransport mit Pferd oder Landrover eingesammelt. Bevor die nächste Treibjagd beginnt, gibt der Gutsherr den Schützen normalerweise Auskunft über den Ausgang der Jagd. Oft bekommt jeder Schütze am Ende des Tages eine gedruckte Erinnerungskarte mit den Gesamtergebnissen der betreffenden Jagd.

Das kleinste Moor für eine Treibjagd auf Moorschneehühner – vielleicht eine Fläche von 1 200 Hektar – hat etwa drei bis sechs Reihen Ansitzlöcher. Ein größeres, kommerziell genutztes Jagdgebiet von 80 000 Hektar oder mehr kann sogar bis zu 100 Reihen haben, die jeweils aus acht oder mehr Ansitzlöchern bestehen. Außerhalb der Jagdzeit haben die Wildhüter viel mit dem Bau und der Erhaltung der Ansitzlöcher zu tun, besonders in solchem Gelände, auf dem häufig Vieh weidet.

Richard Waddington, ein Experte für Moorschneehühner in Schottland, rät, Ansitzlöcher nicht rund, sondern rechteckig anzulegen, damit der Schütze besser auf die Richtung achten kann. Der Eingang sollte seitlich sein, damit das Ansitzloch von allen Richtungen benutzt werden kann. Die Innenbreite sollte mindestens 120 cm betragen, die Höhe etwa 120 bis 135 cm. Die Ansitzlöcher können im Erdboden versenkt sein oder oberhalb der Bodenlinie gebaut werden. Versenkte Ansitzlöcher dienen zwar der Tarnung, doch sind sie schwer trockenzuhalten, und der

Schütze verliert den Spaß bei der Jagd, wenn er nasse Füße bekommt. Erhöhte Ansitze werden andererseits von den Vögeln leichter erkannt. Der beste Kompromiß ist ein halb versenktes Ansitzloch.

Die besten Ansitzlöcher sind mit einem rohen Holzboden, einem Sitzbrett und einer Patronenablage ausgestattet. Torf-Ansitze bestehen aus 30 mal 60 cm großen, heidebewachsenen Torfstücken, die mit der Heidekrautseite nach unten gestapelt werden; sie sind etwa 1,80 m tief. An steilen Hängen, die statt mit Heidekraut mit Geröll und Felsbrocken bedeckt sind, müssen manchmal Stein-Ansitzlöcher gebaut werden. Sie halten natürlich viel länger als Torf-Ansitze. Allerdings sollten sie eine Dämmschicht aus Erde oder Torf haben, damit die Gewehre ohne Schaden angelehnt werden können.

Die Wahl der geeigneten Stelle für ein Ansitzloch ist eine Kunst für sich. Auch in Mooren, wo Schneehühner schon seit 50 oder 100 Jahren gejagt worden sind, müssen manche Ansitzlöcher verlegt werden, wenn sich die Geländebedingungen geändert haben. Bei der Wahl der Anlage sollte man nur an das Wild denken, nicht dagegen an die Schützen. Die Moorschneehühner suchen einen warmen und sicheren Rastplatz, z.B. einen trockenen, gut mit Heidekraut bewachsenen Hang. Die Ansitzlöcher sollen so plaziert werden, daß sie direkt auf der Flugstrecke zu diesen Rastplätzen liegen.

Es ist sehr verlockend, Ansitze in einer Senke oder Bachschlucht anzulegen. Das ist jedoch unzweckmäßig, weil die Vögel nur eine Sekunde oder zwei ins Schußfeld geraten und dabei meist so hoch fliegen, daß sie kaum erreichbar sind. Das Ergebnis sind zahlreiche angeschossene Vögel, aber nur wenige Abschüsse. In einer weiten Schlucht hingegen können die Ansitze so hangab- und wieder aufwärts verteilt werden, daß die Jagd zu einem besonderen Vergnügen wird, wenn die Vögel bergab getrieben werden.

In Moorgebieten wie zum Beispiel in Nordengland, die im Gegensatz

Bei der Streifjagd bilden die Jäger eine Linie zwischen drei und zwölf Schützen. Zu Beginn der Jagdzeit bei warmem Wetter, wenn die Schneehühner dicht beieinander sitzen, können die Jäger sogar bei nur zehn Meter Abstand voneinander einen im Heidekraut verborgenen Schwarm Hühner übersehen. Später im Jahr verteilen sich die Vögel im Gelände, und die Abstände zwischen den Jägern vergrößern sich bis auf etwa 50 Meter. Der Leiter der Jagdveranstaltung sollte sich in der Mitte der Linie aufhalten und mit den Flankenmännern Verbindung halten. Da die Hunde nur zum Apportieren verwendet werden, können sie die Schützen nur sehr selten auf einen Hühnerschwarm aufmerksam machen, der im Begriff ist aufzufliegen. Wenn die Schützen in enger Fühlung sind, haben oftmals drei von ihnen eine Schußchance.

Wenn Vögel geschossen wurden, wird der Streifgang unterbrochen, bis die Hunde die Beute apportiert haben. Für die Sicherheit aller Beteiligten ist es erforderlich, eine gerade Linie beizubehalten. Erfahrene Jäger bestehen auf einem Sicherheits-Schußwinkel und lassen eine Einschränkung nicht zu. Die Strecke bei einem Streifgang ist nicht groß – fünf bis zehn Paar Hühner pro Tag und Schützen gelten als zufriedenstellend.

zum reizvollen schottischen Hochland flach oder nur leicht hügelig sind, werden andere Taktiken angewandt. Sehr ergiebiges Jagdgelände erfordert lediglich eine Linie von Ansitzen. Die Vögel werden von zwei Treiberteams hin und her getrieben, und die Schützen in den Ansitzlöchern brauchen ihr Augenmerk nur auf die betreffenden Bewegungen zu richten. Der Beginn einer solchen Treibjagd wird durch einen Startschuß signalisiert.

Bei der Planung der Treibjagden für einen Jagdtag ist es eine gute Regel, mit dem besten Treiben, vorzugsweise mit Rückenwind, zu beginnen und dieses als letztes Treiben des Tages zu wiederholen. Wenigstens theoretisch läßt sich ein Moor auf diese Weise gründlich durchkämmen, wobei bei jedem Treiben eine größere Anzahl Vögel über die Schützen hinwegzieht. Zumindest ein Treiben muß jedoch gegen den Wind vorgenommen werden, in eine Richtung, in die die Vögel nur sehr ungern fliegen. Wenn dieses Treiben auch nur kurze Zeit andauert, vergrößert sich die Chance, daß die Vögel nicht über die Köpfe der Treiber zurückfliegen und damit für die Schützen verlorengehen. Bei der Ausarbeitung der Taktik sollte man bedenken, daß die Hühner zu Beginn der Jagdzeit ungern länger als eine Minute in der Luft bleiben und nicht länger als eineinhalb Minuten am Ende der Jagdzeit.

Das Treiben ist keine mechanische Arbeit. Richard Waddington betont, daß eine Treibjagd nur mit intelligenten Treibern erfolgreich verläuft; er setzt Studenten als Treiber ein. So kann es z.B. einem Treiber am Rande der Treiberlinie passieren, daß er mehrere Schwärme Hühner aufjagt, die dorthin abfliegen, wo kein weiterer Treiber steht. Er tut dann am besten daran, seine Fahne zusammenzurollen und sich hinzusetzen, bis die Linie auf beiden Seiten vorangekommen ist, damit die Hühner vorwärtsgetrieben werden, wo die Schützen sie erwarten. Die Fahne, ein weißes, etwa 60 cm im Quadrat messendes Tuch, gehört zur Ausrüstung eines Treibers. Die Treiberlinie, die in manchen Fällen eine Ausdehnung bis zu eineinhalb Kilometer haben kann, wird vom Leiter der Wildhüter kontrolliert, der sich etwa in der Mitte aufhält. Auf manchen Mooren hat er rote und grüne Fahnen, mit denen er nach den Seiten hin Signale gibt. Die äußersten Seitenpositionen sollten mit besonders erfahrenen Treibern bemannt werden, die durch Anpassung der Geschwindigkeit schnell Fehler beseitigen können.

Die Treiber an den Flanken müssen besonders darauf achten, daß die Vögel an den vorgesehenen Linien entlanggetrieben werden. Wenn eine etwa eineinhalb Kilometer lange Treiberlinie versucht, Hühnerschwärme auf eine Schützenlinie zu treiben, die nur etwa 400 Meter lang ist, dann fliegen gewöhnlich zahlreiche Vögel seitlich an den Schützen vorbei. Daher sollten vier bis sechs Männer, die mit zusammengerollten Fahnen im Heidekraut liegen, an diesen Stellen Posten beziehen und sich dann plötzlich mit wehenden Fahnen zeigen, wenn ein Schwarm an den Schützen vorbeifliegen will. Die Schützen müssen bei solchen Manövern besonders aufpassen. Sie dürfen nie in die Richtung zielen, wo sich ein Flankentreiber befindet.

Flankentreiber postieren sich am besten unterhalb der sanften Hänge und nicht, wie es häufig vorkommt, auf den Gipfeln, denn dort kommen sie im allgemeinen nicht zum Zuge, weil Moorschneehühner lieber um Hügel herumfliegen, statt darüber. Die Kleidung soll der Tarnung dienen. Nach Meinung vieler Jäger eignet sich hierfür am besten ein Tweedstoff. Der Farbton sollte nicht zu dunkel sein.

Auch der schottische Kilt gilt mancherorts als Jagdbekleidung, sorgt aber manchmal für unliebsame Überraschungen. Mein Großvater und seine beiden Brüder mußten einmal einen von Stacheldraht gekrönten Steinwall überqueren. Als sie eben hinübersprangen, fuhr ein jäher Windstoß unter ihre Schottentücher, so daß sie alle drei rückwärtig festhingen. Da die drei nach *echt* schottischer Tradition bekleidet waren, bot sich natürlich dem zu ihrer Befreiung herbeigerufenen Wildhüter ein seltsamer Anblick...

Oben: Bei einer Jagd mit Hunden, die an sehr langen Leinen gehalten werden, folgt die Jagdgruppe der Witterung der Tiere. Wenn zwei Hunde den gleichen Hühnerschwarm (a) aus verschiedenen Winkeln angehen, sollten die Schützen sich auf das bevorstehende Auffliegen vorbereiten. Die Jagd ist dann erfolgversprechend, wenn die Annäherung gegen den Wind erfolgt. Spät in der Saison, wenn die Moorschneehühner zu hoch aufsteigen, um geschossen werden zu können, ist es möglich, sie durch Verwendung eines Drachens am Boden zu halten, bis die Jäger auf Schußweite herangekommen sind. Die Vögel fliegen nämlich ungern auf, wenn der Drachen über ihnen schwebt, und die Jäger können sich ihnen bis auf wenige Schritte nähern. Diese Jagdart mit Hunden ist eine Spezialität für solche Jäger, die Interesse für ihre Besonderheit haben. Die Anzahl der geschossenen Vögel ist oftmals geringer als bei der Streifjagd.

Die Wildhüter bevorzugen Knickerbocker, die für diese Jagdart auch besonders praktisch sind. Gegen nasse Füße empfiehlt es sich, sehr robustes Schuhwerk mit Stollen unter den Sohlen zu tragen. Beim Laufen im Heidekraut werden auch die Schuhspitzen stark beansprucht. Ein wasserdichter Mantel sollte immer mitgenommen werden, denn in Schottland kann man sich auf gutes Wetter nicht verlassen. Auch eine Kopfbedeckung ist vonnöten: Es kann passieren, daß ein unbedeckter, besonders aber ein kahler Kopf den Erfolg der ganzen Jagd zunichte macht.

Normalerweise wird eine doppelläufige Flinte verwendet. Flinten mit nebeneinanderliegenden Läufen werden bevorzugt, denn eine automatische Waffe würde bei einem hektischen Treiben zu heiß werden. Damit die Waffe auf dem Transport nicht beschädigt wird, sollte sie in einer Leder- oder Zeltstofftasche aufbewahrt werden.

Für die Streife braucht man ferner einen Patronengurt für 20 bis 25 Patronen. Empfehlenswert ist eine Jagdtasche, die 100 Stück fassen kann, besonders dann, wenn nicht der Schütze selbst sie tragen muß, denn die volle Tasche wiegt etwa 5 kg. Wer auf Einzeljagd geht, braucht eine Jagdtasche aus Zeltstoff.

Für die Treibjagd auf Moorschneehühner empfiehlt es sich, einen Jagdstuhl mitzunehmen, der im Ansitz als Beinstütze verwendet werden kann und zusammengelegt gute Dienste als Wanderstock leistet. Viele Schützen haben auch eine Karte bei sich, die in konzentrische Kreise eingeteilt ist. Darin tragen sie alle charakteristischen Merkmale wie beispielsweise Felsblöcke oder Heidekrautflecken rund um ihren Ansitz ein und können dann leicht die Stellen markieren, an denen ihre abgeschossenen Vögel niedergingen.

Die Jagd auf Moorschneehühner kann für die Teilnehmer ein recht teurer Sport werden. Bei einer organisierten Jagd sollte nicht vorausgesetzt werden, daß der Schütze alle von ihm geschossenen Hühner mitnehmen darf. Die Jagdveranstalter wollen durch den Verkauf der Hühner einen Teil der Unterhaltskosten, die sie für die Erhaltung der Moore aufwenden müssen, wieder hereinbekommen. Im allgemeinen darf der Jagdgast ein Paar Hühner mit nach Hause nehmen; eine Gabe von zwei Paar Hühnern wäre schon sehr generös.

Der Gelegenheitsjäger hat vielleicht noch Probleme mit dem Trinkgeld für den Wildhüter. Am besten holt er sich Rat von seinen Jagdfreunden. Jedoch sollte er – außer mit Geld – seinen Dank auch mit einem Handschlag abstatten.

Waldhühner in Nordamerika

Viele nordamerikanischen Jäger haben eine Vorliebe für die im Herbst stattfindende Jagd auf Waldhühner. Es gibt drei Arten von Waldhühnern in Nordamerika, das Haselhuhn, das Felsengebirgshuhn und das Kanadische Rebhuhn.

In entlegenen Gebieten hat das Haselhuhn keine Furcht vor Menschen und läßt sich, besonders wenn es auf dem Boden sitzt, leicht schießen. Weiter nach Süden hin fliegt es jedoch mit lautem Flügelschlag auf, und man muß blitzschnell zielen, bevor es im Dickicht verschwindet.

Haselhühner bevorzugen Waldränder und junge Gehölze mit viel Gebüsch. Sie leben von Früchten, Beeren, Gräsern und wildem Klee. Im Winter fällt es ihnen schwer, Nahrung zu finden. Sie fressen dann Knospen der Weiden, Zitterpappeln und Haselkätzchen.

Für die Jagd auf Waldhühner eignen sich Vorstehhunde am besten; der Hund muß jedoch eine gute Nase haben, um die Vögel nicht unbeabsichtigt auffliegen zu lassen. Manche Jäger verwenden Springer-Spaniels mit gutem Erfolg.

Weitere nordamerikanische Wildhühner sind die in den hügeligen Präriegebieten lebenden Spitzschwanzhühner, Steppenhühner und Präriehühner.

Das beste Jagdgebiet für Spitzschwanzhühner ist mit Pappelgebüsch durchsetztes Grasland. Die Tiere leben auch in lichten Wäldern, Mooren und Sümpfen, also in einem weiten Verbreitungsgebiet. In landwirtschaftlichen Regionen fliegen sie gern auf Kornfelder. Spitzschwanzhühner haben gute Flugeigenschaften.

Das Steppenhuhn ist ein großer Vogel; die Hähne wiegen bis zu dreieinhalb Kilo und die Hennen nur etwas weniger. Es lebt in trockenen Ebenen, ernährt sich von Beifuß, nistet im Beifuß, sucht dort auch Rastplätze, kurz, es schmeckt sogar nach Beifuß! Es kann nicht sehr schnell fliegen. Wegen seines Federkleides und seiner Größe wird es gern gejagt.

Man jagt Steppenhühner, indem man das mit Beifuß bewachsene Gelände mit einem Hund durchstreift. Stöberhunde sind besser als Vorstehhunde, denn die Vögel rennen dem Jäger häufig weg. Sie lassen sich auch vom Anstand aus jagen: Da die Vögel gewöhnlich morgens und abends zu einem Gewässer fliegen, um dort zu trinken, verbirgt sich der Jäger an solchen Wasserstellen.

Die Bestände an Präriehühnern haben stark abgenommen, seitdem aus den Prärien des Westens riesige Weizenfelder geworden sind. Die Jagdzeit ist der Herbst. Präriehühner werden in ähnlicher Weise gejagt wie die Spitzschwanzhühner.

Zu Beginn der Jagdzeit, wenn sie noch gute Deckung haben, fliegen sie nicht leicht auf, doch zu Beginn des Winters bilden sie große, aus mehreren Ketten bestehende Schwärme. Wenn Präriehühner auffliegen oder durch dichtes Gras laufen, gackern sie. Die Jäger sollten beim Suchen auf solche Laute achten.

Ein Durchstreifen des Geländes ist jedoch nicht so lohnend wie das Verbergen in einem Feld, das die Wildhühner häufig zur Nahrungssuche aufsuchen. Dichtes Gestrüpp und hohes Gras bilden eine gute Deckung für den Jäger. Die Vögel fliegen zumeist in der Morgendämmerung oder am Spätnachmittag auf die Felder.

Wilder Truthahn

Wilde Truthühner sind sehr scheue Vögel geworden. Schon die Indianer jagten sie mit Pfeil und Bogen. Viele nordamerikanische Jäger behaupten, daß es schwieriger sei, einen alten Truthahn zu erlegen als einen Weißwedelhirsch.

Im Frühling werden die Truthühner durch den nachgeahmten Ruf der Hähne oder Hennen angelockt, die durch diese Lockrufe einander finden. Im Herbst verfolgt der imitierte Ruf einen anderen Zweck: Findet der Jäger eine Gruppe Truthühner, jagt er sie auseinander und ahmt dann den Ruf eines Truthuhns nach, das sich verlaufen hat und zu seiner Gruppe zurück will.

Für die Truthahnjagd werden Schrotflinten verwendet. In den Staaten des Westens, wo häufig über weite Entfernungen hinweg geschossen werden muß, benutzen die Jäger auch Büchsen.

Nordamerikanische Wachteln

Von den sechs Wachtelarten in Nordamerika ist die Virginische Wachtel am weitesten verbreitet. In jedem Herbst werden mehr Virginische Wachteln geschossen als Wachteln der anderen Arten zusammengenommen.

Virginische Wachteln findet man im Gebüsch, an Waldrändern und Gräben, wo sie nach Nahrung suchen und besonders in den harten Wintermonaten Deckung finden. Wo die moderne Landwirtschaft solche Deckungsmöglichkeiten vernichtet, haben auch die Bestände an Wachteln und Fasanen gelitten. Virginische Wachteln leben auch in Nadelwäldern, jedoch nicht im Laubbaum-Hochwald.

Sie sind gesellige Tiere, die in Ketten leben. In der Jagdzeit zu Beginn des Herbstes lohnt sich die Jagd besonders am Morgen und Nachmittag, wenn die Tiere Nahrung suchen. Auch nach einem Regen sind sie auf Nahrungssuche. Ihre Witterung wird dann am besten von Vorstehhunden aufgenommen.

Es gehört zu den klassischen Erlebnissen einer Jagd in Nordamerika, wenn ein Jäger mit zwei guten Vorstehunden oder Settern die Felder auf der Suche nach einer Kette Wachteln durchstreift. Die Vögel fliegen nur ungern auf, doch wenn sie in der Luft sind, zerstreuen sie sich schnell. Ohne einen Hund lohnt sich die Jagd kaum, denn die Vögel laufen dem Jäger davon, und er hat Glück, wenn er ein paar von ihnen schießen kann.

Passionierte Wachteljäger besitzen zumindest einen Hund, der für diese Jagdart abgerichtet ist. Am weitesten verbreitet sind Englische Vorstehhunde und Englische Setter, aber auch Deutsche Vorstehhunde und Spaniels werden häufig verwendet. Die Deutschen Vorstehhunde setzt man gern bei der Suche nach aufgejagten Wachteln ein. Die Hunde arbeiten gut in der Nähe des Jägers und lassen sich zu solchen Stellen dirigieren, wo einzelne Wachteln zu Boden gegangen sind.

Die Kalifornische Wachtel findet sich häufig in landwirtschaftlichen Gebieten, die mit Gebüsch durchsetzt sind. Die Tiere leben von Samen und wilden Früchten.

Die Gebirgswachtel ist die größte nordamerikanische Wachtel; ein Hahn kann bis etwa 350 Gramm wiegen. Bei der Verfolgung muß man häufig über steile Hänge klettern, da die Tiere im dichten Gebüsch der Umgebung Deckung suchen. Gebirgswachteln findet man häufig in der Nähe von Wasserstellen. Am günstigsten ist es, sich den Tieren von einer erhöhten Stelle aus zu nähern, da sie die Gewohnheit haben, bergauf zu flüchten, und wenn sie in dieser Richtung nicht weiter können, fliegen sie auf.

Schuppenwachteln sind Vögel trockener, mit Gestrüpp bewachsener Gebiete. Sie leben von Grassamen, in landwirtschaftlichen Gebieten auch von Mais und anderen Körnern. Man findet sie häufig im Gebüsch in der Nähe von Wasserlöchern und Teichen. Schuppenwachteln fliegen nicht gern auf und ziehen es vor, vor Hunden wegzulaufen. Daher werden viele dieser Vögel am Boden geschossen.

Gambel-Wachteln sind Vögel der trockenen Wüstenregionen. Das Wasser, das sie benötigen, ist in ihrer Nahrung enthalten, jedoch fliegen sie auch zu Teichen, um dort zu trinken. Sie leben von Samen und wilden Früchten, darunter auch Mesquit-Bohnen.

Gambel-Wachteln sind schwer zu jagen, weil sie nicht gern auffliegen, sondern vor den Hunden weglaufen. Man muß sehr sportlich sein, um mit ihnen Schritt zu halten, bevor man einen Schuß abgeben kann. Die Jäger tragen daher auch leichte Stiefel, um schneller laufen zu können. Nicht nur das Laufen ist eine Strapaze. Auch die Wüstenregionen bergen mancherlei Gefahren, wie Kaktusdornen, Kletten und Klapperschlangen, für den Jäger und seinen Hund.

Harlekin-Wachteln sind Vögel der trockenen Grasländereien. In sehr trockenen Gebieten kommen sie in der Nähe der Wasserlöcher vor. Sie ziehen es fast stets vor, sitzen zu bleiben, statt wegzulaufen oder aufzufliegen. Der Jäger würde sie häufig verfehlen, wenn er nicht seinen Vorstehhund bei sich hätte.

Für die Wachteljagd verwendet man am besten eine leichte Flinte mit kurzem Lauf.

Tauben in Nordamerika

Von allen Wildvögeln Nordamerikas lassen sich Tauben am schwersten mit einer Flinte schießen. Durch ihren schnellen, unregelmäßigen Flug lassen sich Trauertauben, die Weißflügeltauben des Südwestens und die Bandschwanztauben der pazifischen Küste nur sehr schwer treffen.

Bandschwanztauben werden normalerweise vom Anstand aus geschossen, wenn die Vögel zwischen Rast- und Nahrungsplätzen unterwegs sind. Die Jäger stellen sich an hoch gelegenen Geländestellen auf, wo die Flintenschüsse ihr Ziel noch erreichen können. Man muß sehr schnell und gut zielen können. Bandschwanztauben bewegen sich in den Luftströmungen mit der Gewandtheit von Schnepfen.

Die am weitesten verbreitete Methode, Trauertauben zu jagen, besteht darin, daß man sich am Rande eines abgeernteten Kornfeldes in Deckung stellt, wo Tauben häufig Nahrung suchen. Es empfiehlt sich, unauffällige Kleidung zu tragen. In trockenen Gebieten sammeln sich Trauertauben in großer Anzahl an den Wasserlöchern. Die Jäger sollten sich jedoch dort nicht zu nahe aufstellen, um die Vögel von diesen Stellen nicht völlig zu vertreiben. Die beste Jagdzeit ist der Spätnachmittag.

Trauertauben lassen sich auch jagen, indem die Jäger durch die Felder streifen, wo die Vögel Nahrung suchen, und die in Schußweite befindlichen Tauben schießen. Hierfür sollte der Jäger einen Apportierhund bei sich haben, weil die geschossenen Tauben in Maisfeldern und in Sojabohnenfeldern schwer zu finden sind.

Die Weißflügeltauben des Südwestens werden auf annähernd die gleiche Art gejagt wie die Trauertauben. Sie leben jedoch in trockeneren Gebieten, und die Jagd an Wasserlöchern lohnt sich mehr als auf den Feldern. An manchen Stellen kann man sie auch vom Anstand aus schießen.

Fasan

Der Fasanenbestand hat seit 1950 in Nordamerika abgenommen. Die Ausnutzung des gesamten Geländes für die Landwirtschaft, die Verwendung von Chemikalien, aber auch der Einsatz von Mähmaschinen, die Fasanennester zerstören, haben hierzu beigetragen.

Fasane verbergen sich gern an Hecken und Gräben und in verwilderten Feldern. Später im Jahr verstecken sich Fasane im dichtesten Pflanzenwuchs, den sie finden können – an Rändern von Sümpfen und sogar in kleinen Gehölzen.

Die Jagd auf Fasane lohnt sich, nicht nur, weil ihr Fleisch besonders gut schmeckt, sondern weil sie abwechslungsreich und interessant ist. Die Vögel können schnell laufen, sich verstecken und jede Deckungsmöglichkeit wahrnehmen. Sie fliegen nur dann auf, wenn ihnen keine andere Möglichkeit bleibt. Ohne die Hilfe eines Hundes, der die Fasane aufjagt, ist es schwierig, sie zu erlegen. Am besten verwendet man Springer-Spaniels, die auch gut apportieren können.

In den Maisfeldern des Mittelwestens der USA werden Treibjagden auf Fasane veranstaltet, ähnlich der Art, wie sie auch in Europa stattfinden. Eine Schützenkette streift durch ein Maisfeld auf eine Linie von Jägern zu, die am anderen Ende eine Sperre bilden. Die Fasane laufen vor den Schützen her und fliegen am Ende des Feldes auf. Die meisten Vögel schießen die Jäger an der Sperrlinie, doch auch die Treiber kommen zum Schuß. In Europa werden die Fasane von unbewaffneten Treibern auf die Schützen zugetrieben. In Großbritannien ist eine Fasanenjagd oftmals ein gesellschaftliches Ereignis.

Im Gegensatz zu der Meinung vieler Laien sind Fasane bei Treibjagden nicht leicht zu erlegen, besonders dann, wenn die Vögel auf der Flucht plötzlich die Richtung ändern. Sehr große Abschußzahlen – manchmal Tausende von Fasanen an einem Tag – werden auf großen Landgütern erzielt, wo die Tiere speziell für den Abschuß gezüchtet und im Frühling und Frühsommer in den Wäldern ausgesetzt werden.

In Großbritannien werden bei Treibjagden sowohl Hähne als auch Hennen geschossen. Gewöhnlich gelten jedoch die letzten Jagden der Saison – im allgemeinen im Januar – nur den Hähnen, um in der Brutzeit ein Übermaß an männlichen Vögeln zu verhindern.

188

In Nordskandinavien werden im Winter Schneehühner von Jägern auf Skiern gejagt. Da die Tagestemperaturen unter minus 30 Grad Celisus bleiben können, kann der Gewehrmechanismus – und auch der Proviant – einfrieren. Im Winter sammeln sich die Schneehühner und sind bis auf schwarze Bänder an Kopf und Schwanz völlig weiß. Der Jäger muß ein guter Skisportler sein; dennoch sollte er sich nicht allein in die Wildnis wagen. Weiße Kleidung und eine hell getarnte Büchse gehören zur Ausrüstung.

Rebhuhn

Das graue Rebhuhn der europäischen Felder und das Chukar-Rebhuhn der Trockengebiete des Mittleren Ostens sind in Nordamerika mit Erfolg eingeführt worden.

Das Rebhuhn wird in Amerika fast ausschließlich mit Vorstehhunden gejagt. Wenn es wegläuft, ist es zwar langsamer, aber trickreicher als der Fasan, und nur wenige Hunde können einen Hühnerschwarm wiederentdecken, der aufgeflogen ist und sich wieder niedergelassen hat. Rebhühner finden sich auf Stoppelfeldern und an Feldrändern. Durch die neuen landwirtschaftlichen Methoden hat sich der Bestand verringert.

Wie Fasane fliegen auch Rebhühner ungern. Wenn sie nicht gestört werden, halten sie sich am Tag kaum länger als ein paar Minuten in der Luft. Sie fliegen jedoch schnell, und die Jäger müssen gut zielen können.

Das etwas größere Chukar-Rebhuhn kommt in den trockenen Hochländern der östlichen Rocky Mountains vor, wo der Pflanzenwuchs spärlich ist. Im Spätherbst ziehen die Vögel in die Täler und sogar bis in die Farmgebiete.

Wenn die Deckung gut ist, verbergen sich Chukare vor Vorstehhunden, doch gute Deckung ist knapp. Im allgemeinen versuchen die Vögel, vor den Jägern wegzulaufen. Wenn die Jäger bergab vorgehen, haben sie eine gute Chance, in Schußweite zu gelangen, bevor die Vögel auffliegen. Chukare sind schwer zu erlegen, weil sie schnell fliegen.

Bei der Jagd nach Rebhühnern durchstreifen die Jäger in Großbritannien häufig Kartoffel- oder Rübenfelder. Hier gelingt es oft, die Ketten der Vögel zu durchbrechen. Wenn sie einzeln auffliegen, lassen sie sich leichter schießen.

Die Rebhuhnjagd ist dann am lohnendsten, wenn genug Vögel für eine Treibjagd vorhanden sind.

Waldschnepfe und Sumpfschnepfe

Die nordamerikanische Waldschnepfe ist kleiner als ihre europäische Verwandte. Im übrigen sind sich die beiden Vogelarten sehr ähnlich.

In feuchten Waldgebieten sind die Reviere der Waldschnepfen an den "Bohrlöchern", wo sie nach Würmern suchten, und an den runden, weißen Flecken am Boden, verursacht durch die Losung der Vögel, leicht zu erkennen. Waldschnepfen sind jedoch nicht reviertreu und ziehen bei Wetterveränderungen, vorzugsweise in Nord-Süd-Richtung, schnell in ein anderes Gebiet.

Waldschnepfen haben eine nahezu perfekte Tarnfärbung, die wie totes Laub aussieht. Wenn sie sich auf den Boden ducken, sind sie leicht zu übersehen. Ein Jäger ohne Hund muß langsam und schrittweise vorgehen und versuchen, die Schnepfen nervös zu machen. Mit Hilfe eines guten Vorsteh- oder Stöberhundes lohnt sich die Schnepfenjagd. Als Stöberhunde eignen sich Spaniels am besten. Manche Hunde apportieren Schnepfen ungern, vielleicht weil sich die kleinen Federn leicht in der Schnauze lösen oder weil sie den Geruch als fremdartig empfinden. Aber auch ein Hund, der Schnepfen nicht apportieren will, kann von Nutzen sein, wenn er die nach dem Schuß in dichtes Gebüsch gefallenen Vögel aufspürt.

Sumpfschnepfen sind Tiere der Feuchtgebiete, wie Wiesen und Sumpfränder. Am besten werden sie mit Hilfe eines Stöber- oder Vorstehhundes gejagt, der auch apportieren kann, denn häufig ist an die geschossenen Vögel nicht heranzukommen, ohne ins Wasser zu waten. Ähnlich wie Waldschnepfen verlassen auch Sumpfschnepfen häufig von einem Tag zum anderen ihr Revier.

Sumpfschnepfen bewegen sich, wenn sie aufgejagt werden, in einem charakteristischen Zickzackflug, der nach einigen Sekunden gerade wird.

Der Jäger muß die Ruhe bewahren und nicht sofort schießen, wenn er einen dieser schnellfliegenden Vögel treffen will.

Flugwildschießen

Das Flugwildschießens ist die Kunst des Schießens von Wassergeflügel, vornehmlich von Enten und Gänsen. Viele Methoden werden angewendet, und manche reichen bis in die Zeit vor der Erfindung der Feuerwaffen zurück. Schon vor Jahrtausenden lockten nordamerikanische Indianer die Enten in ihren Schußbereich, indem sie Lockvögel aussetzten; vielleicht auch durch Lockrufe.

Unter Ausnutzung jeder Deckungsmöglichkeit kann sich ein Jäger an Enten heranpirschen, bevor er sie aufjagt. Ein guter Jäger sollte das Schnattern der einzelnen Arten zu unterscheiden wissen. Eine weitere Methode der Pirsch besteht darin, daß der Jäger in einem kleinen Boot an die Enten heranrudert.

Das Anlocken der Enten wird in Neuschottland mit Hilfe einer besonderen Apportier-Hunderasse, des fuchsähnlichen Neuschottischen Retrievers, durchgeführt. Die Enten werden neugierig, und sie schwimmen näher heran, wenn ein offenbar herrenloser Hund am Ufer entlangläuft. Diese Wirkung kann auch erzielt werden, wenn der Jäger sich versteckt und einen Stock ins Wasser wirft, den der Hund apportiert. Sobald die Enten in Schußweite sind, können sie aufgejagt und geschossen werden. Das Entenanlocken hatte seinen Ursprung in Europa, wo man Hunde verwendete, um Enten in große Fallennetze hineinzulocken.

Zu den Tauchenten gehören Meeresenten, wie z. B. Eiderenten, aber auch Kanevasenten und Schellenten. Sie werden im allgemeinen auf großen Seen und in Meeresbuchten gejagt. Sie stoßen sich von der Wasserfläche ab, wenn sie auffliegen, und ihre Flügel sind kleiner als jene der Schwimmenten, die mit einem Schwung vom Wasser abkommen.

Der Spätherbst ist die Hauptjagdzeit für Tauchenten, wenn die Vögel mit dem kalten Wind nach Süden fliegen. Hat man ein Gebiet entdeckt, in dem die Enten gern rasten, setzt man Attrappen in reichlicher Menge aus. Man tut dies in der Weise, daß zwischen den Attrappen und dem Versteck genügend offenes Wasser verbleibt, so daß die Enten Platz zum Landen finden. Ein gut gebautes Versteck läßt von dem oder den Jägern fast nichts erkennen. Es sollte vor dem erwarteten Eintreffen der Enten fertiggestellt sein. Dies ist wichtig, weil sich manche Entenarten, wie z.B. Kanevasenten, nicht leicht anlocken lassen.

Von seinem Versteck aus sollte der Jäger den Anflug der Enten beobachten. Wenn sie auf dem Wasser landen wollen, lassen sie schon in einiger Entfernung die Füße hängen. Wenn sie dagegen die Füße eingezogen lassen, überfliegen sie die Attrappen und ziehen weiter, wobei ihre Fluggeschwindigkeit zunimmt.

Die einzelnen Arten fliegen auf verschiedene Weise an. Tafelenten kommen gern zu großen Attrappenansammlungen. Manchmal kommen sie aus großer Höhe im Zickzackflug herab. Zumeist machen sie aber mehrere Anflüge zum Auskundschaften, und der Jäger muß viel Geduld haben, um sie nicht zu schnell zu verschrecken. Größere Bergenten fliegen selten sehr hoch, doch manchmal setzen sie außerhalb der Schußweite auf. Sie lassen sich dann durch Nachahmung ihres Rufes – eine Art Katzenschnurren – näher herbeilocken. Da sie sehr neugierig sind, kann man sie auch mit einem Taschentuch heranwinken, das man über den Rand des Verstecks hält.

Auch Trauerenten sind nicht scheu und lassen sich durch Attrappen anlocken. Häufig werden hölzerne Blöcke als Attrappen verwendet; manche Jäger nageln Silhouettenattrappen in einer Reihe an ein langes Brett. Wenn der Jäger nur still in seinem Boot sitzt, braucht er sich nicht weiter zu tarnen, denn die Vögel kreisen manchmal über ihm und lassen sich hinter ihm aufs Wasser nieder.

Trauerenten sind sehr gut in einer Meeresbucht zu jagen, die durch einen Landvorsprung von der offenen See getrennt ist. Wenn mehrere Jäger beteiligt sind, sollte jeder seine eigenen Attrappen aussetzen. Die Boote sollten etwa 100 Meter voneinander entfernt sein. So können die Enten zu einem Attrappenfeld gelockt werden. Wenn sie dort unter Beschuß geraten, fliegen sie zum nächsten Feld. Die Boote müssen einen unauffälligen Anstrich haben. Wenn sich zwei Jäger ein Boot teilen, sollten sie Rücken an Rücken sitzen, um den ganzen Himmel überblicken zu können. Auch wenn ein Jäger vom Ufer her schießt, braucht er ein Boot, um die Beute aufzufischen.

Eine in Nordamerika beliebte Methode ist die Enten- und Gänsejagd auf Stoppelfeldern. Auf diese Weise werden in Nordamerika die meisten Gänse, aber auch viele Enten geschossen, denn Stockenten, Spießenten und Pfeifenten fressen sehr gern Getreidekörner. Kanada-Gänse ziehen Körner jeder anderen Nahrung vor.

Die Jagd auf Kanada-Gänse auf dem Stoppelfeld kann ein aufreibendes Geschäft werden, denn mit Gänsen muß man vorsichtiger verfahren als mit Enten. Sobald der Jäger weiß, wo die Vögel nach Nahrung suchen, muß er vor dem Eintreffen des Fluges seine Attrappen aufstellen und sein Schützenloch graben. Für Enten kann ein niedriges Versteck aus Stroh in der Nähe von Zäunen oder Waldstreifen ausreichen, doch Gänse sind viel zu schlau, um hier niederzugehen. Wenn man ein Schützenloch gräbt, muß man auch die frisch aufgeworfene Erde aus der Nähe der Grube entfernen, damit die Gänse keinen Verdacht schöpfen. Wenn schon häufig auf sie geschossen worden ist, sind sie besonders scheu und lassen sich auch nicht in der Nähe der Attrappen auf dem Feld nieder.

Für eine morgendliche Jagd muß sich der Jäger schon lange vor der Dämmerung in seinem Versteck verbergen. Wenn der Tag anbricht, erscheinen fast endlose Schwärme von Enten. Wenn ein Flug über den Attrappen zu kreisen beginnt, muß der Jäger geduldig warten, bis die Vögel in Schußweite kommen, und er muß auch seinen Hund daran

hindern, sofort zu apportieren, weil die Flüge eine Zeitlang andauern. Erst nach diesem Zeitpunkt oder nachdem der Jäger sein Tagesmaximum an Enten geschossen hat – vielleicht fünf oder sechs Stück –, darf der Jäger seinen Hund loslassen, um die Vögel zu apportieren. Bevor er geht, muß der Jäger noch sein Schützenloch zuschütten, es sei denn, daß es sich um ein Dauerversteck handelt.

Ein Jäger legt Attrappen der Kleinen Schneegans auf einem Feld aus, wo Gänse gern niedergehen. Die Kleine Schneegans ist ein Landvogel, während die Große Schneegans an der Küste lebt. Die Vögel kommen auch zu ganz einfachen Attrappen, z. B. zu weißen Papierstücken. Der Jäger schießt von einem Versteck aus, oder er liegt auf dem Rücken, mit einem weißen Tuch bedeckt, bis die Gänse in Schußweite kommen.

Entenattrappen legt man auf dem Wasser in einem natürlichen Muster aus, zum Beispiel in der Form eines Angelhakens, ähnlich den Buchstaben C, J oder V. Die einfliegenden Vögel landen nämlich gern auf der von den Attrappen eingerahmten Fläche. Aus diesem Grund dürfen die Attrappen nicht weiter als etwa 50 Meter vom Versteck entfernt sein, damit die Enten in Schußweite bleiben. Bei der Auswahl von Attrappen sollte man berücksichtigen, welches Gefieder die echten Enten zur Jagdzeit besitzen. Wenn man Vögel aus großer Höhe anlocken will, ist es ratsam, übergroße Attrappen zu verwenden. Das Versteck sollte mit natürlichem Pflanzenwuchs gut getarnt und die Kleidung möglichst unauffällig sein. Bis man schußbereit ist, sollte man den Kopf im Versteck lassen.

Die Gänseattrappen sollen eine Schar Gänse bei der Nahrungsaufnahme nachahmen: Einige Köpfe müssen auf den Boden geneigt sein, einige in normaler Haltung, aber nur wenige dürfen nach oben weisen; wären es sehr viele, dann würden die anfliegenden Gänse alarmiert werden. Wenn ein Flug Gänse über dem Horizont erscheint, kann der Jäger mit dem Locken beginnen. Er sollte sich jedoch verborgen halten und aufhören, sobald die Vögel auf die Attrappen zufliegen, denn ein falscher Ton kann sie verscheuchen. Das Schätzen der Entfernung ist schwierig, denn sie sind größer und fliegen schneller, als unerfahrene Jäger meinen; aus diesem Grunde muß man beim Zielen reichlich vorhalten.

Die Gänsejagd vom Anstand aus ist bei klarem Wetter oftmals riskant, denn die Vögel fliegen in großer Höhe, bevor sie sich auf den Feldern niederlassen. Bei trübem Wetter bleiben sie dagegen niedrig, und man hat Gelegenheit zum Schuß. Im allgemeinen verbringen Gänse die Nächte auf großen Seen oder Flüssen.

Die Jagd vom Anstand aus ist die schwierigste Form des Flugwildschießens, denn die Vögel fliegen im allgemeinen viel schneller als beim Anflug auf Attrappen, und die Schußentfernungen sind beträchtlich weiter – sie können 50 oder sogar 70 Meter betragen. Der Jäger muß das Gelände kennen, und er muß wissen, welchen Weg die Vögel von den Rast- zu den Nahrungsplätzen einschlagen. Ein günstiger Anstand kann auf der kürzesten Route zwischen Seen und Kornfeldern liegen.

Wenn sehr häufig geschossen wird, ändern Enten manchmal ihre Flugwege, oder sie fliegen sehr hoch. Es kann auch vorkommen, daß sie schon lange vor der Morgendämmerung auf ihren Nahrungsplätzen erscheinen. In Nordamerika darf nicht vor der Dämmerung geschossen werden, während es in manchen europäischen Ländern nicht verboten ist, Enten und Gänse nachts bei Mondlicht zu schießen. Beim Schießen vom Anstand aus braucht man einen guten Apportierhund, um nicht zu viele geschossene Enten einzubüßen.

Eine besondere Form der Pirschjagd ist die Jagd vom Ruderboot aus. Hierfür wird ein kleines, sehr niedriges Boot verwendet, in dem sich der Jäger niederlegen kann. Er oder sein Begleiter bewegt das Boot mit einem Einzelruder am Heck oder mit zwei kurzen Paddeln seitlich am Boot. Die Kunst besteht darin, das flache Boot nicht vom Wind umkippen zu lassen und mit ihm in die Nähe einer Ansammlung von Wasservögeln zu gelangen. In Großbritannien wird eine Abwandlung dieser Jagdart betrieben: das Schießen mit einer sogenannten Puntgun oder Entenkanone. Hierbei wird eine mächtige Flinte, die einen Lauf von etwa eineinhalb Meter Länge und ein Gewicht von rund fünfzehn Kilogramm hat, auf den Bug eines Bootes montiert, und man zielt nicht nur mit der Waffe, sondern mit dem ganzen Boot auf die Vögel. Der Schuß wird dann abgegeben, wenn der Vogelschwarm sich in die Luft erhebt. Da viele Vögel durch den Schuß der Entenkanone nur verwundet werden, muß der Jäger noch eine gewöhnliche Flinte mitführen, mit der er diese Tiere erlegt.

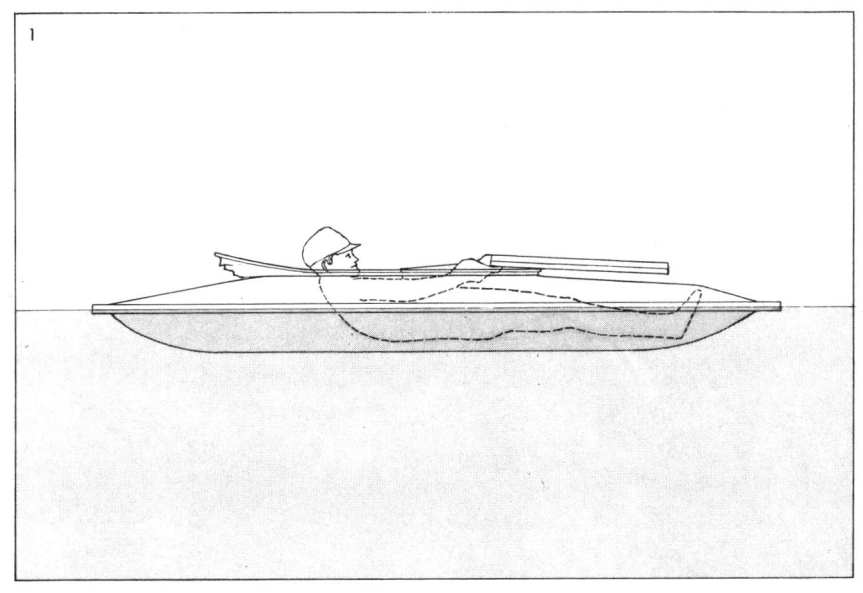

In einem kurzen, breiten und flachen Boot versteckt (1), kann der Jäger – ohne aufzufallen – weit auf das Wasser hinausfahren. Wassergeflügel läßt sich auch aus Verstecken über dem Wasser (2) oder im Schilf (3) schießen. Ein gut getarntes Versteck wird von den Vögeln bald als Teil der Landschaft akzeptiert.

Kleinwild kann auf verschiedene Art gejagt werden. Die größten Strecken ergeben Treibjagden, die in Europa eine langjährige Tradition haben. Etwa 20 bis 100 Treiber und Jäger beteiligen sich daran. Zur Jagdbeute gehören Tiere wie (1) Fasan, (2) Schnepfe, (3) Rebhuhn, (4) Fuchs und (5) Hase. Die Treiber gehen mit ihren Hunden auf die Linie der Schützen vor, die sehr darauf achten müssen, nicht auf die Herankommenden zu zielen. Im letzten Stadium der Treibjagd ist das Schießen nur dann erlaubt, wenn das Wild über die Linie der Schützen gewechselt hat.

Kapitel 3:
Die Jagd auf Kleinwild

Kaninchen und Hasen

Bei der Kaninchen- und Hasenjagd gibt es keine besonders festgelegten Jagdmethoden in Nordamerika; sie wird als Sportart betrachtet, der man sich ohne lange Anreisen oder teure Ausrüstung erfreuen kann. Die Kaninchenjagd läßt sich am besten durchführen, wenn Beagles oder Bassets verwendet werden, um die Tiere aufzujagen. Die besten Kaninchenhunde sind verhältnismäßig langsam, denn eine zu schnelle Verfolgung würde die Kaninchen unter die Erde treiben. Wenn dies nicht geschieht, flüchten sie in weiten, unregelmäßigen Kreisen, um auf diese Weise in ihr Revier zurückzukehren, und die Jäger müssen überlegen, von welcher Stelle aus sie die besten Schußchancen haben.

Wenn der Jäger keinen Hund bei sich hat, muß er langsam vorgehen und oftmals stehenbleiben; auf diese Art werden Kaninchen leicht unruhig und brechen aus der Deckung, wo sie sich fast unsichtbar verborgen halten. Der erfahrene Jäger durchstreift auch dichtes Gras und Gebüsch. Im Norden der USA zwingt das kalte Winterwetter die Kaninchen zum Rückzug in Erdhöhlen, doch an den ersten warmen Tagen kommen sie wieder heraus. Nach einem Schneefall kann sich ein Jäger, wenn er Geduld hat, an Kaninchen heranpirschen, wobei er sorgfältig auf jede Deckungsmöglichkeit achten muß.

Sumpfkaninchen werden am besten mit Hunden gejagt. In den dichtbewachsenen Feuchtgebieten, z.B. im südlichen Tennessee, wo Sumpfkaninchen zahlreich sind, können die Jagden über eine Stunde dauern. Die Kaninchen rennen in wilder Hast durch das Unterholz, doch sie scheinen die Nähe eines Jägers zu ahnen, da sie sich dann verbergen.

In Nordamerika gibt es verschiedene Arten von Hasen. In der Tundra lebt der Schneehase, in den Prärien der Eselhase, und in verschiedenen Gebieten der nach Amerika eingeführte Europäische Feldhase. Wenn die Eselhasen zu zahlreich werden, veranstalten Rancher Treibjagden, wobei etwa 100 Meter voneinander entfernte Jäger in einer Linie das Gelände durchstreifen und die Hasen mit Flinten schießen.

Hasen werden am besten morgens oder abends gejagt, in Zeiten, zu denen sie am meisten Aktivität entwickeln. Wenn sie laufen, sind sie nur schwer zu treffen, denn sie können eine Geschwindigkeit bis zu 65 Stundenkilometer erreichen. Wer ein solches Ziel mit Sicherheit treffen kann, dürfte es auch bei der Hirsch- oder Antilopenjagd nicht schwer haben.

Manche Jäger im Westen der USA üben noch immer eine althergebrachte Jagdmethode aus: das Hetzen von Hasen mit Hunden. Die bevorzugten Hunderassen sind Greyhounds oder Whippets. Auch auf den Britischen Inseln wird dieser Jagdsport betrieben. Hierbei gibt es strenge Vorschriften, was die Verfolgung der Hasen angeht. Deshalb werden hierbei auch nicht viele Hasen geschossen, denn die meisten entkommen. Nach einer Hetze von etwa 45 Sekunden kann ein Hase, dem ein Vorsprung von etwa 75 Metern gegeben wurde, diesen gegenüber den Greyhounds vergrößern, denn er hat die größere Ausdauer.

197

Waschbären lassen sich am besten in einer warmen Herbstnacht mit Hunden jagen. Wenn der Hund einen Waschbären ausgemacht hat, läuft er ihm nach, doch die Jagd endet stets so, daß sich der Bär auf einen Baum flüchtet. Der Jäger erkennt am Bellen des Hundes, wo sich der Bär befindet und muß sich beeilen, dorthin zu gelangen, damit der Bär inzwischen nicht weiterflüchtet. Die Jäger tragen zumeist Bergmannslampen am Kopf, um beide Hände frei zu behalten. Auf kurze Schußentfernungen lassen sich außer Büchsen auch Pistolen verwenden.

In der kanadischen Provinz Ontario werden Treibjagden auf Hasen veranstaltet, gewöhnlich mit fünf oder sechs Jägern, die Fuchshunde oder sehr große Beagles bei sich haben. Hasen laufen viel schneller als Kaninchen; sie laufen in Kreisen, bevor sie in ihr Revier zurückkehren, und können dabei Strecken von fünf bis acht Kilometer zurücklegen.

Auch Amerikanische Schneehasen können mit Hunden gejagt werden. Im tiefen Schnee müssen die Hunde aber lange Beine haben, wie z.B. größere Beagles. Wenn sie nicht von Hunden gehetzt werden, haben Amerikanische Schneehasen keine große Furcht vor Jägern und laufen nicht schnell weg, besonders nicht in entlegenen Gebieten. Für die Jagd kann man eine Büchse, bei kurzen Entfernungen auch eine Faustfeuerwaffe verwenden; ist das Gelände mit viel Dickicht bewachsen, empfiehlt sich eine Flinte.

Der Arktis-Hase wird nicht sehr häufig gejagt, denn viele Sportjäger wagen sich nicht in den hohen Norden. In Abständen von etwa zehn Jahren vergrößert sich der Bestand an Arktis-Hasen ganz außergewöhnlich – wie bei Lemmingen –, und sie bilden dann einen bedeutenden Bestandteil der Ernährung für Eskimos und Indianer des Nordens, die früher auch Decken und Bekleidung aus Hasenfellen anfertigten.

In Großbritannien wird die Hasenjagd nicht als Sport, sondern als Schädlingsbekämpfung betrachtet. Viele Leute, die auf dem Lande arbeiten, schießen, wenn überhaupt, dann nur auf Hasen, und deshalb ist die Hasenjagd für die Teilnehmer nicht ungefährlich. Wenn viele Tiere erlegt werden, ist die Jagd in manchen Fällen beschwerlich, denn der Jäger muß dann tote Hasen im Gewicht von 15 kg bis 20 kg schleppen, wenn er durch Felder und Moore streift. Manche Landleute versagen sich allerdings den Genuß von Hasenfleisch, denn es gibt immer noch abergläubische Vorstellungen, die das Essen von Hasen mit Unglück in Verbindung bringen.

Für die Landwirtschaft sind Kaninchen außerordentlich schädlich, denn sie können bis zu einem Zehntel der Ernte vernichten. Die einzige Jagdsportart in England und Teilen Kontinentaleuropas, bei der Kaninchen die einzige Beute sind, ist das Frettieren. Teilnehmer sind normalerweise zwei Schützen, ein Wildhüter, der die Frettchen betreut, und ein weiterer Mann, der notfalls ein verlorengegangenes Frettchen sucht oder ausgräbt.

Das Frettchen ist ein marderartiges, halbzahmes Tier, das mit den Wieseln und Iltissen verwandt ist. Es ist lang und dünn und eignet sich gut zum Eindringen in einen Kaninchenbau. Viele Frettchen sind gelblich-weiß und haben rote Augen. Andere, die näher mit dem Iltis verwandt sind, haben ein graubraunes Fell und sind etwas größer. Das Frettchen hat den Trieb, unterirdische Gänge zu durchsuchen und alles, was es dort findet, anzugreifen. Wenn es sich nähert, rennen die Kaninchen fast durchweg sofort aus dem Bau an die Oberfläche – wo Schützen und Netze auf sie warten.

Nachdem sich die Schützen an den Erdlöchern aufgestellt haben, läßt der Wildhüter ein Frettchen in eines der Löcher laufen. Hat es dort nichts gefunden, so kommt es nach ein paar Minuten wieder hervor und wird zu einem anderen Loch gebracht. Manchmal ist dann nur ein Trommeln zu hören, wenn das aufgescheuchte Kaninchen mit den Hinterbeinen auf den Boden stößt. Aber urplötzlich rast es aus dem Loch, schlägt einen Haken und verschwindet wieder in der Erde. Erfahrene Jäger schießen dann nicht, denn ein verwundetes Kaninchen wird bestimmt vom Frettchen gefunden, das stundenlang auf der Lauer liegen kann und möglicherweise ausgegraben werden muß.

Beim Frettieren gibt es häufig Verzögerungen im Ablauf der Jagd, da Frettchen im Bau lauern. Um die Frettchen daran zu hindern, die Beute selbst zu verzehren, werden ihnen manchmal Maukörbe angelegt, oder sie können an einer langen Leine zurückgezogen werden. Die neueste Entwicklung ist ein elektronischer Summer, der dem Eigner anzeigt, wo er nach seinem Frettchen graben muß.

Die Jagd mit Frettchen ist sehr abwechslungsreich, und der Jäger hat, wenn er Kaninchen erlegt hat, die Genugtuung, einen Landwirt von Schädlingen befreit zu haben. Kaninchenfleisch kann, wenn es gut zubereitet ist, sehr wohlschmeckend sein. Zwei Schützen, unterstützt von zwei Frettchenbetreuern, können an einem guten Jagdtag damit rechnen, 50 Paar Kaninchen zu erlegen.

Hasen können mehrere Tage unausgeommen hängenbleiben, Kaninchen müssen dagegen nach dem Abschuß baldigst gereinigt werden. Jedenfalls sollte man sie, bevor sie in die Jagdtasche kommen, am Hinterteil fassen und den Urin aus dem Körper pressen, da dieser sonst das Fleisch verderben könnte.

Waschbär

Der behäbige Waschbär mit seiner schwarzen Gesichtsmaske und dem buschigen Schwanz ist in vielen Teilen der USA und Südkanadas eine beliebte Jagdbeute.

Waschbären sind Allesfresser, doch zumeist bevorzugen sie Nahrung aus dem Wasser. Es lohnt sich aber auch, in der Nähe von Hühnerställen nach Spuren von Waschbären zu suchen.

Da Waschbären Nachttiere sind, ist auch die beste Jagdzeit die Nacht. Die Jäger rüsten sich mit Scheinwerferlampen aus, die sie am Kopf befestigen. Ein auf den Baum gejagter Waschbär stellt ein leicht zu treffendes Ziel dar. Man schießt ihn daher am besten mit einer Büchse oder Pistole, nicht mit einer Flinte, denn das Schrot würde zu viele Löcher in den hübschen Pelz reißen.

Wo Waschbären keine Landplage darstellen, hat der Jäger wohl auch manchmal seinen Spaß daran, einfach nur seine Hunde zu beobachten, wie sie das Tier hetzen und verbellen. Wenn ihm nichts am Fleisch oder Pelz des Waschbären gelegen ist, pfeift er schließlich seine Hunde zurück und läßt das Wild laufen. Manche alten Waschbären haben sich daran gewöhnt und scheinen sich recht gern von den Hunden durch den Wald jagen zu lassen, wo sie gewitzt die Führungsrolle übernehmen.

Zur Jagd verwendet man am besten einen speziell für die Waschbär-verfolgung geeigneten Hund, wie er in Teil VI beschrieben ist. Mehrere Hunde sind besser als nur einer; aus dem Klang ihres Gebells kann der Jäger erkennen, wenn der Waschbär auf einen Baum gejagt worden ist.

In letzter Zeit ist es üblich geworden, Waschbären durch die Imitation eines Tierrufs anzulocken, zum Beispiel mit dem Quieken eines verletzten Kaninchens oder dem Schrei eines kleinen Vogels. Der Jäger trägt im allgemeinen Tarnkleidung und hält sich verborgen. Diese Jagdart ist morgens und abends am erfolgversprechendsten.

Kann die Jagd bei Nacht erfolgen und sind Lockrufe sowie der Gebrauch von Lampen erlaubt, ist der Erfolg gewiß. Eine mit rotem Schirm abgeschirmte Lampe verschreckt das Wild weniger als ein greller weißer Lichtstrahl. Auf den Lockruf reagieren außer Waschbären auch Füchse, in manchen Gebieten sogar Kojoten und Rotluchse, so daß man bei dieser Art von Jagd auf freudige Überraschungen gefaßt sein darf.

Waschbären sind im Spätherbst ständig auf Nahrungssuche, um sich eine Speckreserve für den Winter zuzulegen. Dann ist die beste Jagdzeit. Auch im Februar lassen sie sich leicht jagen, wenn die Männchen in der Paarungszeit umherstreifen.

Füchse

In Nordamerika gibt es verschiedene Methoden der Fuchsjagd – der Jagd auf Rotfüchse und Graufüchse. Es gibt die Fuchsjagd, bei der die Jäger in roten Röcken, hoch zu Roß und von der Hundemeute geführt, ins Feld ziehen. Auch in Großbritannien ist diese Art der Fuchsjagd traditionell beliebt.

In manchen Gebieten Schwedens schießt man in der Nacht Füchse, die sich an Köder heranmachen. Dies geschieht bei Mondschein und im Schnee, wenn die Sicht gut ist. Flinten mit Zielfernrohren werden verwendet. Der Köder muß beschwert werden. Der Jäger versteckt sich in einem Haus mit Außenbeleuchtung, für den Fall, daß die Sicht nicht ausreicht. Eine durch eine Schnur mit dem Köder verbundene, gedämpfte Glocke macht ihn auf das Kommen des Fuchses aufmerksam.

201

Eine weitere Jagdform in Nordamerika wird von der Landbevölkerung ohne Etikette und Tradition zumeist nachts ausgeübt. Zweck der Jagd ist es, die »Hundemusik« zu genießen: Die Hundebesitzer sitzen am Feuer und achten auf das Hundegebell. Sie können am Bellen ihrer Hunde feststellen, ob diese die Fährte verfolgen und wann der Fuchs aufgibt. In manchen Fällen fahren die Jäger im Auto hinter ihren Hunden her.

Nach einem Schneefall kann man auch mit nur zwei oder drei Hunden auf die Fuchsjagd gehen. Wenn sie frische Fährten sehen, ziehen die Jäger am frühen Morgen ins Gelände. Die Hunde werden losgelassen, und die Jäger versuchen, den Fuchs zu stellen. Füchse laufen innerhalb ihres Reviers in unregelmäßigen Kreisen, doch es ist nicht leicht, sie zu erlegen, denn sie sind schlau und haben gute Nasen und Augen. Manche Jäger bevorzugen Büchsen, andere dagegen schießen Füchse lieber mit einer Schrotflinte.

Besonders in der Morgen- und Abenddämmerung lassen sich Graufüchse durch einen Ruf anlocken, der das Quieken eines verletzten Kaninchens nachahmt. Graufüchse sind nicht so schlau wie Rotfüchse, die sich durch einen solchen Ruf nicht täuschen lassen.

Gute Fuchsreviere kann man auch im Winter auf Fährten hin durchstreifen. Oft kommt man dabei zu einem guten Schuß. An klaren Tagen sucht man sogar einfach schneebedeckte Hänge mit einem Feldstecher nach in der Sonne schlafenden Füchsen ab.

Manchmal tun sich drei oder vier Jäger zu einer kleinen Treibjagd zusammen, wenn sie wissen, wo ein Fuchs tagsüber lagert und in welcher Richtung er flüchten wird. Einer der Jäger stellt sich schußbereit an einer Stelle auf, wo man mit dem Kreuzen des Fuchses rechnen kann, und die anderen treiben ihm den Fuchs zu. Übrigens sind die Spuren von Graufüchsen und Rotfüchsen ziemlich leicht zu unterscheiden: Der Graufuchs hat viel größere Zehenballen, und der Rotfuchs hat soviel Haar zwischen den Zehen, daß die Einzelabdrücke der Ballen fast verwischt sind.

Hörnchen

Nur die größeren Hörnchenarten, wie das Grauhörnchen und das Fuchshörnchen, werden als Jagdtiere angesehen. Man jagt sie am besten in der Morgendämmerung. Wenn die Sonne aufgeht, kommen die Hörnchen zur Nahrungssuche hervor. Der Jäger muß sich ganz still verhalten und lauschen, wo Nuß- oder Eichelschalen auf den Boden fallen. Ein erfahrener Jäger kann ein Hörnchen schon an der Bewegung der Ohren, der Pfoten oder des Schwanzes erkennen. Ein guter Schütze, dessen Büchse mit einem Zielfernrohr ausgestattet ist, kann das Hörnchen bis auf eine Entfernung von etwa 100 Meter schießen.

Eine weitere Jagdmethode besteht darin, daß man sehr langsam und aufmerksam den von Hörnchen bewohnten Wald durchstreift. Es ist zweckmäßig, wenn sich zwei Jäger zusammentun, denn die Hörnchen verbergen sich gern hinter Bäumen und sind schwer zu erkennen. Wenn sie in das Dickicht laufen, braucht der Jäger eine Schrotflinte, um sie zu treffen.

Hörnchen können auch am späten Nachmittag gejagt werden. Am besten eignen sich hierfür ruhige und warme Tage. Wenn nach Regen Sonnenschein folgt, sind sie recht aktiv, doch bei naßkaltem Wetter kommen sie nicht zum Vorschein.

Da die Bäume, von deren Früchten die Hörnchen leben, häufig an Flußufern wachsen, lassen sich Hörnchen auch von einem geräuschlos dahingleitenden Boot aus schießen. Allerdings muß man ein guter Schütze sein, wenn man von einem fahrenden Boot aus treffen will. Diese Jagdart ist recht abwechslungsreich, denn der Jäger kann auch an Land gehen und dort auf andere Wildarten treffen.

Hörnchen können mit einer Blasvorrichtung, die den Ruf des Hörnchens nachahmt, angelockt werden, wenn der Jäger sich gut versteckt hält. Sobald er in Deckung ist, kann er mit dem Rufen beginnen. Wurde er gesichtet, wartet er besser eine Weile, vielleicht zehn Minuten, bis die Hörnchen ihn vergessen haben.

Behelfsmäßig kann man den Ruf imitieren, indem man mit einer Münze auf den Gewehrkolben klopft oder zwei Steine aneinanderschlägt. Beide Geräusche sind jedoch nicht so wirkungsvoll wie die des eigens dafür hergestellten Instrumentes. Im Handel befindliche Geräte ahmen ziemlich naturgetreu das Keckern der Hörnchen nach. Auf zweimaliges gedehntes Keckern folgen mehrere kurze Laute, und nach einer Pause von etwa einer Minute wiederholt sich der Ruf. Dann hält der Jäger inne und wartet auf das Erscheinen oder einen Antwortruf der Hörnchen. Tut sich innerhalb von fünf Minuten nichts, macht er einen neuen Versuch. Ist nach Verlauf einer weiteren Viertelstunde noch immer kein Hörnchen aufgetaucht, begibt er sich in einen anderen Teil des Waldes.

Kapitel 4:

Die Jagd in Afrika, Asien und Südamerika

Afrikanischer Löwe

Löwen können auf verschiedene Weise gejagt werden: durch Ködern, durch Spurenverfolgung im Trockengebiet oder durch Pirsch nach dem Klang ihres Gebrülls. Soweit es statthaft ist, dürfte das Ködern die lohnendste Methode sein.

Das Ködern kann auf nachstehende Art erfolgen: Der Jäger hängt ein erlegtes Zebra oder Gnu an einen Baumast in entsprechender Höhe auf, damit kleine Raubtiere den Köder nicht erreichen können, und dann legt er sich schon zwei oder drei Stunden vor Sonnenaufgang in einem etwa 50 Meter entfernten Versteck auf die Lauer. Um ein klares Schußfeld zu schaffen, muß er möglicherweise das Gras zwischen Köder und Versteck abhauen. Wenn ein Löwe erscheint und die Lichtverhältnisse ausreichend sind, wird er so lange beobachtet, bis er ein gutes Ziel bietet.

Die Spurenverfolgung, eine sehr sportliche Jagdmethode, kann nur auf sehr sandigem Terrain erfolgen. Erfahrene Jäger können einer Spur im Tau folgen, doch nur so lange, wie der Tau noch nicht verdunstet ist. Bei der Spurenverfolgung ist die Chance, den Löwen auf kurze Entfernung zu überraschen, recht gut. Wenn er den Jäger sieht, läuft er entweder weg, oder er greift an. Für den Jäger ist es wichtig, den Löwen, wenn irgend möglich, mit nur einem Schuß zu erlegen.

Ein Jäger, der nachts in der Steppe oder Savanne unterwegs ist, kann manchmal einen Löwen brüllen hören. Ein sehr tiefes Brüllen zeigt an, daß es sich um einen großen Löwen handelt. Der Jäger macht sich in dieser Richtung auf den Weg; wenn er Glück hat, brüllt der Löwe noch einmal kurz vor Tagesanbruch. Der Jäger hat dann eine halbwegs gute Chance, den Löwen zu finden, vorausgesetzt, daß er sich im offenen Gelände bewegt.

Gelegentlich kann der Jäger ein Löwenrudel sichten, wenn er in seinem Jagdwagen das Gelände durchstreift. Er verläßt dann unauffällig den Wagen und geht in Schußposition, während das Auto, von den Löwen beobachtet, weiterfährt.

Der ideale Schuß trifft den Löwen an der Schulter und durchdringt auch gleichzeitig das Herz. Andere Treffer sind schwieriger anzubringen: ein Schädelschuß zwischen die Augen von vorn oder an den Ohransatz von der Seite. Ein Schuß von vorn durch den Schädel ist jedoch das einzige Mittel, um einen angreifenden Löwen zu erlegen, der eine Geschwindigkeit von 100 Stundenkilometern erreichen kann; der Jäger hat hierbei kaum Zeit zum Zielen.

In den meisten afrikanischen Ländern ist .375 das kleinste Kaliber für die Jagd von Löwen oder von anderem gefährlichen Wild.

Leopard

Leoparden jagt man mit Ködern. Man bindet den Köder im Dickicht an einem starken Ast fest. Der Köder braucht nicht groß zu sein: Eine kleine Antilope oder ein Pavian haben die richtige Größe. Das Versteck muß nahe am Köder im Dickicht in einem freien Schußfeld liegen. Viele Leoparden sind schon auf kürzere Entfernungen als etwa 30 Meter geschossen worden.

Den Tod verursachende Schüsse bei vier afrikanischen Großwildarten: (1) Gehirnschuß, (2) Herzschuß, (3) Schulterschuß, (4) Genickschuß. Wenn ein solches Tier den Jäger angreift, muß er beim Gehirnschuß von vorn den Winkel berücksichtigen, in welchem das Tier seinen Kopf hält. Die Stirnpanzerung des Büffels läßt sich besonders schwer durchbohren.

Der Kaffernbüffel ist besonders
schwer zu jagen. Eine bewährte Jagdmethode ist der Anstand in der Dämmerung. Büffel bleiben während der
Tageshitze in der Deckung und ziehen abends zur Tränke, wo sie auch
grasen.

Kasten: Der Jäger, der sich einen
Bullen zum Abschuß ausgesucht hat,
nähert sich in der Dunkelheit zu Fuß.
Er stellt sich dort auf, wo die Tiere in
der Dämmerung an ihm vorbeizie-
hen. Die maximale Schußentfernung
beträgt etwa 35 Meter.

Wie beim Löwen wirkt auch beim Leoparden ein Schulterschuß sofort tödlich. Ein angeschossener Leopard ist gefährlicher als ein angeschossener Löwe; ein am Boden liegendes Tier ist vielleicht nur betäubt, daher ist es zweckmäßig, einen zweiten Schuß abzugeben. Ein verwundeter Leopard verkriecht sich und erwartet seinen Angreifer im Dickicht; um ihn erfolgreich zu verfolgen, braucht man einen kühlen Kopf, einen tüchtigen Jagdführer und eine gute Portion Jagdglück.

Manchmal kann man einen Leoparden überraschen, wenn man am späten Abend oder am frühen Morgen auf die Jagd geht. Man sollte jedoch, auch bei idealen Bedingungen und wenn man ein Zielfernrohr verwendet, nicht auf Entfernungen über etwa 75 Meter schießen.

Nachts draußen im Busch ist manchmal das Grunzen eines Leoparden zu hören, der sich einem Köder nähert. Der kehlige Ton ähnelt einem sägenden Husten und bleibt dem Jäger, der ihn einmal gehört hat, leicht im Gedächtnis.

Afrikanischer Elefant

Die Elefantenjagd übte in früheren Zeiten eine große Faszination auf die Jäger aus, denn sie beruhte auf der Spurenverfolgung, der einzigen Art,
um mit Sicherheit einen Elefanten zu finden. Da Elefanten große Strecken zurücklegen, mußte auch der Jäger bereit sein, lange unterwegs zu sein, zumeist in der Regenzeit, wenn Elefanten weiter als in der Trockenzeit umherziehen.

Eine gute Elefantenspur muß frisch und groß sein – mindestens 50 cm breit. Eine glatte Fußspur deutet auf ein älteres Tier. Der Dung stellt eine wertvolle Informationsquelle dar: Wenn noch nicht viele Insekten darauf sitzen, ist er frisch; der Dung von älteren Elefanten enthält unverdaute pflanzliche Bestandteile. Kennzeichen am Boden oder an Bäumen lassen am Rastplatz eines Elefanten auf die Größe der Stoßzähne schließen.

Der Jäger nähert sich dem Elefanten gegen den Wind, und wenn er nahe genug herangekommen ist, kann er die Geräusche hören, die das Tier bei der Nahrungsaufnahme verursacht. Wenn der Elefant rastet, hört der Jäger vielleicht nur das Klappen der Ohren. Eine rastende Herde lagert sich wie die Speichen eines Rades, wobei jedes Tier nach außen blickt.

Die ideale Schußentfernung beträgt etwa 25 Meter oder etwas weniger. Wenn das Tier im Profil steht, befindet sich das Gehirn etwa sieben Zentimeter vor dem Ohr auf einer zum Auge hin verlaufenden Linie. Ein Schuß ins Gehirn erlegt den Elefanten sofort. Ein Herzschuß von der

Seite muß an einer Stelle treffen, die kurz hinter der Schulter bei etwa einem Drittel der Körperhöhe liegt; ein so getroffener Elefant bricht nicht sogleich, sondern erst nach etwa 25 Metern zusammen.

Elefantenzähne wiegen neuerdings selten mehr als etwa 30 kg, während sie zu Beginn des Jahrhunderts noch das dreifache Gewicht erreichen konnten. Zur Jagd wurden Büchsen mit einem Kaliber von mindestens .375 oder .400 und Vollmantelgeschosse verwendet.

Heute gilt der Elefant als eine bedrohte Tierart; er wird in Nationalparks vor dem Landbedarf einer immer größer werdenden Bevölkerung geschützt. Auch die Wilddieberei bedeutet eine Bedrohung dieser majestätischen Tierart.

Nashorn

Das Weiße Nashorn wird nur in Südafrika gejagt, wo die Tiere auf Privatgrund gehalten werden. Die Nashörner werden zumeist vom Safariwagen aus gesichtet; eine Spurenverfolgung ist nicht erforderlich.

Schwarze Nashörner werden dagegen noch als Jagdwild verfolgt. Sind die Spuren schmaler als etwa 20 cm, so deuten sie darauf hin, daß sich der Abschuß noch nicht lohnt. An dem Kreischen der Madenhacker-Vögel, die mit ihm in Symbiose leben, erkennt man ein rastendes Nashorn. Wenn es sich nicht zum Weglaufen entscheidet, dann greift es den Jäger blindlings an, der manchmal auf nur 20 Meter Entfernung einen Schuß anbringen muß. Der Zielbereich ist die schräge Stirn oberhalb der Augen oder die rechte oder linke Fläche neben dem Horn.

Bei einem stehenden Tier bringt man einen Herzschuß oberhalb der Schulter an, und selbst wenn man das Nashorn nicht gleich erlegt, so kann es jedenfalls nicht mehr weit laufen. Nashörner haben eine sehr dicke Haut; an Nacken und Schultern hat sie eine Stärke von 5 cm, und auch sonst ist sie mehr als 3 cm dick. Vollmantelgeschosse vom Kaliber von mindestens .375 sind für die Jagd geeignet.

Kaffernbüffel

Die meisten Jäger betrachten den Büffel als das gefährlichste aller afrikanischen Wildtiere. Er hat nicht nur ausgezeichnete Sinnesorgane, sondern ist auch sehr robust, wachsam und schlau. Die Büffeljagd ist daher ein spannendes Unternehmen.

Wenn ein Jäger nach einem starken Bullen Ausschau hält, muß er häufig eine Herde von mehreren hundert Tieren verfolgen, es sei denn, er hat bereits eine Gruppe von mehreren Bullen erspäht, die sich von der Herde abgesondert haben. Er muß sehr nahe – zwischen 10 und 40 Meter – an den Bullen herankommen, den er schießen will. Eine Schußweite von mehr als 40 Meter wäre zu riskant. Es ist wichtig, daß sich der Jäger gegen den Wind nähert, denn in jeder Herde stehen jederzeit mehrere Tiere auf Wache, und wenn eines von ihnen Wind bekommt, schwinden die Chancen auf einen Schuß. Ein Bulle, dessen Hörner mehr als 5 cm über die Ohren hinausragen, gilt als Trophäe.

Ein Jäger, der in Schußentfernung gekommen ist, muß sich entscheiden, welche Trefferart er wählt. Der beste Schuß ist der Herzschuß, der in Verlängerung des Beins bei etwa einem Drittel der Körperhöhe liegen muß. Selbst wenn das Tier tödlich getroffen ist, bricht es nicht sofort zusammen, sondern stürmt wild davon, wobei es die ganze Herde nachzieht, und fällt nach etwa 40 Metern tot um. Wenn ein Brustschuß weder das Herz noch die Schulter getroffen hat, kann der Büffel noch eine beträchtliche Strecke laufen, und man muß vielleicht noch mehrmals schießen, um ihn zu erlegen. Durch einen Schuß in die Wirbelsäule, wo der Hals in den Rumpf übergeht, bricht der Büffel zwar sogleich zusammen, aber ein zweiter Schuß, der das Herz trifft, ist erforderlich, um ihn zu töten. Am schwierigsten ist es, das Tier von vorn durch die

Stirn zu treffen, doch wenn der Büffel angreift, kann der Jäger nur dieses Ziel wählen, um ihn zu stoppen. Grast der Büffel, liegt das Zielgebiet für einen Schädelschuß zwischen den Augen am Ansatz der Hörner. Wenn der Büffel zum Angriff übergeht, wendet er den Kopf erst nach oben, um ihn dann zu senken.

Eine weitere Methode der Büffeljagd ist das Schießen vom Anstand aus. In den frühen Morgenstunden stellt sich der Jäger in der Nähe des Weges auf, den die Herde zu einem nahe gelegenen Wasserloch nimmt. Besonders muß er darauf achten, gegen den Wind vorzugehen.

Die Verfolgung eines angeschossenen Büffels ist schwierig und gefährlich. Wenn er bei der Herde bleibt, kann es erforderlich werden, auf Entfernungen von fast 150 Meter zu schießen. Wenn das Tier allein ist, kann es sich im Dickicht verstecken und von dort aus plötzlich angreifen, so daß der Jäger sofort schießen muß.

Für die Büffeljagd verwendet man am besten Vollmantelgeschosse vom Kaliber .375 oder .458.

Asiatisches Wildschwein

In vielen Teilen Asiens gibt es Wildschweine. Sie leben unter verschiedenen Umweltbedingungen: in den Wäldern Sibiriens, in den Trockenregionen Indiens und in tropischen Dschungeln. Die Wildschweine Indiens sind fast haarlos; sie sind auch kleiner und dunkler als die Wildschweine Sibiriens und der tropischen Dschungel. Zu den wenigen Tieren, die unprovoziert Menschen angreifen, gehören die Wildschweine Ostindiens, die unter Rotangpalmen leben.

Will man ein Wildschwein in einem Waldgebiet erlegen, muß man versuchen, an feuchten Stellen seine Spur zu finden. Wenn die Abdrücke der Vorderhufe breiter sind als 5 cm, dann handelt es sich um ein Tier, dessen Abschuß sich lohnt. Diese Hufgröße deutet auf ein Gewicht von etwa 110 kg hin; jede weiteren 6 mm lassen vermuten, daß das Gewicht etwa 45 kg zusätzlich beträgt.

Bei der Spurenverfolgung muß sich der Jäger seinen Weg oftmals stundenlang durch das Dickicht bahnen und besonders in Gebieten mit dichtem Unterholz oder Graswuchs, wo Wildschweine lagern könnten, sehr aufmerksam sein. Wenn er Glück hat, kann er am frühen Morgen ein Wildschwein beim Grasen oder Wühlen überraschen.

Wildschweine haben die Eigenart, sich aus Zweigen, Gräsern oder Blättern Lagerstätten zu schaffen und sich unter diesen Pflanzendecken zur Ruhe zu legen. Wird es dabei gestört, bricht es hervor und läuft – im allgemeinen bergab – davon. Ein Jäger, der solche Lagerstätten kennt, tut daher gut daran, wenn er sich diesen von oben her nähert. Lagerstätten, die die Tiere nicht ständig benutzen, haben diese Pflanzendecke nicht. Wildschweine haben eine natürliche Tarnfarbe. Wenn sie schlafen, bleiben ihre Sinne wach. In der Nähe ihrer Lagerstätten schlagen sie einen zickzackförmigen Kurs ein, und wenn er dies feststellt, muß der Jäger sehr vorsichtig sein; denn ein angreifendes Wildschwein bewegt sich sehr kraftvoll und schnell. Der Jäger verwendet am besten eine Doppelflinte, geladen mit Rehposten.

Tiger

In früheren Zeiten wurden asiatische Potentaten und ihre Gäste auf Elefantenrücken durch den Dschugel zur Tigerjagd getragen. Jim Corbett ist es zu danken, daß sich die Einstellung der Öffentlichkeit zur Jagd auf die Großkatzen Asiens gewandelt hat. Die Methoden änderten sich; das Ködern und die Spurenverfolgung wurden die neuen Arten der Tigerjagd. Aber auch mit Lockrufen wurden Tiger aus der Deckung hervorgelockt. Die Jagd war stets ein gefährliches Unternehmen, besonders dann, wenn ein Tier nur angeschossen wurde. Heute ist die Tigerjagd verboten. Wenn sich die um die Mitte der siebziger Jahre angelaufenen Hegemethoden jedoch erfolgreich erweisen, könnte es möglich sein, daß die Tigerjagd eines Tages wieder statthaft wird.

Hirschziegenantilope und Nilgau-Antilope

Diese beiden Arten werden im offenen Grasland in Indien, häufig in den gleichen Revieren, gejagt. Nilgau-Antilopen kommen auch als Schädlinge in landwirtschaftlichen Gebieten vor. Beide Arten sind häufig besonders scheu und wachsam. In der Nähe menschlicher Behausungen müssen die Jäger bei der Pirsch, bevor sie einen Schuß abgeben, sehr vorsichtig sein.

In der offenen Steppe verschwinden die Tiere oftmals aus dem Gesichtskreis, und bei einer Treibjagd könnten die Treiber gefährdet werden. Am besten ist es, die Tiere einzukreisen, bis man in Schußweite kommt. In der heißen Luft sind Entfernungen häufig schwer zu schätzen. Schüsse von mehr als 300 Meter sollte man nicht abgeben.

Einheimische Jäger stellen sich in Deckung in der Nähe von Wasserstellen auf, die die Tiere aufsuchen. Im Lauf befindliche Hirschziegenantilopen sind schwer zu treffen, da sie eine schnelle, sprungartige Gangart haben.

Südasiatische Bären

In den tropischen Wäldern ist die Spurenverfolgung die beste Methode bei der Bärenjagd, besonders dann, wenn nach Regenfällen der Erdboden weich ist. Der Jäger sollte sich von einem Jagdführer begleiten lassen; während sie der Spur folgen, sollte der Jäger nach allen Seiten hin beobachten. Wenn die Spuren plötzlich ihre Richtung ändern, kann dies bedeuten, daß der Bär nach einem Lagerplatz gesucht hat oder daß er auf seine Verfolger aufmerksam geworden ist. Im letztgenannten Falle kann er plötzlich und sehr schnell angreifen. Alle drei asiatischen Bärenarten sind gefährlich, besonders der tibetische Schwarzbär. Im dichten Dschungel ist es besser, die Bären in Ruhe zu lassen, es sei denn, daß ein Bär geschossen werden muß, weil er die einheimische Bevölkerung bedroht.

In trockenen und bergigen Regionen ist die Spurenverfolgung schwierig, doch Bären können leichter gesichtet werden. Auf einen Bären, der sich oberhalb von ihm befindet, muß der Jäger sorgfältig zielen, denn der Bär kann sich nach unten rollen lassen, wo er sich plötzlich vor seinem Verfolger aufrichtet.

Asiatische Schafe und Ziegen

Ein Jäger, der in den Gebirgen Asiens unterwegs ist, muß in sehr guter körperlicher Verfassung und dem kalten Klima entsprechend ausgerüstet sein. Die Büchsen müssen ein kleines Kaliber haben und mit Zielfernrohren ausgestattet sein.

Das Basislager soll dort aufgeschlagen werden, wo man innerhalb einer Stunde an die Schafe oder Ziegen herankommt. Dies ist gewöhnlich unterhalb einer Höhe von 3000 Metern, doch am Beginn der Zone mit dünner Luft, an die der Jäger sich erst gewöhnen muß. Manches Gebirgswild läßt sich schon vom Lager aus sichten, und viele Steinböcke, Tahre und Markhor-Ziegen sind schon bald nach dem Öffnen der Zelte am Morgen erlegt worden.

Die meisten Tiere der Hochgebirge, besonders Schafe, können sehr gut sehen und einen Menschen schon aus großer Entfernung erkennen. Der Jäger sollte daher schon vor der Morgendämmerung eine gute Ausgangsstellung erreicht haben, so daß er dort rasten und beim ersten Tageslicht durch sein Fernglas beobachten kann. Eine unauffällige Kleidung trägt zur Tarnung bei. Der Jäger sollte sich möglichst wenig bewegen, da die Tiere sonst völlig starr stehenbleiben und noch schwerer zu erkennen

sind. Er muß gegen den Wind vorgehen, denn wenn die Tiere flüchten, sind sie im allgemeinen für den Jäger verloren. Es lohnt sich immer, aufmerksam zu beobachten und ohne Hast vorzugehen.

Bevor er einen Schuß abgibt, sollte der Jäger darauf achten, daß das getroffene Wild nicht in eine unzugängliche Schlucht fallen kann. Manchmal läßt sich ein Tier durch einen Ruf oder einen Schuß veranlassen, ein für den Jäger besser zugängliches Revier aufzusuchen – ein Trick, der im Himalaya und in anderen Gebirgen häufig angewendet wird.

Asiatische Hirsche

Die Hirsche Asiens sind Tiere der tiefen Wälder und Dschungel, und der Jäger muß sich den Unbilden der Natur anpassen. Er muß wasserabstoßendes Schuhwerk tragen, und er muß sich auch mit einem Vorrat an Trinkwasser ausstatten. Außerdem muß er berücksichtigen, daß die meisten Schüsse auf relativ kurze Entfernungen – unter 100 Meter – abgegeben werden und daß die Seitenabweichung der Geschosse ein Problem ist, besonders dort, wo reichlich Bambus wächst. Ein Zielfernrohr kann im Dickicht hängenbleiben, und die Linsen können in der feuchten Luft beschlagen.

Europäische und nordamerikanische Vorstellungen von der Jagd dürften in vielen Teilen Asiens nicht verstanden werden, denn die Einheimischen jagen das Wild wegen des Fleisches und begreifen vielleicht nicht, daß der Jäger besonderen Wert auf eine Trophäe legt. Ein Jagdgast sollte deshalb seinem Jagdführer verständlich machen, daß er den Wunsch hat, nach waidmännischen Methoden zu jagen.

Einheimische Jäger wenden in manchen Gebirgsregionen sehr wirksame Pirschmethoden an, die Ausdauer, Geduld und Erfahrung erfordern. Alle asiatischen Hirsche lassen sich jagen, indem man sich an die grasenden Tiere sehr früh am Morgen oder spät am Abend vorsichtig heranschleicht. Während des restlichen Tages sollte der Jäger langsam durch die Reviere streifen, in denen er lagerndes Wild vermutet. Mit Ausnahme der Tschital- und Barasingha-Hirsche lagern die asiatischen Hirsche im tiefen Bambusdickicht oder im dichten Unterholz; man muß ein erfahrener Jäger sein, wenn man an ein lagerndes Tier auf Schußweite herankommen will, bevor es flüchtet.

Da viele Hirsche am unteren Rand der Hänge lagern, empfiehlt es sich, wenn der Jäger auf der Hanghöhe vorgeht und sein Jagdführer im tieferen Gelände; sie müssen in Hörweite bleiben. Der Jagdführer zeigt dem Jäger, wo er zu warten hat, und treibt dann das Wild dem Jäger zu. Der Jäger muß darauf gefaßt sein, daß er schnell auf das flüchtende Wild schießen muß.

Großwildjagd in Südamerika

Südamerika ist häufig als das letzte Neuland der Welt bezeichnet worden; hier leben zwar viele relativ kleine Tierarten, doch nur wenige Arten von Großwild, die zudem zum Teil aus Europa eingeführt wurden. Die größten einheimischen Tierarten sind der Jaguar, der Puma, die Tapire und der Andenbär, der auf der Westseite der Anden lebt. Die Großkatzen unterliegen zumeist Schutzbestimmungen, so daß sie nicht mehr als Jagdwild gelten. In den tropischen Regenwäldern, die zumeist zu dicht bewachsen sind, um als Jagdgebiete geeignet zu sein, leben unzählige Arten von Kleintieren, Vögeln, Insekten und Fischen.

Von besonderem Interesse ist das europäische Rotwild, das nach Argentinien eingeführt wurde. Das größte Nagetier der Welt, das Capybara, ist eine wohlschmeckende Tierart aus dem Dschungel; es stellt jedoch kein interessantes Jagdobjekt dar. In Mittel- und Südamerika wird in zahlreichen Gebieten die Jagd auf Federwild, besonders auf Tauben, betrieben.

In Südamerika ist es selbst für Einheimische nicht ganz leicht, auf die Jagd zu gehen. Man muß schon rechtzeitig Vorkehrungen für ein Jagdunternehmen treffen, denn es gilt, mancherlei Schwierigkeiten zu überwinden. Hierzu gehören der unzugängliche Regenwald, Transportschwierigkeiten und die Haltung der Behörden, die der Jagdausübung häufig nicht sehr förderlich ist.

In fast allen südamerikanischen Ländern gibt es nationale Jagdclubs, an die sich der Jäger wenden sollte, um über alle interessierenden Fragen Auskünfte zu erhalten.

Rotwild in Argentinien

In Argentinien ist die Rotwildjagd besonders lohnend. Es ist das einzige südamerikanische Land, das einen jagdbaren Bestand hat, und der Jäger hat dort besonders gute Chancen. Das Wild wird auf großen Ranches gehalten, die man dort »Estancias« nennt; viele haben eine Fläche von mehr als 30 000 Hektar. Wildhüter kümmern sich um die Hege der Herden, um die gesündesten, als Trophäen geeigneten Tiere zu züchten. Alte und kranke Tiere werden abgeschossen, was zum Teil durch die Jagd geschieht.

Viele Ranches gibt es in der Nähe von Bariloche am Fuß der Anden, einem regionalen Touristenzentrum, das 1 800 Kilometer von Buenos Aires entfernt liegt. Die Jäger können hier die Dienste erfahrener Jagdführer in Anspruch nehmen.

Manche der Ranches sind Privatgüter, die man nur als geladener Gast besuchen kann. Andere sind kommerzielle Ranchbetriebe, zu denen alle Jäger Zugang haben. Für jedes erlegte Tier ist eine Gebühr und für jede besondere Trophäe ein Aufgeld zu zahlen.

Die Jagd im Dschungel

Manche Jäger würden vielleicht gern Tapire oder Capybaras schießen, doch die meisten würden sicher nicht eine so weite Reise antreten, um diese harmlosen Dschungeltiere zu erlegen. Dies gilt natürlich nicht für die einheimischen Jäger.

Tapire und Capybaras haben wohlschmeckendes Fleisch. Die indianischen Dorfbewohner jagen sie aus diesem Grund, und ein Jäger, der sich besuchsweise dort aufhält, kann nicht damit rechnen, die Tiere in der Nähe eines Dorfes zu finden. Zudem sind beide Tierarten sehr scheu und ziehen sich bei Gefahr sofort in den Dschungel zurück. Da Capybaras gute Schwimmer sind, lassen sie sich vielleicht am besten von einem kleinen Boot aus schießen. Dennoch ist die Jagd schwierig, da man zumeist über weite Entfernungen schießen muß.

Tapire lassen sich auch mit einer Hundemeute jagen, doch wenn sie einmal im undurchdringlichen Dschungel verschwunden sind, ist die Verfolgung nicht mehr möglich.

Landvogeljagd in Südamerika

Steißhühner sind die wichtigste Landgeflügelart, die in Mittel- und Südamerika gejagt wird. Man findet sie auf den grasbewachsenen Steppen, die die Jäger durchstreifen. In manchen Gebieten werden Vorstehhunde verwendet, doch in den sandigen Regionen der Pampas haben die Hunde bald Sandkletten zwischen ihren Zehen und können nicht mehr weiterlaufen.

Eine Steißhuhnart kommt in Höhen zwischen 3 000 und 4 000 Meter in den Gebirgen von Ecuador vor.

Steißhühner verhalten sich ähnlich wie Fasane. Sie flattern mit wildem Flügelschlag auf und gleiten in der Luft von Zeit zu Zeit mit steif ausgebreiteten Schwingen. Die Vögel finden sich in Gruppen zusammen, die jedoch nicht, wie z.B. die Virginischen Wachteln, gleichzeitig auffliegen. Steißhühner flattern hintereinander auf, wodurch sie sich leichter schießen lassen.

Wasservogeljagd in Südamerika

Eine der größten Ansammlungen von Krickenten findet man in den Sumpfgebieten an der Mündung des Magdalenenstroms in Kolumbien an der Küste des Karibischen Meeres. Auch Blauflügel-Enten treffen dort ab Mitte Oktober ein und bleiben bis Mitte April. In diesen Sümpfen leben sehr viele Wasservögel. Die Jäger verwenden häufig etwa ein Dutzend Gummiattrappen oder schießen die Enten von tiefliegenden kleinen Booten aus. Manchmal genügt es auch, wenn sie sich nur im Schilf verbergen.

Im Südteil des Kontinents wird die Magellangans gejagt. Die Vögel fliegen im April von Feuerland nach Norden. Im argentinischen Staat Chubut freuen sich die Farmer, wenn die Jäger die Gänse schießen, die sich in großer Zahl auf den Feldern niederlassen und beträchtlichen Schaden anrichten. Die Jäger stellen sich an den Rändern von Sümpfen, Seen oder Flüssen auf, wo die Vögel über Nacht rasten. Häufig kommt es vor, daß die Gänse in Schußweite kommen oder sogar zwischen den Attrappen landen.

VI: Jagdgefährten

Kapitel 1:

Der Jagdhund

Nick Sisley

Hunde sind seit jeher wichtige und manchmal entscheidend bedeutsame Helfer bei der Jagd von Großwild und Kleinwild gewesen. Die Jagdhunde werden heute in vier Hauptgruppen aufgeteilt, ausgehend von der Hilfe, die sie dem Jäger gewähren: Apportierhunde, Vorstehhunde, Stöberhunde und Hetzhunde. Jagdhunde sollten zwar generell in der Lage sein, Wild zu apportieren, doch manche Rassen sind hierbei Spezialisten. Die folgende Auswahl von Jagdhundrassen ist selbstverständlich nicht vollständig, doch erfaßt sie einige wichtige Typen.

Apportierhunde

Die drei wichtigsten Rassen sind der Labradorhund oder Neufundländer, der Chesapeake-Bai-Retriever und der Golden Retriever. Der Labradorhund ist am weitesten verbreitet. Obwohl sie technisch als Spaniels gelten, sind der Amerikanische Wasserspaniel und der Irische Wasserspaniel ebenfalls Apportierhunde. Alle diese Rassen sind für das Apportieren von Wassergeflügel besonders geeignet. In neuerer Zeit haben sich jedoch der Labradorhund und der Golden Retriever speziell bewährt beim Aufjagen und Apportieren von Kleinwild wie Fasanen, Waldhühnern, Schnepfen, Tauben und Kaninchen.

Der Labradorhund oder Neufundländer

Der Labradorhund oder Neufundländer ist ein idealer Jagdhund für alle Zwecke und besonders geeignet für das Apportieren von Wassergeflügel. Dieser ausdauernde und robuste Hund hat einen Lerneifer, der von anderen Rassen nur selten erreicht wird. Er kann von einem professionellen Trainer, aber auch von einem Amateur, abgerichtet werden. Schwarzes Fell ist bei ihm am häufigsten; es gibt aber auch gelbe und schokoladenfarbige Labradorhunde. Neufundländer sind sehr gutartig, besonders zu Kindern. Sie sind bestrebt, dem Menschen, der sie füttert, immer gefällig zu sein. Sie haben einen stämmigen Körperbau und erreichen ein Gewicht zwischen 25 kg und 34 kg. Ihr Haar ist verhältnismäßig kurz, aber dicht; es hält die Kälte ab, und da es auch etwas fettig ist, wird die Haut des Hundes im Wasser nicht naß.

Labradorhunde erzielen ausgezeichnete Leistungen. Sie wurden zunächst in Neufundland gezüchtet, wohin sie portugiesische Fischer brachten, denen sie beim Apportieren von Fischen und über Bord gegangenem Fischereigerät halfen. Der Name »Labrador« hat nichts mit dem gleichnamigen kanadischen Territorium zu tun, sondern mit der portugiesischen Bezeichnung für »Arbeiter«, in diesem Falle für »Arbeitshund«. Als Züchter von Labradorhunden hat sich in Großbritannien die Familie Radclyffe in Dorset hervorgetan.

Der Golden Retriever

Diese Rasse vereinigt einen hervorragenden äußeren Eindruck mit vielen guten Eigenschaften, weshalb sie von Jägern bevorzugt wird, die sich auf Wassergeflügel und Gebirgswild spezialisiert haben. Sie sind beim Apportieren von Wassergeflügel zwar weniger ausdauernd als Labradorhunde und Chesapeake-Bai-Retriever, jedoch ausgezeichnet bei der Jagd auf Gebirgswild. Sie durchstreifen gern Felder, Niederungen und Wälder innerhalb des Schußbereiches ihrer Herren und apportieren das angeschossene Wild.

Im allgemeinen wiegen sie zwischen 27 kg und 34 kg und haben eine Größe von etwa 50 cm. Ihr Haar ist länger als das des Labradorhundes. Die Färbung ist immer golden, doch die Tönung ist innerhalb dieser Farbe variabel.

Sie sind sehr liebenswerte Tiere und reagieren gut auf ein Training, bei dem Wiederholung, gutes Zureden und liebevolle Behandlung wesentliche Elemente sind. Durch strenge Methoden erzieht man leicht einen »eingeschüchterten« Apportierhund; andererseits sollten die Tiere aber auch nicht »verzärtelt« werden. Der Golden Retriever wird gern auf Hundeschauen vorgeführt, was sich aber bisher auf die Rasse noch nicht nachteilig ausgewirkt hat.

Man nimmt allgemein an, daß die Rasse um 1865 durch Kreuzung in England entstanden ist. Später, in den Jahren um 1870 und 1880, gelangte durch Züchtungen Blut von Schweißhunden und Irischen Settern in die Rasse, die durch Eintragung in das Hunderegister in England 1910, in Kanada 1927 und in den USA 1932 offiziell anerkannt wurde.

Der Chesapeake-Bai-Retriever

Der Chesapeake hat etwa die gleiche Größe wie die anderen Apportierhunde. Er besitzt jedoch eine besondere Haardecke: sehr dicht, besonders ölig, kurz mit leichter Kräuselung und mit wolligem Unterhaar. Keine andere Rasse hat ein derart wasserabstoßendes Haarkleid. Die Haut hängt lose am Körper. Chesapeakes sind braun, von dunkelbraun bis graubraun. Einen Eindringling würde der Chesapeake wegjagen, anders als der freundliche Golden Retriever, der schwanzwedelnd dastehen, und der Labradorhund, der ihn anbellen würde.

Der Chesapeake ist besonders beliebt bei Jägern, die Wasservögeln nachstellen. Auch wenn das Wasser mit einer dünnen Eisschicht bedeckt ist, stürzt er sich hinein, um einen Vogel zu apportieren, während Hunde anderer Rassen zitternd stehenbleiben. Er ist jedoch kein besonders guter Apportierhund bei Gebirgswild.

Der Erzählung nach entstand die Rasse im Jahre 1807 nach einem Schiffbruch vor der Küste von Maryland, als sich ein Rüde und eine Hündin an die Küste retteten. Diese beiden Tiere – Canton und Sailor – waren offenbar hervorragende Apportierhunde. Die Rasse entwickelte sich durch Züchtung im weiteren Verlauf des 19. Jahrhunderts. Sie wurde vom American Kennel Club 1933 anerkannt.

Ein Deutscher Kurzhaar-Vorstehhund hat einen Ringfasan aufgejagt,
und der Jäger stellt sich zum Schuß
auf.

211

Gegenüberstehend: **GOLDEN RETRIEVER.** Ein gut abgerichteter Hund bleibt still sitzen, wenn der Jäger schießt. Er läuft erst dann, wenn ihm der Befehl zum Apportieren gegeben wird. Unten: **NEUFUNDLÄNDER.** Dieser gute Apportierhund hat gerade einen Erpel geholt.

Der Amerikanische Wasserspaniel

Diese Rasse ist kleiner als die anderen Apportierhunde. Sie hat ein Gewicht zwischen 11 kg und 18 kg. Die Größe beträgt etwa 40 cm an der Schulter. Die Farbe ist ein dunkles, rötliches Braun oder Schokoladenbraun. Das Haarkleid ist kompakt und gekräuselt, die Rute kurz und schlank. Der Hund läßt sich leicht trainieren, denn er ist gehorsam und bescheiden. Auch die Haltung ist leicht, da die Rasse verhältnismäßig klein ist. Im Haarkleid bleiben jedoch gern Fremdkörper hängen, z.B. Kletten.

Der Amerikanische Wasserspaniel wurde im Mittleren Westen der Vereinigten Staaten gezüchtet. Er wurde dort bei Jagden auf den Seen und Sümpfen dieser Region von kleinen Booten und Kanus aus eingesetzt. Er ist dort noch immer sehr beliebt. In anderen Gebieten ist er jedoch weniger bekannt, obwohl er es verdienen würde, bei der Jagd auf Wasservögel häufig verwendet zu werden. Sein geringer Bekanntheitsgrad beruht vermutlich darauf, daß die Rasse nicht so gut aussieht wie der Labradorhund und der Golden Retriever.

Die Rasse soll von den alten Englischen Wasserspaniels abstammen, mit Beimischungen Irischer Wasserspaniels und kräuselhaariger Apportierhunde, bis die Entwicklung der jetzigen Rasse abgeschlossen war. Sie wurde 1940 vom American Kennel Club anerkannt.

Der Irische Wasserspaniel

Diese Rasse mit gekräuseltem Haarkleid wurde zunächst in Irland entwickelt. Sie verbreitete sich dann in Großbritannien und Kontinentaleuropa, bevor sie in Nordamerika allgemein beliebt wurde, da sie auch ein rauhes Winterklima gut verträgt. Die Hunde wiegen ungefähr zwischen 20 kg und 30 kg. Die Farbe ist ein dunkles, rötliches Braun. Die Beliebtheit der Rasse hat nachgelassen, da der Abschuß von Wasservögeln manchen Beschränkungen unterworfen ist und sich andere Hunderassen vielfältiger einsetzen lassen.

Wie bei vielen Jagdhundrassen ist die Abstammung nicht gänzlich geklärt. Man nimmt jedoch an, daß der Ursprung auf Kreuzungen zwischen Irischen Settern und Französischen Pudeln zurückgeht.

Kräuselhaarige und kurzhaarige Apportierhunde

Diese Rassen ähneln einander im Körperbau – 25 kg bis 32 kg – und in der Farbe, die entweder schwarz oder dunkelbraun ist. Sie unterscheiden sich jedoch im Temperament. Der kurzhaarige Hund ist etwas gemächlich im Wesen. Er läßt sich in Niederungen und im Bergland gut einsetzen und apportiert Kleinwild. Er ist bei Jägern beliebt, die ihren Hund gern in der Nähe haben wollen.

Der kräuselhaarige Hund ist im allgemeinen lebhafter und gut einsetzbar als Stöberhund und Apportierhund. In Neuseeland wird er gern bei der Jagd in Gewässern und im Hochland verwendet. Beide Rassen verdienen jedoch ein besseres Ansehen, als ihnen bisher zuerkannt wurde.

Vorstehhunde oder Pointer

Der Name dieser Rassen rührt von der Art her, in der sie auf das Vorhandensein von Wild reagieren. Sie stehen in steifer Haltung und deuten mit ihrem ganzen Körper auf die Stelle hin, wo sich das Wild verborgen hält, wobei sie auf das Kommando warten, es aufzujagen. Manche Vorstehhunde nehmen eine betont aufrechte, andere eine mehr krumme Haltung ein. Um das Wild zu finden, werden Vorstehhunde so abgerichtet, daß sie das Gelände innerhalb des Schußbereichs systematisch absuchen und dabei alle Stellen erkunden, wo sich Vögel oder anderes Wild verborgen halten könnten.

Besonders bewährt haben sie sich bei der Jagd auf Vogelarten wie Rebhühner, Fasane, Waldschnepfen, Sumpfschnepfen und Wachteln sowie anderes Wild, das normalerweise bei einer Gefahr nicht unmittelbar auffliegt oder wegrennt.

Vorstehhunde eignen sich gut für das Auffinden von angeschossenem Wild, das Deckung gefunden hat, und für das Apportieren.

Apportierhunde und Vorstehhunde, die nicht imstande sind, ein Ei in der Schnauze zu tragen, ohne es zu zerbrechen, bezeichnet man als »hartmäulig«.

Der Englische Pointer

Die Ursprünge dieser Rasse sind zwar ungeklärt, doch sie gilt allgemein als die klassische Pointer-Rasse und als recht herrschaftliche englische Hundesorte mit reserviertem Wesen, während beispielsweise der Setter sich betont liebenswürdig verhält. Sie ist eine kurzharige Rasse und im allgemeinen weiß mit Markierungen oder Flecken in braun, schwarz, zitronenfarbig oder gelb. Der Körperbau ist schlank, das Gewicht beträgt zwischen 20 kg und 26 kg.

Der Englische Pointer zeichnet sich durch seinen ungestümen Jagdeifer aus, der aber manchmal auch von Nachteil ist. Der Hund läßt sich mitunter nur schwer zurückhalten, wenn er sich vorgenommen hat, Wild zu finden, und er streift manchmal weit außerhalb des Schußbereichs umher. Doch ein guter Trainer ist imstande, dieses übermäßige Temperament zu bändigen. Ein gut abgerichteter Hund bleibt beharrlich vor dem gestellten Wild stehen, er läßt sich durch Schüsse nicht beirren, und er bringt dem Jäger kleine Vögel, zum Beispiel Wachteln, sehr vorsichtig zurück. Gelegentlich sind Pointer »hartmäulig«, doch wenn sie gut abgerichtet sind, bewähren sie sich ausgezeichnet als Apportierhunde.

Der Pointer ist nicht nur in Großbritannien, sondern auch in Nordamerika sehr beliebt. Man verwendet ihn gern bei der Haselhuhnjagd im Mittleren Westen und im Nordosten der Vereinigten Staaten, ebenfalls bei der Fasanenjagd in vielen Regionen. Wachteljäger in den Südstaaten bevorzugen Pointer, wenn sie in den riesigen Kornfeldern jagen, wo die Hunde die Feldränder absuchen, während die Jäger inmitten der Felder geduldig warten. Wenn der Pointer einen Geruch aufgenommen hat, bleibt er stehen, bis der Jäger herankommt und dem Hund zuruft, die Vögel aufzujagen.

Manche Fachleute meinen, die Rasse sei in Spanien zu Beginn des 17. Jahrhunderts zuerst gezüchtet worden. Auf Gemälden aus dieser Zeit, die aus Frankreich stammen, erscheinen auch Hunde, die Pointern ähneln. Im allgemeinen neigt man zu der Auffassung, daß der Pointer sich aus einer Mischung von Fuchshund, Windhund und Schweißhund entwickelt hat, gekreuzt mit Spaniels. Der Pointer erhielt seine charakteristisch britische Form im späten 19. Jahrhundert, als tüchtige Züchter wie Thomas Statter, Sir Vincent Corbet und J. Armstrong ebenfalls viel zu der Entwicklung von Englischen, Irischen und Gordon-Settern beitrugen.

Als um 1860 in England die ersten Wettkämpfe abgehalten wurden, durften die Pointer nicht mit Settern konkurrieren. Setter hielt man für bedeutend überlegen, besonders die Englischen Setter. Schließlich erkannte man jedoch den Wert der Pointer, die ihre Beliebtheit seitdem beibehalten haben.

In neuerer Zeit haben kontinentaleuropäische Rassen wie der Deutsche Kurzhaar-Vorstehhund und der Bretagne-Spaniel an Beliebtheit gewonnen.

Der Englische Setter

Ein als Jagdhund gezüchteter Englischer Setter hat eine Schulterhöhe von etwa 53 cm bis 66 cm und wiegt etwa 19 kg bis 24 kg. Er ist somit etwas kleiner als der Pointer. Die Grundfarbe ist weiß, wobei kleine Flecken schwarz, blau, bräunlich oder gelblich sein können. Neuerdings bemüht man sich, Hunde zu züchten, die fast durchgehend weiß sind. Einen Setter mit verfließender Tönung und keinen richtigen Flecken nennt man einen »Belton«; am weitesten verbreitet ist der »blaue« Belton, wobei »Blau« eine Art Grau mit bläulichem Schein bedeutet. Das Haar ist ziemlich lang, und die Rute schön »büschelig«.

Als Vorstehhund verhält sich ein Setter gewöhnlich wie ein Pointer, das heißt, er deutet in aufrechter Stellung mit Kopf und Vorderfuß nach vorn und mit der Rute nach hinten. Manche Setter nehmen jedoch eine krumme Haltung ein, wie es die Vorfahren der Rasse vor Jahrhunderten getan hatten. In seiner Schrift »Of Englishe Dogges« von 1570 erwähnte John Caius: Wenn die Hunde einen sehr starken Geruch aufnahmen, der andeutete, daß sich das Wild in unmittelbarer Nähe befand, dann krochen sie weiter, mit dem Bauch nahe am Erdboden, woraufhin die Jäger Netze über das verborgene Wild warfen. Setter besitzen ein sehr starkes angeborenes Verlangen zu jagen, und wenn sie bei der Abrichtung gelobt werden, sind sie sehr eifrig. Auf ein sehr strenges Training reagieren sie weniger gut. Sie sind als Vorstehhunde geduldig, und sie apportieren ausgezeichnet.

Es besteht keine Gewißheit darüber, wann sich die Setter aus anderen Rassen entwickelten. Manches spricht dafür, daß es sie bereits am Ende des 14. Jahrhunderts gab. In seinem Buch »Le Livre de la Chasse« von 1387 schrieb Gaston de Foix sowohl von Landspaniels, wie sie in der Falknerei verwendet wurden, und einer Art Spaniel, der als Vorstehhund diente. Manche Fachleute meinen, die Rasse habe sich später weiterentwickelt durch Kreuzungen mit Spanischen Pointern, großen Wasserspaniels und Springer-Spaniels.

Der Irische Setter

Auch wenn die Rasse nicht diesen Namen trüge, so könnte man anhand des auffallend roten Haarkleids und des impulsiven Temperaments auf den Ursprung schließen. Die Tiere sind etwas größer als die Englischen Setter. In neuerer Zeit haben sich die Irischen Setter jedoch teilweise zu einer Moderasse entwickelt, die sich kaum abrichten läßt und keine Lust zum Jagen hat. Als Gegenmaßnahme haben manche Züchter nur solche Tiere weitergezüchtet, die gute Jagdeigenschaften zeigen. Von Zeit zu Zeit hat man auch Kreuzungen mit Englischen Settern vorgenommen. In den Vereinigten Staaten interessiert man sich neuerdings wieder für Irische Setter als Jagdhunde. Man nennt sie dort jedoch »Rote Setter«. In vielen Teilen Europas ist die Rasse ebenfalls beliebt.

Der Gordon Setter

Dieser schwarz-bräunliche Setter wird zur Zeit nur noch selten als Jagdhund gezüchtet, denn seine dunkle Färbung hat sich für die Jagd als nachteilig erwiesen. Dagegen wird er – wie der Irische Setter – wegen seines Aussehens gern als Modehund gehalten. Vielleicht tragen Kreuzungen mit Englischen Settern zur Verbesserung der Eigenschaften der Rasse bei, denn der typische Gordon Setter arbeitet zwar sorgfältig, aber weniger schnell, er läßt sich jedoch als Vorsteh- und Apportierhund abrichten. Die Rasse stammt aus der südenglischen Grafschaft Sussex, wo die Herzöge von Richmond, deren Familienname Gordon ist, größeren Landbesitz haben. Sie haben im 19. Jahrhundert zur Verbreitung dieser Hunderasse beigetragen, die jedoch schon in vorhergehenden Zeiten gezüchtet wurde.

Der Deutsche kurzhaarige Vorstehhund

Der Deutsche kurzhaarige Vorstehhund wiegt etwa 23 kg bis 32 kg. Er ist größer als der Englische Pointer und starkknochig im Vergleich zu diesem. Die Rasse wurde nach dem Zweiten Weltkrieg beliebt. Die Ruten sind im allgemeinen kupiert. Die Farbe ist gewöhnlich dunkelbraun mit etwas weißlicher Tönung. In manchen Ländern hat die Rasse viel Weiß in der Farbe, was auf Kreuzungen mit Englischen Pointern beruhen soll. Man wollte damit die Schnelligkeit dieser Rasse erhöhen und ihre Bereitschaft, außerhalb des Schußbereiches zu jagen. Die Weißtönung kann jedoch auch auf selektiven Züchtungen beruhen.

Die Rasse läßt sich gut abrichten und ist eifrig; sie hat jedoch nicht den Instinkt des Englischen Pointers oder Setters als Vorstehhund. In den Händen eines tüchtigen Trainers kann der Hund jedoch diesen Instinkt gut entwickeln.

Diese Hunde lassen sich für sehr viele Zwecke verwenden. Man setzt sie nicht nur auf der Vogeljagd ein, sondern auch bei der Verfolgung von Wildschweinen und Rotwild und sogar für das Erlegen von Katzen und Füchsen in Gehegen. Infolgedessen sind sie als Apportierhunde häufig zu hartmäulig. Eine gute Abrichtung kann jedoch, wie schon erwähnt, ihre Eigenschaften verbessern.

Wie bei vielen Jagdhundrassen ist auch die Vergangenheit dieses Hundes ungeklärt, obwohl sie sicherlich sehr weit zurückreicht. Der Entstehung des Deutschen kurzhaarigen Vorstehhundes zu Beginn des 20. Jahrhunderts waren Kreuzungen zwischen Spanischen Pointern und Schweißhunden, später vermutlich auch mit Settern und Fuchshunden, vorangegangen.

Der Deutsche drahthaarige Vorstehhund

Das Haarkleid dieser Rasse fühlt sich wie Draht an. Der Hund hat etwa die Größe eines Englischen Setters mit einer Schulterhöhe von rund 60 cm. Seine Farbe ist vorwiegend dunkelbraun oder braun mit weiß verfließender Tönung oder mit kleinen Flecken. Manche Tiere haben eine rötlich-graue Farbe. Der Drahthaar eignet sich gut als Apportierhund für Wasservögel, jedoch nicht in extrem kaltem Wasser, da sein Haarkleid nicht so dicht ist wie beim Labrador oder beim Golden und Chesapeake-Bai-Retriever. Das drahtige Haar trocknet jedoch schnell.

Die meisten Hunde dieser Rasse streifen etwas weiter umher als durchschnittliche kurzhaarige Hunde. Sie haben ausgezeichnete Nasen, sind ausdauernd und gewandt und so anhänglich, daß sie manchmal die Aufgabe vergessen, für die sie abgerichtet worden sind. Doch dies geschieht bei der Jagd nur selten. Fremden gegenüber sind sie zumeist reserviert. Die Rasse wurde in Deutschland entwickelt durch Kreuzungen zwischen Griffons, Deutschen kurzhaarigen Vorstehhunden und Pudelpointern.

Der drahthaarige Griffon

Diese Rasse ist eine kräftigere Abart des Deutschen kurzhaarigen Vorstehhundes. Er leistet gründliche, methodische Arbeit, und Waldhühner und Waldschnepfen sind seine natürliche Beute; beim Aufspüren von Wachteln und Fasanen sind jedoch andere Vorstehhundrassen besser als er. Sein Haarkleid ist zwar steif, fühlt sich jedoch viel weicher an als bei anderen drahthaarigen Hunden. Es ist gewöhnlich stahlgrau oder weißgrau, von kastanienbraunen Flecken unterbrochen. Die Rute wird auf etwa 15 cm kupiert.

Griffons sind leicht zu halten und anpassungsfähig. Sie eignen sich als Apportierhunde, sie können Fährten verfolgen und sich gut im Dickicht bewegen, wo ihr Drahthaar sie vor Dornen schützt.

Die Rasse hatte ihren Ursprung in Holland.

Oben: **ENGLISCHER SETTER**
Rechts: **GORDON-SETTER**
Gegenüberstehend: **DEUTSCHER KURZHAAR-VORSTEHHUND**

Der Bretagne-Spaniel

Der 14 kg bis 18 kg schwere Bretagne-Spaniel ist der kleinste Vorsteh-hund, jedoch der einzige Spaniel unter den Vorstehhunden. Er ist besonders beliebt in Frankreich, Belgien und Italien, neuerdings auch in den Vereinigten Staaten. In Großbritannien ist er jedoch – vielleicht wegen seines französischen Ursprungs – nicht stark verbreitet.

Der typische Bretagne-Spaniel hat ziemlich lange Beine und einen kompakten Körper, wodurch er etwas aufgeschossen wirkt. Seine Farbe ist normalerweise weiß mit gelblichen, bräunlichen oder rötlichen Tönungen oder Flecken. Die Rasse hat zumeist ein ruhiges Temperament und läßt sich mit Geduld gut abrichten. Sie sind zwar gute Familienhunde, bleiben jedoch, wie viele Vorstehhunde, zumeist reserviert.

Sie zeichnen sich als Apportierhunde aus und lassen sich dazu abrichten, über den Schußbereich hinaus das Gelände zu durchstreifen. Sie sind sehr beständig als Vorstehhunde, obwohl sie nicht die gleichen Qualitäten besitzen wie typische Pointer und Englische Setter. Besonders beliebt sind sie bei amerikanischen Jägern, die im Mittleren Westen und Nordosten der USA und in Kanada Haselhühner und Waldschnepfen jagen. Bretagne-Spaniels können sich auch umstellen auf anderes Federwild, wie Sumpfschnepfen und Wassergeflügel, doch den meisten fällt dies schwerer als beispielsweise den Deutschen kurzhaarigen Vorstehhunden.

Der Vizsla (Mehrzahl: Vizslak)

Dies ist ein ungarischer Vorstehhund. Sein Name bedeutet »aufmerksam« oder »schnell reagierend« auf Ungarisch. Er hat etwa die Größe eines großen Pointers und wiegt etwa um 23 kg bis 27 kg. Er ist schlank und hat ein kräftiges rostgoldenes Haarkleid.

Da das Haar jedoch kurz ist, eignet sich die Rasse nicht für das Durchstreifen von Dickicht oder Dornengebüsch. Innerhalb des Schußbereichs leistet der Hund jedoch gute Dienste, ebenfalls als Apportierhund im Bergland. Er arbeitet jedoch schlechter in Niederungen und Sumpfgebieten.

Einige Züchter haben die Rasse mit Deutschen drahthaarigen Vorstehhunden und Griffons gekreuzt, um das Haarkleid dichter zu machen.

Hunde, die den heutigen Vizslak sehr ähneln, verwendeten magya-

Zwei Deutsche Drahthaar-Vorstehhunde. Der Hund im Vordergrund hat die Vögel entdeckt und steht vor. Der Hund im Hintergrund honoriert den Fund des anderen, indem er »beisteht«.

rische Falkner schon im 10. Jahrhundert. Die daraus entwickelte Rasse wurde vom ungarischen Adel bei seinen Jagden im ebenen Gelände eingesetzt. In der heutigen Zeit findet die Rasse jedoch überall auf der Welt bei der Jagd auf Federwild Verwendung.

Der Weimaraner

Hier handelt es sich um eine kräftige Rasse: Ein Rüde kann bis etwa 38 kg wiegen, bei einer Schulterhöhe von rund 65 cm. Die Hunde haben ein kurzes, ziemlich spärliches Haarkleid. Die Rute wird im allgemeinen kupiert. Die Augen sind blaugrau oder blaßgelb. Das Haarkleid ist silbrig, und bei bestimmtem Lichteinfall zeigt es mattlila oder mattgelbe Untertöne.

Wie der Vizsla eignet sich auch der Weimaraner am besten im bergigen Gelände; er hat jedoch nicht die gleiche Unermüdlichkeit und den gleichen Jagdeifer wie andere Vorstehhundrassen. Wegen seines kurzen Haares eignet er sich nicht für die Jagd in extrem kalten Klimazonen.

Die Rasse wurde um die Mitte des 19. Jahrhunderts in Weimar entwickelt, mit der Absicht, einen Allzweck-Jagdhund zu züchten. Obwohl die Rasse treue Anhänger hat, ist sie nicht allgemein bekannt.

Stöberhunde (Spaniels)

Diese Hunde arbeiten in der Nähe des Jägers. Sie durchstöbern schnell die Deckung und finden die Fährte. Hierbei wedeln sie immer schneller mit ihren Ruten, wodurch sie dem Jäger signalisieren, daß sich Wild in unmittelbarer Nähe befindet. Wenn der Geruch besonders stark wird oder wenn sie das Wild sehen, jagen sie es auf.

Sportjäger in Europa erwarten von einem gut abgerichteten Spaniel, daß er bei der Jagd auf Haarwild und auf Federwild gleich gute Leistungen erbringt. In Nordamerika verwenden viele Jäger ihren Spaniel nur bei der Jagd auf Federwild, da sie offenbar fürchten, daß ein Hund, der Hasen jagt, seine Fähigkeit verliert, Vögel aufzujagen. Dies würde bei einem Vorstehhund zutreffen, denn Haarwild verhält sich anders als Federwild, wenn ein Hund es aufgespürt hat. Ein Vorstehhund lernt, sich auf die eine oder die andere Wildart zu spezialisieren. Doch einem Stöberhund macht es nichts aus, verschiedene Wildarten aufzujagen, und der Jäger sollte daher seinen Spaniel nicht nur auf die Federwildjagd beschränken.

Das Wort »Spaniel« geht auf das Land Spanien zurück, denn Hunde vom Typ des Spaniel waren dort zu Beginn des Mittelalters verbreitet. Offenbar gab es aber bereits vor fast 2000 Jahren Hunde, die den Spaniels ähnelten. Gegen Mitte des 17. Jahrhunderts unterschied man Hunde nach ihren hervorstechenden Begabungen als Landspaniels und Wasserspaniels, doch in späterer Zeit traten an die Stelle der Wasserspaniels zumeist solche Rassen, die man als Apportierhunde bezeichnete. Die größeren Landspaniels eignen sich im allgemeinen recht gut für das Apportieren von Enten. Die am weitesten verbreitete Rasse, der Englische Springer-Spaniel, apportiert gut zu Land und zu Wasser, und er eignet sich gleichermaßen für das Aufstöbern von Haarwild und Federwild. Er ist die einzige Spaniel-Abart, die hier näher beschrieben wird.

Zu den wichtigsten Spaniels gehört auch der Cocker, der ursprünglich für das Stöbern von Waldschnepfen gezüchtet wurde. Er ist so hübsch und klein und zeigt ein so freundliches Verhalten, daß er bei Hundeschauen zum großen Favoriten wurde und auch gern als Haustier gehalten wird. Allerdings wurde die Rasse durch die Zuchtwahl ge-

schwächt: Ihr Haarkleid wurde zu lang, die Hunde verloren ihre Ausdauer, die gute Witterung und den Jagdeifer. Besonders in den Vereinigten Staaten büßte der Cocker als Jagdhund ein, da die Rasse nervös und ängstlich wurde.

Viele Züchter unterscheiden neuerdings den Englischen Cockerspaniel von den anderen Cockern. Er ist robuster, im Vergleich zu anderen Vogelhunden klein und ein recht ausdauernder und gelehriger Jagdhund. Manche Jäger verwenden ihn bei der Jagd auf Waldschnepfen und sogar auf Fasanen. Er eignet sich auch als Gehilfe bei der Eichhörnchenjagd. Jedoch ist der Englische Cocker als Jagdhund längst nicht so beliebt wie in früheren Zeiten.

Zu den Spaniels, die einen begrenzten Bekanntheitsgrad erreicht haben, gehören der Clumber, der Sussex und der Welsh-Springer-Spaniel. Ein Welsh-Springer läßt sich als eine etwas schwerfällige Version des Englischen Springers bezeichnen, so daß ein Jäger, der sich einen Stöberhund wünscht, normalerweise auf den Englischen Springer zurückgreift.

Der Englische Springer-Spaniel

Es gibt zwei unterschiedliche Typen des Englischen Springer-Spaniels: Schauhunde und Jagdhunde. Sie gelten zwar als gleiche Rasse, doch sehen sie nicht gleichartig aus. Vom Standpunkt des Jägers aus gesehen, ist der als Jagdhund ausgebildete Springer der beste Stöberhund, und ein Jäger, der einen Hund dieser großartigen Rasse haben will, muß darauf achten, daß er ein Tier erhält, das mit Gewißheit aus einer Jagdhundzucht stammt.

Der Springer als Jagdhund ist klein und stämmig gebaut; er erreicht im allgemeinen weniger als 50 cm Schulterhöhe und wiegt durchschnittlich

etwa 18 kg. Manche Tiere sind noch bedeutend kleiner. Die erheblich größeren Tiere sind zumeist vom Typ der Schauhunde und als Jagdhunde nicht geeignet. Die am weitesten verbreiteten Farben sind weiß und dunkelbraun oder weiß und schwarz. Verfließende Untertöne sind typisch, jedoch nicht wesentlich. Das Haar soll sich glatt anfühlen und eine Länge ähnlich wie beim Englischen Setter haben. An der Rückseite der Beine und an der Unterseite der kupierten Rute können Federhaare auftreten. Die Ohren sind verhältnismäßig kurz und hängen nicht unter die Schnauzenlinie herab.

Die bedeutsamste Eigenschaft des Springers ist vielleicht darin zu sehen, daß er auch bei geringer Abrichtung ein guter Jagdhund werden kann. Schon wenn er sich in einem Gebiet befindet, wo es Federwild gibt, zeigt er seine Grundeigenschaften.

Springer durchstreifen das Gelände im allgemeinen innerhalb des Schußbereichs. Sie sind auch gute Apportierer und apportieren mitunter sogar, ohne dazu abgerichtet zu sein. Da ihr Haar relativ dünn ist, kann man sie nicht in sehr kaltem Wasser einsetzen; doch bei normalem Wetter sind sie ausgezeichnete Wasserhunde. Ein Jäger, der die Jagd auf Wassergeflügel betreibt, sollte sich vorzugsweise einen Hund mit schwarzer oder dunkelbrauner Farbe aussuchen, der wenig Weiß im Haarkleid hat, damit er von wachsamen Enten oder Gänsen nicht so leicht entdeckt werden kann. Andererseits ist im bergigen Gelände ein hellerer Hund für den Jäger leichter zu erkennen.

Springer sind leicht abzurichten, sie reagieren auf gutes Zureden. Bei einem strengen Tadel ducken sie sich, und wenn sie streng behandelt oder geschlagen werden, zeigen sie sich verwirrt. Sie sind vermutlich die liebenswürdigsten und verspieltesten aller Jagdhunde und werden leicht Lieblinge der Familie. Der Springer ist der ideale Fasanenhund und leistet gute Dienste bei der Jagd auf Kaninchen und Hasen, Sumpf-

schnepfen, Waldschnepfen, Rebhühner und anderes Wild. Er ist vermutlich der am vielseitigsten einsetzbare Allzweck-Gebrauchshund.

Die Rasse wurde in England im Jahre 1902 zum erstenmal offiziell registriert. Springende Spaniels waren zwar bereits im 16. Jahrhundert bekannt, doch Versuche, eine einheitliche Rasse zu entwickeln, wurden erst viel später unternommen. Die Familie Boughey aus Aqualate in Shropshire begann 1812 mit der planmäßigen Hundezucht und schuf die erste reinrassige Linie Englischer Springer-Spaniels. Bekannt für seine Springerhunde ist auch der englische Züchter Talbot Radcliffe.

Hetzhunde

Hetzhunde verfolgen das Wild nach der Fährte. Manche Rassen werden wegen ihrer Schnelligkeit gezüchtet – wie beispielsweise Englische Fuchshunde –, während andere nicht sehr schnell, aber dafür ausdauernd laufen – wie zum Beispiel Beagles –, denen der Jäger bei der Hasenjagd zu Fuß folgt. Die meisten Hetzhunde nehmen jedoch die Witterung nicht wie Vogelhunde aus der Luft, sondern vielmehr vom Erdboden auf, und fast alle geben Laut, wenn sie Wild verfolgen: Englische Fuchshunde, Schwedische »Spetshunde« für die Elchjagd oder Amerikanische Waschbärhunde.

Es gibt viele Hetzhundrassen, die nicht mehr für die Jagd verwendet werden. Der Afghane ist vielleicht der älteste dieser Hunde, der Schweißhund der bekannteste. Während in Großbritannien Windhunde und Whippets noch immer für das Hetzen von Hasen verwendet werden, sind die grauen, rauhhaarigen Otterhunde künftig wohl nur noch Schauhunde, da die Otterjagd jetzt verboten ist. Dachshunde werden gelegentlich noch verwendet, um Wild aus dem Bau zu jagen, doch selten zur Verfolgung. Weitere Hetzhunde sind der Rhodesische Ridgeback, der Irische Wolfshund, der Barsoi, der Schottische Deerhound, der Saluki und der Basenji, ein Hund, der nur selten bellt.

Der Beagle

Beagles sind die beliebtesten Hetzhunde und dienen sowohl als Haushunde als auch für die Jagd. Als Jagdhund ist dise Rasse nicht groß; sie hat eine Schulterhöhe von 33 cm bis 38 cm. Die typische Färbung ist eine Mischung von Schwarz, Weiß und Bräunlich. Beagles haben ein kurzes Haarkleid und lange Ohren. Es gibt verschiedene Erklärungen zum Ursprung des Namens: »Beagle« soll vom gälischen »beg« abstammen, was »klein« bedeutet. Es kann aber auch vom altfranzösischen »beegeule« abstammen, was »lautes Wesen« bedeutet. Mit »kleinen, lauten Wesen« kann man durchaus eine Meute Beagles bezeichnen, die Witterung von einem Hasen aufgenommen hat. Dann klingt ihr Gebell fröhlich und harmonisch; doch wenn sie die Witterung verloren haben, schweigen sie. Am besten arbeiten sie zu jeweils zwei, drei oder mehr Paaren. In Nordamerika werden auch einzelne Beagles verwendet bei der Jagd auf Kaninchen, Hasen und Hörnchen. Gelegentlich dienen sie auch zum Aufjagen von Fasanen. Im wesentlichen sind sie jedoch Meutehunde. Die Rasse stammt aus Großbritannien, und in ganz England gibt es viele organisierte Meuten von Beagles.

Der Basset

Außer dem Beagle ist der Basset der einzige kleine Hetzhund, der für die Jäger der jetzigen Zeit eine große Bedeutung besitzt. Er ist ein kurzbeiniger, starkknochiger Hund mit langgestrecktem Körper. Er hat eine Schulterhöhe von 30 cm bis 38 cm. Die Farbkombination von Schwarz, Weiß und Bräunlich ist am weitesten verbreitet. Die langen Ohren hängen schlaff herab, und das Gesicht mit den schweren Lefzen hat einen ernsten Ausdruck.

Bassets sind Spezialisten für die Hasenjagd. Sie sind viel langsamer als Beagles. Sie haben jedoch von allen Meutehunden den besten Geruchssinn, außerdem sind sie sehr beharrlich. Wenn ihnen ein Hase auch davonläuft, so kann er doch nicht hoffen, daß der Basset seine Fährte verliert. Auch allein arbeitende Bassets sind erfolgreich bei der Verfolgung von Kaninchen oder Hörnchen und beim Aufjagen von Fasanen. Bassets haben tiefe, volltönende Stimmen.

Die Rasse ist französischen Ursprungs. Man glaubt, daß sie von Kreuzungen der alten französischen Schweißhunde mit den Hunden des Mönchordens von St. Hubertus, den es vor einigen Jahrhunderten in Belgien gab, abstammt. Eine Weiterentwicklung der Rasse erfolgte in Frankreich, Belgien und Rußland sowie in Großbritannien im späten 19. Jahrhundert. Die heutigen nordamerikanischen Jagdhunde stammen aus englischen und russischen Züchtungen.

Der Englische Fuchshund

Die Englischen Fuchshunde entwickelten ihr heutiges Aussehen bereits vor zwei bis drei Jahrhunderten. Man züchtete sie hauptsächlich wegen ihrer Schnelligkeit und Ausdauer. In den zwanziger und dreißiger Jahren dieses Jahrhunderts wurden manche Meuten Englischer Fuchshunde mit Walisischen Fuchshunden gekreuzt, um die Widerstandsfähigkeit und Witterungskraft der Rasse zu erhöhen. Manche Meuten in England haben jedoch besondere Eigenheiten, wie zum Beispiel die Hunde der Jagd von Belvoir, die bräunlich sind, eine Farbtönung, die für die Züchtungen der Belvoir-Hunde typisch ist. Im allgemeinen sind Fuchshunde schwarz, weiß und bräunlich und haben eine Schulterhöhe von etwa 53 cm bis 64 cm. Sie haben ein glattes Fell, schlaff herabhängende Ohren und tragen ihre Ruten aufrecht. Ihre Läufe haben starke Muskeln, wodurch es möglich ist, mit den Hunden zweimal wöchentlich in der Saison zu jagen, mitunter sogar noch öfter.

Ihre Jagdweise ist bekannt: Sie durchstreifen ein Gebiet, wo ein Fuchs vermutet wird, und zwingen ihn in offenes Gelände. Gleichzeitig geben sie kund, was sie gefunden haben, indem sie ein Gemisch von Lauten von sich geben, das die Jäger oder erfahrene Jagdteilnehmer auszudeuten verstehen. Danach verfolgen die Hunde den Fuchs, wobei sie im Laufen weiterhin »mit dem Fuchs sprechen«. Sie können in einer Stunde eine Stecke von 13 bis 16 Kilometer zurücklegen.

Der Amerikanische Fuchshund

Amerikanische Fuchshunde sind etwas kleiner als englische Hunde dieser Rasse. Die Geschichte des Amerikanischen Fuchshundes läßt sich bis 1650 zurückverfolgen, als die ersten europäischen Hetzhunde über den Ozean gebracht wurden. Während der nächsten Jahrhunderte importierte man zahlreiche weitere Hunde, zugleich aber wurde in ländlichen Gebieten selbst gezüchtet. Der Einsatz dieser Hunde geschah zur Verfolgung von Waschbären, Rotluchsen, Bären, Wildschweinen, Pumas und Coyoten.

Manche Fachleute behaupten, daß der Amerikanische Fuchshund die besten Eigenschaften aller Rassehunde aufweist, was die Verfolgung der Fährte eines Fuchses oder eines vergleichbaren Wildtieres angeht. Ein solcher Hetzhund muß eine ausgezeichnete Witterung besitzen, schnell und ausdauernd sein und gut Laut geben können. Er muß ein gutes Heimkehrvermögen haben, sich auch schwierigem Gelände anpassen können, angriffsfreudig und immer bereit sein, die Beute allein oder in der Meute zu hetzen. Manche Jäger achten darauf, daß ihre Hunde nur zur Verfolgung einer bestimmten Wildart abgerichtet werden. Amerikanische Fuchshunde haben jedoch den angeborenen Instinkt, der es ermöglicht, sie so abzurichten, daß sie eine Vielzahl verschiedener Wildarten verfolgen.

Wie der Englische ist auch der Amerikanische Fuchshund im allgemeinen dreifarbig – weiß, schwarz und bräunlich –, doch sieht man auch häufig orangefarbige, zitronengelbe oder andere Tönungen. Das Haarkleid ist kurz und dicht, die durchschnittliche Schulterhöhe beträgt 60 cm und das Gewicht etwa 23 kg bis 27 kg.

Von den vielen Züchtungen Amerikanischer Fuchshunde sind drei besonders bekannt geworden: Der Walker, der Trigg und der July. Der Walker hat sich zu einer eigenen, eingetragenen Rasse entwickelt, während die beiden anderen Typen noch immer als Amerikanische Fuchshunde bezeichnet werden.

Der Walker

Der Walker-Hetzhund hat seinen Namen von John Walker, einem Siedler in Virginia, der nach Kentucky verzog und zusammen mit George Washington Maupin diese Rasse züchtete. Die Tiere, die sich zur Jagd von Waschbären eigneten, wurden weitergezüchtet. Seitdem wurden Walker-Hunde als Waschbären-Jäger bekannt.

Die Hunde haben eine durchschnittliche Schulterhöhe von 60 cm und wiegen etwa 23 kg bis 32 kg. Zumeist sind sie dreifarbig, schwarz, weiß und bräunlich. Es gibt aber auch Abweichungen, die man eintragen lassen kann.

Die heutigen Walker-Hunde sind weitlaufende, unermüdliche Jäger von großer Schnelligkeit und gutem Heimkehrvermögen. Zu ihrer Schnelligkeit trägt auch die Fähigkeit bei, daß sie sowohl aus der Luft als auch vom Erdboden Witterung aufnehmen können.

Der Amerikanische Waschbärenhund (Gebrauchshund)

Dies ist der allgemeine Name für Züchtungen großer Hetzhunde, die hauptsächlich, wenn auch nicht ausschließlich, für die Waschbärenjagd verwendet werden. Meuten dieser Hunde werden auch eingesetzt bei der Jagd auf Füchse sowie Bären, Wildschweine, Pumas und Rotluchse. In manchen Gebieten nennen die Jäger ihre Meute daher Bärenhunde, Wildschweinhunde oder Katzenhunde, je nach ihrer Spezialisierung. Und je nach der Region und dem vorhandenen Wildbestand werden die Hunde so abgerichtet, daß sie nur eine oder auch mehrere Wildarten verfolgen, zum Beispiel Bär und Rotluchs oder Bär und Wildschwein.

In manchen Gebieten werden sehr viele Kreuzungen zwischen den einzelnen Rassen vorgenommen, besonders dort, wo die Hunde nicht registriert sind. Die Hundehalter sind weit mehr daran interessiert, daß ihr Hund das Wild gut zu hetzen oder auf einen Baum zu jagen versteht, als daß sie auf Reinrassigkeit Wert legen.

Die Meuten, die zur Verfolgung von größerem und gefährlichem Wild wie Bären oder Wildschweinen verwendet werden, müssen furchtlos und beharrlich sein. Sie müssen ihre Beute stellen, indem sie diese in die Enge treiben und Angriff und Rückzug abwechselnd wiederholen. Auf diese Art werden manche Hunde natürlich verletzt oder kommen sogar zu Tode. Ein Puma zögert mitunter, von einem Baum herunterzukommen, auf den er gejagt worden ist, doch wenn er sich dann zum Sprung entschließt, erlegt er oftmals den Hund, der sich ihm in den Weg stellt. Ein besonnener Jäger leint daher seine Hunde an, bevor er den Puma vom Baum schießt.

Die wichtigsten Waschbärenhunde sind der Schwarzbraune, der Bluetick, der Englische, der Redbone und der Plott. Alle haben ungefähr die gleiche Größe wie der Amerikanische Fuchshund; der Schwarzbraune kann allerdings etwas größer und der Plott etwas kleiner sein.

Der Schwarzbraune ist schwarz mit braunen Flecken auf den Läufen und im Gesicht, und häufig hat er eine weiße Blesse auf der Brust. Die langen Ohren hängen schlaff herab. Er wiegt etwa 27 kg bis 34 kg. Er ist verhältnismäßig langsam, aber sehr zielstrebig und kann kaltes Wetter gut vertragen. Schwarzbraune nehmen die Witterung vom Erdboden auf. Man merkt ihnen die Abstammung von Schweißhunden an. Sie haben tiefe, volltönende Stimmen. Von allen Waschbärenhund-Züchtungen sind sie die ältesten.

Der Bluetick hat eine bläuliche Tönung auf dem sonst weißlichen Körper, der mit braunen Punkten versehen ist. Er sieht weniger rassig aus als der Walker, doch er läßt sich bei der Großwildjagd gut verwenden. Schon sehr frühzeitig lernt er, eine Fährte zu verfolgen.

Den Englischen Hund nennt man zur besseren Unterscheidung auch den Redtick, da er eine rötliche Tönung besitzt. Er hat zwar kein sehr eindrucksvolles Äußeres, doch ist er sehr zielstrebig bei der Fährtensuche und beim Hetzen der Beute.

Der Redbone ähnelt dem Bluetick, dem Redtick und dem Amerikanischen Fuchshund in seiner Größe, er ist jedoch etwas schwerer. Seine typische Farbe ist ein Rostrot über den ganzen Körper hinweg. Manchmal hat er weiße Flecken an den Läufen und auf der Brust. Es wird vermutet, daß er vielleicht im letzten Viertel des 19. Jahrhunderts mit Settern gekreuzt wurde. Die Hunde verfolgen die Fährte gut und eignen sich besonders für die Bärenjagd. Für eine gute Bärenmeute kombiniert man am besten Redbones und Plotts.

Die Plotts verdanken ihren Namen einem Jonathan Plott, einem deutschen Auswanderer, der sich um die Mitte des 17. Jahrhunderts in den Smoky Mountains von North Carolina angesiedelt hatte. Die Hunde, die er mitbrachte, erwiesen sich als besonders gut bei der Jagd auf Schwarzbären, die es damals reichlich gab. Die Züchtung wurde im 18. und 19. Jahrhundert sehr bekannt. Vielleicht weil die Familie nur für den eigenen Bedarf Hunde züchtete, ließ ihr Bekanntheitsgrad nach. Doch wurden die Plott-Hunde im 20. Jahrhundert wieder berühmt, als man Wildschweine in den Smoky Mountains aussetzte. Wie ihre deutschen Vorfahren sind sie als Wildschweinhunde besonders geeignet, doch werden sie auch bei der Jagd auf andere Wildarten verwendet. Gute Plott-Hunde gibt es jetzt in ganz Nordamerika, und auch Jäger in Europa haben diese Züchtung gekauft.

Ein Plott-Hund hat eine Schulterhöhe von 53 cm bis 60 cm, sein Gewicht liegt zwischen 20 kg und 27 kg. Der Hund ist stämmig, sehr muskulös und hat ein sehr kräftiges Gebiß. Er ist fast über den ganzen Körper hinweg schwarz und braun gestreift. Gewöhnlich hat er einen schwarzen Sattel. Auf den Läufen oder auf der Brust kann er weiße Punkte haben. Bei den Jungen kann gelegentlich eine hellere Farbtönung auftreten, die darauf zurückgehen soll, daß vor vielen Jahren einmal ein Plott mit einem besonders auffallenden Bärenhund aus Georgia gekreuzt wurde.

Links: **WASCHBÄRENHUND**
Unten: **ENGLISCHER FUCHS-HUND**
Gegenüberstehend: **BÄRENHUND**

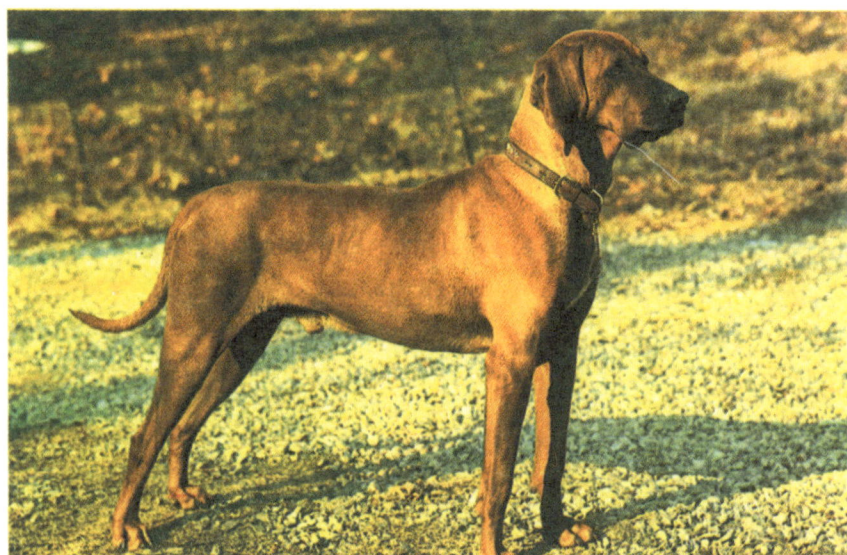

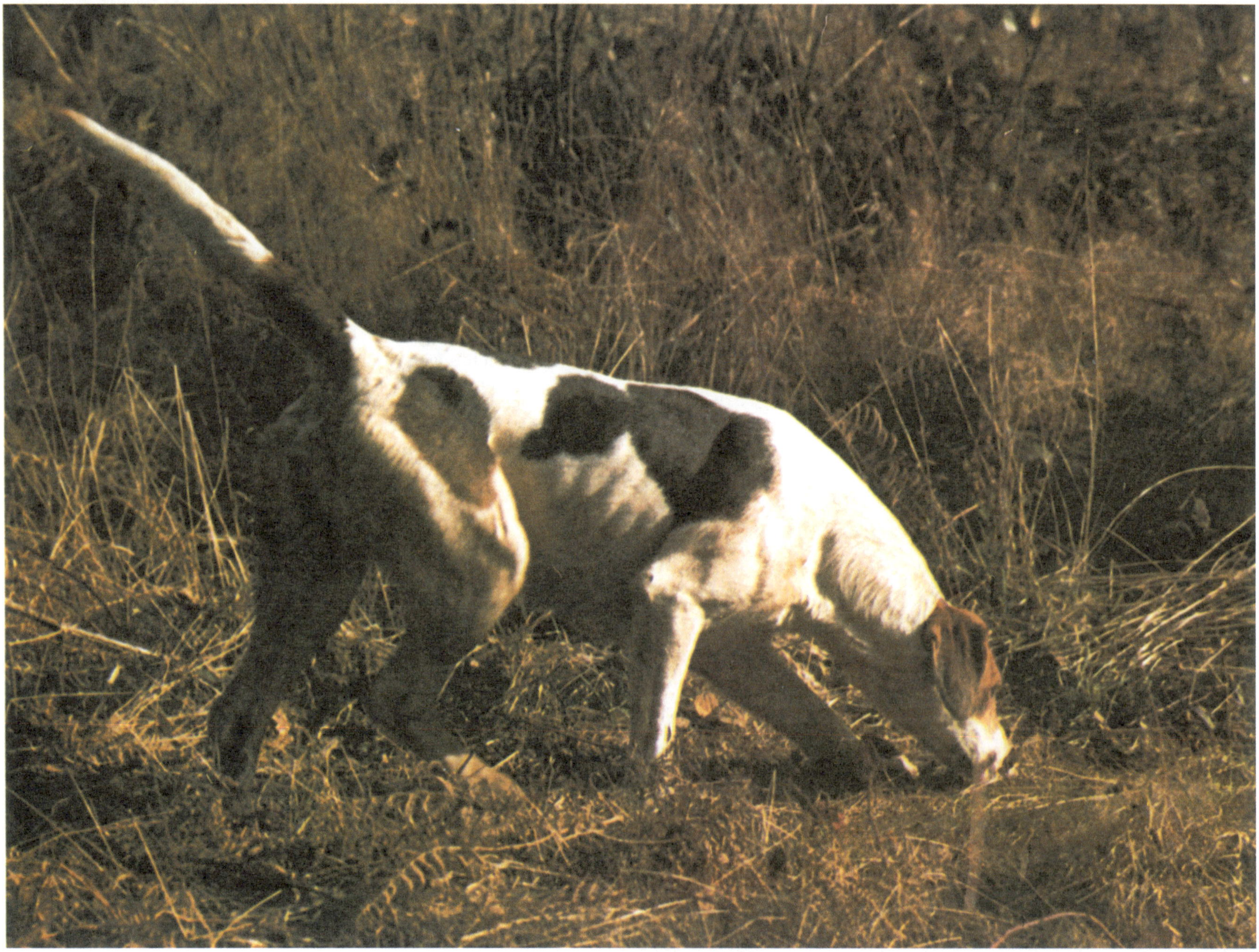

Kapitel 2
Abrichtung von Jagdhunden

Sten Christoffersson

Die meisten Jagdhundarten können in vier Kategorien eingeteilt werden: Bracken, Vorstehhunde zur Vogeljagd, Stöberhunde (verschiedene Spanielarten) sowie Apportierhunde (Retriever). Die drei letztgenannten Typen von Jagdhunden haben teilweise dieselben Aufgaben. Von einem Spaniel erwartet man zum Beispiel, daß er auch apportieren kann, ein Retriever wird manchmal zum Stöbern eingesetzt, und die meisten Jäger wollen, daß der Vorstehhund auch die geschossenen Vögel apportiert.

Außer diesen vier Rassen von Jagdhunden werden mancherorts Erdhunde eingesetzt – vor allem verschiedene Terrierrassen –, aber auch Dachshunde. Ihre Aufgabe besteht hauptsächlich darin, bei der Jagd von Füchsen und Dachsen diese aus ihren Verstecken herauszuholen. In Skandinavien und Nordasien setzt man bei der Jagd auf Elch, Auerhuhn und Birkhuhn Spitze ein, die das Wild aufspüren und unter Aufsicht halten, bis der Jäger, vom Lautgeben geleitet, eingetroffen ist. Außerdem wird noch immer mit Windhunden gejagt – auf den Grassteppen Südamerikas und Asiens und in Großbritannien. Eine geringere Anzahl Hunderassen – wie der Bayrische oder der Hannoversche Schweißhund – bildet heute die Gruppe spezialisierter Schweißhunde zum Verfolgen von krankgeschossenem Schalenwild.

Die jagdmethodischen Unterschiede zwischen verschiedenen Rassen von Jagdhunden ergeben sich vor allem aus ihren genetisch bedingten Unterschieden. Jedoch verlangen alle Jagdhunde noch dazu eine sehr sorgfältige Erziehung, ehe sie als reife Jagdhunde betrachtet werden können.

Die Grundabrichtung hat vor allem das Ziel, den Hund bereits von Anfang an zum Gehorsam und zu guten Gewohnheiten zu erziehen, damit sich das tägliche gemeinsame Zusammensein von Mensch und Hund problemlos gestaltet. Fängt man damit rechtzeitig an, bewirkt die Abrichtung noch dazu sekundäre, jedoch nicht weniger wichtige Nebeneffekte: Der junge Hund wächst mit klaren Vorstellungen darüber auf, wessen Wille gilt. Er wird den Erzieher als seinen Rudelführer begreifen, ihm gegenüber aufmerksam und folgsam sein. Diese Grundprinzipien der Erziehung sind im großen und ganzen allen Jagdhunden unabhängig von der Rasse gemeinsam.

Der Umfang der Abrichtung zur Jagd kann für verschiedene Arten von Jagdhunden unterschiedlich sein. Stöberhunde und Vorstehhunde verlangen zweifellos eine anspruchsvollere Erziehung; die Bracken bilden sich dagegen mehr oder weniger selbständig aus.

Gute Veranlagung und sorgfältige Dressur reichen jedoch noch nicht aus, um einen erstklassigen Jagdhund zu erhalten. Dazu sind auch umfassende Jagderfahrungen notwendig. Nur wenige Hunde erhalten während ihrer drei ersten Lebensjahre genügend Erfahrung. Die meisten von ihnen erreichen ihre beste Form im vierten bis siebten Lebensjahr, danach beginnen ihre Leistungen abzufallen und ihre Kräfte nachzulassen. Viele Jagdhunde kompensieren jedoch die abnehmende physische Kondition mit ihrer großen Erfahrung und bringen in den Jagdrevieren noch hohe Leistungen sogar als Zehn- bis Zwölfjährige.

Drei wichtige Regeln

Wenn man mit der Abrichtung eines Jagdhundes Erfolg haben will, müssen folgende drei Regeln unbedingt beachtet werden:

1. Es ist äußerst wichtig, daß der Jäger einen Welpen aus einer Zucht mit nachweislich guter Jagdbegabung aussucht. Es gibt nämlich keine effektive Methode, einen Hund mit fehlender Veranlagung zu einem guten Jagdhund auszubilden.

Dies gilt allerdings nicht für die Hunderassen, die praktisch nur für die Jagd eingesetzt werden, z. B. Vorstehhunde und Stöberhunde. Einige Jagdhunderassen sind inzwischen ebenfalls als Gesellschaftshunde sehr populär geworden; wenn die Zucht andere Ziele als die Eignung des Hundes für die Jagd verfolgt, verschwinden viele notwendige Anlagen eines Jagdhundes erstaunlich schnell. Beispiele solcher teilweise zerstörten Jagdanlagen liefern Dachshunde, die meisten Terrier, sämtliche Spaniel- und Retrieverrassen sowie viele andere Hunderassen für die Vogeljagd. Den Gesellschaftshunden dieser Rassen fehlen die notwendigen Anlagen bereits dermaßen, daß sie nicht einmal Voraussetzungen haben, sich zu akzeptablen Helfern eines Jägers zu entwickeln, der hohe Anforderungen an einen Jagdhund stellt. Es gibt jedoch auch bei diesen Rassen immer noch vereinzelt anzutreffende Stämme mit guten Jagdanlagen, wo der Jäger seinen Hund suchen sollte.

2. Die Hunde lernen hauptsächlich durch Wiederholung. Sie besitzen nicht unser Vermögen zur Einsicht und können daher nicht verstehen, warum sie bestimmte Handlungen auf eine bestimmte Weise ausführen müssen. Sie können auch nicht durch Beobachtung eines bereits ausgebildeten Hundes lernen, wie dieser bestimmte Handlungen beim Training ausführt. Sogar mit dem besten Hundematerial muß die Dressur gut durchdacht und systematisch verlaufen, um die angestrebten Ergebnisse zu erzielen – am besten in mäßigem Tempo und ohne größere Rückschläge. Der Schwierigkeitsgrad sollte nur so schnell steigen, daß der Hund es problem-

los bewältigt, seinen Aufgaben gerecht zu werden. Wenn die Abrichtung auf einem deutlichen Autoritätsverhältnis zwischen Abrichter und Hund erfolgt, sind in der Praxis auch keine Bestrafungen notwendig. Falls solch eine Notwendigkeit entsteht, reicht es dann in der Regel, wenn der Abrichter seine Mißbilligung laut verbal oder durch kräftiges Packen am Nakken äußert. Wer zu härteren Methoden bei der Hundeabrichtung greifen muß, hat entweder einen falschen Züchter angesprochen und einen Welpen mit unzureichendem Willen zur Zusammenarbeit erhalten oder ist selbst eine ungeduldige Person ohne jegliche pädagogische Begabung.

3. Bringen Sie dem Hund von Anfang an richtiges Benehmen bei! Wenn er als Welpe z.B. auf die Möbel springen oder durch die Türen hin und her rennen durfte, wird es später bedeutend schwerer sein, ihn davon abzubringen, anstatt ihm von Anfang an die Grenzen seiner Möglichkeiten zu zeigen. Die Faustregel lautet hier: Lassen Sie Ihren Welpen niemals das tun, was er später als erwachsener Hund nicht tun darf! Dadurch bekommt er gute Gewohnheiten, die ihn sein Leben lang begleiten werden. Eigentlich gelten dieselben Regeln wie bei der Kindererziehung. Bringt man dem Kind früh bei, auf gewisse Regelmäßigkeiten zu achten, sich zu benehmen und anderen Menschen gegenüber aufmerksam zu sein, wird all dies zum automatischen Verhaltensmuster.

Aus demselben Grund sollte man einem Hühnerhund niemals erlauben, während seiner Welpenzeit Wild zu jagen. Er sollte nach Möglichkeit gar keinen Kontakt mit dem Wild haben, bis seine Hörigkeit so ausgeprägt ist, daß der Hundeführer den Hund unter Kontrolle hat. In diesem Punkt sind sich übrigens alle Jäger einig. Allerdings gibt es vereinzelt die Auffassung, man solle dem Hühnerhund zu Anfang erlauben, Wild zu jagen, damit seine Jagdlust entfacht wird; ein richtiger Jagdhund muß jedoch seine Jagdlust im Blut haben und braucht somit nicht zusätzlich motiviert zu werden. Der Hund wird bei einer Begegnung mit dem Wild unnötig gestreßt, und das erzeugt nur mehr Probleme bei der bevorstehenden Abrichtung. Der Abrichter muß in diesem Fall zuerst schlechte Gewohnheiten tilgen und erst dann dem Hund richtiges Verhalten beibringen. Falsches Verhalten bleibt bei dem Hund noch lange haften und offenbart sich früher oder später in einer Jagdsituation.

Eine günstige Möglichkeit, die Führerrolle des Abrichters zu betonen, ist es zu verlangen, daß der Welpe an der Schwelle sitzt und auf die Erlaubnis wartet, hinauszugehen zu dürfen.
Englischer Springer-Spaniel

Erziehung von Welpen und Abrichtung zum Gehorsam

Der kleine Welpe ist bekanntlich zu dem Zeitpunkt, wo er seinen Züchter verläßt, sehr lernfähig. Wer dieses früh entwickelte Lernvermögen auszunutzen versteht, wird bei der Ausbildung seines Jagdhundes einen erheblich besseren Erfolg haben als diejenigen, die eine aktive Einflußnahme auf ihren Hund erst nach den ersten sechs Monaten versuchen.

Es ist äußerst wichtig zu betonen, daß ein Welpe im zarten Alter auf gar keinen Fall einer Abrichtung im herkömmlichen Sinne des Wortes unterzogen werden darf. Stattdessen kann man aber mit ihm kleine Übungen vornehmen, die er mag und leicht bewältigt. Die Übungen müssen jedoch sofort eingestellt werden, wenn der Welpe nur die geringsten Anzeichen von Langeweile, Angst oder Tendenzen, die Übungen zu meiden, aufweisen sollte. Und natürlich darf der Welpe beim Versagen auf keinen Fall bestraft werden. Gestalten Sie deshalb die Übungen so, daß er nicht versagen kann, und loben Sie ihn jedesmal, wenn er die Übungen mehr oder weniger korrekt ausgeführt hat. Machen ihm die Übungen Spaß, wird er versuchen, alles richtig zu machen, und mit Freude und Spontaneität arbeiten.

Das Ruf- und Setzkommando und das einfache Apportieren sind Übungen, die man mit dem Welpen schon früh durchführen kann, dazu kann man noch bestimmte Verbote üben, wie z. B. nicht auf die Möbel springen oder sich nur in bestimmten Räumen aufhalten. Solche Übungen müssen sorgfältig und konsequent durchgeführt werden, auch wenn der erwachsene Hund später in der Hundehütte wohnen wird. Während der ersten drei bis vier Lebensmonate entwickelt sich beim Welpen eine enge Verbundenheit zum Menschen. Ein Welpe sollte daher nur gelegentlich und sehr kurze Zeit allein in seiner Hundehütte verbringen. Hat er selten Kontakt mit den Menschen, die ihm gegenüber freundlich sind und an ihn bestimmte Anforderungen stellen, wird er bei sich niemals ein Gefühl der Zusammengehörigkeit entwickeln können und sich ihnen unterordnen, was zur Folge hat, daß eine Grundlage zum Gehorsam und zur Zusammenarbeit nicht gegeben ist.

Man wird nicht dadurch ein guter Rudelführer, sprich Hundeführer, weil man stets freundlich und entgegenkommend ist und ständig Leckerbissen anbietet! Solches Verhalten deutet der Welpe eher als Schwäche und Nachgiebigkeit, er entwickelt dann eine Selbständigkeit und könnte sogar allmählich versuchen, die Führerrolle selbst zu übernehmen. Sie können ihn ruhig mit Lob, Liebkosungen und mit Leckerbissen überschütten, allerdings nur, wenn er etwas ausgeführt hat, was ihm befohlen wurde. Die effektivste Art, als Rudelführer anerkannt zu werden, ist die, zwar unterschiedlich zu reagieren, aber immer gerecht zu sein und Grenzen zu setzen für das, was erlaubt und was verboten ist. Auf diese Weise gewinnt man bald Respekt und Aufmerksamkeit, statt diese mit Bestechung gewinnen zu wollen. Eine nützliche Übung ist es, dem Welpen mit einer Pfeife beizubringen, wann er zur Malzeit erscheinen soll. Der Welpe erkennt bald diesen positiven Zusammenhang und folgt dann dem Rufkommando auch in anderen Zusammenhängen mit Freude und Bereitschaft. Bei dieser Übung kann man auch gleich dem Welpen beibringen, sich neben den Futternapf zu setzen und zu warten.

Die soeben beschriebenen oder ähnliche Übungen machen natürlich den Hund noch nicht zu einem besseren Jagdhund, sie sind jedoch auf jeden Fall von großem Wert, weil sie dem Hund deutlich zeigen, daß sein Wille dem des Menschen untergeordnet ist. Der Welpe wird dann bald begreifen, was man von ihm erwartet, er erscheint fröhlich auf das Signal und setzt sich bereitwillig, wenn der Futternapf vor ihn hingestellt wird. Dann muß er noch auf die ersehnte Erlaubnis zum Essen warten. Nach einer Weile blickt er fragend auf seinen Rudelführer – erst dann erteilt ihm dieser die Erlaubnis. Der Hund lernt auf diese Weise schnell, den Rudelführer bei den Malzeiten aufmerksam zu beobachten. Dieses Verhalten legt allgemein den Grundstein für die Aufmerksamkeit des Hundes auch in anderem Zusammenhang.

(Links) Bringen Sie dem Jagdhund von Anfang an bei, den Wagen erst nach der erfolgten Erlaubnis zu verlassen. *Bretagne-Spaniel*

(Rechts) Die Gehorsamkeitsdressur fördert beim Hund Aufmerksamkeit und Fähigkeit zur Zusammanarbeit. Außerdem stärkt sie die Führerstellung des Erziehers. *Schwedischer Drever*

Gewöhnung an das Fahren im Auto

Die Jagdhunde müssen fähig sein, im Auto mitzufahren, ohne Reisekrankheitserscheinungen zu bekommen. Es empfiehlt sich daher, den Welpen früh an kurze Autoausflüge zu gewöhnen. Die meisten Jäger transportieren ihre Hunde hinten im Kombi- oder Geländewagen. Dieser Platz kann jedoch völlig ungeeignet sein, falls der Hund die geringste Veranlagung zur Reisekrankheit aufweist. Besser ist es in diesem Fall, den Welpen am Beifahrersitz auf dem Boden unterzubringen. So befindet er sich nicht nur nahe dem Schwerpunkt des Autos, sondern er behält auch den Kontakt mit dem Menschen.

Bei den ersten Ausflügen sollte man am besten zu zweit im Auto sein, damit der Fahrer sich auf das Fahren konzentrieren kann. Wichtig ist, daß dem Welpen von Anfang an nicht erlaubt wird, auf den Sitz zu springen – so gewöhnt er sich schneller, auf dem Boden des Wagens zu bleiben. Nach einer Weile gewöhnt sich der Hund sogar daran, beim Parken für kürzere Zeit allein im Wagen zu bleiben. Nachdem sich der Hund ans Autofahren richtig gewöhnt hat, kann er auch hinten, in seinem Gitterabteil mitfahren.

Schußgewohnheit

Es ist wichtig, daß sich der Hund bereits vor der ersten Jagd an Schüsse gewöhnt hat. Besonders wichtig ist das für Vorstehhunde, die – im Unterschied zu den Bracken – bei der Jagd im Zentrum des Geschehens sind und die Schüsse aus einem Abstand von nur wenigen Metern erleben. Ein schußängstlicher Hund ist an seinem Platz natürlich vollständig untauglich. Schußscheue ist allerdings unter Hunden aus etablierten Züchtungen sehr selten; es kommt jedoch vor, daß ein Jagdhund schußscheu werden kann, d. h. er weist einen Unwillen gegenüber seinen Aufgaben auf und versucht, sich am liebsten zurückzuziehen, wenn Schüsse in seiner Nähe abgegeben werden. Dies ist während der Jagd beinahe genauso verhäng-nisvoll wie die Schußangst. Dem kann aber vorgebeugt werden, indem der Hund bereits als Welpe schrittweise an das Schießen gewöhnt wird.

Das Training beginnt mit einer Startpistole. Viele Welpen kümmern sich nicht das geringste um Schüsse mit der Startpistole, sogar wenn sie in ihrer unmittelbaren Nähe abgegeben werden. Aus Sicherheitsgründen sollte man jedoch den ersten Schuß nicht näher als fünfzig Meter vom Welpen entfernt abgeben. Man muß dabei zu zweit sein, so daß sich die zweite Person mit dem Welpen beschäftigen kann. Dabei ist zu beachten, daß diese zweite Person auf keine Weise auf den Schuß reagiert, sondern mit dem Welpen unberührt weiter spielt und ihn liebkost. Folgt keine negative Reaktion von seiten des Hundes, kann ein zweiter Schuß aus derselben Entfernung abgegeben werden. Bei täglichen Übungen mit immer geringeren Abständen zum Hund wird der Welpe bald so an Schüsse gewöhnt, daß sie sogar während seiner Mahlzeiten abgegeben werden können, ohne daß er darauf reagiert. Mit den Schüssen aus unmittelbarer Nähe zum Hund sollte man jedoch solange abwarten, bis die Jagdabrichtung des Hundes im Gange ist.

Grundabrichtung

Früher glaubte man, daß sich die Grundabrichtung auf die Jagdlust des Hundes schädlich auswirkt. Das ist aber überhaupt nicht der Fall, eher ist es umgekehrt: Ein gehorsamer Hund ist als Mithelfer effektiver, weil er dazu erzogen wird, mit dem Jäger gemeinsam und nicht selbständig zu jagen. Die Grundabrichtung stärkt die Autoritätsstellung des Jägers und schweißt die Bande zwischen Jäger und Hund derart zusammen, daß sich ihre Effektivität als Team erhöht.

"Sitz!" Die einfache Abrichtung wie z. B. das Ruf- und das Sitzkommando müssen – wie schon oben erwähnt wurde – vorsichtig bereits während der ersten Lebenswochen des Welpen in seinem neuen Zuhause vorgenommen werden. Die Mehrzahl der Welpen setzt sich von allein, wenn man den Futternapf vor sie stellt, ihnen etwas Leckeres anbietet oder etwas Interessantes hinhält. Versucht der Welpe dabei zu springen, zieht man die Hand schnell zurück. Erst nachdem sich der Welpe hingesetzt hat, bekommt er das Gewünschte. Diese Übung wird nun mit dem Kommando "Sitz!" wiederholt. Bald setzen sich die meisten Welpen direkt nach dem Kommando hin.

Es empfiehlt sich dabei, mit dem Kommando gleichzeitig die Hand zu heben, besonders bei Vorstehhunden, die lernen müssen, sich allein auf das Handzeichen, ohne das mündliche Kommando des Jägers zu setzen oder zu legen. Das Halt-Signal für Vorstehhunde – ein kurzes aber sehr bestimmtes Pfeifsignal – kann ebenfalls geübt werden, sobald der Welpe begriffen hat, sich auf mündliche Kommandos und Handzeichen hinzusetzen.

Man kann dem Welpen eine kleine Lernhilfe geben, indem man beim Erteilen des Sitzbefehls die eine Hand gegen seine Brust hält und zugleich mit der anderen freundlich aber entschieden sein Hinterteil hinunter drückt. Unabhängig von dieser oder einer anderen Methode ist es wichtig, daß der Hund nicht ohne die entsprechende Erlaubnis wieder selbständig aufsteht. Zu Anfang dieses Trainings macht es vielleicht nicht so viel aus, wenn der

(Oben links) Das Hocken beim Rufen des Welpen erhöht seine Bereitschaft zu kommen. *Englischer Springerspaniel*

(Oben rechts) Jagdhunde müssen artig neben dem Hundeführer gehen können. *Englischer Springerspaniel*

Hund selbst aufsteht; sobald er aber verstanden hat, was von ihm erwartet wird, muß er schrittweise darauf dressiert werden, so lange sitzen zu bleiben, wie der Erzieher es will.

Dem Hund muß ebenfalls beigebracht werden, sich in einiger Entfernung vom Erzieher hinzusetzen. Man kann mit ein paar Metern Abstand anfangen und braucht die Beherrschung nicht zu verlieren, wenn der Welpe auf den Sitzbefehl hin zunächst auf den Erzieher zurennt und sich dort hinsetzt. Nach einer Weile begreift er schon, was von ihm erwartet wird.

Jagdhunde müssen artig neben dem Hundeführer gehen können. *Schwedischer Drever*

"Hier!" Alle Jagdhunde müssen herangerufen werden können, wenn sie sich in einer dazu geeigneten Entfernung vom Jäger befinden. Für die Vorstehhunde ist das absolut notwendig. Man kann mit dem Hereinrufen des Welpen früh anfangen, indem man ihn beim Namen ruft oder durch eine Serie kurzer Signale mit der Pfeife. Wenn der Welpe dabei jedesmal direkt zum Erzieher kommt, wird er mit einem Leckerbissen belohnt. Seine Einstellung zum Hereinkommenspfiff wird positiv und er gehorcht ohne zu zögern. Seine Lust zu erscheinen wird noch verstärkt, wenn der Erzieher ihn aus der Hocke ruft. Es ist nützlich, bereits in dieser Phase die Arme beim Rufen horizontal ausgestreckt zu halten. Diese Haltung ist für das Hereinrufen üblich.

Jedesmal wenn der Welpe nach dem Hereinrufen erscheint, sollte er sofort wieder entlassen werden, damit er das Hereinrufen nicht mit dem Anlegen der Koppel gleichsetzt. Man sollte auch vermeiden, ihn in Situationen zu rufen, wo man nicht sicher sein kann, ob er wirklich gehorchen würde. Wenn der Gehorsam beim Hereinrufen hundertprozentig gelingt, bildet sich zunächst eine gute Grundlage für das fortgesetzte Training.

Mit der Zeit sollten Leckerbissen immer seltener zur Belohnung vergeben werden, und allmählich soll man den jungen Hund rufen, wenn er mit etwas anderem beschäftigt ist. Bei steigenden Anforderungen an den Hund muß sich der Abrichter auf jeden Fall sicher sein, daß der Hund das Signal hört und es versteht. Der Hund sollte doch für diese Übungen mindestens ein halbes Jahr alt sein. Kommt der Hund nicht sofort, bekommt er einen schnellen Sitzbefehl und muß solange sitzen, bis er seine Aufmerksamkeit wieder auf den Trainer gerichtet hat. Erst dann wird der Rufbefehl wiederholt, vielleicht aus einem etwas kürzeren Abstand als zuvor. Es ist dann sehr wahrscheinlich, daß der Hund in diesem Fall ohne zu zögern kommt; er muß dann natürlich auch ausführlich gelobt werden.

"Fuß!" Wenn es auch nicht jedem gleichermaßen unangenehm ist, wenn der Hund an der Leine zieht, so sind sich sicherlich alle einig, daß es bequemer ist mit einem Hund, der ruhig an lockerer Leine geht. Das ist aber nicht nur eine Frage der Bequemlichkeit, es gibt dabei Sicherheitsaspekte, an die man denken sollte. Ein geladenes Gewehr in der einen Hand und ein Hund an der anderen, der an der Leine zieht und dem Jäger manchmal auch vor die Füße springt, kann sowohl für den Jäger als auch für den Hund in verschiedenen Situationen lebensgefährlich werden. Ein perfekter Gehorsam ist schon eine beachtliche Leistung, gefragt ist er jedoch nur bei reinen Diensthunden, für einen Jagdhund reicht es aus, wenn er bei lockerer Leine an der Seite des Hundeführers läuft.

Wenn man es ohne großen Nachdruck ausführt, kann mit dem Üben des richtigen Verhaltens an der Leine schon früh begonnen werden, wenn der Welpe 3–4 Monate alt ist. Man sollte jedoch mit dem Fußkommando nicht eher beginnen, bis das Sitzkommando befriedigend funktioniert.

Man läßt den Welpen sitzen, leint ihn an und führt einige Schritte aus, wobei man mit Stimme und Körpersprache versucht, dem Welpen beizubringen, in einem mehr oder weniger gleichmäßigen Takt an seiner linken Seite zu gehen. Geht es nicht sofort wie gewünscht, kann ein Leckerbissen in der Hand zu besseren Ergebnissen inspirieren. Der Welpe darf jedoch das leckere Stück nicht eher bekommen, bis der Erzieher stehengeblieben ist und der Hund sich an seine linke Seite gesetzt hat.

Zwei Sachen sind in diesem Zusammenhang sehr wichtig: Erstens sollte man vom Welpen nicht erwarten, daß er an der Seite perfekt geht, und zweitens sollte man bei den ersten Übungen lediglich ein paar Schritte gehen, bevor die Übung abgeschlossen wird, indem der Welpe aus dem Sitzbefehl entlassen und eventuell mit einem Leckerbissen belohnt wird.

Die Würgehalskette ist bei solchen Übungen absolut verboten. Dieser Typ von Halskette ist ein Korrektionsmittel, und um korrigiert zu werden, muß sich der Hund seines Fehlverhaltens zunächst bewußt sein, sonst wird er nur ängstlich und verliert das Vertrauen gegenüber dem Hundeführer. Es kann dazu führen, daß der Hund gar nichts mehr lernt. Daher gilt es, mit geschickter Hand den kleinen Welpen so zu manipulieren, daß er sich während des Spaziergangs insgesamt an der richtigen Stelle aufhält.

Die Kombination vom Fußkommando mit gleichzeitigem Ziehen des Welpen an die linke Seite des Hundeführers und ein deutliches Lob an den Welpen, wenn dieser in die richtige Lage kommt, läßt den jungen Hund schnell begreifen, was man von ihm will, und er paßt sich den an ihn gestellten Anforderungen an. Allmählich versteht er den Zusammenhang zwischen dem Fußkommando und Losgehen und daß er dabei artig links vom Hundeführer gehen soll.

Versuchen Sie nicht, einen jungen Hund einem richtigen Training auszusetzen. Es reicht vollkommen, ihn ein paar Mal am Tage beim Spaziergang zum ordentlichen Gehen zu bewegen. Zu Anfang reichen nur einige

Meter aus. Wenn der junge Hund ungefähr ein halbes Jahr alt ist, kann man es auf ca. 100 Meter ausdehnen. Danach sollte der Welpe in geordneter Form zum Spielen freigelassen werden.

Wenn der Junghund für eine ordentliche Abrichtung reif ist, weiß er bereits, was man von ihm verlangt. Das Training wird dadurch effektiver und verläuft schneller. Sollte der Hund in dieser Phase Anzeichen von Ungehorsam zeigen, kann man ohne weiteres zur Dressierleine übergehen – eine gewisse Zurückhaltung wird aber dabei vorausgesetzt. Versucht der Hund an der Leine zu ziehen, muß der Hundeführer ihm sofort das Fußkommando erteilen und ihn einen kurzen Augenblick danach mit einem kräftigen Leineruck auf den richtigen Platz an seine linke Seite verweisen. Es ist völlig falsch, zuerst den Ruck zu geben und danach das Kommando erfolgen zu lassen. Der Hund kann so nicht lernen, daß er den Ruck an der Leine vermeiden kann, indem er das Fußkommando befolgt.

Jagdabrichtung

Nachdem die Grundabrichtung abgeschlossen ist, kann mit der reinen Jagdabrichtung des Hundes begonnen werden. Ihr Umfang kann je nach der Hunderasse, dem Einsatzbereich und den Anforderungen des Jägers an seinen Hund unterschiedlich sein. Da es große Unterschiede bei der Verwendung von Jagdhunden in verschiedenen Teilen der Welt gibt, sind dementsprechend die Ausbildungsmethoden ebenfalls unterschiedlich.

Bracken. Die Bracken bekommen in Nordamerika und in Europa unterschiedliche Aufgaben, aber auch innerhalb von Europa existieren bezüglich dieser Rassen wesentliche Unterschiede nach Anwendungsbereichen und Jagdmethoden.

Bei der klassischen Jagdform auf den Britischen Inseln treiben die Bracken das Wild in großen Meuten, gefolgt von einer oft großen Anzahl unbewaffneter Jäger. Diese können der Jagd entweder vom Pferderücken folgen – wie bei der Fuchsjagd mit dem Foxhound – oder zu Fuß, wie bei der Hasenjagd mit einem Beagle oder bei der Nerzjagd mit dem Otterhund.

Der Beagle gehört zur Rasse Hetzhunde und besitzt ein ausgeprägtes Interesse für Hasen.

Sich verlaufene Hunde können mit Hilfe von Hundepeilgeräten lokalisiert werden, die jedoch nicht zur Effektivierung der Jagd benutzt werden sollen.

Der deutsche Jagdterrier ist ein vielseitig einsetzbarer Hund, der nicht nur zur Dachs-, Reh- oder Wildschweinjagd geeignet ist, sondern auch apportiert.

Auch in Frankreich sowie in einigen anderen Ländern des europäischen Kontinents jagt man vor allem Schalenwild vom Pferd aus und mit großen Meuten jagender Hunde.

In den skandinavischen Ländern entwickelte sich eine ganz andere und sehr ausgeprägte Jagdkultur mit jagenden Hunden. Oft handelt es sich um den einsamen Jäger und nur selten jagen zwei bis drei Jäger zusammen. Ein einziger Hund wird losgelassen, der selbständig nach dem Wild sucht und es dann mit Geduld und in mäßigem Tempo lauthals vor sich hertreibt. Der Jäger steht dort vor, wo das Wild auftauchen müßte. Hochbeinige, schnelle Bracken vom Foxhoundtyp werden darauf abgerichtet, sich nicht um Schalenwild zu kümmern; sie werden ausschließlich auf Hasen und Füchse angesetzt. Das Schalenwild, in erster Linie Rehe, wird mit Hilfe von kurzbeinigen Hunderassen wie Dackel, dem schwedischen Drever und Bassets gejagt, die nicht schneller als das Wild sind, damit es nicht gehetzt wird.

Zur Art der jagenden Hunde, die sowohl auf dem europäischen Kontinent als auch auf der skandinavischen Halbinsel eine breite Anwendung fand, gehören solche Rassen wie der Wachtelhund und der Deutsche Jagdterrier. Mit diesen Hunderassen jagt man hauptsächlich Hirsche und Wildschweine. Sie treiben das Wild, indem sie lautgeben, aber bei weitem nicht so lange wie die Bracken. Sie werden am häufigsten auf Geländen mit wechselnder Vegetation und in kleineren Waldgebieten eingesetzt; es ist meistens ausreichend, wenn sie das Wild nur einige Minuten verfolgen, bis der Jäger zum Schuß kommt.

In Nordamerika gibt es Hunde, die auf die Verfolgung von Waschbären und Pumas spezialisiert sind. Diese fliehen in der Regel auf Bäume. Die Aufgabe des Hundes besteht darin, durch sein Lautgeben die richtige Position anzugeben, damit sie der Jäger findet. Man jagt ebenfalls Kaninchen und ähnliche Tiere mit einem Beagle und anderen Rassen von Bracken; in einigen Bundesstaaten wird auch Schalenwild auf diese Weise gejagt. In den USA ist vielerorts die Schalenwildjagd mit Bracken mittlerweile verboten.

Um einem Bracken richtig das Jagen beizubringen, ist normalerweise keine große Vorbereitung nötig. Die Hunde dieser Rasse sind sehr selbständig, jagen gern auf eigene Faust, wenn sie im Wald freigelassen werden, und fangen an, das Wild zu verfolgen, sobald sie mit ihm Kontakt aufnehmen. Ihre ersten Einsätze sind in der Regel kurz und etwas chaotisch, werden aber immer sicherer, je mehr Erfahrung der Hund mit der Zeit gesammelt hat.

Besonders schwer ist es sogar für erfahrene Hunde, Hasen zu verfolgen. Typisch für verschiedene Hasenarten ist es, einen langen Sprung zur Seite auszuführen, wenn sie verfolgt werden. Oft gehen sie noch in ihren eigenen Spuren mehrere Meter zurück. Verglichen mit Füchsen und Schalenwild hinterlassen zudem die Hasen einen sehr undeutlichen Witterungsduft in der Spur. Hunde, die auf Schalenwild eintrainiert werden, sind oft fahrlässig; es fehlt ihnen die Erfahrung der Hasenjagd, besonders wenn die Witterungsverhältnisse schlecht sind und die Fährte schwer zu verfolgen ist.

Falls der Hund überhaupt kein Schalenwild jagen sollte, ist es natürlich desto wichtiger, daß er auf Hasenjagd trainiert wird. Dieser Hund muß jedoch streng kontrolliert werden, damit er nicht der Versuchung erliegt, anderes Wild zu verfolgen. Durch ein Lob an den Hund, wenn er sich für Hasenspuren interessiert, und ein Verbot mit "Pfui!" bei Rehfährten begreift er schnell, was gemeint ist. Bei den skandinavischen hochbeinigen Hunden wurde seit Generationen ein starkes Interesse für Hasen und Füchse angezüchtet, dagegen wurde aber kein Wert auf das Schalenwild gelegt, so daß heute noch viele Hunde vom Schalenwild völlig unberührt bleiben.

In den Ländern, wo Bracken zu zweit oder in Gruppen jagen, wird manchmal ein jüngerer Hund zusammen mit einem erfahrenen losgelassen, damit er von diesem schnell Jagderfahrungen übernehmen kann. Diese Methode ist jedoch nicht geeignet, wenn der betroffene Hund später allein arbeiten soll. Er muß nämlich lernen, nach der geringsten Witterung von Wild selbständig zu suchen und ihm zu folgen, bis er Kontakt mit dem Wild bekommt. Am besten ist es, zusammen mit dem Hund eine Stelle im Wald auszusuchen, wo man Wild vermutet, sich mit einem guten Buch auf einen Baumstumpf zu setzen und den Hund den Rest übernehmen zu lassen. Auch wenn er die Spur verliert, gilt es, ihn bei der Weitersuche zu unterstützen, jedoch keine aktive Hilfe zu leisten. Wer seinem Hund im Lernstadium hilft, wird dafür in künftigen Jagdsaisons teuer zahlen müssen.

In den letzten Jahren ist es immer üblicher geworden, Hunde mit Hilfe von Telemetrie zu lokalisieren. Am Halsband des Hundes ist ein kleiner Sender angebracht; durch einen Empfänger kann der Hundeführer den Hund anpeilen und sowohl die Richtung als auch die Entfernung bestimmen. Das ist natürlich ein ausgezeichnetes Mittel, einen Hund zu lokalisieren, es ist aber zugleich auch unethisch, mit dieser Ausrüstung einen jagenden Hund während der Jagd zu verfolgen und damit seine Chancen zu erhöhen, das Wild zu erlegen. Man sollte es sich auch nicht zur Gewohnheit machen, den Hund mit der Peilausrüstung am Ende der Jagd zu suchen. Der Hund gewöhnt sich bald daran, im Wald abgeholt zu werden, und lernt dadurch nie, seinen Hundeführer selbständig zu suchen, falls er das Wild nicht mehr verfolgen kann.

Erdhunde. In Europa werden Erdhunde im allgemeinen bei der Jagd auf Fuchs und Dachs eingesetzt. Diese beiden Tiere verlangen vom Hund recht unterschiedliches Herangehen, deshalb taugt ein und derselbe Hund nur selten für beide Wildarten. Der Fuchshund muß beim Jagen eines Fuchses in seinem Bau eine gewisse Boshaftigkeit besitzen, einen harten Druck auf den Fuchs ausüben und versuchen, auch durch einen anderen Eingang in den Bau zu gelangen. Der Fuchs kann diesem Druck nicht widerstehen und verläßt seinen Bau: In diesem Moment bekommt der Jäger seine Chance.

Der Dachshund entwickelt eine völlig andere Taktik. Er postiert sich vor dem Bau und hält den Dachs durch Lautgeben und sporadische Angriffe in seinem Versteck fest. Der Jäger gräbt indessen ein Loch von oben, bis er den Dachs erreicht hat, und tötet ihn mit einem Schuß aus einer kleinkalibrigen Pistole. In den USA sind diese Jagdarten bei weitem nicht so verbreitet wie in Europa; es gibt dort auch keine Dachse, die Dachshunde werden aber stattdessen bei der Jagd auf Murmeltiere eingesetzt.

Der ursprüngliche Jagdbereich der Terrier war unterirdisch, d.h. in den Dachs- und Fuchsbauen, daher auch der lateinische Name, der von *terra* (Erde) abstammt. Heute sind die meisten Terrier mehr oder weniger Haus- und Gesellschaftshunde, es gibt aber immer noch Zuchtstämme von Jack-Russel-Terriern, Border-, Fox- und deutschen Jagdterriern mit ausgezeichneten Anlagen für die Dachsjagd (daher auch der deutsche Name *Dachshund*).

Die Ausbildung eines Dachshundes hat das Ziel, den Hund so gehorsam zu erziehen, daß er auf ein entsprechendes Kommando aus dem Bau herauskommt. Die Jagd mit einem ungehorsamen Hund zehrt an der Geduld des Jägers. Während der Fuchsjagd z. B. ist es völlig untragbar, wenn der Hund auf einen Dachs trifft und hartnäckig an dessen Loch verharrt: Im Unterschied zur Fuchsjagd ist es normalerweise für den Hund nicht möglich, einen Dachs aus seinem Bau herauszujagen.

Das Training wird in speziell dafür oberirdisch aufgebauten Anlagen vorgenommen. Diese bestehen aus engen, tunnelartigen, verzweigten, aus Brettern gebauten Gängen, durch die der Hund sich zu einem anschließenden Kessel bewegt, in den ein zahmer Dachs oder Fuchs hineingesetzt wird. Der Hund lernt, sich bis zum Kessel durchzukämpfen, auch wenn seine Arbeit durch oft schmale Gänge, Sand- oder Wasserhindernisse erschwert wird. Der Trainer hat die Möglichkeit, die Tunnel an mehrere Stellen von oben zu öffnen und den Hund entweder bei seiner Arbeit zu unterstützen oder ihn herauszuholen, falls dieser auf das Rufsignal nicht reagiert.

Ein Dachshund darf auf keinen Fall zu eifrig sein. Hunde, die sich auf Kämpfe mit Dachsen einlassen, sind als Dachshunde nicht geeignet. Ihre Waffen müssen Mut, Hartnäckigkeit und Intelligenz sein, nicht Blutdurst und Todesverachtung.

Elchhunde und bellende Vogelhunde. In den skandinavischen Ländern und in Nordrußland wird auf Elche, Bären, Marder und Waldvögel mit verschiedenen Typen von Spitzen gejagt, die meistens die Aufgabe haben, das Wild aufzuspüren und dies durch ihr intensives Bellen dem Jäger mitzuteilen. In Rußland werden in der Regel mehrere Laikarassen als eine Art universeller Jagdhunde eingesetzt. In Skandinavien bedient man sich bei der Jagd auf Elch und Bär größerer Hunderassen (z.B. Gråhund, Jämt-

Der bellende Hühnerhund hilft dem Jäger, indem er den Vogel im Baum lokalisiert und Standlaut gibt. *Finnischer Spitz mit einem Auerhuhn.*

hund, Karelischer Bärenhund u. a.) und bei der Jagd auf Auerhuhn, Birkhuhn, Marder und (in früheren Zeiten) auf Eichhörnchen von etwas kleineren Hunderassen wie der Finnische und der Norrbottnische Spitz.

Die Ausbildung von Jagdspitzen beginnt damit, daß der Welpe sich zunächst langsam an den Wald gewöhnt, indem er den Jäger häufig begleitet. Dort darf er seine Eigeninitiative entwickeln, allerdings ohne daß er den Kontakt mit dem Hundeführer verliert. Der zukünftige Elchhund sollte schon Elchspuren kennenlernen, darf aber in seinem ersten Lebensjahr nicht auf eine Elchfährte gesetzt werden. Ein Elch ist ein großes Tier, es kann sich daher vom Hund gereizt fühlen und ihn anfallen.

Wenn der Hund seinen ersten Elch stellt und zu bellen beginnt, sollte sich der Jäger dem Elch so schnell wie möglich, zugleich aber sehr vorsichtig nähern. Bleibt der Elch vor dem bellenden Hund nicht stehen, gilt es abzuwarten. Gelingt es dem Hund, den Elch zum Stehen zu bringen, muß der Jäger sofort in Schußlage kommen und ihn erlegen. Der Hund muß dabei lernen, daß es keine Beute geben wird, falls es ihm nicht gelingt, den Elch zum Stehen zu bringen.

Es kann auch geschehen, daß der Hund einen Elch stellt, der nicht geschossen werden soll. In diesem Fall muß er vorsichtig aus seiner Stellung zurückgerufen werden, so daß der Elch nicht weiter zieht und der Hund ihm folgt. Der Hund ist sich in der Regel immer der Nähe des Jägers bewußt; manchmal verläßt er den Elch, um den Jäger aufzusuchen. Diese Gelegenheit muß ausgenutzt werden, indem man den Hund an die Leine nimmt und leise davon schleicht.

Wenn der Vogel abhebt, bleibt der Vorstehhund stehen oder er legt sich nieder.
Rauhhaariger Vorstehhund

Später, mit zunehmender Erfahrung des Hundes, kann der Jäger mit dem Schuß warten und aus pädagogischen Gründen den Hund mehrere Stunden lang den Elch an derselben Stelle aufhalten lassen. Ein Elchhund ist gegenüber dem Elch nicht unbedingt aggressiv, wodurch sich dieser durch den Lärm normalerweise kaum stören läßt und ruhig weiter weidet, vom hartnäckigen Hundebellen offensichtlich gelangweilt.

Einem bellenden Hühnerhund wird das Jagen auf ungefähr dieselbe Art beigebracht. Das Training kann in diesem Fall bereits auf dem eigenen Grundstück anfangen: Auf einem Baum wird ein Vogelflügel aufgehängt, den der Hund anbellt. Nachdem der Welpe eine Weile hartnäckig gebellt hat, wird der Flügel zu ihm herabgelassen.

Wenn der Hund bei Trainingsausflügen im Wald auf einen nahrungssuchenden Vogel trifft und diesen zum Abheben bringt, verfolgt der Hund ihn noch solange, wie er mit dem Vogel visuellen Kontakt hat. Zu Beginn der Saison fliegen die Vögel nicht besonders weit weg, sondern setzen sich in der Regel in die Bäume der näheren Umgebung. Sobald der Hund den Vogel im Baum lokalisiert, stellt er ihn durch sein Bellen.

Aufgabe des Jägers ist es nun, in die Schußposition zu gelangen, ohne den Vogel wegzuscheuchen. Junge Hunde haben fast immer große Schwierigkeiten, den Vogel exakt zu lokalisieren und bellen oft unter falschen Bäumen oder kehren gar zu der Stelle zurück, wo der Vogel weggescheucht wurde, und bellen dort weiter. Oft ist es sehr schwer, ihn in einer Tanne oder Kiefer zu entdecken, weil der Vogel nicht selten dicht am Stamm sitzt. Falls der Hund noch immer bellt, wenn der Jäger den Vogel entdeckt hat, sollte der Vogel als Belohnung für den Einsatz des Hundes unbedingt erlegt werden. Der Hund muß verstehen, daß er nur Erfolg hat, wenn er hartnäckig und unter dem richtigen Baum bellt.

Mit der Zeit lernt der Hund sogar Vögel zu lokalisieren, die weiter weg geflogen sind. Ein Hund mit Jagderfahrung kann einen Vogel oft mit Hilfe seines Gehörs so exakt lokalisieren, daß er genau weiß, in welchem Baum und sogar auf welchem Zweig der Vogel sitzt. Der Weg zu solchen Leistungen ist aber lang, und der Jäger darf niemals seine eigene Jagdlust überhandnehmen lassen, und er sollte nur dann den Schuß abgeben, wenn der Hund gute Arbeit geleistet hat.

Vorstehhunde. Die Jagd mit Vorstehhunden hat ihre Wiege auf dem europäischen Kontinent, wo diese Jagdform bereits seit Jahrhunderten populär ist. Zu Anfang wurden Hunde bei der Falken- und Netzjagd benutzt, seitdem aber während des 18. Jahrhunderts dazu geeignete Waffen konstruiert wurden, entwickelte sich die Jagd mit Vorstehhunden schnell zu jener populären Jagdart, die heute noch in vielen Teilen der Welt betrieben wird. Die Hunde werden so gut wie ausschließlich bei der Jagd auf verschiedene Hühnervögel eingesetzt, aber auch Wald- und Sumpfschnepfen (Bekassinen) werden mit Vorstehhunden gejagt. Einige Jäger setzen ihre Hunde sogar auf Hasen und Kaninchen an.

Es besteht kein Zweifel, daß das Abrichten von Hühnerhunden – sowohl von Vorsteh- als auch von Stöberhunden – unter allen Jagdhunden am meisten Mühe macht. Die Jagd mit einem Hühnerhund umfaßt mehrere Momente, die eine anspruchsvolle Dressur vor dem Einsatz verlangen und eine vollkommene Beherrschung der erlernten Fähigkeiten voraussetzen. Zum Glück wird dabei die Ausbildung dadurch erleichtert, daß sich diese Rassen einer Abrichtung leichter als andere Hunderassen unterziehen.

Der Vorstehhund hat die Aufgabe, das Gelände effektiv zu durchsuchen, so daß kein Vogel unentdeckt bleibt. Wenn der Hund einen sich versteckenden Vogel entdeckt, muß er vor dem Vogel stehen bleiben; damit ist gemeint, daß der Hund beim Aufnehmen der Witterung anhalten und verharren soll, bis der Jäger ihm das Kommando gibt, sich weiter zu bewegen. Dabei nähert sich der Jäger und befiehlt dem Hund, den Vogel zum Abheben zu zwingen. Sobald dieser zum Flug ansetzt, muß der Hund wieder völlig ruhig verharren. Nach dem Schuß wird dem Hund befohlen, die Beute zu apportieren und sie dem Jäger zu übergeben.

Von einem Vorstehhund wird auch erwartet, daß er sekundiert, d.h. daß er beim Erblicken eines anderen Hundes in der Stehhaltung unmittelbar dieselbe Haltung annimmt. Bei der Jagd in vegetationsreichem Gelände kann es vorteilhaft sein, wenn der Hund rapportiert, d. h. den aufgespürten Vogel verläßt, zum Jäger zurückkehrt und ihn danach zu der Stelle führt, wo sich der Vogel versteckt hält. In verschiedenen Teilen der Welt verlangen jedoch die Jäger nicht immer die gleichen Leistungen von ihren Vorstehhunden. Während skandinavische Jäger darauf Wert legen, daß ihr Hund auf Kommando rasch den Vogel zum Abheben zwingt, begnügen sich die Jäger auf den Britischen Inseln und auf dem europäischen Kontinent damit, daß der Hund den Vogel in langsamerem Tempo aufscheucht, wobei der Jäger in unmittelbarer Nähe des Hundes bleibt. In Nordamerika wird vom Hund nicht einmal das Aufscheuchen des Vogels verlangt; stattdessen wird dem Hund befohlen, still stehenzubleiben, während der Jäger vorgeht und den Vogel selbst aufscheucht. Auch das Apportieren ist nicht allgemein verbreitet, was die britischen Setter und Pointer betrifft. In der Heimat dieser Rassen wird von ihnen kein Apportieren verlangt.

Das Vorstehen, Sekundieren und manchmal auch das Rapportieren sollte bei den Vorstehhunden eine angeborene Eigenschaft sein, genauso wie das Interesse für Vögel und der Drang, den Boden nach Vögeln abzusuchen. Alle müssen aber erst lernen, vor einem aufgespürten Vogel geduldig stehenzubleiben, dem gefundenen Vogel oder auch anderes Wild nicht zu verfolgen, auch nicht auf den abgeschossenen Vogel zuzuspringen. Der verbreitetste Fehler, der beim Training von Vogelhunden gemacht wird, ist wohl der, daß die Hunde mit noch unzureichendem Gehorsam in das Jagdrevier mitgenommen werden. Solche Hunde werden dann bestimmt Hasen, Kaninchen und aufgescheuchten Vögeln beim Abheben und nach dem Schuß nachspringen. Selbstverständlich findet ein junger Hund alles viel spannender, der Hundeführer wird jedoch später vor die fast unüberwindliche Aufgabe gestellt, dem Hund beizubringen, das Wild zu respektieren, d. h. dem Wild nicht nachzustürmen.

Während des ersten halben Jahres muß dafür gesorgt werden, daß der Welpe sich viele gute Sitten aneignet und solche vermeidet, die im Widerspruch zu dem stehen, was von ihm später bei der Jagd verlangt wird. Die früh angelernten guten Gewohnheiten behält ein Hund sein Leben lang, genauso wie die schlechten Gewohnheiten schwer auszumerzen sind.

Die Erziehung beginnt im Alter von einigen Monaten mit Hilfe einer Angelrute und einem getrockneten Vogelflügel. Es ist nicht schwer, dem Welpen beizubringen, daß er beim Anblick des Flügels stillzustehen hat. Tut er das nicht, wird der Flügel hochgenommen, und verschwindet aus seinem Blickfeld. Der junge Hund lernt bald, daß es sich nicht lohnt, dem Flügel nachzuspringen. Wenn er stehenbleibt, sollte er mit freundlicher und ruhiger Stimme gelobt werden.

Kann der Welpe bereits vorstehen, beginnt das Training zum "Abheben" des Flügels, der auch in diesem Fall nach oben verschwindet, während der Trainer den Welpen vorsichtig zum Setzen oder Liegen bringt. Der Flügel kann statt "abheben" auch langsam "weglaufen": Der Welpe darf ihm in diesem Fall folgen und anhalten, sobald der Flügel wieder stilliegt. Versucht der Hund, ihm nachzulaufen, verschwindet der Flügel natürlich nach oben. Dabei wird nicht die Absicht verfolgt, einen fertigen Jagdhund im eigenen Garten abzurichten, sondern ihm Grundlagen für sein bevorstehendes Jagdverhalten anzuerziehen. Wenn die Abrichtung in Jagdrevieren beginnt, lernt der Hund schnell, auch beim Aufnehmen der Witterung eines Vogels zu verharren und ihn beim Abheben zu respektieren. Das Training sollte jedoch unter möglichst gut kontrollierten Verhältnissen stattfinden: am Anfang mit einer mittellangen Leine am Halsband. Wenn der Hund die ersten Male einem Vogel vorsteht, kann sich der Jäger dem Hund vorsichtig nähern und die Leine in die Hand nehmen. Ist die Situation unter Kontrolle, bekommt der Hund sparsames aber freundliches Lob, bevor ihm befohlen wird, den Vogel zum Abheben zu bringen. Falls der Hund zu eifrig ist und dem abhebenden Vogel nacheilen will, kann er mit der Leine aufgehalten werden.

Dabei gilt es, an der Leine nicht zu sehr zu ziehen oder auf eine andere Weise dem Hund ein unbehagliches Gefühl zu geben, sonst assoziiert er solche Gefühle mit Vögeln und könnte künftig unwillig sein, einen Vogel

Ein Spaniel scheucht ein Kaninchen auf und bleibt im selben Augenblick stehen, wenn es die Flucht ergreift.

zum Abheben zu bringen. So ein Hund hat dann keine Chance, ein richtig guter Jagdhund zu werden. Die Leine sollte den Hund so sanft wie möglich zurückhalten; zugleich erhält der Hund ein Stehkommando. Sobald der Hund steht, muß er gelobt werden – das beschleunigt nur sein Lernen. Ein Hund mit abgeschlossener Abrichtung muß beim Abheben des Vogels unmißverständlich stehenbleiben, sobald das entsprechende Kommando abgegeben worden ist. Richtig perfekt ausgebildete Hunde brauchen nicht einmal das: Das Flattern von Flügeln oder der Anblick eines Vogels in der Luft genügen, um ihn zum Halt zu bringen.

Diejenigen, die beim Hundetraining keinen Zugang zu vogelreichen Revieren haben, können mit ausgesetzten Wachteln oder Rebhühnern eine sehr gute Alternative schaffen. Zahme Tauben eignen sich genauso gut, am besten in präparierten Käfigen, die mit Hilfe eines Radiosenders geöffnet werden.

Bevor der Hund nicht mehrere Vögel zum Abheben gebracht hat, ohne ihnen nachzuspringen, sollte der Jäger sie nicht schießen. Wer diese selbstverständliche Regel nicht beachtet, erlebt oft und mit ziemlicher Gewißheit Rückschläge, die zur Folge haben, daß der Hund während der Jagd nicht richtig gehorcht. Die Ursache ist denkbar einfach: Bekommt der Hund durch wiederholtes, korrektes Verhalten eine sehr klare Vorstellung, was von ihm verlangt wird, versteht er auch die Mißbilligung des Jägers, falls er etwas falsch macht. Wird ihm zu Anfang verziehen, kann er nicht begreifen, wie er sich richtig verhalten soll. Die ersten Male, wo der Vogel über seinem Kopf abgeschossen wird, sollte der Hund nicht apportieren, sonst assoziiert er Schüsse mit Apport und läuft los, sobald ein Schuß abgegeben wurde.

Um das erreichte hohe Abrichtungsniveau eines Jagdhundes während seines aktiven Lebens zu erhalten, sollte man jedes Jahr vor dem Beginn der Jagdsaison einige Tage dem Training verschiedener wichtiger Jagdaufgaben widmen. Während der Jagd ist es auch angebracht, auf ein eventuell auftretendes Fehlverhalten zu achten, damit es noch rechtzeitig korrigiert werden kann.

Stöberhunde

Der Stöberhund muß das Wild direkt ohne Vorstehen aufscheuchen können; beim Abheben oder Auffliegen des Vogels darf er ihn nicht verfolgen. Um dem Jäger den Schuß auf das aufgestöberte Wild zu ermöglichen, sollte man den Hund niemals Vögel weiter als ca. 25–30 m vom Jäger entfernt suchen lassen. Der Stöberhund ist meistens ein Spaniel, häufig ein englischer Springer oder ein Cocker Spaniel. In den USA benutzt man oft Retriever als stöbernde Hühnerhunde.

Die Jagd mit Stöberhunden kommt von den Britischen Inseln, wo auch die Spanielrassen herstammen. Diese Jagdform ist dort auch zweifellos am populärsten, sie ist mehr verbreitet als die Jagd mit Vorstehhunden. Größtenteils liegt es sicherlich daran, daß der Einsatz von Spaniels in kleinen, wildreichen Jagdgebieten am effektivsten ist, wo es Vogelwild oft in dichtem Gesträuch, stachligem Brombeergebüsch, hohem Gras oder hochgewachsenem Farn gibt. Außerdem ist der Spaniel bei der Kaninchenjagd überlegen, weil er wie kein anderer Hund die kleinsten Winkel nach sich versteckenden Kaninchen durchsucht.

Auch im übrigen Europa benutzt man Stöberhunde bei der Jagd nach Haarwild und Vögeln; in Nordamerika jagt man mit Spaniels vor allem Vögel. Auf den beiden Kontinenten ist der Fasan das Vogelwild, das von Jägern mit Spaniels am häufigsten erlegt wird; Rebhühner, verschiedene amerikanische Wachtelarten, Birkhühner, Auerhühner, Schneehühner und manchmal Waldschnepfen werden in der Regel auch von Spaniels gejagt.

Ein Stöberhund verlangt im Prinzip ein genauso umfassendes Training wie Vorstehhunde. Ein Spaniel muß in erster Linie lernen, immer in der Nähe des Jägers zu suchen. Die Regeln für die Wildjagd müssen natürlich beherrscht werden, ehe der Hund zur Jagd mitgenommen wird, er muß außerdem sowohl Pelztiere als auch Vögel apportieren können. Um jeden Preis sollte vermieden werden, daß er sich Gewohnheiten aneignet, die bei der Jagd absolut unzulässig sind. Der Welpe darf nicht herumspringen, wie er will, oder sich vom Jäger nach eigenem Belieben entfernen, er darf auch nicht dem Wild oder etwa Hausvögeln nachjagen. Gewiß kann man ihm nicht ganz verbieten, nach Herzenslust herumzuspringen und glücklich heranzuwachsen, es gilt aber stets, daß man sich das Leben nicht unnötig schwerer macht, indem der Welpe Gewohnheiten annimmt, die die Abrichtung zur Jagd später erschweren würden.

Nachdem sich der junge Hund an das Knallen einer Startpistole gewöhnt hat, ist es soweit, ihm beim Schuß das Setzen beizubringen. Man soll einen Schuß abgeben, wenn der Hund gerade mit etwas anderem beschäftigt ist; dabei schießt man mit ausgestrecktem Arm, damit der Hund dies als Signal zum Setzen auffaßt, wenn er sich nach dem Schuß verwundert umschaut. Am Anfang können Sie eventuell auch ein Kommando mit der Stimme oder mit einer Pfeife geben. Recht bald begreift der Hund einen Schuß als ein Sitzkommando und setzt sich sofort, sobald er einen Schuß hört. Normalerweise setzt sich ein Spaniel bedeutend schneller bei einem Schuß als bei anderen Sitzkommandos. Ein Hund, der sich bei jedem Schuß hinsetzt, wird allerdings nicht so leicht im Zusammenhang mit einem Schuß apportieren wie einer, der zuerst gelernt hat, den Schuß mit einem toten Vogel in der Nähe zu assoziieren.

Nach dieser vorbereitenden Abrichtung kann mit den Suchübungen begonnen werden. Ein Spaniel mit guten Anlagen im Blut hat das natürliche Bedürfnis, die Umgebung zu durchsuchen und mag es, in dichter Vegetation herumzuwühlen. Bei der Suche gilt für den Abrichter, daß er sich sehr langsam fortbewegt und überwacht, daß der Hund sowohl offene Flächen als auch dichtes Gebüsch ordentlich durch-sucht. Man sollte nicht weiter als ca. 20 m voneinander entfernt sein, und es ist die Aufgabe des Hundes (und nicht des Jägers!) darauf zu achten. Durch Richtungsänderungen und gelegentliches Verstecken, wenn der Hund unaufmerksam wird, kann ihm beigebracht werden, stets den Jäger im Auge zu behalten und sich dessen Manövern auf dem Jagdgelände anzupassen. Sollte der Hund sich zu weit entfernt haben, wird er mit einer Pfeife zurückgerufen

Die Apportdressur gründet auf dem Trieb des Hundes, Gegenstände im Fang zu tragen. *Englischer Springer-Spaniel*

und er darf die Suche von neuem beginnen. Für solche Fälle ist es angebracht, bei der Suche auf offenen Geländen den Hund an ein besonderes Signal zu gewöhnen. In solchen Revieren sucht ein Spaniel immer vor dem Jäger in einem Zickzackmuster.

Zu Beginn findet das Training auf wildleeren Geländen statt und erst später allmählich dort, wo es Wild gibt. Am besten beginnt man mit der Abrichtung an Vögeln: wilden oder ausgesetzten Fasanen und Rebhühnern. Tauben in Käfigen, die mit Fernbedienung geöffnet werden, sind ebenfalls anwendbar (siehe Abschnitt Vorstehhunde). Der Abrichter muß aber vorher völlig sicher sein, daß ihm der Hund völlig gehorcht, falls dies die Situation verlangt.

Bei seiner allerersten Begegnung mit einem Vogel wird der Hund von dessen Erscheinung dermaßen überrascht, daß er nicht einmal zum Nachspringen kommt. Beim nächsten Mal jedoch ist er mit Sicherheit einsatzbereit; der Jäger muß in diesem Fall unbedingt bereit sein, ohne Zögern einzugreifen. Beim Training eines Spaniels ist es ein entscheidender Fehler, unaufmerksam zu sein. Der Hund muß ständig im Auge behalten werden. Dadurch lernt der Jäger selbst, das Verhalten des Hundes zu deuten und sieht, wie der Hund die Witterung direkt vor dem Auffliegen aufnimmt. Es gilt dann, sich dem Hund rasch zu nähern und zum eventuellen Eingreifen bereit zu sein. Bei einem gelungenen Training setzt sich beim Auffliegen des Vogels der junge Hund sofort nach erfolgtem Kommando. Wenn er das nicht tut, sollte er zurück zur Abflugstelle getragen werden, wo er vor dem nächsten Versuch eine Weile sitzenbleiben muß. Bei guten Trainingsmöglichkeiten ist es normalerweise nicht schwer, in wenigen Wochen einen Hund dazu zu bringen, sich auch ohne Kommando bei jedem Auffliegen zu setzen.

Sogar die sorgfältigste Jagdabrichtung kann jedoch durch vorzeitige Jagdeinsätze schnell verdorben werden. Erst nachdem der Hund bei mehreren Gelegenheiten ein perfektes Beherrschen der Regeln bei der Jagd nachgewiesen hat, kommt die Zeit für seinen ersten Vogel. Auch wenn er vollständig ruhig bleibt, sollte er die ersten Male nicht apportieren. Rast er los, muß sein Fehlverhalten sehr bestimmt korrigiert werden, damit es nicht zu einer schlechten Gewohnheit wird.

Apportieren

Die Frage nach der besten Methode, dem Hund das Apportieren beizubringen, löst unter Jägern oft sehr emotionale Diskussionen aus. Sollte es nun mehr durch spielerische Übungen, durch den spontanen Drang eines Hundes, Sachen zurückzubringen, oder durch Zwang beigebracht werden?

Eine erfolgreiche Abrichtung hängt von den Anlagen eines Hundes ab, sonst hätte man auch keinen Bedarf an verschiedenen Hunderassen gehabt, und jeder beliebige Hund könnte für jede Aufgabe trainiert werden. Die Apportdressur bildet hier keine Ausnahme. Damit sie mehr oder weniger schnell durchgeführt werden kann, muß der Hund einen angeborenen Willen zum Apportieren besitzen. Es kann aber riskabel sein, sich völlig auf seinen puren Willen zu verlassen, die abgeworfenen Gegenstände zurückzubringen. Im Jagdrevier muß man sich auf seinen Hund verlassen können. Die Aufgabe eines guten Apportierhundes ist es, immer sein Bestes zu tun und stets bereit zu sein, ein geschossenes Tier zu holen.

Um einen zuverlässigen, enthusiastischen und arbeitswilligen Apportierhund zu erziehen, muß die Abrichtung von seinen natürlichen Anlagen ausgehen. Zugleich ist die Forderung nach Gehorsam beim Apportierkommando unentbehrlich. Es ist eine Kunst des Abrichters, dem Hund zu helfen, seine Pflichten mit Motivation und Arbeitsfreude zu kombinieren.

Eine Veranlagung zum Apportieren ist am besten bei verschiedenen Vogelhundrassen entwickelt, es bestehen jedoch recht große Unterschiede zwischen Vorsteh-, Stöber- und Apportierhunden. Einige Rassen besitzen einen so stark ausgeprägten Drang zum Apportieren, daß sie unermüdlich und mit großer Freude Gegenstände zurückzubringen bereit sind, während es bei anderen Hunden eine Überzeugungsarbeit kostet, sie überhaupt zum Tragen eines Gegenstands im Fang zu bewegen. Apportierhunde brauchen nicht unbedingt Vogelhunde zu sein. Im Prinzip

Wenn der Hund geduldig auf das Apportkommando wartet...

... und es ohne zu zögern folgt, ist es ein Beweis dafür, daß er verstanden hat, was von ihm verlangt wird. Der Hundeführer sollte immer verlangen, daß der Hund dem gegebenen Apportbefehl Folge leistet.

kann jeder Jagdhund mit viel Geduld und Ermunterung zum Apportierhund erzogen werden. Tüchtige Apportierhunde gibt es auch unter Dackeln, Bracken, Spitzen und verschiedenen Terriern. Es können außerdem einige Gesellschaftshunderassen zum Apportieren trainiert werden.

Durch frühzeitiges Apportspielen mit dem Welpen entwickeln sich seine natürlichen Anlagen und seine Einstellung dazu wird positiv. Harte Forderungen dürfen dabei an ihn nicht gestellt werden, wenn man durch frühzeitiges Training keine Schäden anrichten will. Das einzige, was hier gilt, ist der vollkommene Gehorsam. Stellt man an den Welpen zu früh harte Anforderungen, zieht er sich zurück und zeigt dem Training gegenüber seinen Unwillen.

Man fängt damit an, auf dem Fußboden einen Tennisball zu rollen und den Welpen nachspringen zu lassen. Die meisten Welpen nehmen den Ball in die Schnauze und wollen ihn dann eine Weile behalten. Wenn man in einem kleinen Zimmer eine strategisch günstige Lage einnimmt, ist es möglich, den Welpen vorsichtig zu fangen, ihm den Ball wegzunehmen, zu loben und den Ball wieder rollen zu lassen. Der Erzieher darf auf keinen Fall dem Welpen nachjagen und den Ball ergreifen, sonst versteht er das als Spiel und es wird schwer sein, den Ball von ihm wieder zurückzubekommen. Stattdessen muß der Welpe lernen, jedesmal aufs neue zu beginnen, sobald er den Ball abgeliefert hat.

Wenn die Übung zuerst nicht funktioniert, sollte sie abgebrochen und erst nach ca. einer Woche fortgesetzt werden. Es darf nicht vorkommen, daß man auf den Welpen böse wird oder sich mit ihm streitet. Es gibt Welpen, die den Ball bereits im Alter von acht bis zehn Wochen holen können; wenn sie dafür eine längere Zeit brauchen, muß man es ihnen auch gönnen.

Ein wichtiges Prinzip ist es, den Welpen auf den Ball nicht schon bereits beim Rollen zuspringen zu lassen, sondern erst ein paar Sekunden nachdem der Ball ruhig liegt. Der Welpe lernt auf diese Weise, den Ball nur nach dem Kommando zu holen. Immer wieder ist man überrascht, wie schnell die Welpen begreifen. Oft sogar schon im Alter von drei bis vier Monaten haben sie gelernt, artig zu sitzen und auf das Kommando zu warten. Bei konsequenter Einhaltung der Regeln während der Erziehungsperiode behält der Hund seine angenommenen guten Gewohnheiten auch im erwachsenen Alter. Die früh anerzogenen Sitten – gute wie auch schlechte – festigen sich zu permanenten Verhaltensmustern. Der vorausschauende Erzieher zieht durch sein richtiges Verhalten später nur erfreuliche Konsequenzen.

Zu Beginn des Trainings kann man keine hohen Anforderungen an das Abgeben des apportierten Gegenstandes stellen. Es ist vielleicht weniger wichtig, daß der Hund den Ball sofort losläßt. Ein Perfektionist kann bei seinem Schüler leicht die Freude verderben. Wenn es hundertprozentig gesichert ist, daß der Hund mit dem Ball immer zurückkommt, kann das Training in einem größeren Raum oder draußen fortgesetzt werden. Die Übungen können dann auch schwerer gestaltet werden, um den Arbeitselan des Hundes und seine Stimulanz zu erhöhen. In diesem Stadium wird der Ball mit einer weichen Stoffattrappe ersetzt, die es in allen Fachgeschäften zu kaufen gibt.

Im Alter von einem Jahr, wenn die Grundabrichtung abgeschlossen ist, beginnt man mit der Verfeinerung des Abgebens. Zugleich wird die Forderung nach absolutem Gehorsam eingeführt. Es ist äußerst wichtig, daß diese beiden Dressurphasen sowohl räumlich als auch zeitlich von den bisher mehr lustbetonten Apportierübungen getrennt liegen, andernfalls kann die Bereitschaft des Hundes zum Apportieren einen Schaden erleiden.

Das Training findet zunächst wieder zu Hause statt. Man sitzt neben dem Hund, hält die Attrappe an die Nase des Hundes und gibt das Kommando zum Apportieren. Viele Hunde greifen nach der Attrappe bereits vor dem Kommando. Das kann vielleicht ein paarmal hingenommen werden, darf aber dann nur nach Kommando erfolgen. Manche Hunde begreifen auch nach vielen spielerischen Übungen nicht, was von ihnen verlangt wird. Man stopft ihm ruhig und freundlich die Attrappe in

Ein Totverbeller spürt das verletzte Wild selbständig auf. Wenn er es gefunden hat, meldet er das durch hartes Bellen. *Labradorretriever*

den Fang und spricht anschließend ein Lob aus, wonach die Attrappe sofort wieder weggenommen und der Hund nochmals überschwenglich gelobt wird. So wird dem Hund geholfen, das Kommando zum Apportieren zu begreifen. Dabei sollte man viel Geduld aufbringen, damit der Hund nicht die Lernlust verliert.

Der nächste Schritt ist dann, daß der Hund die Attrappe zunächst nur einige Sekunden und dann längere Zeit im Fang hält. Auf das Kommando "Aus!" muß der Hund die Attrappe sofort loslassen. Hier gilt es, nicht zu übereilen und die Übungen auf mehrere Tage zu verteilen. Die Dressurabschnitte selbst sollten nicht länger als nur wenige Minuten andauern.

Läßt der Hund die Attrappe fallen, wird sie entschieden mit dem Kommando "Apport!" zurück in den Fang gestopft. Besonders zu Beginn des Trainings ist es wichtig, daß der Hund gelobt wird, wenn er die Attrappe in die Hand gelegt hat, jedoch nicht vorher, sonst läßt er sie aus lauter Freude schon früher fallen.

Jetzt muß sich der Hund auch das Kommando zum Festhalten für die Fälle aneignen, wo er den apportierten Gegenstand fallen zu lassen scheint. Wenn der Hund schon artig mit der Attrappe im Fang sitzt, kann man einige Schritte von ihm weggehen, ihn rufen und sich setzen lassen, ehe er das Kommando "Aus!" bekommt. Mit der Zeit lernt der Hund, mit einem Gegenstand im Fang bei Fuß zu gehen.

Auf diese Weise wird ihm nicht nur das korrekte Abgeben, sondern die Bedeutung des Wortes *Apport* überhaupt beigebracht, und man kann von ihm auch künftig Gehorsam verlangen. Auf keinen Fall darf der Abrichter bei den Übungen die Geduld verlieren, böse oder handgreiflich werden. Die auftretenden Schwierigkeiten müssen mit Gelassenheit hingenommen und eventuelle Probleme in einer Atmosphäre von ermunternder aber zugleich entschiedener Freundlichkeit gelöst werden. Erst wenn der Hund dem Apportierkommando ausnahmslos gehorcht, die Gegenstände solange wie notwendig im Fang behält und nur auf Kommando losläßt, kommt die Zeit für das Apportieren geworfener Gegenstände mit anschließender Abgabe. Der Hund apportiert nun mit Tempo und Enthusiasmus und liefert die Gegenstände diszipliniert ab.

Schweißarbeit

Für die meisten Jäger ist heute der Hund zum Verfolgen der Wundfährte von krankgeschossenem Wild ein natürlicher Mithelfer bei der Jagd. Der Jäger hat normalerweise nur geringe Möglichkeiten, das kranke Stück selbst aufzuspüren und zu erlegen. Sogar wenn der Schuß tödlich war, kann es schwer sein, das geschossene Stück zu finden: Ein Elch, Hirsch oder Wildschwein kann nach einem perfekten Schuß noch weit laufen, und das Wild zu finden, kann ohne einen tauglichen Hund unmöglich sein. Auch ein Fasan in dichtem Gesträuch oder eine Ente auf tiefen Gewässern muß apportiert werden. In vielen Ländern wird bereits verlangt, daß der Jäger über einen ausgebildeten Schweißhund verfügt. Häufig wird derselbe Hund beim Verfolgen sowohl von Schalenwild als auch von Niederwild eingesetzt, die Suchtechnik ist jedoch in beiden Fällen unterschiedlich. Beim Verfolgen von krankem Schalenwild wird ein Hund gebraucht, der es geduldig aufspürt und den Jäger zum Schweißbett führt. Er wird in der Regel an der Leine geführt. Auf dem europäischen Kontinent sind außerdem Schweißhunde üblich, die das krankgeschossene Wild selbständig aufspüren und es dem Jäger melden: Entweder bleibt der Hund beim Wild stehen und gibt Standlaut oder er kehrt vom gefundenen Tier zum Jäger zurück und führt ihn zum Schweißbett. Der Schweißhund für das Niederwild arbeitet dagegen stets selbständig. Er ist dem Wild körperlich überlegen und muß es apportieren.

Ein weiterer Unterschied besteht darin, daß der Jäger seinen Hund nicht sofort nach dem Schuß losschickt, angeschossenes Schalenwild zu suchen. Ein größeres Tier kann in solchen Fällen aus seinen letzten Kräften heraus noch so weit weg flüchten, daß es für den Jäger nicht wieder auffindbar wird. Wartet man dagegen ca. eine Stunde nach dem Schuß, liegt das Wild möglicherweise im Schweißbett, was sein Auffinden bedeutend erleichtert. Ein Apportierhund wird in der Regel direkt nach dem Schuß losgeschickt. Dadurch kann er das kranke Stück schneller finden und fassen.

Das Wichtigste bei Abrichtung eines Schweißhundes für Schalenwild ist die Fährtensuche. Ein Hund läßt sich niemals zur Fährtensuche zwingen. Stattdessen muß es der eigene Wille des Hundes sein, einer Fährte zu folgen - entweder weil er daran selbst Gefallen findet oder weil er die Fährte von Schalenwild oder die erlegte Beute mit einer Belohnung in Verbindung bringt. Eine Übungsfährte wird gelegt, indem man einen Hirschlauf an einer Schnur schleppt und zugleich etwas Schweiß an der Spur entlang spritzt; der Schweiß kann vom Rind oder vom Schwein sein. Es ist wichtig, daß die Spur deutlich markiert ist, z.B. mit Bändchen aus farbintensivem Plastik, mit Wäscheklammern versehen, so daß man sie leicht an Zweige anbringen kann. Die Wäscheklammern können auf einem Draht über die Schulter getragen werden.

Der Hund braucht einen Schweißriemen oder ein breites Spürhalsband. Weder der Schweißriemen noch das Spürhalsband dürfen bei anderen Gelegenheiten als bei der Fährtensuche angelegt werden: Der Hund muß sie immer und nur mit der Fährtensuche assoziieren.

Der Schweißriemen muß mindestens fünf Meter lang sein und eine glatte Oberfläche haben, um die Reibung gegen die Vegetation zu verringern. Ein Riemen mit klarer und heller Farbe ist vorzuziehen, da er leicht zu finden ist, falls er aus irgendeinem Grund losgelassen wurde.

Zu Beginn sollten nur kurze Fährten gelegt werden, dafür aber reichlich mit Schweiß versehen. Der Hund wird erst geholt, wenn die Spur fertig gelegt ist. Jetzt wird der Schweißriemen angelegt. Der Erzieher weist auf die Spur und gibt zugleich das Kommando "Such!". Auch wenn der Hund das Kommando noch nicht versteht, wird er auf jeden Fall vom Geruch der Schweißspur angezogen. Sobald der Hund einige Schritte in die richtige Richtung macht, muß er ein sparsames Lob bekommen, das wieder verstärkt wird, wenn der Hund am Ende der Fährte angelangt ist, das mit einem Lauf oder einem Stück Hirschdecke markiert ist. Mir der Zeit wird die Fährte immer länger und die Schweißmarkierung immer schwächer. Die angelegte Fährte kann auch ruhig eine Zeit stehen, eher der Hund geholt wird. Recht bald wird der Hund in der Lage sein, eine längere - ein paar hundert Meter - und mehrere Stunden alte Fährte zu verfolgen.

Ein Hund, der eine differenzierte Abrichtung bei der Fährtensuche erhalten hat - mit Fährten variierender Länge, von unterschiedlichem Alter, auf verschiedenen Geländetypen und bei verschiedenen Wetterbedingungen - erhöht deutlich seine Chancen bei schweren Nachsucheaufgaben. Dabei bedeutet es allerdings noch nicht, daß er ein fertiger Schweißhund geworden ist. Es besteht ein großer Unterschied zwischen einer künstlich angelegten Fährte und denen von verletztem Wild. Die einzige Art, einen voll tauglichen Schweißhund zu erhalten, ist es, ihn so oft wie möglich am wirklichen Nachsuchen teilnehmen zu lassen, auch dann, wenn der Jäger das angeschossene Tier nach einem kurzen Fluchtversuch fallen gesehen hat.

Mehr kompliziert ist es, einen rapportierenden Schweißhund abzurichten. Einige Hunde sind dazu natürlich veranlagt, anzuhalten und das Wild "tot zu verbellen", d.h. Standlaut zu geben, wenn sie auf totes Wild treffen. Man kann dem Hund ebenfalls versuchen beizubringen, beim Erreichen des Fährtenendes jedesmal Standlaut zu geben. Fängt er an, dies freiwillig zu tun, kann man ihn bei der nächsten Übung kurz vor dem Ziel loslassen und sehen, ob er die Fährte selbständig zu Ende läuft und von dort aus Standlaut gibt. Wenn ihm das gelingt, besteht eine begründete Hoffnung, daß er auch bei echter Fährtensuche rapportieren wird. Der Hund muß jedoch absolut zuverlässig sein und immer solange Standlaut geben, bis der Jäger eingetroffen ist, auch wenn es längere Zeit in Anspruch nehmen sollte.

Den Hund zu gewöhnen, zum Jäger zurückzukehren, nachdem er das Tier selbständig gefunden hat, ist leichter als man denkt. Vor dieser Abrichtung muß der Hund allerdings bereits an der Leine Fährten sichern und apportieren können. Die Dressur fängt damit an, daß der Hund lernt, ein ca. 10 cm langes Stück Lederriemen zu apportieren, das auf einer Rolle Hirschdecke liegt. Bei den ersten Übungen sind der Hund und der Erzieher in der Nähe der Hirschdecke, später sollte es der Hund aus einem Abstand von einigen Metern holen. Wenn der Hund mit dem Riemen im Fang ankommt, nimmt man ihm das Stück nicht ab, sondern geht mit ihm zunächst zur Decke, und erst dort nimmt man von ihm den Riemen entgegen.

Nach einer Zeit wird die Decke außerhalb der Sichtweite plaziert und bis zu ihm eine kurze Fährte angelegt. Der Hund folgt ihr und kehrt mit dem Stück Riemen zum Erzieher zurück. Dieser fordert den Hund auf, ihn zur Decke zu führen, wo der Riemen unter reichlichem Lob entgegengenommen wird. Noch später bringt man das Stück Riemen an der Halsung an einer kurzen Schnur an, und der Hund wird aus kurzer Entfernung zur Decke geschickt, so daß der Erzieher völlige Aufsicht behält. Wenn der Hund an der Decke angelangt ist und keinen Riemen zum Apportieren vorfindet, entdeckt er diesen bald an der Halsung und nimmt ihn in den Fang. Hat sich der Hund daran gewöhnt, wird die Schnur verkürzt, so daß sie nicht in der Vegetation hängen bleibt.

Auf diese einfache Art gelingt es erstaunlich schnell, einen Hund zum Rapportieren zu bringen, indem er mit dem Riemen im Fang zum Jäger kommt. Er zeigt dann diesem den Weg zum Schweißbett, ehe ihm der Riemen abgenommen wird. Der Riemen darf natürlich niemals am Spürhalsband angebracht werden, wenn der Hund nicht auf der Suche nach Wild ist. Der Riemen sollte ein unmißverständliches Zeichen dafür sein, daß der Hund den Jäger zum Schweißbett führen soll.

VII: Hege und Zukunft des Wildes

Kapitel 1:

Neue Entwicklungen in der Wildhege

Richard F. LaRocco

A Das Abbrennen von Heidekraut in den schottischen Mooren ist ein bedeutsamer Aspekt bei der Hege von Moorschneehühnern. Das aus der Asche wachsende junge Heidekraut dient den Tieren zur Nahrung.
B Im schneereichen Winter kann sich das Wild von gefällten jungen Bäumen ernähren.

In neuerer Zeit wird sehr viel von der Bewahrung des Bestehenden geredet. Politiker, Naturschützer, die Vorstände von Erdölgesellschaften, Hausfrauen und Schulkinder sprechen von der Erhaltung der Wälder, der Energiequellen, der Landschaft und der freilebenden Geschöpfe. Für den durchschnittlichen Menschen bedeutet die Bewahrung jedoch nichts weiter, als daß die Zerstörung durch verringerte Inanspruchnahme hinausgezögert wird. Dennoch steckt viel mehr im Begriff der Erhaltung und Bewahrung, besonders auch für den Sportjäger.

Die Bewahrung ist mehr als lediglich eine einfache Erhaltung des Bestehenden, sie bedeutet eine vernünftige Bewirtschaftung. Und im Falle des Wildbestandes ist es die Pflege eines Reichtums, der bei richtiger Hege niemals zu Ende gehen wird. Eine erschöpfte Ölquelle füllt sich nie wieder auf. In einer Kupfermine läßt die Ausbeute allmählich nach. Doch ein gesunder, richtig versorgter Wildbestand bedeutet, daß der Mensch über Generationen hinweg nicht nur Fleisch, Felle, Häute und Federn haben kann, sondern daß er auch Freude an und aus der Natur schöpft. Der Wildtierbestand ist ein Reichtum, der sich erneuern, der sich ergänzen läßt. Als solcher ist er eines der wertvollsten Besitztümer des Menschen, eine unersetzliche Kostbarkeit.

In Europa hat die Wildhege eine weitaus ältere Tradition als in Afrika, Asien oder in der Neuen Welt. Die Landbesitzer und Wildhüter ließen sich jedoch lange Zeit nur von praktischen Erwägungen leiten. Erst in neuerer Zeit spielen auch wissenschaftliche Erkenntnisse bei der Bewirtschaftung des Wildbestandes eine Rolle. Manchmal handelt es sich bei einer bestimmten Tierart lediglich um die zahlenmäßige Erhöhung des Bestandes. Dies trifft häufig im Falle von seltenen oder gefährdeten Tieren zu, deren Vermehrung gefördert wird, damit sie nicht aussterben. Manchmal ist der einzige Zweck der Bewirtschaftung die Einschränkung des Wildbestandes. Wenn Rotwild in Europa die Felder kahlfrißt oder wenn Federwild zu Tausenden in die südkanadischen Kornfelder einfällt, dann ist es Zeit, den Wildbestand zu verringern, um die Ernten nicht zu gefährden.

Die Wildhege ist keine Erscheinung der Neuzeit. Vermutlich sorgten schon die alten Ägypter für bestimmte Jagdreviere, die allein den Edelleuten vorbehalten waren. In Europa gab es schon seit mindestens zwölf Jahrhunderten königliche Wildparks. Dschingis Khan erließ Schutzbestimmungen für seltene Wildarten. Amerikanische Indianer legten Futterweiden für das Wild schon zu Zeiten an, als noch kein Weißer die Neue Welt betreten hatte.

Die heutige Wildhege in Amerika geht zurück auf das Jahr 1870, als sich eine Gruppe von Bürgern aus Montana um ein Lagerfeuer im wilden Tal des Yellowstone-Flusses versammelte. Sie hatten eine Expedition in dieses Gebiet unternommen, nachdem sie von der Eigenart des Yellowstone-Tales gehört hatten. Die Naturschönheiten übertrafen ihre Vorstellungen. Nach den Gesetzen der USA war es möglich, Anspruch auf das Land zu erheben und es zum eigenen Nutzen auszubeuten. Die Entdecker entschieden jedoch, daß die Yellowstone-Region zu großartig

A

B

C Landvögel können auch in einem strengen Winter überleben, wenn sie an überdachten Futterstellen Nahrung finden.
D In den Schnee gesteckte Zweige von Laubbäumen liefern Winternahrung für Kleinwild, wie Hasen und Kaninchen

war, um in private Hand zu geraten. In jener Septembernacht beschlossen sie am Lagerfeuer, dieses herrliche Stück Land dem Volk der Vereinigten Staaten zu schenken. Dies war die Geburtsstunde des ersten Nationalparks der Welt. Der Kongreß bestimmte im Jahre 1872 das Yellowstone-Gebiet zum "öffentlichen Park oder einem Erholungsgelände zum Wohle und zur Freude des Volkes".

Bald darauf wurden weitere Parks geschaffen: 1890 Yosemite und Sequoia in Kalifornien, 1899 Mount Rainier in Washington, 1902 Crater Lake in Oregon, 1903 Wind Cave in South Dakota, 1906 Mesa Verde in Colorado und Platt im Gebiet von Oklahoma. Die Idee wurde bald auch von anderen Nationen übernommen. Bis zum Jahre 1920 gab es 16 Parks in den Vereinigten Staaten und weitere Parks in Argentinien, Schweden, der Schweiz, Kanada, Neuseeland, Australien und Jugoslawien. Die Bewegung breitete sich weiter aus, und 1939 gab es bereits Nationalparks in Afrika, Asien und in osteuropäischen Staaten einschließlich der Sowjetunion.

Zur Bewirtschaftung dieser neuen Reservate wurden behördliche Einrichtungen geschaffen und zusätzliches Land zur Wildhege bestimmt. Aber da die Bewirtschaftung noch in den Kinderschuhen steckte, wurden viele Fehler gemacht. So z. B. ließ man Raubtiere zu Tausenden vernichten, da sie traditionsgemäß zu den Schädlingen gerechnet wurden. Dies führte dazu, daß sich manche Beutetiere sehr stark vermehrten. Damals herrschte die Annahme, die Jagd stünde im Widerspruch zur Wildhege, und so konnten sich manche Wildarten ungehindert vervielfachen. Die Elche im Yellowstone-Gebiet wurden so zahlreich, daß im strengen Winter 1919/20 mehr als 20 000 Stück verendeten, weil zu viele Tiere im Revier lebten. Im Winter 1961/62 schoß das Personal des Nationalparks über 4 000 Elche ab, damit die Herde nicht zahlreicher war, als es das Revier vertrug. Trotz der Proteste mancher Jäger und Jagdveranstalter verbieten es die Regeln des Parks noch immer, daß in diesem Schutzgebiet gejagt wird.

Die Kontroverse wegen des Abschusses der Elche veranschaulicht ein Grundproblem der Wildhege, wie es sich uns heute darstellt. Die Natur arbeitet so ausgewogen wie eine gute Schweizer Uhr. Wenn ein Unerfahrener sie öffnet und an dem zerbrechlichen Mechanismus herumhantiert, gerät das ganze Räderwerk in Unordnung. Manchmal wird sie dabei so sehr beschädigt, daß sie sich nicht mehr reparieren läßt. Doch zwischen einer Uhr und der Umwelt besteht ein bedeutsamer Unterschied: Eine neue Uhr läßt sich herstellen, doch eine zerstörte Umwelt läßt sich nie wieder ersetzen.

Diese Einsicht ist in vielen Teilen der Welt nicht beherzigt worden, so daß es notwendig ist, sich diese Überlegung dort wieder zu eigen zu machen, wo aus politischen Motiven, aus Profitsucht oder vielleicht nur aus Neugier an der natürlichen Umgebung gesündigt wurde.

Ein großes Problem ist die Ansiedlung von Tieren in Gebieten, wo sie zuvor nie gelebt hatten. In den letzten 100 Jahren hat man dies in großem Umfang versucht und ist zumeist damit gescheitert. Einige erfolgreiche Ansiedlungen, wie die Einführung des Ringfasans und der Bachforelle in Nordamerika, scheinen mehr Beachtung gefunden zu haben als die sehr zahlreichen Fehlschläge.

Der Karpfen, der von den amerikanischen Behörden als Europas Wunderfisch gefeiert wurde, ist in die amerikanischen Gewässer so erfolgreich vorgedrungen, daß er wertvolle einheimische Fische verdrängt und den Lebensraum von Wassergeflügel eingeengt hat. Gegenwärtig macht man sich auch Sorgen über die möglichen Auswirkungen der Einführung des Coho-Lachses nach Großbritannien und Frankreich.

Bisamratten wurden als wertvolle Pelztiere nach Europa eingeführt. Doch in den meisten europäischen Ländern waren diese aus Nordamerika stammenden Tiere alles andere als wertvoll: Sie unterwühlten Gleisanlagen, Brückenpfeiler und Deiche, und die Behörden konnten

A

A In einer unzerstörten Landschaft lebten in den Nadelwäldern Nordskandinaviens Tiere wie (1) Elche und Wölfe, (2) Marder und (3) Auerhühner. Die Wälder (4) wuchsen, alterten, stürzten und verrotteten im Rhythmus der Jahrhunderte (5). Die Menschen stellten ursprünglich den Raubtieren wegen ihrer Felle nach, und während deren Bestände abnahmen, wuchsen die Bestände anderer Tierarten. Zur Zeit nimmt jedoch nur der Elchbestand zu, da diese Tierart anpassungsfähiger ist als Marder oder Auerhuhn.

B1

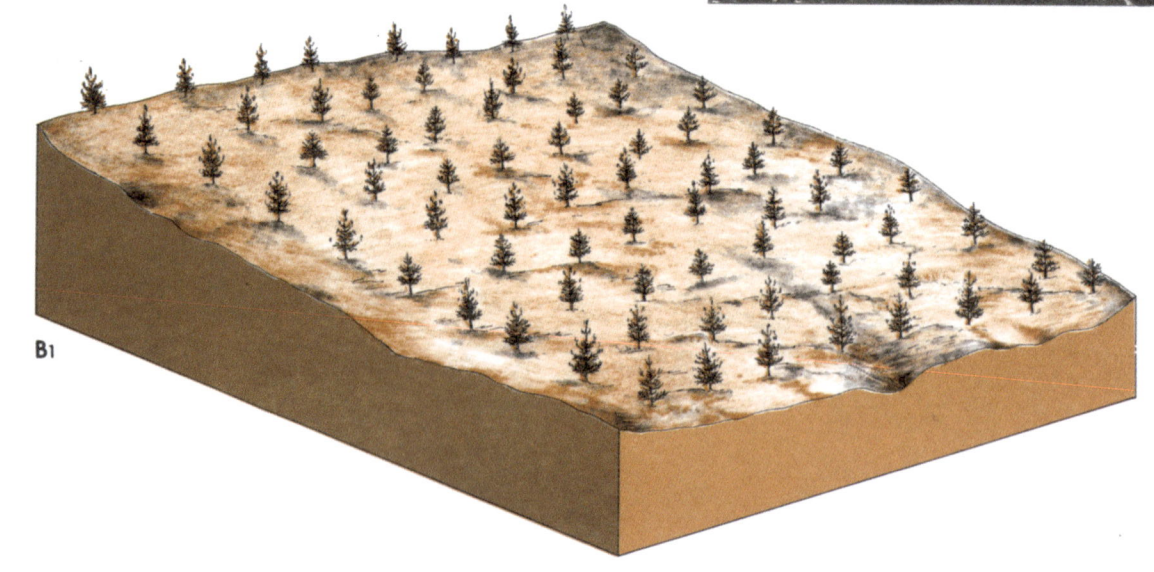

C1

C2

3

4

5

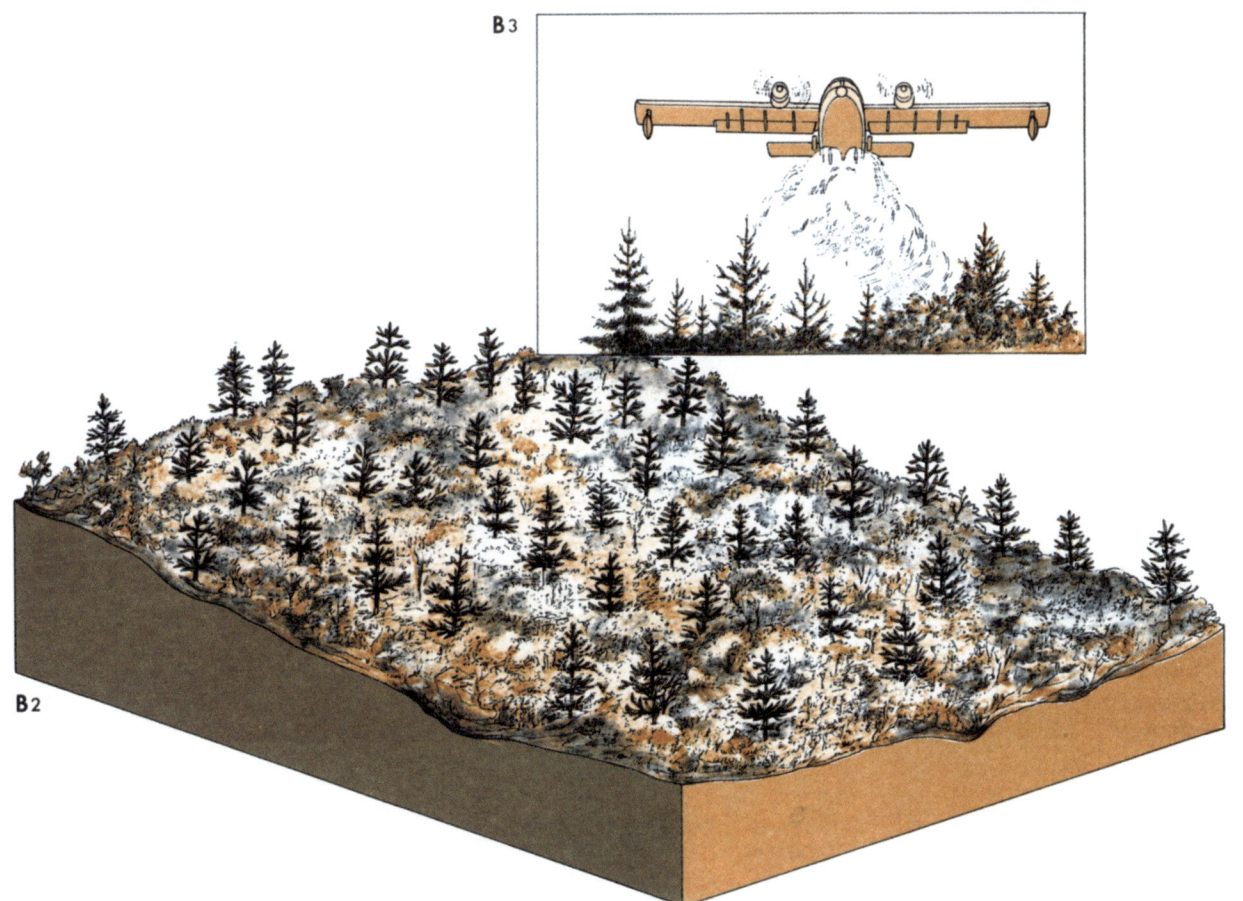

B3

B2

D

B In der modernen Forstwirtschaft werden alle Bäume abgeholzt, und die Fläche (1) wird dann mit jungen Nadelbäumen bepflanzt. Nach einigen Jahren wachsen junge Laubhölzer nach, wie Birken und Espen, (2) die zusammen mit manchen jungen Nadelhölzern eine gute Nahrung für Elche darstellen. (3) Ein Besprühen mit Herbiziden hält das Wachstum von Laubhölzern unter Kontrolle.

C (1) Elche gedeihen in jungen Kiefernpflanzungen. Der von ihnen verursachte Schaden ist so groß, daß die Förster statt dessen manchmal Fichten anpflanzen, die die Elche weniger gern verzehren. Die Elchnahrung ist im Jahresablauf recht abwechslungsreich: (2) Im Sommer verzehrt er Kräuter, Blätter und Gräser, (3) im Herbst Heidekraut, (4) im Winter Blätter und Triebe von Kiefern und Birken, (5) im Frühling Kiefernknospen und Gras.

D Da der Elchbestand nicht mehr durch Raubtiere dezimiert wird, werden jedes Jahr Elchbullen, Kühe und Kälber in Schweden zum Abschuß freigegeben. Die Anzahl richtet sich nach Wildzählungen in den einzelnen Regionen.

245

A Ein wichtiger Aspekt der Wildhege ist die Sammlung von Informationen über das Verhalten des Wildes: (1) Einem Vielfraß wird ein Halsband mit einem Sender umgelegt. (2) Der Standort des Tieres läßt sich jetzt anpeilen. (3) Im Winter fallen Vielfraße häufig Rentiere an. (4) Spur eines Vielfraßes. (5) Sein Fuß ist relativ groß, so daß er auf der Oberfläche des Schnees laufen kann, während der Huf des Rentieres (6) einsinkt, so daß es bald erschöpft dem Vielfraß zum Opfer fällt.

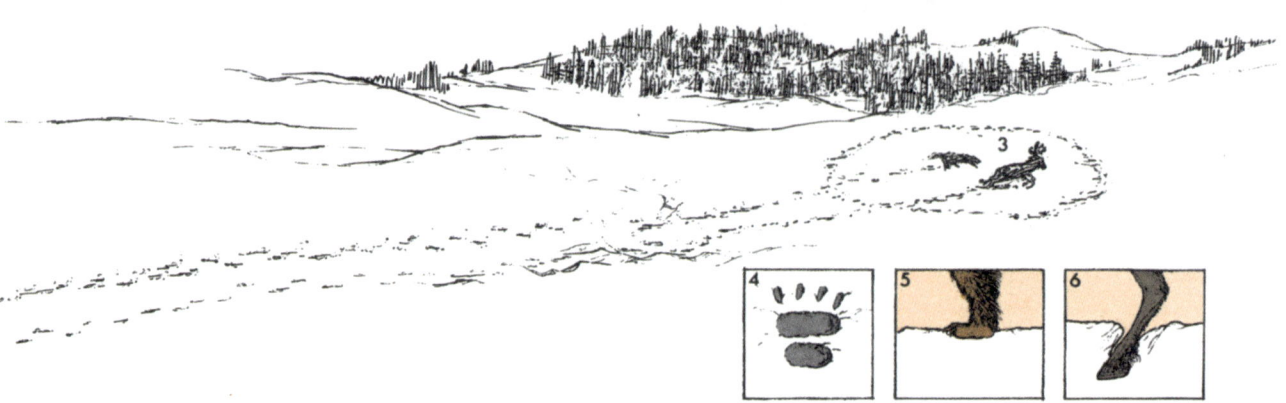

trotz großer Anstrengungen diese Schädlinge nicht mehr loswerden. Vor einem Jahrhundert wurde, ebenfalls aus Nordamerika, das graue Eichhörnchen in Europa eingeführt; in Großbritannien wurden diese Tiere zu einer Plage.

Der Rothirsch, ein wertvolles Jagdtier in Europa, wurde zu einer Plage in Neuseeland. Die Behörden boten sogar allen, die einen Hirsch schießen wollten, unentgeltlich Munition an.

Mungos wurden nach Jamaika gebracht, um die Ratten zu bekämpfen, die die Zuckerrohrplantagen bedrohten. Sie bekämpften zunächst auch die Ratten erfolgreich, doch dann trieben sie ihr Unwesen, indem sie sich an Hausgeflügel, Landkrabben, Reptilien und Amphibien heranmachten.

Der Trend, Tiere anderswo anzusiedeln, dauert dennoch an. Man hat Coho-Lachse, die offenbar aus einer Fischfarm in Maine stammten, in einem kanadischen Bach gefunden, der dem Atlantik zufließt. Manche Biologen fürchten, daß die Cohos, die aus dem Pazifik stammen, allmählich die atlantischen Lachse verdrängen werden. Nach New Mexico und Texas sind in großem Ausmaß exotische Wildtiere, wie Oryx-Antilopen und Berberschafe aus Afrika, eingeführt worden. Da der Fasanenbestand im amerikanischen Mittelwesten zurückgeht, jagt man dort neuerdings die aus Ungarn stammenden grauen Rebhühner.

Die Betreuung des Wildtierbestandes hat sich zu einer angesehenen und häufig zu einer exakten Wissenschaft entwickelt. Die Richtlinien, nach denen die Behörden verfahren, sind erheblich besser durchdacht als in der Vergangenheit.

Die Arbeit der Behörde für Wilderhaltung in Großbritannien ist ein Beispiel für organisierte Untersuchungen von Problemen, die bei der Wildbetreuung auftreten. Das gilt für die restaurativen Techniken. Die dort gemachten Erfahrungen sind allen europäischen Ländern zugute gekommen, einschließlich des Ostblocks und der Länder des Nahen Ostens. Fachleute auf dem Gebiet der Wildbewirtschaftung arbeiten auf verschiedene Weise; häufig bauen sie einen Wildtierbestand auf, doch zumeist sorgen sie für die Auffüllung entstandener Lücken. Eine ihrer bedeutsamsten Aufgaben ist die Forschung. Biologen sammeln Erfah-

rungen über die Lebensweise der von ihnen betreuten Tierarten und treffen aufgrund der Ergebnisse die erforderlichen Entscheidungen. Für die Entwicklung eines wirksamen Betreuungsplanes müssen Fakten über Fortpflanzungspotential, Alter, Geschlechtsstruktur, Ernährungsgewohnheiten, Ruheplätze und Entwicklung der Populationen gesammelt werden. Aus solchen Fakten läßt sich zum Beispiel folgern, in welchem Ausmaß eine Herde Gemsantilopen in Südafrika bejagt werden kann, ohne daß die Gesamtzahl drastisch abnimmt.

Ein Fachmann auf dem Gebiet der Bestandsbewirtschaftung von Wildtieren schafft sich eine ungefähre Vorstellung über den Prozentsatz der möglichen Abschußzahlen, wobei die Herde als Gesamtheit nicht Schaden nehmen darf. Dann entwickelt er detaillierte Jagdbestimmungen, die schließlich dem Verordnungsgeber zum Erlaß vorgelegt werden.

An dieser Stelle scheitern viele hervorragend ausgearbeitete Bewirtschaftungspläne. Die verordnungsgebenden Körperschaften schenken häufig den biologischen Zusammenhängen sehr wenig Beachtung und ziehen es vor, den Tierbestand nach politischen oder ökonomischen Vorstellungen zu regeln. Manche Gesetzgeber meinen, sie seien in der Lage, biologische Feststellungen und den Wildbestand betreffende Erfordernisse auszudeuten. Sie erlassen Bestimmungen, die auf falschen Vorstellungen beruhen. Dieses Problem wirkte sich besonders in Nordamerika aus.

Gegen den Widerspruch der Biologen haben die Parlamente mehrerer Staaten in den USA die Jagd auf weibliches Hochwild verboten – ein schlagendes Beispiel dafür, daß »wohlmeinende« Gesetzgeber die politisch machtlosen Jagdbehörden überstimmen können. In den zurückliegenden Jahrhunderten wurde der Lebensraum des Wildes immer mehr eingeschränkt. Wenn also der Abschuß von weiblichem Wild verboten ist, dann vermehren sich die Tiere in einem solchen Ausmaß, daß die Reviere nicht mehr ausreichen, um den gesunden Fortbestand der Art zu sichern. Die schwachen Tiere müssen verhungern, und die überlebenden fügen der Natur im Revier so schweren Schaden zu, daß es viele Jahre dauert, bis sie sich wieder erholt.

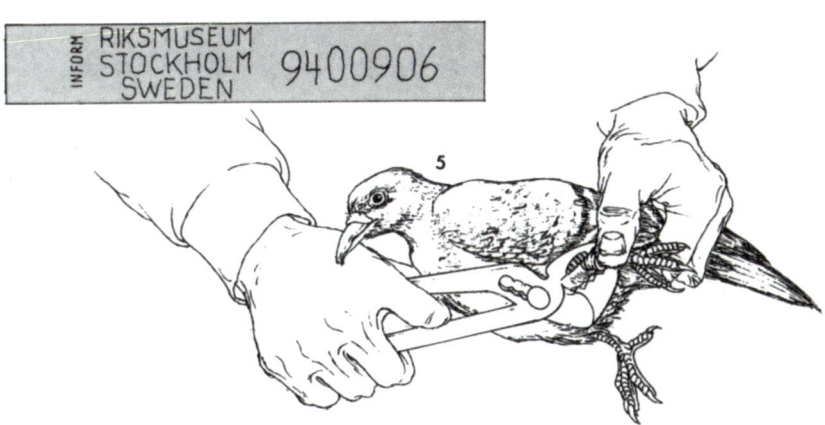

B (1) Hasen werden zur Markierung in Netzen gefangen. (2) Dieser Hase wird mit Farbe am Lauf gekennzeichnet. (3) Dieser Hase trägt Kennzeichen hinter den Ohren. Wenn er die Ohren zurücklegt, sind die Kennzeichen unsichtbar, so daß er dann nicht so schnell von Raubtieren entdeckt werden kann. (4) Vögel erhalten Beinringe aus Plastik mit Farbmarkierungen.
(5) Zur Kennzeichnung von Vögeln werden auch numerierte Ringe verwendet. Jäger, die ein gekennzeichnetes Tier schießen, sollten die Markierungen stets an die Ausgangsstelle zurückschicken.

In vielen Teilen der Welt fordern Landwirtschaftsexperten von den Jagdbehörden mehr freizügige Jagdbestimmungen, damit der Schaden, den das Wild in der Landwirtschaft anrichtet, in Grenzen bleibt. Dies ist zur Zeit in vielen Teilen Afrikas der Fall und ein Hauptgrund für den rapiden Rückgang des Elefantenbestandes.

Wenn Jagdbestimmungen richtig angewendet werden, ist es andererseits möglich, eine maximale Jagdausbeute zu erzielen, ohne den Bestand zu gefährden. Manche Entenarten haben mehr männlichen als weiblichen Nachwuchs. Dennoch sind die Vögel während der Fortpflanzungszeit monogam – sie paaren sich nur mit einem bestimmten Partner. Die Natur schafft also einen Überschuß von männlichen Enten – einen Überschuß, der abgeschossen werden kann, ohne daß eine erhebliche Verminderung der Entenzahl des nächsten Jahres eintritt. Dies ist auch der Grund für die Bestimmung, daß in einigen Gebieten ausdrücklich mehr männliche als weibliche Enten erlegt werden dürfen.

Die Erhaltung des Lebensraumes ist im Rahmen der Wildhege ein bedeutsames Erfordernis. Ob in Zukunft Wild in ausreichender Menge zur Jagd zur Verfügung steht, hängt in großem Ausmaß davon ab, daß man geeignete Lebensbedingungen erhält oder bereitstellt. Die Erhaltung des Lebensraums kann vielfältige Formen haben: Nationalparks, Wildschutzgebiete, Naturschutzgebiete, private Ländereien, die mit öffentlichen Mitteln gepachtet werden, und Privatgrund, dessen Erschließung behördlich verboten ist. Manche größeren Ländereien haben nur deswegen bedeutsame Wildbestände, weil sich dort die Erschließung nicht lohnt. Beispielsweise werden Flußniederungen oder Überschwemmungsgebiete baulich nicht genutzt, und viele Bauern verzichten auf eine Bewirtschaftung felsigen Bodens oder steiler Hänge.

Die afrikanische Tsetsefliege, die auf Haustiere und Menschen die gefürchtete Schlafkrankheit überträgt, hat dafür gesorgt, daß viele bedeutsame Wildreservate erhalten geblieben sind. Bis vor kurzem gab es gegen die Schlafkrankheit keinen Impfstoff. Nunmehr aber bereitet seine Anwendung manchen Naturfreunden Sorgen: Wenn die Tsetsefliege indirekt besiegt wird, steht der Besiedlung vieler Ländereien nichts mehr

im Wege, so daß eines der letzten noch verbliebenen Gebiete Afrikas mit reichlichem Wildbestand dann verschwinden wird.

In manchen anderen Gebieten scheint für den Naturschutz wirksam gesorgt zu sein. In den Rocky Mountains werden manche Gebirgsteile, vor allem in der Nähe von bewohnten Gebieten, als Wasserspeicher bewirtschaftet. Um der Bodenerosion und dem Wasserabfluß entgegenzuwirken, ist dort Holzeinschlag und extensives Grasen des Viehs verboten.

Ein weiteres Element der Wildhege ist die Kontrolle des Raubtierbestandes; es spielte in der Vergangenheit jedoch eine größere Rolle als heute. Erst in den letzten Jahrzehnten wurde die Bedeutung der Raubtiere erkannt. Wölfe, Bären, Wildkatzen und andere Fleischfresser sind in vielen Teilen der Welt ausgerottet, besonders in Europa und im Osten der Vereinigten Staaten. Jetzt bemüht man sich, den Raubtierbestand wieder zu vergrößern – ein Plan, der auf den Widerstand jener trifft, die noch immer die Wölfe und Bären als Vieh- und Menschenmörder betrachten. Weitsichtige Forscher versuchen in Europa den Luchs wieder in solchen Gebieten anzusiedeln, in denen er einst lebte. Mexiko macht Anstrengungen, die Anzahl der einheimischen Wölfe, einer gefährdeten Art, zu erhöhen. Noch vor 15 Jahren wurden in vielen Teilen Nordamerikas Berglöwen und Schwarzbären als Schädlinge betrachtet. Jetzt werden sie jedoch als jagdbare Tiere klassifiziert, mit Ausnahme der Gebiete mit geringem Bestand.

Die Neuansiedlung von dezimierten Wildarten ist eine verhältnismäßig junge und außerordentlich wirksame Methode der neuzeitlichen Wildhege. Sie wird in allen Kontinenten angewendet, von Asien bis nach Südamerika; besonders verbreitet ist sie jedoch in den Vereinigten Staaten, wo man zum ersten Male Betäubungspfeile anwendete, um Wildtiere einzufangen. In den USA versuchen Biologen die Ansiedlung von Säugetierarten in den früher von ihnen bewohnten Gebieten, z.B. Dickhornschafe, Gabelantilopen und Elche. Manche Säugetierarten werden in für sie geeignete Reviere eingeführt, die sie wegen geographischer Barrieren zuvor nicht bewohnen konnten. Gebirgsschafe wurden in die hohen Berge des Staates Utah gebracht, wo sie sich offenbar

A

A In jedem Ökosystem hängt der Bestand an Raubtieren mit dem Bestand an Beutetieren zusammen. Bei weniger Beute vermehren sich auch die Raubtiere in geringerem Umfang, bis der Ausgleich hergestellt ist. Dies gilt besonders dort, wo nicht viel Auswahl an Beutetieren besteht. Auf den baumlosen Höhen am linken Rand der Landschaft ist der Lemming (1) eine der wenigen Nahrungsquellen für den Fuchs (2). In jedem vierten Jahr vermehren sich die Lemminge stark. Kurz danach werden auch viele Füchse geworfen. Im tieferen Gelände fallen mehr Beutetiere an, zum Beispiel Feldmäuse – hier wird ein Nest mit Jungen gezeigt (3) –, Kaninchen und auf dem Boden nistende Vögel. Hier ist die Anzahl der jährlich geworfenen Raubtierjungen nicht so unterschiedlich wie oberhalb der Baumgrenze.

B Die Graphik (1) zeigt, daß eine ähnliche Beziehung zwischen dem Schneehasen und dem Luchs besteht (2). Die vertikale Achse stellt die Vermehrungsrate und die horizontale die Zeit dar. In der Periode (a) besteht ein Nahrungsüberfluß, und die Hasen (ihre Vermehrungsrate wird hier als durchgehende Linie gezeigt) vermehren sich stark; kurz darauf erhöht sich die Vermehrungsrate des Luchses (gestrichelte Linie). Bei Verringerung der Nahrungsmenge (Periode b) nimmt auch die Vermehrungsrate ab, bis der Bestand ein Minimum erreicht hat. Die Anzahl der Luchse nimmt nicht in gleicher Schnelligkeit ab, da sie auch andere Beute finden. In der Periode (c) geht die Vermehrung langsam vonstatten, da die Luchse die Anzahl der Hasen niedrig halten. Später wiederholt sich der Zyklus.

Jedes Jahr werden Tausende von Wildtieren bei Straßenunfällen getötet. Auch viele Menschen kommen dabei zu Schaden. Neuerdings werden Reviere eingezäunt, doch kann in solchen Fällen das Wild nicht ungehindert von einem – vielleicht übervölkerten – Revier ins andere wechseln. Man sollte daher unter den Straßen Tunnel anlegen.

vermehren. Elche wurden 1977 in Colorado angesiedelt, und den Berichten zufolge haben sich die großen Hirsche dort gut eingelebt.

Die Zivilisation bringt neue Probleme mit sich, um deren Lösung sich die Fachleute bemühen müssen. In manchen Teilen der Welt ist die Anzahl der durch den Straßenverkehr getöteten Tiere größer als die Gesamtzahl des bei der Jagd erlegten Wildes.

Bewährt haben sich die auf Wildwechsel hinweisenden Verkehrszeichen. Manche Straßen sind eingezäunt worden, um das Wild vom Verkehr fernzuhalten. Diese Lösung ist jedoch kostspielig und bringt auch Nachteile mit sich. Durch die Zäune wird das Wild am Umherstreifen gehindert – eine Bedrohung für die Existenz mancher Tierarten, wie Gabelantilopen und Karibus, die ein großes Revier benötigen, um ausreichend Nahrung zu finden. Um zu verhindern, daß immer mehr Wild durch den Verkehr getötet wird, wurden an Straßenpfeilern und in Straßentunneln reflektierende Streifen angebracht, durch die das Wild gewarnt wird. In manchen Gebieten haben sich auch Straßentunnel bewährt, während anderswo der Erfolg ausblieb.

Wildernde Hunde und Katzen stellen in vielen Gebieten ein Problem dar, da sie Kleinwild in großen Mengen rauben. Naturschützer veranlaßten Verordnungen gegen das freie Umherstreifen von Haustieren und zur Geburteneinschränkung. Außerdem gibt es Bestimmungen, die die Wildhüter anweisen, wildernde Hunde zu erschießen.

Da sich das Wild häufig in großer Anzahl in den ihm von den Menschen zugewiesenen Reservaten zusammendrängt, wächst auch die Gefahr der Erkrankungen; z. B. verursacht die unnatürliche Konzentration vom Wassergeflügel, daß die Vögel Krankheiten wie Vogelcholera und Botulismus häufig zum Opfer fallen. Impfstoffe sind zwar entwickelt worden; jedoch ist das Impfen von Wildvögeln in großer Anzahl kaum möglich. Die Lösung des Problems kann nur in der Vorbeugung liegen; denn bei Ausbruch einer Epidemie können Tausende von Vögeln in wenigen Stunden eingehen. Um große Vogelansammlungen zu zerstreuen, haben die Wildschutzbehörden Flugzeuge, Lärm erzeugende Maschinen und sogar Jäger eingesetzt. Die beste Methode scheint jedoch zu sein, den Vogelschwärmen ein oder mehrere Grundbedürfnisse zu entziehen, vorzugsweise Nahrung oder Wasser.

Wildlebende Huftiere werden von Krankheiten befallen, die von Haustieren ausgegangen sind. So kann sich z. B. die Bruzellose bei den Bisons so ausbreiten, daß die ganze Herde dieser Krankheit zum Opfer fällt. Die großen Wildtiere werden eingefangen und geimpft. Weitere Immunisierungstechniken werden zur Zeit ausprobiert. In vielen Teilen Europas sind die Rotfüchse die häufigsten wildlebenden Überträger der Tollwut. Um die Füchse zu immunisieren, werden in ihren Revieren Hühnerteile als Köder ausgelegt, die mit einem oralen Impfstoff durchtränkt sind. Sollte dieses Experiment erfolgreich verlaufen, wird das Verfahren sicherlich für viele weitere Gebiete übernommen werden.

Doch vielen Arten wildlebender Tiere können krankheitsverhütende Mittel nicht verabreicht werden. Deshalb gibt es in vielen Ländern Gesetze, die für importierte Haustiere und freilebende Tiere gründliche Untersuchungen und Quarantänesicherung verlangen.

Die Umweltverschmutzung ist in vielen Ländern ein Hauptproblem des Naturschutzes. Ihre Auswirkungen sind besorgniserregend. Sie fallen bei freilebenden Fischen noch mehr ins Gewicht als bei freilebenden Wildarten. Ölverschmutzungen sind allgemein verbreitet, doch die Verwendung von chemischen Reinigungsmitteln wirkt sich auf die Gewässer vermutlich nicht weniger verheerend aus als das Öl selbst. Beim Wassergeflügel verlieren die mit Öl verschmutzten Federn ihre Isolierfähigkeit. Der Vogel muß eingehen, wenn er nicht gerettet und gesäubert wird.

In manchen Ländern haben Schädlingsbekämpfungsmittel und chemische Entlaubungsmittel, die kaum sichtbar, aber bedrohlicher sind als

Öl, zum Tode Tausender Vögel und kleiner Säugetiere geführt. Die Flora und Fauna von Vietnam und Kambodscha hat stark gelitten, nicht nur durch Minen und Bomben, sondern durch die Entlaubungsmittel, die dort zur Zerstörung der feindlichen Deckung angewendet wurden. Schädlingsbekämpfungsmittel wirken sich auf wildlebende Tiere im allgemeinen indirekt aus. Die Jungen der meisten Vogelarten benötigen Proteine, die in Würmern und Insekten enthalten sind. Doch diese Nahrung ist in Gebieten, in denen Insektenvertilgungsmittel in großem Umfang eingesetzt wurden, kaum noch zu finden.

Um Wild am Überqueren von Straßen zu hindern, gibt es auch reflektierende Schilder, die weniger kostspielig sind. Sie reflektieren das Scheinwerferlicht und verscheuchen das Wild, das mindestens so lange wartet, bis das Fahrzeug weitergefahren ist. Allerdings müssen die reflektierenden Flächen regelmäßig gereinigt werden.

Eine wichtige Methode der neuzeitlichen Wildhege ist darauf ausgerichtet, den Lebensraum der Tiere zu beeinflussen. Biologen haben nachgewiesen, daß die meisten Wildarten in Übergangszonen zwischen zwei unterschiedlichen Umweltformen leben, wie zum Beispiel zwischen einem Wald und einer Wiese. Solche Übergangszonen lassen sich in vielen Fällen schaffen, indem man Ländereien abbrennt oder Maschinen zur Veränderung der Bodenstruktur einsetzt. Solche Arbeiten sind kostspielig und zeitraubend, doch sie lohnen sich, insbesondere dann, wenn man sich zum Ziel gesetzt hat, den Kleinwildbestand zu vergrößern. Die meisten Wildreservate in den Vereinigten Staaten sind von einem System von Gräben und Dämmen durchzogen. Durch Regulierungen des Wasserspiegels kann der Wildhüter Bedingungen schaffen, die für die Tierart, deren Vermehrung er wünscht, besonders geeignet sind. Manche Entenarten zum Beispiel bauen ihre Nester in einer Höhe von etwa einem Meter über dem Wasser. Wenn man den Wasserspiegel entsprechend reguliert, haben diese Enten im allgemeinen reichlichen Nachwuchs. Durch die Regulierung des Wasserspiegels kann man auch den Fischbestand steuern. Wenn unerwünschte Fischarten, wie zum Beispiel Karpfen, im flachen Gewässer laichen, dann wird, um die Anzahl der Fische zu reduzieren, nach der Eiablage das Wasser abgelassen.

Durch Feuerverhütung wird zwar der Wald geschont, doch der Lebensraum verringert sich für solche Tiere, die Gebüsch und Grasland benötigen. Viele Wildtiere, darunter Hirscharten und im Bergland lebende Vögel, fühlen sich am wohlsten in solchem Gelände, in dem nach Bränden junge Pflanzen nachwachsen. Jahrelang haben die Behörden in den Vereinigten Staaten routinemäßig alle natürlichen Brände bekämpft, auch die durch Blitze entstandenen Feuer. Jetzt erkennt man, daß sich Brände in der Natur auch vorteilhaft auswirken können. Sie dürfen allerdings nicht dem wertvollen Baumbestand schaden.

Die Wildschutzbehörden auf der ganzen Welt widmen einen Großteil ihrer Bemühungen der Durchsetzung der Schutzverordnungen, denn ohne energische Durchführung wären auch die besten Maßnahmen wertlos. Das Wildern ist in vielen Ländern verbreitet, sowohl in "zivilisierten" Gebieten, wie in den USA, als auch im entlegenen Busch in Afrika. Manche Tierarten sind durch das Wildern von der Ausrottung bedroht. So stellen Wilderer den Nashörnern nach, die sie wegen ihrer Hörner jagen. Die Hörner werden zermahlen und in orientalischen Ländern als Aphrodisiakum verkauft. Die Bestände an Elefanten sind in den zurückliegenden Jahren drastisch zurückgegangen, da Wilderer die Tiere wegen des Elfenbeins rücksichtslos gejagt haben.

Der Erfolg der Wildhege hängt in großem Maße vom Verhalten und vom Wissensstand der Öffentlichkeit ab. Aus diesem Grunde wenden Naturschützer in aller Welt große Geldmittel zur Aufklärung der Mitmenschen auf. In China unterrichtet man die Menschen über die Bedeutung des großen Panda-Bären. In Spanien bemüht man sich, die Leute davon zu überzeugen, daß der in entlegenen Bergen lebende Braunbär schutzwürdig ist. Wenn trotz der vielen Gefahren, die ihm heute drohen, der Wildbestand der Welt erhalten bleiben soll, muß die Öffentlichkeit überzeugt werden, daß der Schutz des Wildes von existentieller Bedeutung für den Menschen ist.

Die meisten Unfälle mit Elchen ereignen sich in den Sommermonaten, da die einjährigen Kälber dann die Kühe verlassen. Eine weitere gefahrvolle Periode ist der September und Oktober, da die Tiere in der Brunft und dadurch unaufmerksam sind. Viele Unfälle passieren in der Abenddämmerung.

Kapitel 2:

Die Zukunft des Wildes und der Jagd

Richard F. LaRocco

Zwei Männer – ein zwanzigjähriger Autohandwerker und ein einundsiebzigjähriger Hausmeister – erhielten an einem Novembertag des Jahres 1976 Eindrücke von der Jagd, die jedem von ihnen Einsichten über die Zukunft der Jagdmöglichkeiten vermittelten. Der jüngere Mann verbrachte seinen Tag mit seinem Spaniel und jagte Fasanen an einem schlammigen Fluß auf einem Grundstück, das seinem Vater gehörte. Dies war seine letzte Jagd auf diesem Gelände; im nächsten Frühjahr ebneten Bulldozer das Land ein, auf dem 53 Häuser gebaut werden sollten. Dann würde es hier keine Fasanen mehr geben. Der alte Mann mit der Lizenz zur Jagd von Truthähnen in der Tasche verbrachte seinen Tag auf einem Hochsitz. Er sah 20 Vögel und schoß einen sechs Kilo schweren Hahn. Sein Jagdgebiet war ein verlassenes Farmgelände, auf dem es in früheren Zeiten nie Truthähne gegeben hatte. Jetzt aber stand auf dem einstigen Farmland ein schöner Laubwald, in dem man vor etwa fünf Jahren Truthähne ausgesetzt hatte.

Für den jungen Mann war die Jagd ohne Zukunft. Als er als Zwölfjähriger zum erstenmal auf die Jagd ging, gab es in dem kleinen Tal, wo er wohnte, viele Fasanen. Doch bald wurde das Tal in den Bereich der nahe gelegenen Großstadt einbezogen, und nur auf dem Grundstück seines Vaters hielten sich noch einige Fasanen. Jetzt sollte auch dieses Gelände verlorengehen.

Für den alten Mann hatte sich die Wildhege in den letzten 50 Jahren gelohnt. Nicht nur Truthähne waren wieder vorhanden, sondern auch Rehe, Waldhühner und Wildenten, die er in seiner Jugend nur selten zu Gesicht bekam. An den steilen Hängen dieses Geländes lohnt sich die Landwirtschaft nicht, so daß der alte Jäger hoffen kann, daß das Wild hier wieder Nahrung und Deckung finden wird.

Wie ist es nun wirklich um die Zukunft der Jagd bestellt? Gibt es in der Welt von morgen einen Platz für Wildtiere? Um diese Frage zuverlässig zu beantworten, müßten wir in eine Kristallkugel blicken! Eine ungefähre Vorstellung von der Entwicklung läßt sich jedoch gewinnen, wenn wir uns mit den vergangenen und gegenwärtigen Verhältnissen in den großen Jagdgebieten der Welt beschäftigen.

Das menschliche Ökosystem wirkt sich immer stärker auf die Lebensverhältnisse der Wildtiere aus. Die Bevölkerung der Welt ist in den vergangenen 100 Jahren ungeheuer gewachsen: Von einer Milliarde im Jahre 1850 stieg sie 1930 auf zwei Milliarden, 1960 auf drei Milliarden und 1975 auf vier Milliarden. In dieser Zeit hat sich das Ökosystem sogar noch stärker ausgedehnt. Die Eisenbahnen, Straßen-, Schiffs- und Luftverkehr und die Raumfahrt forderten ihren Tribut. Städte entwickelten sich durch ihre Industrie, und durch die Industrie erweiterte sich die Landwirtschaft. Nur in einigen Weltteilen kam es nicht zu diesem direkten Eingriff. Kein Teil der Welt blieb jedoch unberührt von den indirekten Folgen, die dieser Prozeß mit sich brachte. Wildtiere aber gedeihen nur dann, wenn sie mit dem menschlichen Ökosystem nicht in Konflikt geraten.

Bis etwa zur Mitte des 19. Jahrhunderts waren nur einige Teile Europas und Nordamerikas von den sich anbahnenden Veränderungen

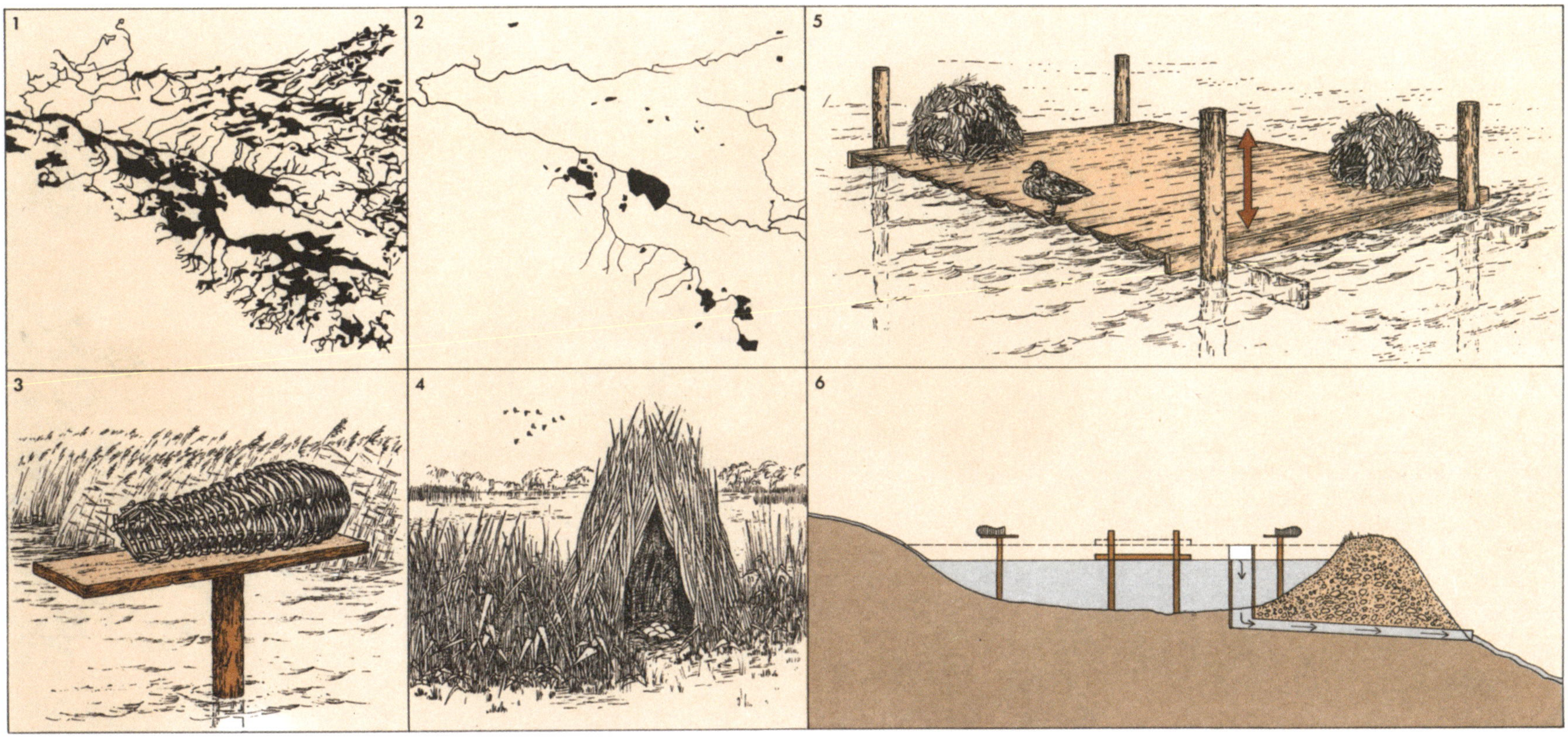

Leider werden oftmals gute Nistplätze für Wassergeflügel trockengelegt, was sich auf den Vogelbestand nachteilig auswirkt. (1) Ein Wassersystem mit vielen Wasserläufen und Sümpfen. (2) Wird dieses trockengelegt, dann werden auch die Nistplätze zerstört, und künstliche Niststätten (3 und 4) müssen angelegt werden. Manche Nistflächen können mit der Veränderung des Wasserspiegels höher oder tiefer liegen (5); an manchen Stellen kann durch einen Abfluß (6) das Überfluten der Nester verhindert werden.

Fangen und Fliegenlassen von wilden Truthühnern. Auf diese Art kann man die Vögel aus Revieren, in denen die Bestände zu groß geworden sind, in andere Gebiete umsetzen, wo sie weniger oft vorkommen. Die Vielfalt an Tierarten läßt sich so vergrößern, und der Bestand an Truthühnern kann in manchen Gebieten vor der Vernichtung bewahrt werden. (1) In einem Revier mit starkem Bestand dienen Getreidekörner als Köder. Am Rand einer Lichtung wird ein Kasten mit Pulverladung mit einem großen, leichten Netz aufgestellt. Wenn sich die Truthühner in der Lichtung angesammelt haben, wird die Ladung abgefeuert, und das Netz senkt sich über die Vögel (2). Die Truthühner werden dann im neuen Revier freigelassen (3).

berührt worden. Doch die Grenzen der ungezähmten natürlichen Welt wurden immer weiter zurückgedrängt. Allmählich bahnten sich in ganzen Landschaftsformen Umwandlungen an.

Womit müssen sich Naturschützer und Jäger heute auseinandersetzen, und welche Mittel stehen ihnen zur Verfügung? Der erste Teil der Frage ist nicht schwer zu beantworten: mit der Verschmutzung der Atmosphäre und des Wassers durch chemische Mittel, mit der Einwirkung von Hitze und Lärm, mit der Erweiterung der Industrie und der Städte und deren Bedarf an Gelände und Wasser in den meisten Teilen der Welt, mit den Monokulturen in Nordamerika und Teilen von Europa, Asien und Afrika, und mit dem Bedarf der Landbevölkerung in den ärmeren Gebieten an Brennstoff und Farmland. In diesem weltweiten Zusammenhang halten sich Naturschützer an Methoden, die eine Mischung alter und neuer Verfahren sind.

Eine der Besonderheiten der Jagd war es schon immer, daß die Wildbestände in solchem Gelände gehalten wurden, das hauptsächlich den herrschenden Schichten vorbehalten war. Ebenfalls ist es schon lange üblich, das Wildern streng zu bestrafen. Diese Besonderheiten treten seit jeher in vielen Teilen der Welt in Erscheinung. In Großbritannien wurden die Verordnungen gegen das Wildern, die im Mittelalter barbarisch harte Strafen vorsahen, weitgehend gemildert. Für England, ein stark bevölkertes und industrialisiertes Land, das sich rühmt, fast 900 Jahre alte königliche Wildparks zu besitzen, ist eine Erscheinung bezeichnend: Dem einen kann das Land gehören, der andere kann es bewirtschaften, der dritte besitzt die Abschußrechte, der vierte darf die Rechte pachten, und im Herbst, während der Fuchsjagd, galoppieren dann alle Jäger über dieses Land. Alle Wildtiere, sogar die Hirsche, gehören einer bestimmten Person, und die Feststellung, wer dies nun ist, kann häufig sehr schwierig sein. Die Wildhege beruht auf dem Grundsatz, daß die Abschußrechte ein von den Landeigentumsverhältnissen

unabhängiges Recht darstellen und insofern angekauft, verkauft und geschützt werden können. So verletzen zum Beispiel Tatbestände wie Geländeverschmutzung oder das Wildern die Eigentumsrechte.

Außerhalb der Reservate und der im Privatbesitz befindlichen Jagdreviere müssen die Wildhüter in Betracht ziehen, welche Auswirkungen die Landwirtschaft auf die Ernährung des Wildes hat. Das verlassene Farmgelände, wo unser Einundsiebzigjähriger Truthähne gejagt hatte, gehört zu jenen Zehntausenden von Bauernwirtschaften, deren Betrieb sich wegen des Überhandnehmens der industrialisierten Landwirtschaft in den letzten Jahrzehnten nicht mehr lohnte. Im Interesse eines hochentwickelten landwirtschaftlichen Maschinenparks gibt es in manchen Gebieten überhaupt keine Hecken, Zäune und Gräben mehr, da sie diesen Maschinen nur im Wege stehen würden. In Großbritannien wurden manche Hecken aus dem Mittelalter vernichtet. In einer so geschaffenen gleichförmigen Umwelt können sich Insekten und Pflanzenkrankheiten explosionsartig ausbreiten, so daß sie in großem Umfang mit Chemikalien bekämpft werden müssen. Durch die Verwandlung der Landschaft werden Vögel und andere Wildtiere nicht nur ihrer Deckung beraubt, sondern sie verlieren auch ihre Nahrungsquellen. Die Rückstände der Chemikalien beeinträchtigen das Wassersystem und damit das pflanzliche und tierische Leben.

Die industrialisierte Landwirtschaft ist vielleicht eine ernsthaftere Gefahr für den Bestand der Wildtiere und ein größeres Problem für die Naturschützer als die Industrie selbst, da diese mehr räumlich konzentriert ist und weniger direkte Auswirkungen hat. Früher haben Landwirtschaft und Kleinwild immer nebeneinander bestehen können, und der Schaden, den das Wild anrichtete, wurde durch die Jagd wieder wettgemacht. Im Zusammenhang mit der industrialisierten Landwirtschaft stehen jedoch andere Überlegungen im Vordergrund.

Natürlich dürfen die Auswirkungen der Verschmutzung durch die

Industrie nicht unterschätzt werden. Ein Beispiel: Durch die Luftverschmutzung im Raum von Los Angeles sind in den 120 Kilometer entfernten San-Bernadino-Bergen schätzungsweise 1,3 Millionen Goldkiefernbäume eingegangen oder erkrankt, und zahlreiche Tiere, denen die Bäume Deckung, Nahrung oder Nistplätze geboten hatten, kamen dadurch um.

Die Rückstände von Schädlingsbekämpfungsmitteln vergifteten das Fett von Seevögeln und Säugetieren im Polargebiet. Karibus und Rentiere haben radioaktives Strontium in ihren Knochen.

Ein lebenswichtiger Bestandteil der intensiven industrialisierten Landwirtschaft ist die künstliche Bewässerung. Regenwasser wird in riesigen Staubecken gespeichert, versunkenem Land, auf dem vormals häufig reicher Wildbestand lebte. Da die Wasserspiegel der Staubekken mit dem jahreszeitlichen Regen steigen und fallen, stellen die Ufer keinen stabilen natürlichen Lebensraum für das Wild dar. Die weiträumige Entwässerung hatte in vielen Teilen Europas zur Folge, daß mit dem Rückgang der Sumpfgebiete auch reichliches natürliches Leben zugrunde gegangen ist. Man kann jedoch nicht leugnen, daß von künstlich angelegten Seen auch positive Wirkungen ausgegangen sind. In ihnen können Fische gezüchtet werden, und allmählich läßt sich ein neues Ökosystem aufbauen. Naturschützer sehen sich in solchen Fällen in einem Dilemma, nicht immer hat die Einführung exotischer Arten langfristig günstige Auswirkungen. Jedoch erfordern außergewöhnliche Situationen auch außergewöhnliche Lösungen: Kraftwerke, die Kühlwasser mit einer Temperatur von 27 bis 32 Grad Celsius ablassen, haben subtropischen Fischarten eine neue Heimat geschaffen.

Der Import exotischer Tierarten ist ein Vorgang, der schon seinen Anfang genommen hatte, als die Römer in viele Teile Westeuropas Fasanen einführten. Der wohl bekannteste Fehler beim Aussetzen fremder Tierarten ist die Einführung von Kaninchen in Australien. Die Bachforelle und der Ringfasan haben sich jedoch in Nordamerika gut eingelebt, und auch viele andere Arten sind in ihnen fremden Gebieten mit Erfolg ausgesetzt worden. So sind Berberschafe jetzt im amerikanischen Südwesten zahlreicher vertreten als in ihrem heimischen Nordafrika, und Ziegen aus den Rocky Mountains haben sich in den Wasatch Mountains von Utah erfolgreich eingelebt. In den Abwässern von Kraftwerken hat man mit Erfolg Warmwasserfische ausgesetzt, z. B. Barscharten. Manche Vogelarten, die früher im Winter fortzogen, bleiben jetzt das ganze Jahr am gleichen Ort und ernähren sich von Getreidekörnern, die auf den Feldern der Umgebung nicht geerntet wurden.

Naturschützer beschäftigen sich auch mit den Auswirkungen der Umweltverschmutzung auf den Wildbestand, mit Kernkraftwerken und der Ablagerung von atomarem Müll, mit der Ausbreitung von Städten in der industriellen Welt und mit der Ausdehnung von Ackerland und Dörfern in der Dritten Welt, mit den Aussichten von Sonnenenergie- und Windkraftwerken, mit der zu starken Ausnutzung von landwirtschaftlichen Flächen und mit dem Kahlschlag von Waldgebieten und der damit zusammenhängenden Gefahr der Bodenerosion. Naturschützer haben zu allen diesen Problemen ihre Stimme erhoben und nicht nur zum Ausdruck gebracht, was sie befürchten, sondern auch gesagt, was zur Verbesserung der Situation getan werden sollte.

Positive Wandlungen lassen sich zum Beispiel dadurch erzielen, daß man die Rolle der Raubtiere besser versteht. Man muß auch begreifen, daß das Verbot des Abschusses weiblicher Wildtiere falsch ist, denn als Folge einer raschen Überpopulation würde man es zulassen, daß das Wild seiner eigenen Umwelt schweren Schaden zufügt und daß schließlich viele Tiere durch Hunger und Krankheiten eingehen. Naturschützer wissen, welche nachteiligen Folgen es hat, wenn durch einen zu hohen Viehbestand die Weiden zu stark abgegrast werden. Über die Weidege-

biete von Nevada berichtete das amerikanische Bureau of Land Management: »Auf etwa 85 Prozent der Landfläche des Staates weidet das Vieh übermäßig, und die Weidegebiete des Wildes werden in großem Maße zerstört.« Eine ähnliche Situation herrscht auch in vielen anderen Regionen des amerikanischen Westens. In Nordafrika wird das Land derart übermäßig abgeweidet, daß die Sahara nach Süden vordringt.

Im Zusammenhang mit der Forstbewirtschaftung hat man die Bedeutung eines gezielten Holzeinschlags erkannt. Ein völliges Abholzen des Waldes wirkt sich negativ auf den Tierbestand aus. Die Ergebnisse zeigten sich im 18. und 19. Jahrhundert in den östlichen Vereinigten Staaten, sie zeigen sich heute in Indien und Pakistan, und sie beginnen sich in Teilen Südamerikas und Asiens zu zeigen. Manche Wildarten gedeihen im jungen Pflanzenwachstum, das nach einem Brand oder einer Abholzung entsteht. Andererseits fühlen sich manche anderen Wildarten, wie zum Beispiel der Truthahn, nur in vollentwickelten Wäldern wohl. Ein zu starkes Abholzen kann weitreichende Folgen haben, wenn Abhänge der Vegetation beraubt werden, die das Erdreich festhält. Dann drohen Bodenerosion und Überschwemmungen.

Bei der Einführung exotischer Tierarten sind Naturschutzbehörden heute im allgemeinen vorsichtiger als in früheren Zeiten. Früher setzte man exotische Arten in neuen Lebensbereichen aus, ohne vorher zu prüfen, ob Umwelt und Lebensweise der Tiere im Einklang standen. Das Ergebnis waren viele Mißerfolge, aber auch »Erfolge« in der Art, daß sich eine bestimmte Tierart zu einer Landplage entwickelte.

Jäger und Naturschützer machen manchmal die Feststellung, daß ihre Interessen den Bestrebungen der einheimischen Bevölkerung in den betroffenen Gebieten direkt zuwiderlaufen. So haben nordamerikanische Indianer und Eskimos erreicht, daß ihre Jagd- und Fischereirechte in manchen Gebieten erhalten bleiben. In einigen Fällen hat der Oberste Gerichtshof der Vereinigten Staaten diese Entscheidung getroffen, in anderen haben die örtlichen Behörden der USA oder Kanadas so entschieden. Zu diesen Rechten gehört es auch, im Frühling bestimmte Zugvogelarten schießen und ihre Eier sammeln zu dürfen. In Nordkanada dient die Jagd zwar noch zum Lebensunterhalt, doch die Behörden planen, dieses Recht allen kanadischen Indianern zu verschaffen.

In Afrika und Asien hat der Bevölkerungsanstieg nicht nur bewirkt, daß die Wälder abgeholzt wurden, um Farmland und Brennholz zu gewinnen. Durch die Abholzung hat auch der Wildbestand Schaden genommen. Wilderer stellen den Nashörnern nach, nicht nur der Hörner, sondern auch des Fleisches wegen. Elefanten kann man in kleinen Reservaten nicht festhalten, und sie werden daher abgeschossen, wenn sie zu den Dörfern vordringen und in der Umgebung das Ackerland verwüsten.

In manchen Ländern zahlen die Behörden den Bauern und Landbesitzern Entschädigungen für Schäden, die das Wild verursacht hat. Zur »Strafe« für die Übertretungen wird auch das Wild abgeschossen. Alarmierend ist die Tendenz, daß die Behörden dazu neigen, die Zahlungen für Wildschäden zu erhöhen. Häufig, wie in einigen Weststaaten der USA, stammt das Geld aus den von Jägern und Fischern erhobenen Gebühren. Somit fließt das Geld, das zur Verbesserung der Wildreviere hätte verwendet werden können, statt dessen den Bauern und Landbesitzern zu.

Wenn sich in manchen Gebieten der Wildschaden besonders stark auswirkt, dann kaufen die Behörden mitunter solches Gelände auf und lassen das Wild weiter darauf leben. Eine alternative Lösung ist der Kauf von nahe gelegenem Land, auf dem das Wild dann gefüttert werden kann. Die Kosten für solche Vorhaben sind sicherlich besonders hoch. Doch eine Wildfütterung wäre wohl nicht erforderlich, wenn die Tiere einen ausreichenden Lebensbereich zu ihrer Verfügung hätten.

In einigen Fällen können sich sowohl das Vieh als auch die Jagdtiere von gleichartigem Weideland ernähren. So ist in den Vereinigten Staaten der Bestand an Gabelantilopen von etwa 13 000 Stück um die Jahrhundertwende auf nunmehr rund 400 000 Stück angestiegen, trotz der Tatsache, daß seit den zwanziger Jahren etwa zwei Millionen Stück

Links: Eine Viehherde in Afrika wird auf eine karge Weide getrieben. Wenn das Gras zu stark abgeweidet wird, führt dies zur Bodenerosion durch Wind und Regen.
Rechts: Der Umfang der Wüsten und der umliegenden Trockengebiete vergrößert sich überall auf der Welt. Bäume werden abgeholzt, und die Vegetationsgebiete, die die Feuchtigkeit festhalten, schrumpfen. Durch Bewässerung kann das Grundwasser steigen; da Grundwasser reich an Mineralsalzen ist, kann ein übermäßig bewässertes Land unfruchtbar und schließlich zur Wüste werden.

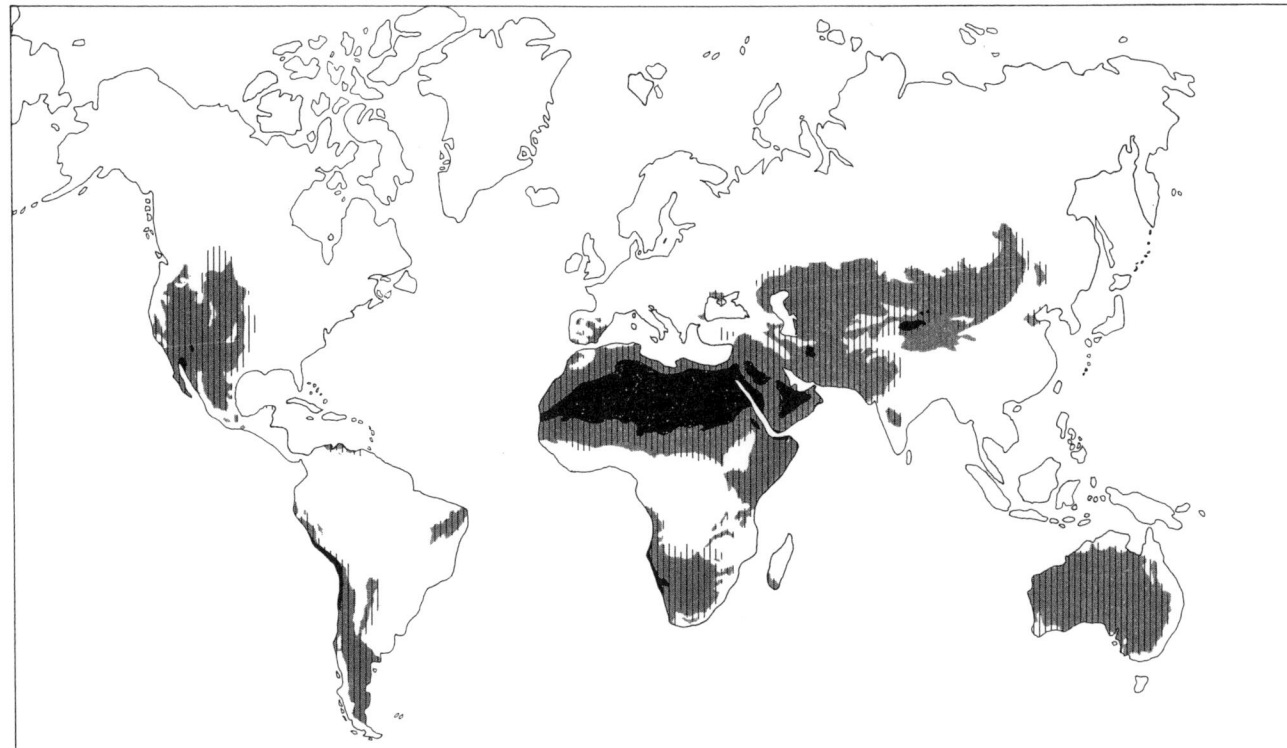

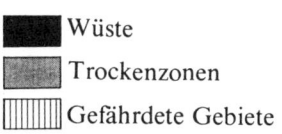 Wüste

Trockenzonen

Gefährdete Gebiete

abgeschossen wurden. Diese Antilope hat einen Futter- und Wasserbedarf, der sich etwas unterscheidet von den Bedürfnissen des Viehs, das auf den Prärien an die Stelle des Büffels getreten ist. Während Vieh mit verhältnismäßig leichtem Stacheldraht eingezäunt werden kann – den Gabelantilopen nicht überspringen, wenn er mehr als etwa 90 cm hoch ist –, können sich die Antilopen noch unter einem Draht ohne Stacheln hindurchwinden, wenn dieser mindestens 40 cm über dem Erdboden gespannt ist, womit sie sich die Bewegungsfreiheit erhalten, die sie zum Leben brauchen.

Im Vergleich zum Verlust des Lebensraumes erscheinen andere Gefahren, die dem Wild oder der Jagd drohen, recht unbedeutend. Die Antijagdbewegung hat nur geringe Bedeutung, wenn man demgegenüber andere mögliche Entwicklungen analysiert. Doch kurzfristig gesehen stellt die Antijagdbewegung zumindest in einigen Teilen der Welt eine tatsächliche Gefährdung der Interessen der Jäger dar. Einige Gruppen von Naturschützern haben in den Vereinigten Staaten mehrmals Prozesse geführt, um Jagden zu unterbinden. Im Jahre 1974 klagten vier Gruppen vor dem Bundesgericht gegen die Bestimmungen für die Jagd von Wasservögeln, da in ihnen der Umweltschutz nicht genügend berücksichtigt erschien. Dieser Prozeß wurde schließlich eingestellt. Daraufhin klagten die Naturschützer wiederum, diesmal, um zu verhindern, daß Einnahmen aus Bundessteuern für Sportartikel Vorhaben zugute kamen, die der Förderung des Fisch- und Wildbestandes dienten.

In der Schweiz wurde im Kanton Genf über die Jagd abgestimmt mit dem Resultat, daß die Jagd gänzlich abgeschafft wurde. Derartige Abstimmungen könnten auch anderswo stattfinden, und dies könnte die Jäger, die überall in der Minderzahl sind, in Schwierigkeiten bringen. Einige Städte in den Vereinigten Staaten haben das Jagen im freien Gelände nahe dem Stadtbereich verboten, hauptsächlich, um die Gemüter zu beruhigen, wenn auch die Sicherheit im allgemeinen vorgeschoben wird.

Da die Weißwedelhirsche im Nationalpark »Great Swamp« in New Jersey überhandnahmen, riefen die Behörden im Jahre 1970 zu einer Jagd auf, um den Bestand zu mindern.

Mehrere Antijagdgruppen legten Rechtsbeschwerde ein und verhinderten auf diese Weise die Jagd 1970 und in den drei folgenden Jahren. Im Frühjahr 1974 durchforschten Biologen den Nationalpark und stellten fest, daß etwa 60 Tiere aus Futtermangel verhungert waren. Die Jagdgegner versuchten noch immer, die Jagd zu verhindern, doch wurde sie im Dezember 1974 zugelassen. Autopsien an 63 der geschossenen 127 Hirsche zeigten, was mit der Herde geschehen war. Ein Hirsch hatte Tumore im Gewicht von 3 kg an seinem Kopf und war dadurch nahezu blind. Tumore dieser Art waren zuvor nirgends in Erscheinung getreten, und nach 1974 entdeckte man sie auch nicht anderswo. Sechs Monate alte Hirsche, die in »Great Swamp« geschossen wurden, wogen etwa 5 kg weniger als gleichaltrige Tiere außerhalb des Nationalparks.

Ein wesentlicher Fortschritt ist das erweiterte Wissen über Raubtiere und ihre Rolle in der Natur. Noch vor 15 Jahren wurden im Westen der Vereinigten Staaten Bären und Pumas als Schädlinge angesehen, die jedermann abschießen durfte. Jetzt sind sie entweder völlig geschützt oder gehören zu den jagdbaren Tieren. In Idaho hat der Bestand an Schwarzbären derart zugenommen, daß Elchherden darunter leiden, da die Bären viele Kälber reißen. Die staatlichen Behörden haben deshalb die Bärenjagdbestimmungen liberalisiert. In bestimmten Gebieten dürfen Nichtansässige bei minimalen Lizenzformalitäten zwei Bären schießen.

Verordnungen, die die natürliche Umwelt schützen oder wiederherstellen sollen, haben sich im vergangenen Jahrzehnt sprunghaft vermehrt. Solche Verordnungen zielen nicht nur darauf, die Verschmutzung oder den Mißbrauch der Umwelt zu verhindern, sondern sie sollen auch den Lebensbereich des Jagdwildes schützen. Sehr viele wildlebende Arten ziehen daraus Vorteile, nicht nur seltene und gefährdete Arten, sondern auch jagdbare Tiere. Heute gibt man den für das Wild

erforderlichen Maßnahmen häufig Priorität gegenüber den Interessen der Viehzüchter oder der Landschaftsentwickler.

Sehr viele Fortschritte gibt es im Bereich der natürlichen Pflege der Landschaft. Manche Planer lassen Ländereien unberührt, wo Vögel nisten können, wo im Winter das Wild weiden kann, wo Flüsse das Land überschwemmen, und sie verhindern, daß Wildreviere anderen Zwecken zugeführt werden. In Großbritannien hat sich seit dem Zweiten Weltkrieg der Bestand an Wildenten stark vergrößert dank den Schutzmaßnahmen der Jagdorganisiationen, die darauf hinzielten, die Anzahl der Enten zu erhöhen als Ersatz für die Rebhühner, deren Bestand infolge mechanisierter Landbewirtschaftung stark vermindert worden war.

Der Tourismus hat in vielen Gebieten einen großen Aufschwung genommen, nicht nur wegen des gestiegenen Wohlstandes, sondern besonders infolge der Tatsache, daß die Menschen mehr Freizeit haben. Durch den Tourismus wird der Lebensraum des Wildes nur selten beeinträchtigt; er ist ihm im Gegenteil eher förderlich. Im Hinblick auf den Wildtierbestand Afrikas kann man hoffen, daß die Einnahmen aus dem Tourismus dazu beitragen, daß die Reservate weiter ausgebaut werden.

Die Jäger unterstützen heute die Wildschutzbehörden weitaus tatkräftiger als in früheren Jahren. Trotz mancher Mißverständnisse begreift auch die Öffentlichkeit, daß bestimmte Verordnungen für die Jagd erforderlich sind. Ein bedeutsames Beispiel sind die Regelungen für den Abschuß weiblicher Tiere. Traditionsgemäß haben Sportjäger früher nur männliche Tiere geschossen, da sie Geweihe als Trophäen suchten. Diese Trophäentradition gewann allmählich sogar einen Anflug von Ritterlichkeit, denn hatte ein Ritter weibliche Wesen zu schützen, so galt dies auch für weibliches Wild. Die Jagdsportler unterstützten daher die Verordnungen, die den Abschuß weiblicher Tiere verboten.

In Gebieten mit knappem Wildbestand wurde der Schutz der weiblichen Tiere zu einem guten Mittel der Hege, da die Herden sich besser vermehren konnten. Doch das Problem in solchen Gebieten ist nicht mehr der zu geringe, sondern der zu zahlreiche Bestand.

Vor Jahren, als die Wildschutzbehörden zum erstenmal den Abschuß weiblicher Tiere als Mittel zur Einschränkung der Überpopulation empfahlen, waren viele Jäger bestürzt, und sie widersetzten sich lange Zeit hindurch diesen neuen Ideen. Heute beantragen zahlreiche Jäger Lizenzen zum Abschuß weiblichen Wildes, da sie eingesehen haben, daß sie nur durch Verkleinerung des Bestandes schwere Umweltschäden verhindern und die Sterblichkeitsrate des Wildes verringern. In den letzten Jahren sind zum erstenmal seit langer Zeit in mehreren Regionen Jagden auf weibliches Wild veranstaltet worden, da die Jäger endlich die Richtigkeit dieser Maßnahmen erkannten.

Schließlich sind die Jäger auch im Begriff, ein neues ethisches Bewußtsein zu entwickeln. Dies zeigt sich deutlich in der einschlägigen Literatur. Manche Jagdmagazine weigern sich neuerdings, Beiträge zu drucken, die sich mit der Jagd nicht eßbarer Tiere beschäftigen. Sie möchten herausstellen, daß die Freude an der Verfolgung bedeutsamer ist als der Abschuß der Tiere. Dieses geschärfte ethische Bewußtsein zeigt sich auch in verschiedenen zielgerichteten Bewegungen, wie in der »Operation Game Thief«, in der die Jäger aufgefordert werden, Wilddiebe zu melden. Vielleicht können wir uns nicht völlig von Jägern befreien, die die Regeln der Jagd verletzen, doch sind solche Leute heute keine seltsamen Zeitgenossen mehr. Sie werden vielmehr verabscheut.

Die Jagd wird es in 100 Jahren immer noch geben. Doch es ist anzunehmen, daß die Jagdmöglichkeiten weniger werden und in einigen Gebieten völlig verschwinden. Welche Jagdarten unseren Urenkeln offenstehen, hängt davon ab, welche Maßnahmen wir heute ergreifen.

Oben: Die ins Meer abgelassenen großen Ölmengen sind eine wachsende Gefahr für die Tierwelt. Zahllose Seevögel gehen daran ein. Die Auswirkungen auf die Meerestiere sind erschreckend. Ein Vogel, in dessen Gefieder sich das Öl festgesetzt hat, verliert die Flugfähigkeit.

Unten: Schädlingsbekämpfungsmittel und die Emissionen der Industrie sind eine ernste Bedrohung der Wildtiere. Zum Beispiel sind in den letzten 30 Jahren die Eierschalen der Zwergfalken dünner geworden, wodurch die Küken schon im Ei eingehen können. Wenn nichts gegen die Umweltverschmutzung getan wird, können ganze Tierarten aussterben.

Eine weitere Auswirkung der Umweltverschmutzung zeigt sich bei den Seehunden der Ostsee. Nur noch etwa 20 Prozent der Weibchen sind fruchtbar. Eine Veränderung des Ökosystems, die beim Aussterben der Seehunde eintreten könnte, würde vielleicht auch einen Wandel unserer Lebensbedingungen nach sich ziehen. Manche Biologen warnen, daß das Aussterben mancher Tierarten auch die Menschheit ihrer eigenen Vernichtung ein Stück näherbringt.

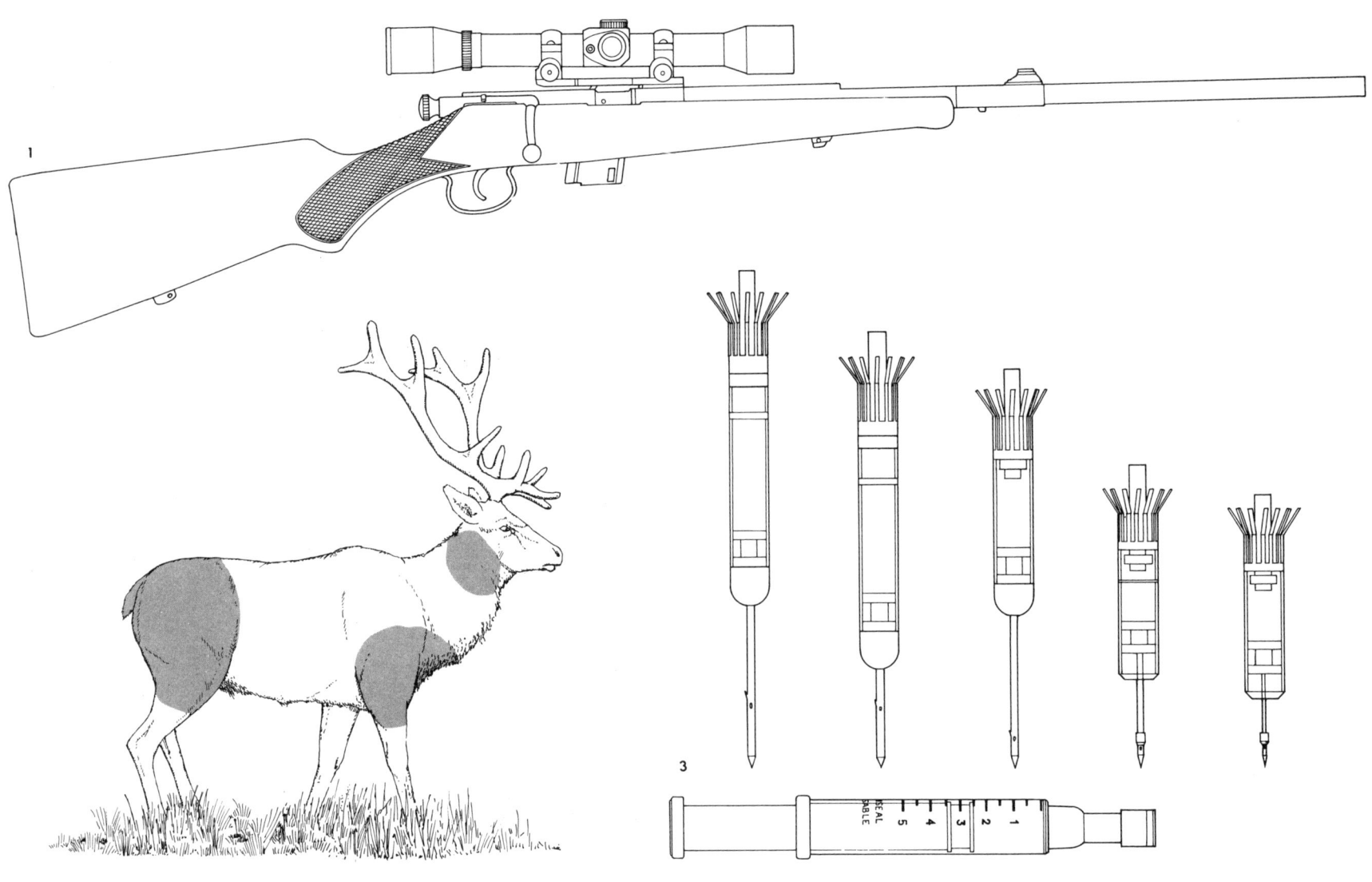

Die Kennzeichnung von Tieren zur Feststellung ihrer Lebensumstände ist ein wichtiger Bestandteil der Wildforschung. Häufig muß einem Tier eine Blutprobe zur Untersuchung entnommen werden. Manche größeren Tiere werden hierfür mit Ködern in Käfigen gefangen; andere werden durch eine Spritze, aus einer Pistole abgefeuert, betäubt. Man muß hierfür sehr genau zu zielen verstehen. Betäubungsmittel wirken in der Nähe von Knochen oder Sehnen langsamer als in die Muskeln injizierte Medikamente. Der Schütze sollte daher auf die großen Rumpfmuskeln des Tieres, das Vorder- oder Hinterbein zielen (hier bei einem Hirsch schattiert dargestellt). Die richtige Dosierung spielt eine besondere Rolle; sie ist vom Ge-

sundheitszustand des Tieres, der Tageszeit (ob das Tier einen vollen oder leeren Magen hat) und den Wetterbedingungen abhängig. Bei der Verwendung bestimmter Drogen, z. B. vom Typ Curare, ist es wichtig, innerhalb von etwa acht Minuten ein Gegenmittel zu injizieren, um den Kollaps des Tieres zu verhindern.

Die hier gezeigten Waffen und Spritzen wurden speziell für diese Zwecke von Paxarms, einer neuseeländischen Firma, entwickelt. (1) Die Paxarms-Mark-20-Injektionsbüchse. (2) Die Paxarms-Mark-10-Smith-&-Wesson-Injektionspistole. (3) Eine Auswahl von Injektionsprojektilen und ein Füllbehälter.

VIII: Jäger in Deutschland

Kapitel 1:
Der Ursprung der Jagd in Deutschland

Vorzeitliche Jagd

Um die Jagd, wie sie heutzutage in Deutschland praktiziert wird, verstehen zu können, bedarf es einer eingehenderen Betrachtung der geschichtlichen Entwicklung der Jagd im europäischen Raum.

Die Entwicklung der Jagd auf dem Gebiet des heutigen Deutschlands durchlief, ähnlich wie auf dem übrigen eurasischen Kontinent, einzelne Entwicklungsstufen, die gleichzeitig auch als Sinnbild für eine gesellschaftliche Entwicklung gelten können. Der Übergang der vorzeitlichen Menschen vom Sammler zum Jäger gilt als ein entscheidener Schritt in Richtung unserer heutigen Zivilisation. Die Jagd war existentieller, kultureller und religiöser Bestandteil des Lebens dieser ersten Menschen. Erlegtes Wild war nicht nur wichtige Nahrungsquelle, sondern auch Rohstofflieferant für die Produktion von Werkzeug, Waffen und Kleidung. Erst über eine zielgerichtete, organisierte Jagd wurde es möglich, eine größere Anzahl von Menschen mit einem geringeren Zeitaufwand zu ernähren – eben diese organisatorische Strukturen sind es, die sich später auch in frühzeitlichen Kulturen wiederfinden lassen. Mit der Domestikation des Hundes und der Entwicklung von ersten Jagdwaffen, die auf Distanz tödlich wirken, hier in erster Linie die Speerschleuder und später auch Bogen und Pfeil, wurde die Effektivität der Jagd nochmals gesteigert und eine Gefährdung der Jäger durch die Beutetiere reduziert. Die gesteigerte Effektivität und geringere Mortalität bei den Jägern ist im deutschen Raum ausschlaggebend für die Entstehung früher Zivilisation, mit Gesellschaften, die mehrere Familien umfassen konnten. Die Kultivierung großähriger Grassorten führte innerhalb dieser ersten Gesellschaften zu einer räumlich festen Besiedlung der freien Landschaft und damit auch zu einer Umgestaltung des Landschaftsbildes. Diese Frühform der Landwirtschaft, die Domestikation von Wildtierarten inbegriffen, zog aber bei unseren Vorfahren auch eine Veränderung der Wahrnehmung von Natur und Umwelt nach sich. Jagdwild, das früher einmal im Mittelpunkt des Denkens und Handelns stand, wurde auf einmal Nahrungskonkurrent und Bedrohung für das domestizierte Vieh und somit der eigenen Existenz. Die Verlagerung der Existenzsicherung in den Bereich einer frühen Landwirtschaft zog auch eine Veränderung der Bereiche Religion und Kultur nach sich.

Entwicklung der Jagd vom Mittelalter bis zur Neuzeit

Bis ins 7. Jahrhundert n. Chr. hinein hatte die Jagd einen eher niedrigen gesellschaftlichen Stellenwert, und es galt ein sogenanntes »Jedermannsrecht«, das es jedem Menschen erlaubte, zu jeder Zeit alles Wild zu fangen oder zu erlegen. Dieses sehr liberale Recht führte dazu, daß einzelne Wildarten, die in der Landwirtschaft zu Schaden gingen oder allgemein als gefährlich galten, nahe an die Ausrottung gebracht wurden.

Ab der Zeit Karls des Großen um 800 n. Chr. wurden die ersten jagdlichen Privilegien des Adels eingeführt. So war in dieser Zeit die freie Jagd an Sonn- und Feiertagen verboten, und Angehörige der Kirche durften die Jagd überhaupt nicht ausüben. Des weiteren wurden sogenannte Bannforste eingerichtet. Ursprünglich diente die Bannlegung der Erhaltung der Jagd für den König, erst später resultierte daraus auch die Schonung und Pflege des Waldes durch Rodungsverbote und Nutzungsbeschränkungen im Bereich der Brennholzbeschaffung, Waldweide und Streunutzung.

Ab dem 11. Jahrhundert n. Chr. kam die ritterliche Jagd auf, sie gilt auch als »Wiege der waidgerechten Gesinnung«, die nach ihrer »Renaissance« im Dritten Reich auch heute noch als eine der Säulen der Jagd in Deutschland gilt. Die ritterliche Jagd wurde hinter einer Hundemeute zu Pferd ausgeübt. Beliebte Jagdwaffen für diese Jagdart waren der Sauspieß und das Schwert. Mit der Entwicklung der Armbrust wurden diese Waffen jedoch weitgehend abgelöst.

Im 13./14. Jahrhundert n. Chr. begann die königliche Zentralgewalt zu schwinden und die Macht der einzelnen Landesherren wuchs. Das Bannrecht ging auf die Landesherren über, die nun auch das Jagdrecht auf ihrem Territorium einforderten. Durch die zu dieser Zeit vorherrschende Gesellschaftsordnung und die damit verbundene Einteilung der Bevölkerung in Schichten, wie etwa in hohen und niederen Adel, entstand auch die hohe und niedere Jagd. So war es dem niederen Adel und den Bauern nur erlaubt Hase, Fasan und Reh, also das Niederwild, zu erlegen, während die hohe Jagd auf Hirsch, Wildschwein oder Gams dem hohen Adel vorbehalten war.

Aus dieser Zeit stammt folglich auch die Unterscheidung in Hoch- und Niederwild, die wir auch heute noch im jagdlichen Sprachgebrauch, sogar in der heutigen Jagdgesetzgebung wiederfinden können. Eine weitere Wende in der Jagdgeschichte tritt mit der Einführung der ersten Feuerwaffen um das Jahr 1570 n. Chr. ein. Die nun gewonnene Möglichkeit, das Wild auch auf größere Distanz sicher erlegen zu können, führte im weiteren Verlauf auch zum Niedergang der ritterlichen Jagd. In Frankreich wurde diese Jagdform weiter gepflegt, und es entwickelte sich aus ihr die sogenannte Parforcejagd, bei der hinter einer Hundemeute hoch zu Roß die Jagd auf ein fest definiertes Tier, meistens einen Rothirsch, ausgeübt wurde.

Die übergroße Jagdleidenschaft mancher Landesherren bot jedoch Anlaß zu immenser Kritik seitens der Untertanen. So war die Verpflichtung zu Jagdfrondiensten und der umfangreiche Jagd- und Wildschaden in Feld und Flur eine der Ursachen für die Bauernkriege im 14. und 15. Jahrhundert.

Im Laufe der nächsten zwei Jahrhunderte änderte sich die Einstellung der deutschen Adelsgeschlechter zur Jagd. Die »hehre« Jagd war jetzt zu einem Mittel übertriebener Selbstdarstellung geworden, die sich darin äußerte, daß große Hetz- und Treibjagden als ein Ersatz für die großen Turniere der Vergangenheit veranstaltet wurden. Jagd wurde damals zu einer beliebten »Freizeitbeschäftigung« des Adels.

Nach den Wirren des »Dreißigjährigen Krieges« (1618–1648) waren die Wildbestände stark dezimiert und regional einzelne Wildarten gänzlich verschwunden. Nahrungsknappheit während des Krieges und eine starke Zunahme der Wolfspopulation, durch das für sie über Jahre hinweg »reiche Nahrungsangebot« auf den Schlachtfeldern, waren der Grund für die Abnahme. Zum Schutz der Bevölkerung und der Wildtiere ordneten die Landesherren ab Mitte des 17. Jahrhunderts große Wolfsjagden an, bei denen die Landbevölkerung als Treiber und Jagdhelfer zur Verfügung stehen mußte. Des weiteren wurden sogenannte Wildgärten angelegt, was soviel bedeutet, daß innerhalb von Waldgebieten Flächen zur Zucht des Wildes eingezäunt wurden. Aus diesen Wildgärten entstanden in der Folge die fürstlichen Hofjagdreviere, in denen später auch die bereits erwähnten Parforcejagden abgehalten wurden, nun aber aus rein »sportlicher« Motivation heraus.

Mit dem auslaufenden 17. Jahrhundert beanspruchten die Landesherren auf ihren Ländereien das vollständige Jagdrecht und gaben sich durch das sogenannte »Hoheitliche Jagdregal« das Recht, ihren Untertanen die Jagd vollends zu versagen. Des Weiteren war es den Landesherren erlaubt, bei Verstößen gegen das Jagdregal Sanktionen gegen die übrige Bevölkerung zu verhängen. Dieses Recht sah weiterhin eine Verpflichtung der Landbevölkerung zur Ableistung von Jagdfrondiensten vor. Nicht alle Landesherren wendeten das Jagdregal umsichtig an und zogen sich so den Unwillen ihrer Untertanen zu. Das Jagdwesen war damals im 17. und 18. Jahrhundert in einer Zunft organisiert, die wie jede Berufsgruppe der damaligen Zeit ihre eigene »Fachsprache«, eigene handwerklichen Techniken und Bräuche entwickelte. Aus dieser Zeit der »großen höfischen Jagden« stammt auch ein Großteil unserer heute noch praktizierten jagdlichen Bräuche und Werte.

Mit dem Ende der großen Revolution von 1848 endete auch das »Hoheitliche Jagdregal«. Von diesem Jahr an war das Jagdrecht an den Grund und Boden, also an das Eigentum, geknüpft. Infolge der Revolution wurden auch die ersten Jagdgesetze erlassen, die eben diese Neuerungen für die Zukunft manifestieren sollten. Es wurden weiterhin durch diese Gesetze erstmals Mindestgrößen für Jagdflächen festgeschrieben und Jagdverpachtungen ermöglicht, soweit das Jagdausübungsrecht nicht selbst genutzt wurde. Infolge dieser Entwicklung kam es dann auch zu Zusammenschlüssen von Jägern in Jagdgenossenschaften und somit zum Beginn der flächen- bzw. revierorientierten Jagd. Bereits 1875 wurde zum Zwecke der Mitbestimmung der Jäger bei jagdrechtlichen Entscheidungen und zur Schaffung einer einheitlichen jagdpolitischen Linie, aber auch als jagdliches Forum der Allgemeine Deutsche Jagdschutz-Verein (ADJV) gegründet. Das Hauptaugenmerk der Arbeit des Verbandes lag hauptsächlich auf der Unterstützung von Staatsbehörden bei der Jagdgesetzgebung und Verringerung der Wilderei und die Unterbindung des Handels mit gestohlenem Wild und Wildbret.

Nach dem Scheitern der Weimarer Republik sollten zukünftig länderinterne Regelungen in Gesetzform die Belange der Jagd regeln. So wurde in Sachsen 1925 erstmals eine einheitliche Bewirtschaftung des Schalenwildes per Verordnung festgelegt. Auch erste Vorgaben über Waffen und Kaliberwahl wurden zu dieser Zeit, durch das Verbot des Schrotschusses auf Rehwild, gemacht. Schon vor der Machtergreifung der Nationalsozialisten 1933 wurde mit der Ausarbeitung eines einheitlichen Jagdgesetzes begonnen. Diese einheitliche Regelung trat 1934 in Form des Reichsjagdgesetzes anstelle von 17 Ländergesetzen unterschiedlichster Qualität in Kraft. Es regelte unter anderem die Bejagung des Schalenwildes über eine einheitliche Abschußplanung, die einheitlichen Jagd- und Schonzeiten für alle dem Jagdrecht unterliegenden Wildarten und die Pflicht zur Ablegung einer Jägerprüfung zur Erlangung des Jagdscheins. Grundlage für diese Gesetze waren allerdings nicht immer nur wildbiologische oder ökologische Überlegungen, sondern gerade in der Zeit des Dritten Reiches auch ein übertriebener Trophäenkult und nicht zuletzt auch ein an der allgemeinen Ideologie orientiertes Zucht- und Rassedenken bei der Wildhege.

Nach Ende des Zweiten Weltkrieges durfte die Jagd ausschließlich von den alliierten Truppen durchgeführt werden, Waffenbesitz war für den deutschen Jäger unter Androhung der Todesstrafe verboten. Die unkonventionellen Jagdmethoden der Alliierten, aber auch die durch Lebensmittelknappheit stark zunehmende Wilderei führten regional zu einer nachhaltigen Übernutzung der Wildbestände.

Dank der Unterstützung der Alliierten, und hier besonders die Engländer und Amerikaner, konnten ab 1946 die Bestrebungen der einheimischen Jäger, die Jagd in Deutschland neu zu definieren und zu organisieren, offiziell vorangetrieben werden. In den Ländern der amerikanischen Besatzungszone

wurde das Reichsjagdgesetz anschließend 1948 durch das Militärregierungsgesetz aufgehoben. In den anderen Besatzungszonen wurde die Jagd und die Entwicklung der Jagdverbände unterschiedlich gehandhabt.

Entstehung der heutigen Jagdgesetzgebung und Neuorganisation der deutschen Jägerschaft

Der 1949 in Bad Dürkheim gegründete Deutsche Jagdschutz-Verband als Nachfolger des ADJV, dem sich im Laufe der Jahre alle westdeutschen Landesjagdverbände anschlossen, war einer der Hauptbefürworter einer bundeseinheitlichen Jagdgesetzgebung, die 1953 durch die Verabschiedung des Bundesjagdgesetz entgegen allen verfassungsrechtlichen und politischen Bedenken als jagdrechtliches Rahmengesetz umgesetzt wurde.

Inhaltlich greift dieses Gesetz vielfach auf das ehemalige Reichsjagdgesetz zurück.

Zeitgleich wurde in der ehemaligen DDR das Jagdrecht wieder vom Grundeigentum getrennt und in ein sogenanntes Volksjagdrecht überführt. Die Jagd wurde hier auf großen Jagdflächen durch Jagdgesellschaften geleitet und durchgeführt. Sie mußten das erlegte Wild zentral über staatliche Forstbetriebe vermarkten lassen. Der Gewinn ging ins volkseigene Vermögen über. Nach dem Fall der Mauer traten Übergangsregelungen auch für die Durchführung der Jagd in Kraft, bis diese von den fünf neuen Ländern ebenfalls über Landesjagdgesetze und weitere jagdrechtliche Vorschriften auf Grundlage des Bundesjagdgesetzes ersetzt wurden.

Kapitel 2:
Kurze Einführung in das deutsche Jagdrecht

Was heißt Jagen überhaupt? Unter der Jagd versteht man rechtlich das Aufsuchen, Nachstellen, Erlegen und Aneignen von Wild durch einen Jäger. Der Gesetzgeber unterscheidet in Deutschland zwischen einem Jagdrecht und einem Jagdausübungsrecht. Das Jagdrecht hat jeder, der Grundflächen in der freien Landschaft besitzt, es ist historisch bedingt an das Eigentum gebunden. Das Jagdausübungsrecht hingegen setzt neben dem Eigentum an einer Grundfläche (oder der Pacht) eine bestimmte Mindestgröße derselben und einen gültigen Jagdschein voraus. Bei zu geringer Flächengröße müssen sich die Grundeigentümer zu einem gemeinschaftlichen Jagdbezirk zusammenschließen. Anschließend können sie dann das Jagdausübungsrecht selbst wahrnehmen oder es dritten verpachten. Zur Erlangung eines Jagdscheines, somit also zur Erlangung der Berechtigung in Deutschland generell die Jagd ausüben zu dürfen, muß dem Gesetzgeber das erfolgreiche Bestehen der Jägerprüfung und eine Jagdhaftpflichtversicherung nachgewiesen werden. Bei der Jägerprüfung werden länderintern mit unterschiedlicher Gewichtung folgende Themengebiete geprüft: Wildbiologie, Grundlagen der Botanik, Jagdbetrieb, Waffenrecht, Führung von Jagdhunden, Behandlung des erlegten Wildes, Land- und Waldbau, Naturschutz und Landschaftspflege und Jagd- und Tierschutz. Besonders der theoretische und praktische Umgang mit der Jagdwaffe ist wichtiger Inhalt dieser Ausbildung, und er wird eingehend geprüft. Betrachtet man die Fülle dieser Wissensgebiete, so wird es verständlich, daß die Jägerprüfung auch heute noch als »grünes Abitur« bezeichnet wird.

Zum Schutz der einheimischen Fauna darf in Deutschland die Jagd nur auf gesetzlich bestimmte Tierarten ausgeübt werden (siehe Anhang I, BjagdG Abs. I §1). In diesem Anhang des Bundesjagdgesetzes (BjagdG) sind auch Tierarten aufgeführt, die heutzutage nicht mehr in der freien Wildbahn vorkommen oder aus einem verändertem Stand der Jagdwissenschaft und des Artenschutzes heraus nicht mehr bejagt werden. Das liegt zum einen daran, daß zur Zeit der Gesetzesentstehung noch mehr bzw. andere Wildarten in Deutschland vorkamen als heute, und auch daran, daß Teile des heutigen BjagdG aus dem ehemaligen Reichsjagdgesetz übernommen wurden. Grundsätzlich gilt jedoch, daß Wildtiere, die nicht in diesem Anhang aufgeführt sind, im Rahmen einer geregelten Jagd nicht erlegt oder in Besitz genommen werden dürfen. Des weiteren müssen bei der Jagd auf diese Wildarten spezielle Jagd- und Schonzeiten eingehalten werden, die teilweise wildartenspezifisch, aber auch entsprechend den allgemeinen gesetzlich festgelegten Brut- und Setzzeiten ausgelegt sein können. Wenn für eine Wildart keine gesetzliche Jagdzeit vorgegeben ist, so gilt sie als ganzjährig geschont. Diese Regelungen dienen nicht nur einer geregelten Jagd, sondern zeitgleich auch einem hohen Schutzstatus der aufgelisteten Tierarten. Dieser Schutzstatus ist im Tier- und Artenschutzbereich deshalb als sehr hoch anzusehen, da ein Verstoß gegen die Jagd- und Schonzeiten als Straftat geahndet wird. Das Jagdrecht regelt weiterhin über sachliche Verbote, mit welchen Mitteln und auf welche Art die einzelnen Wildarten bejagt werden dürfen.

Aber auch andere Gesetze und Verordnungen spielen für den heutigen Jäger eine Rolle. Sein Wirken in der Natur setzt eine umfassende Kenntnis der Naturschutzgesetzgebung voraus; sein Umgang mit Waffen, die Kenntnis des Waffenrechts, auch Tierseuchengesetz, Tierschutzgesetz, Fleischhygieneverordnungen bei der Wildbretverwertung und -vermarktung und zuletzt noch das Straf- und Zivilrecht begleiten ihn tagein, tagaus in seinem Revier.

Kapitel 3:
Wildtiere
in Deutschland

Die folgenden Ausführungen umfassen nicht alle jagdbaren Wildarten, es wurden der Überschaubarkeit wegen nur ausgewählte Arten behandelt. Unsere Wildtiere werden teils wegen spezieller anatomischer Merkmale, aber auch aufgrund eines historisch gewachsenen Verständnisses in bestimmte Gruppen eingeteilt. Grob unterscheidet man in Deutschland zwischen Haar- und Federwildarten (Ringeltaube, Fasan, Stockente etc.). Beim Haarwild wird des weiteren zwischen Schalenwild, wegen der Ausformung der Zehenpartie (Elch-, Rot-, Dam-, Sika-, Reh-, Muffel-, Gams- und Schwarzwild), und sonstigem Haarwild (Fuchs, Dachs, Hase, Kaninchen, Stein- und Baummarder etc.) unterschieden. Diese Arten werden zudem noch einmal als Hoch- und Niederwildarten (siehe auch Abschnitt I.) getrennt betrachtet. Der an den genauen Jahresstrecken für die einzelnen Wildarten interessierte Leser findet diese im Anhang III am Ende des Kapitels.

Schalenwild

Das Rehwild (capreolus capreolus) ist wohl die am weitesten verbreitete Schalenwildart Deutschlands. Seine Qualitäten als Kulturfolger sind in der Fähigkeit begründet, auch kleinste Nischen innerhalb unserer stark zersiedelten Landschaft ausfüllen zu können. Positiv auf die Entwicklung des Rehwildes wirkt sich auch seine vergleichsweise hohe Reproduktionsrate aus, so sind zwei Kitze je Muttertier und Jahr die Regel. Schon früher galt das Reh, das im übrigen zum Niederwild gezählt wird, als »Hirsch des kleinen Mannes«, und so werden auch heute deutschlandweit rund eine Million Rehe pro Jahr erlegt. Das Rehwild ist von seiner Lebensweise her ein »Schlupftier«, es bevorzugt strukturiertes Gelände mit wechselnden Wald- und Feldbereichen. Auch seine Ernährungsgewohnheiten sind auf diesen vielseitigen Lebensraum abgestimmt. Anders als bei den großen wiederkäuenden Schalenwildarten, die sich eher nach dem Motto »Masse vor Klasse« ernähren, ist das Rehwild ein sogenannter »Konzentratselektierer«, und es »nascht« in geringen Mengen unterschiedliche Pflanzenarten mit vielfältigen Inhaltsstoffen.

Die von der Streckenstatistik zweithäufigste Wildart ist das Schwarzwild (sus scrofa). Das Wildschwein hat ein ausgeprägtes Sozialverhalten und lebt in großen Familienverbänden, den sogenannten Rotten, zusammen. Die männlichen Stücke sind ab Erreichen der Geschlechtsreife mit ca. zwei Jahren das Jahr über Einzelgänger. Nur zur Rauschzeit (Paarungszeit des Schwarzwildes) im Winter suchen sie die Rotten auf. Wie auch sein domestizierter Verwandter, das Hausschwein, ernährt es sich von tierischer und pflanzlicher Kost und wird deshalb zu den »Allesfressern« gezählt.. Die Bachen bekommen im Frühjahr durchschnittlich 6–8 gestreifte Junge, die in der Jägersprache Frischlinge genannt werden. Diese sehr hohe Reproduktionsrate und fehlende natürliche Feinde sind deutschlandweit der Grund für die explosionsartige Vermehrung des Schwarzwildes während der letzten zehn Jahre. Problematisch bei dieser Populationsentwicklung sind zum einen der hohe Schaden in der Landwirtschaft, der durch zu Schaden gehende Rotten auf den Wiesen und Äckern entsteht, und zum anderen die steigende Gefahr der Ausbreitung von Wild- und Tierseuchen. Gerade die europäische Schweinepest, die auch vom Wildschwein auf Hausschweinbestände übertragen werden kann, wird von der Viehwirtschaft gefürchtet, da infizierte

Hausschweinbestände komplett getötet und unschädlich entsorgt werden müssen. Die sinnvolle Bejagung des Schwarzwildes, und somit eine akzeptable Populationssteuerung wird eine der Zukunftsaufgaben des deutschen Jägers darstellen.

Eher regional vertretene Wildarten sind die übrigen Schalenwildarten, die alle dem Hochwild zugeordnet werden. Das Rotwild (cervus elaphus) ist die größte in Deutschland vorkommende wiederkäuende Schalenwildart. Ursprünglich ist es ein Bewohner der Steppen und weiten Ebene, sein Sehsinn ist daher sehr gut ausgebildet. Unsere heutige Kulturlandschaft entspricht nur noch selten den natürlichen Lebensraumansprüchen des Rotwildes. In den Gebieten, wo Rotwild »natürlich« vorkommt, z. B. im niedersächsischen Harz oder Solling, wurde über Jahre eine Zucht betrieben, die als einzigen Zweck die »Produktion« starker Trophäen hatte. Diese Zucht führte häufig zu stark überhöhten Wildbeständen, die sich wiederum langfristig negativ auf den Gesundheitszustand der Gesamtpopulation, aber auch auf den Lebens- und Wirtschaftsraum Wald auswirken. Das Rotwild lebt, ähnlich dem Schwarzwild, in Rudeln zusammen und ernährt sich hauptsächlich von diversen Grasarten, aber auch Baumrinde und Knospen werden gerne aufgenommen. Zur Paarungszeit im September zieht das weibliche Wild, die Jäger nennen es Kahlwild, da es kein Geweih trägt, zu speziellen Brunftplätzen, die seit Generationen aufgesucht werden. Die Hirsche, die das Jahr über in Kleinstgruppen oder als Einzelgänger umherziehen, folgen dem Kahlwild dorthin. Die Rangstellung der Hirsche und somit auch die Möglichkeit zur Paarung wird häufig über Brunftkämpfe ausgetragen, die für die Kontrahenten auch tödlich ausgehen können. Die Jagd auf eben diese Brunfthirsche gilt in Deutschland als »Krone der Jagd«.

Das Damwild (cervus dama) kommt ursprünglich aus der östlichen Mittelmeerregion und wurde von den Römern in unser Gebiet gebracht. Sowohl das Damwild als auch das aus Ostasien stammende Sikawild (cervus nippon) sind kleiner als das Rotwild. In Deutschland sind sie aufgrund ihrer geringen Verbreitung nur von geringer jagdlicher Bedeutung. Auffallend ist bei dieser Wildart die intensiv weiß gepunktete Fellzeichnung und die schaufelförmige Ausformung des Geweihs, das ebenfalls nur das männliche Damwild, der sogenannte Schaufler, trägt. Dieses Geweih wird, wie auch beim Rot- und Sikahirsch und beim Rehbock, am Ende des Jahres abgeworfen und dann abhängig von der jeweiligen Wildart bis ins nächstes Jahr hinein neu geschoben. Der Bast, die dünne Knochenhaut, die das Geweih bisher mit Blut versorgt hat, wird am Ende des Schiebens durch Schlagen oder Fegen an Sträuchern oder schwachen Bäumen entfernt. Die in den Ästen enthaltenen Gerbstoffe und Harze geben den Geweihen ihre charakteristisch, meist dunkelbraune Färbung.

Neben diesen vier geweihtragenden Schalenwildarten kommen in Deutschland auch noch drei Vertreter der horntragenden Wildarten vor, wobei der Alpensteinbock (capra ibex) ganzjährig geschont ist. Frühere Populationen des Steinbocks in den Alpen wurden noch im 17./18. Jahrhundert wirkungsvoll ausgerottet. Grund dafür war der Aberglauben, daß die Magensteine, die sogenannten Bezoaren, wundersame Heilkräfte besäßen.

Die anderen beiden »Hornträger« sind die Gemse (rupicapra rupicapra) und das Mufflon (ovis ammon musimon), das als einziges europäisches und als weltweit kleinstes Wildschaf gilt. Das Muffelwild wurde um die Jahrhundertwende, aus Korsika und Sardinien stammend, in Deutschland zur

»Bereicherung« der Wildpalette ausgewildert. Problematisch hierbei ist, daß häufig bei der Auswahl des neuen Lebensraumes nicht berücksichtigt wurde, daß das Mufflon felsigen Untergrund benötigt, um seine Schalen abzunutzen. Die erschreckenden Folgen dieses gedankenlosen Handels sind heute noch in den bestehenden Populationen, gerade auch auf den sandig/lehmigen Böden im Osten Deutschland zu sehen. Häufig werden Stücke erlegt, mit überlangen Schalen oder welche, deren Schalen sich schon restlos abgelöst haben, und die nur noch auf Stümpfen laufen konnten. Aufgabe der Jäger sollte es sein, diese nicht biotopgerechten Muffelwildvorkommen schnellstmöglich zu regulieren.

Das Vorkommen der Gemse beschränkt sich auf kleinere Vorkommen im Schwarzwald und auf der Schwäbischen Alb und einem größeren Vorkommen in den deutschen Alpen. Die Gams ist ein hochspezialisierter Bewohner der kargen Felsregionen, ist aber auch unterhalb der Baumgrenze anzutreffen. Die Jagd auf diese Wildart erfordert vom Jäger eine über die Maßen gute Kondition und einiges an jagdlichem Geschick, da Seh- und Geruchssinn der Gemsen sehr gut ausgeprägt sind. Sowohl bei den Gemsen als auch bei den Steinböcken tragen die männlichen und weiblichen Stücke den Hornschmuck. Die Hornschläuche sitzen auf zwei Stirnzapfen des Schädelknochens und werden, anders als das knöcherne Geweih von Rot-, Dam-, Sika- und Rehwild, nicht einmal jährlich abgeworfen, sondern wachsen jedes Jahr an der Basis ein wenig weiter. Dasselbe gilt auch für das Muffelwild, wobei hier nur die männlichen Stücke Hörner bzw. Schnecken tragen, wie der Jäger den Kopfschmuck des Muffelwidders nennt.

Sonstiges Haarwild

Der Rotfuchs (vulpes vulpes) ist eine der Tierarten, die weltweit in verschiedenen Unterarten vorkommt. In Deutschland ist er zweifellos die bedeutendste Raubwildart. Der Fuchs gilt als ein sehr anpassungsfähiger Kulturfolger. Nicht selten ist er in unmittelbarer Nähe des Menschen anzutreffen. Gerade auch im Winter bei Schneelage lassen sich die charakteristischen Spuren des Fuchses bis in die Siedlungen hineinverfolgen. Unverwechselbar sind die Spuren deshalb, da der Fuchs die Pfoten beim Laufen nicht parallel aufsetzt, sondern hintereinander in einer Linie. Der Jäger spricht hier vom »Schnüren«. Sein Nahrungsspektrum reicht von Kleinsäugern, Insekten und Aas über Feldfrüchte und Obst, bis zu den Überresten menschlicher Nahrung aus Mülltonnen oder von der Mülldeponie. Trotz seiner wichtigen Aufgabe als einer der »Gesundheitspolizisten« in Feld und Wald, wird dieser räumlich enge Bezug zum Menschen vielfach nicht nur grundlos als bedrohlich angesehen. Der Fuchs gilt als einer der Hauptüberträger der Tollwut in Deutschland. Zur Reduzierung der Gefahr einer Ansteckung durch den Fuchs werden in Deutschland jährlich flächendeckend Füchse auf Tollwut untersucht. Bei Tollwutnachweis oder auch schon bei Verdacht eines Tollwutfalles werden Fuchsbesätze flächig über eine Schluckimpfung passiv immunisiert. Der Impfstoff wird in Form von Fischmehlpellets manuell oder per Flugzeug ausgebracht. Diese Impfung wird mehrere aufeinander folgende Jahre wiederholt und wird ständig von Untersuchungen erlegter Füchse begleitet. Um einer möglichen Verbreitung der Tollwut innerhalb der Fuchspopulation vorzubeugen, spielt aber auch die Jagd zur Populationsregulierung eine nicht unwichtige Rolle. Jährlich werden in Deutschland über 600 000 Füchse durch Jäger erlegt. Auch die Ansteckungsgefahr mit dem »Kleinen Fuchsbandwurm« wird über eine Absenkung der Populationsdichte des Fuchses reduziert. Die Ansteckung mit dem »Kleinen Fuchsbandwurm« kann für den Menschen tödlich ausgehen. In der freien Natur sollte man deshalb eine Berührung mit toten Füchse vermeiden. Die Finnen und Eier des Bandwurmes werden mit dem Kot abgegeben, eine unbemerkte Aufnahme über Waldfrüchte etc. kann schon zu einer Infizierung führen.

Der Dachs (meles meles) ist in der deutschen Dichtung auch als Meister Grimmbart bekannt. Das Auffälligste an ihm ist sein in Längsrichtung schwarzweiß gestreifter Kopf. Er ist ein nachtaktiver Allesfresser, der, wie der Fuchs, in Erdbauen wohnt und die meiste Zeit des Tages dort unten verschläft. Besonders ausgeprägt ist beim Dachs der Geruchssinn, über den er sich neben dem feinen Tastsinn seiner Bartborsten in der Dunkelheit hauptsächlich orientiert. Der Dachs wurde früher wegen seines Fells, der Jäger spricht hier von der »Schwarte«, und wegen seines Fleisches, das sich wohl gut zur Schinkenbereitung eignen soll, straff bejagt. Auch der Feist, die dicke Fettschicht unter der Schwarte, wurde zu Lampenöl oder in Mischung mit Bienenwachs zur Imprägnierung von Leder verwendet. Heute hat die Bejagung des Dachses nur noch zweitrangige Bedeutung. Zoologisch gehören der Dachs, Stein- und Baummarder, Iltis, Nerz, Hermelin und Mauswiesel zu der Familie der marderartigen Tiere. Stein- und Baummarder unterscheiden sich in der Form und Farbe ihrer Kehlzeichnung, beim Baummarder hat sie die Form eines gelben Kehlflecks, beim Steinmarder läuft die weiße Kehlzeichnung an den Vorderläufen spitz aus. Obwohl es im Lebensraum Überschneidungen gibt, bevorzugt der Baummarder waldreiche Einstände, wohingegen der Steinmarder häufig in Siedlungsnähe wohnt. Der Iltis gilt als ein absoluter »Kaninchenliebhaber«. Diese Eigenschaft haben sich auch die Jäger zunutze gemacht, indem sie eine domestizierten Iltisform, das sogenannte Frettchen, in die Kaninchenbaue lassen, damit es ihnen die Kaninchen raustreibt. Das Hermelin ist im Sommer braunrot gefärbt, aber sein Winterfell war schon immer begehrte Beute gewesen. Denn im Winter färbt sich sein Fell mit Ausnahme der schwarzen Schwanzspitze schneeweiß. Hermeline schmückten schon früh die Mäntel von Königen. Aber die Jagd auf diese Marderartigen mit Flinte und Falle ist ein mühsames Geschäft. Und seit die Nachfrage an Pelzen durch ein neues Umweltbewusstsein, aber auch durch das Überangebot an Pelzen von großen Pelztierfarmen zurückgegangen ist, scheint der Sinn der Jagd auf dieses Wild sowieso fraglich. Neben diesen kleinen Raubwildarten kommen in Deutschland auch noch zwei jagdlich relevante Nagetierarten vor, der Feldhase (lepus europaeus) und das Wildkaninchen (oryctolagus cuniculus). Arten wie das Murmeltier (marmota marmota) und die Nutria (myocastor coypus) kommen ebenfalls bei uns vor, sind aber ohne große Bedeutung für die Jagd.

Der Feldhase unterscheidet sich nicht nur durch seine Größe, sondern auch durch seine Lebensweise stark von dem Wildkaninchen. Der Hase verbringt, als ursprünglicher Bewohner der freien Steppe, sein ganzes Leben über der Erdoberfläche. Seine Jungen kommen behaart und sehend zur Welt, mit ihrem braunmelierten Fell sind sie für die erste Zeit vor Feinden gut getarnt. Ein deutliches Erkennungsmerkmal des Hasen ist seine weiße Schwanzunterseite, die sogenannte Blume, die gerade auch in der Bewegung gut zu erkennen ist. Seit den sechziger Jahren gehen die Hasenstrecken stetig zurück. Wurden damals noch rund eine Millionen Hasen jährlich erlegt, so sind es heute nicht einmal mehr halb so viele. Diese geringeren Streckenergebnisse stehen nicht für eine geringere Jagdintensität, sondern für eine sinkende Hasenpopulation. Die Veränderung der freien Landschaft durch Maßnahmen der Flurbereinigung und die Intensivierung der Landwirtschaft unter immer größerem Einsatz von Düngern und anderen Chemikalien zur Schädlingsbekämpfungen sind ein Grund für diesen starken Rückgang. Auch schlechte Witterungsverhältnisse im Frühjahr und die Mortalität durch Kokzidiose und die Chinaseuche im Herbst führten häufig zu einem Einbruch der Population. So stark die Hasenbestände auch abgenommen haben mögen, muß man auch heutzutage nicht von einer realen Gefährdung des Feldhasen ausgehen. Durch vielfältige Bemühungen der Jäger und Revierinhaber, sei es durch gezielte Entwicklung von Niederwildbiotopen, oder auch durch einen zeitweisen Jagdverzicht, aber auch durch die beginnende Extensivierung in der Landwirtschaft, haben zumindest lokal zu einer Verbesserung der Lebensbedingungen des Feldhasen, und somit zu einer Stabilisierung seiner Population geführt. Das ursprünglich aus Spanien und Nordafrika stammende Wildkaninchen wurde schon in der Römerzeit in das Gebiet des heutigen Deutschlands gebracht und gilt heute als Stammvater unserer Hauskaninchenrassen. Es lebt mit mehreren Familienverbänden in Erdbauen, die es selber in den Boden gräbt. Da diese Baue vom Kaninchen nur in lockere sandige Bodenarten gegraben werden können, kommt das Kaninchen traditionsgemäß eher in norddeutschen Gefilden vor, die eiszeitlich bedingt mehr geeignete Substrate aufweisen. In diesen Bauen werden bei guter Witterung drei- bis fünfmal im Jahr von der Häsin jeweils bis zu zehn blinde und unbehaarte Junge gesetzt. Das Wildkaninchen hat eine hohe Vermehrungsrate, was zu einer schnellen Ausbreitung der Art in geeignete Lebensräume geführt hat. Gerade in öffentlichen Grünanlagen und in Hausgärten kann das Kaninchen durch Fraß an den Zierpflanzen hohen Schaden anrichten. In den achtziger Jahren wurde zur Bekämpfung der »Kaninchenplage« ein Virus freigesetzt, der zu einem Absterben großer Kaninchenpopulationen geführt hat. Heutzutage tritt die Myxomathose immer wieder in Kaninchenkolonien auf, führt aber aufgrund einer beginnenden Virusresistenz einzelner Individuen nicht mehr zum totalen Ausfall der Kolonie.

Ganzjährig geschütztes Haarwild

Wildarten, wie Braunbär (ursus arctos), Seehund (phoca vitulina) und auch der Wolf (canis lupus) unterliegen zwar dem deutschen Jagdrecht, sind aber inzwischen ganzjährig geschont und genießen somit einen hohen Schutz durch das Gesetz. Der Braunbär ist die größte Raubwildart Europas. In Deutschland kommt er jedoch in freier Wildbahn nicht vor. Neuerdings werden jedoch aus dem Nachbarland Österreich vermehrt Bärensichtungen gemeldet. Die dort bestätigten Braunbären sind Zuwanderer aus Teilen Sloweniens und Kroatiens. Es gibt also Anlaß zur Hoffnung, daß auch in den deutschen ungestörten Alpenregionen irgendwann einmal wieder Bären ihre Fährten ziehen werden. Auch der über Jahrhunderte gefürchtete und verfolgte Wolf hat in Deutschland nach über 150jähriger Abwesenheit wieder eine Heimat gefunden. In den großen geschlossenen Waldungen Brandenburgs haben sich erste Wolfsrudel gruppiert, und auch Wolfsjunge soll es dort bereits geben. Die Naturschutzorganisationen wirken hier zusammen mit der Landesregierung integrativ auf eine Akzeptanz der Wölfe durch die lokale Bevölkerung hin. So werden z. B. Schäden, die durch die Wölfe in der Viehzucht entstehen, ersetzt oder es wird allgemein die Region durch Einbindung des Wolfvorkommens als eine Art »Naturgütesiegel« in touristische Managementkonzepte gestärkt.

Auch Biber (castor fiber), Luchs (lynx lynx) und die Wildkatze (felis silvestris) galten in Deutschland jahrzehntelang als ausgestorben oder zumindest stark gefährdet. Heutzutage erholen sich die Bestände dieser Arten durch aktives Handeln der Artenschützer, aber auch der Jäger vielerorts wieder. Und so kann man heute bereits an Elbe und Donau, aber auch an anderen Flüssen Deutschlands den Biber wieder in freier Wildbahn bestaunen. Auch die Wildkatze und den Luchs können wir heute dank der groß angelegten Auswilderungsprojekte der letzten Jahrzehnte in den meisten deutschen Mittelgebirgen antreffen.

Als einziges Meeresraubtier, das nach Jagdrecht zum Haarwild gezählt wird, bleibt noch der Seehund (phoca vitulina) zu erwähnen. Dieser kommt in Deutschland im Wattenmeer, also in Teilen der Nordsee, und im westlichen Bereich der Ostsee vor. Zoologisch gesehen gehört er zu den Robben. Die Seehundbestände sind in den letzten Jahren immer wieder durch eine Virusinfektion, einer der Hundestaupe verwandten Krankheit, stark dezimiert worden. Als ein Grund für die hohe Anfälligkeit gegen dieses Virus gilt das durch Umwelteinflüsse stark angegriffene körpereigene Immunsystem der Seehunde. Insbesondere die anhaltende Verschmutzung der Meere wirkt sich auf die Entwicklung der Seehundbestände mehr als negativ aus. Deshalb wird zum Schutz dieser beeindruckenden Wildtierart in Deutschland keine Seehundjagd mehr ausgeübt.

Federwild

Jagdlich relevant sind in Deutschland nur noch die Ringeltaube (columba palumbus), einige Entenarten, insbesondere die Stockente (anas platyrhynchos), und die Graugans (anser anser). Fasan (phasianus colchicus) und Rebhuhn (perdix perdix) sind in den letzten Jahrzehnten, aus ähnlichen Gründen wie beim Feldhasen, stark im Rückgang begriffen. Eine Bejagung ist aus diesen Gründen nur noch regional möglich und dort nur in den wenigsten Fällen sinnvoll. Die meisten im Jagdrecht aufgeführten Federwildarten sind heutzutage ganzjährig geschont. Die Jagd auf Greife und Falken verbietet sich dem ökologisch denkenden Jäger neben gesetzlichen Bestimmungen allein schon aus Gründen des Artenschutzes. Die Natursicht von den »guten« und den »schlechten« Tieren sollte heutzutage bei der Jagd ebenfalls keine Rolle mehr spielen. Auch bei den großen Hühnervögeln, wie dem Rackel-, Hasel-, Birk,- und Auerwild, sind die Besätze durch veränderte Umweltbedingungen nur noch in geringen Populationen vorhanden. Groß angelegte Wiedereinbürgerungsprojekte in geeigneten Biotopen und der Einsatz für den Erhalt noch vorhandener Restpopulationen sichern derzeit das Überleben dieser Arten in Deutschland. Bei anderen geschützten Arten, z. B. der europäischen Waldschnepfe und den meisten Gänse- und Entenarten, handelt es sich überwiegend um Zugvögel, die auf ihrer Zugroute in Deutschland Rast machen. Während des Vogelzuges findet die Bejagung dieser Arten in den meisten durchquerten Ländern statt, was mittel- und langfristig zur Gefährdung dieser Arten führen kann. Deutschland nimmt durch den Totalschutz dieser Arten den europäischen Artenschutzgedanken auf und trägt somit dazu bei, daß sich zukünftige Generationen Europas noch an dem artenreichen Vogelzug erfreuen können.

Kapitel 4:

Jagdarten

Einige der Jagdarten, die in Deutschland praktiziert werden, sind schon jahrhundertealt und werden teilweise unverändert ausgeübt. Im folgenden sind Wörter in Klammern hinterlegt, diese eingeklammerten Begriffe entstammen der Jägersprache. Die Jägersprache ist eine der Traditionen, die sich bis heute in Jägerkreisen erhalten haben und noch immer eine präzisere Kommunikation zwischen Jägern ermöglicht. Grundsätzlich unterscheidet man in Deutschland zwischen Arten der Einzeljagd und der Gesellschaftsjagd. Bei der Einzeljagd ist heutzutage die Ansitzjagd am verbreitetsten. Bei dieser Jagdart wartet der Jäger meist frühmorgens oder am Abend an festen Plätzen auf Hochsitzen oder Ansitzleitern auf das Wild. Die ausgewählten Plätze liegen meistens in der Nähe von Wildwechseln, auf denen das Wild von einem Einstand zum nächsten oder nur zur Nahrungsaufnahme (Äsung/Fraß) zieht (wechselt). Den günstigsten Platz verraten dem Jäger die Spuren, die das Wild hinterläßt. Zu diesen »Pirschzeichen« gehören die Trittspuren des Wildes (Fährten/Spuren), Kothaufen (Losung) oder Stellen, an denen meist das männliche Wild sein Revier markiert hat. In der Nähe der Tageseinstände befinden sich ebenfalls häufig geeignete Plätze für einen Ansitz. Die Ansitzjagd kann auf alle Wildarten ausgeübt werden, eignet sich aber besonders für unsere heimischen Schalenwildarten. Der erhöht ansitzende Jäger hat den Vorteil, daß er sowohl aus dem Wind als auch außerhalb der Sicht des Wildes ansitzen kann. Als weitere Einzeljagdart gilt die Pirsch, bei dieser Jagdart versucht der Jäger das Wild gegen den Wind anzugehen. Diese Jagdart setzt beim Jäger eine gute Kenntnis der Wildeinstände und der Revierverhältnisse voraus. Es gilt jedoch die Regel, daß eine schlecht durchgeführte Pirsch das Wild eher vertreibt (vergrämt), als zum Erfolg führt. Grundsätzlich schafft eine Pirsch immer mehr Unruhe im Revier als der Ansitz. In kleineren Revieren sollte deshalb zur Verminderung des Jagddrucks auf die Pirsch verzichtet werden. Gekoppelt mit Ansitz und Pirsch wird vielfach die Ruf- und Lockjagd durchgeführt. Bei dieser Jagd werden entweder die Lautäußerungen eines favorisierten Beutetieres oder zur Paarungszeit der Ruf eines paarungsbereiten weiblichen Tieres, teilweise auch der Ruf eines männlichen Rivalen nachgeahmt. Bei der Fuchsjagd wird, mit Hilfe des Mauspfeifchens, das »Quiecken« der Maus (mäuseln) nachgeahmt. Den Rehbock lockt man in der Paarungszeit (Blattzeit) mit dem Ruf des weiblichen Stücks (Ricke), der mit einem Buchenblatt imitiert werden kann. Der Rothirsch läßt sich hingegen während der Paarungszeit (Brunft) gut über die Nachahmung eines streitlustigen Rivalen anlocken und erlegen. Alle diese Ruf- und Lockjagdarten fordern vom Jäger neben reichlicher Übung, viel Verständnis für die Natur und die Lebensweise des Wildes.

Anders als bei der Einzeljagd, bei der ein Jäger auf sich allein gestellt den Versuch unternimmt, ein Stück Wild zu erlegen, sind bei der Gemeinschaftsjagd mehrere Jäger an der Durchführung der Jagd beteiligt. Die angewendeten Strategien bei der Durchführung einer Gesellschaftsjagd sind abhängig von der bejagten Wildart. Sobald an einer Jagd mehrere Jäger und Treiber beteiligt sind, ist besonderer Wert auf die Sicherheit aller zu legen. Diese Forderung setzt eine detaillierte Planung der Gesellschaftsjagd voraus. Bei der Niederwildjagd, z. B. auf Hase, Fasan und Fuchs, werden Wiesen, Wald und Felder mit in langen Ketten gehenden Treibern und Hunden durchgetrieben. Vor den Treiber sind Schützen abgestellt, die das nach vorne wegflüchtende Wild erlegen sollen. Bei diesen Niederwildtreibjagden wird nur mit Schrot geschossen, das heißt mit Munition, die eine Vielzahl millimeterkleiner Bleikugeln enthält. Dieses Schrot deckt eine größere Trefferfläche ab, was gerade bei flüchtendem Wild von Vorteil ist. Der Gefährdungsbereich

durch die Schrote ist geringer als bei Kugelpatronen. Treiber und Schützen verständigen sich bei dieser Jagdart traditionell durch bestimmte Hornsignale. Heutzutage werden an dieser Stelle häufig Handfunkgeräte eingesetzt, die eine genauere Koordinierung der Jäger und Treiber zulassen. Bei der Jagd auf Schalenwild hat sich in den letzten Jahren die Ansitzbewegungsjagd durchgesetzt. Ziel dieser Jagden ist es, mit möglichst geringem, also seltenem Jagddruck, den Bestandszuwachs effektiv abzuschöpfen. Bei dieser Jagdart werden von einem Jagdleiter in einem fest umrissenen Gebiet Schützenstände mit Jägern besetzt. Diese Schützenstände liegen immer in der Nähe eines Wildwechsels. Bei der Auswahl der Stände ist wiederum die Sicherheit aller Beteiligten höchstes Kriterium. Keiner darf auf diesen Jagden einen Anderen durch die Schußabgabe gefährden können. Wenn alle Jäger ihre Stände bezogen haben, wird unter dem Einsatz spezieller Hunde und weniger Treiber das Wild in seinen Einständen beunruhigt, nicht mehr getrieben. Wird die Unruhe im Einstand durch Mensch und Hund zu groß, wechselt das Wild meist recht ruhig (vertraut) an den abgestellten Jägern vorbei und kann sicher erlegt werden. Das vertraute Anwechseln gibt dem Jäger weiterhin die Möglichkeit kranke oder besonders schwache Stücke auszuwählen (anzusprechen) und zu erlegen bzw. gezielt Führungstiere (Leittiere) zu schonen. Bei fast allen Jagdarten schreibt der Gesetzgeber den Einsatz von Jagdhunden vor. Bei der Jagd auf Niederwild ist ein Hund von Nöten, der dem Jäger Wild in der Wiese oder in der dichten Hecke anzeigt (vorsteht) und ihm geschossenes Wild bringt (apportiert). Die für diese Jagdart eingesetzten Hunde sind Vorsteh- und Apportierhunde. Zu dieser Gruppe gehören z. B. die Hunderassen Kleiner und Großer Münsterländer, Weimaraner und Pudelpointer. Diese Hunde werden in Deutschland in bestimmten Verbänden gezüchtet. Bei dieser Zucht wird besonderer Wert auf die Vererbung bestimmter jagdlicher Eigenschaften und ein einheitliches Äußeres gelegt. Damit ein solcher Hund auch für den jagdlichen Alltag eingesetzt werden darf, muss er nach einer intensiven Ausbildung eine Brauchbarkeitsprüfung bestehen. Die Wasserjagd ist in Deutschland ohne brauchbaren Vorstehhund gar nicht erlaubt. Auch in anderen Bereichen muss für ein bestimmtes Jagdgebiet mindestens ein sogenannter Schweißhund zur Verfügung stehen, der seine Brauchbarkeit auf der Schweißfährte bewiesen hat. Dieser Hund kommt immer dann zum Einsatz, wenn ein beschossenes Stück Wild nicht auf der Stelle verendet, sondern noch verwundet (krank) und eventuell blutend (schweißend) in Deckung flüchtet. Die Vertreter des Hannoverschen Schweißhundes oder des Bayrischen Gebirgsschweißhundes gelten in diesem Bereich als Spezialisten und können mit ihrer guten Nase auch noch nach Tagen der Spur eines bestimmten Stückes folgen. Im Bereich der großen Bewegungsjagden auf Schalenwild gibt es Hunde, die speziell für das Aufstöbern und anhaltende Jagen von Wild gezüchtet wurden. Aus Haftungsgründen, muss für jeden Hund, der auf einer Beunruhigungs- oder Stöberjagd eingesetzt wird und nicht mehr in der Ausbildung ist, die jagdliche Brauchbarkeit im Fach »Stöbern« nachgewiesen sein. Spezielle Stöberhundrassen sind der Deutsche Wachtelhund, der Spaniel und die Bracken. Aber gerade auch kleinere Jagdhunderassen sind für diese Arbeit gut geeignet, da sie das Wild mit ihren kurzen Läufen nicht hetzen, sondern nur beunruhigen. Die höhere Wendigkeit dieser Hunderassen ist von Vorteil, gerade dann, wenn auf der Jagd wehrhaftes Schwarzwild vorkommt, das sich bei starker Beunruhigung gegen die Hunde zur Wehr setzt (die Hunde annimmt). Eine letzte Jagdart, bei der wiederum die Hunde die eigentliche Hauptrolle spielen, ist die sogenannte Baujagd. Hierbei wird ein Bauhund, meist sehr kleine, kurzläufige Hunde wie Teckel und Terrier, in einen Fuchsbau geschickt (einge-schlieft). Die Aufgabe des Hundes ist es, den Fuchs oder Dachs zum Verlassen des Baus zu bewegen (... zu sprengen). Verläßt der Fuchs oder Dachs den Bau vor dem Hund, so kann er von den umstehenden Schützen erlegt werden. Ein alter weiser Jägerspruch faßt das Thema Jagd und Hund sehr gut zusammen, er besagt nämlich: »Jagd ohne Hund ist Schund«. Gleiches gilt heute noch für die Jagd in Deutschland, bei der traditionsgemäß immer schon ein enger Bezug zum Hund bestand.

Kapitel 5:

Jagd zwischen gestern und morgen

Wie die Jagdgeschichte zeigt, ist die Jagd ein Bereich, der immer schon vielfältigen Entwicklungen und Veränderungen ausgesetzt war. Dies gilt für die Vergangenheit, die Gegenwart und auch in Zukunft werden die Jagd und die Jäger neue Wege beschreiten müssen. Aber wo steht die Jagd zu Beginn des 21. Jahrhunderts? Der Jäger gehört heutzutage nicht mehr zu den einfach aus seiner Funktion als Nahrungs- und Rohstofflieferant heraus akzeptierten Persönlichkeiten der Gesellschaft. Vielfach ist unsere Gesellschaft, gerade im urbanen Raum, derart von der Natur und ihren Gesetzen entfremdet, daß das Denken und Handeln der jagenden Bevölkerungsteile als »pervertiert« gelten muß. In der Medienlandschaft, und somit in der Öffentlichkeit, ist die Jagd in Verruf geraten und muß sich von allen Seiten kritisch, aber bei Zeiten auch unsachlich hinterfragen lassen. Auf der anderen Seite will ein jeder von uns »heile« Natur erleben, wenn er seinen »Großstadtdschungel« verläßt, um auf dem Land oder im Wald Erholung vom Zivilisationsstreß zu suchen. Daß bei der Erfüllung dieses Gemeinschaftsinteresses, des Erhalts einer artenreichen Natur, die Jagd, und somit auch die Jäger, durch einen hohen privaten Zeitaufwand und hohe fachliche Kompetenz beteiligt sind, wird vielfach außer Acht gelassen. Sicher gibt es Passagen in der Jagdgeschichte und aktuelle Geschehnisse, die kein schmeichelhaftes Licht auf den Jäger und seine Tätigkeit werfen. Aber abgesehen von diesen Entgleisungen einiger »schwarzer Schafe« hat der Jäger heutzutage eine Aufgabe übernommen, die zum Wohl der Allgemeinheit beiträgt. Diese Aufgabe ist im Jagdgesetz an erster Stelle, folglich mit höchster Priorität, verankert.

Zur besseren Veranschaulichung sei hier ein kurzer Ausschnitt aus dem Bundesjagdgesetz wiedergegeben: »Mit dem Jagdrecht ist die Pflicht zur Hege verbunden … Die Hege hat zum Ziel die Erhaltung eines den landschaftlichen und landeskulturellen Verhältnissen angepassten artenreichen und gesunden Wildbestandes sowie die Pflege und Sicherung seiner Lebensgrundlagen; aufgrund anderer Vorschriften bestehende gleichartige Verpflichtungen bleiben unberührt. Die Hege muß so durchgeführt werden, daß Beeinträchtigungen einer ordnungsgemäßen land-, forst- und fischereiwirtschaftlichen Nutzung, insbesondere Wildschäden, möglichst vermieden werden … Bei der Ausübung der Jagd sind die allgemein anerkannten Grundsätze deutscher Weidgerechtigkeit zu beachten.«

In Deutschland gehört zum Jagen nicht nur das Erlegen von Wild für den Verzehr, sondern auch die Erfüllung von Aufgaben für die Allgemeinheit. So muß der Jäger einen artenreichen, gesunden und dem Lebensraum angepaßten Wildbestand erhalten, der zeitgleich eine geregelte Land- und Forstwirtschaft zuläßt. Diese beiden Flächennutzungsformen stehen also in der gesellschaftlichen Wertigkeit über der Jagd und den Interessen des Wildes. Bei der Ausfüllung dieser Aufgaben hat sich der Jäger an bestimmte Grundsätze, die der »Deutschen Weidgerechtigkeit« (siehe Text unten) zu halten. Alles Leben auf der Erde ist in vielfältigen sogenannten Ökosystemen organisiert, die untereinander wiederum verknüpft sind. Das bedeutet, daß in einem bestimmten Gebiet, dem Lebensraum, vielfältige Wechselbeziehungen zwischen allen Ökofaktoren wie Fauna, Flora, Luft, Wasser und Land bestehen. Diese Wechselbeziehungen haben sich im Laufe der Evolution herauskristallisiert und entwickeln sich ständig weiter. Wird in diese natürlichen Systeme eingegriffen, so kann sich das ganze Zusammenspiel innerhalb dieses Systems bis zum Zusammenbruch verändern. Man spricht dann von gestörten Ökosystemen. Eben ein solches gestörtes Ökosystem finden wir in Deutschland vor,

wenn wir in die freie Landschaft gehen. Seit der Mensch damit begonnen hat, die Landschaft seinen Bedürfnissen durch Besiedelung und Industrie, aber auch durch intensive Landwirtschaft, Jagd und Forstwirtschaft anzupassen, hat er nachhaltig in intakte Lebensgemeinschaften eingegriffen und natürlich ablaufende Prozesse gestört. Der Mensch hat durch die Ausrottung der großen Landraubtiere, hier besonders Bär und Wolf, in die Nahrungskette der Natur eingegriffen. Da unsere heimischen Schalenwildarten beim Fehlen dieser Raubwildarten keine natürlichen Feinde mehr haben, würden sich die Bestände ins unermeßliche vermehren und ihren Lebensraum, hier meistens Wald und Feld, nachhaltig verändern und schädigen. Gerade in der Forstwirtschaft wird seit nunmehr 15 Jahren damit begonnen, bei der Erhaltung dauerhafter Wälder, ähnlich wie in einem intakten Waldökosystem, mit natürlichen Prozessen zu arbeiten. Die Wälder sollen sich möglichst selbst, ohne die Pflanzung von jungen Bäumen, wieder verjüngen. Da aber gerade die Knospen und junge Triebe der Forstpflanzen zu den Lieblingsspeisen von Reh und Hirsch gehören, muß die Wilddichte »künstlich« über die Jagd in einer Höhe gehalten werden, die es dem Wald erlaubt, sich selbständig zu verjüngen. Ein weiterer Grund für unsere Jagd ist die Gesunderhaltung der Wildbestände, die ebenfalls zu den Hauptaufgaben des Jägers gehört. Die Ansteckung mit Wildseuchen und deren Ausbreitung steigt enorm mit wachsender Wilddichte. Nun findet die Hege des Wildes nicht nur über die Jagd statt. Gerade auch die Selbstverpflichtung der Jäger, bestimmte Wildarten (z. B. Rebhuhn) zeitweise nicht zu bejagen, hat zum Erhalt derselben beigetragen. In den Revieren werden auch andere Maßnahmen durchgeführt, zum Schutz nicht nur der jagdbarer Arten. Jäger legen in ihrer Freizeit Feldgehölze und Hecken an, die dann später den Singvögeln als Brutstätte und Nahrungsquelle dienen. Die Anlage von Teichen und die Renaturierung von Bächen wird vielfach von Jägern in Eigenleistung durchgeführt, und sie dient dem Erhalt seltener Amphibien- und Reptilienarten. Durch diese Leistungen für die Natur konnten sich vielfach Arten halten, die in den intensiv genutzten Flächen längst verschwunden sind.

In der heutigen Zeit, in der auch Tieren durch die Öffentlichkeit ein hohes Maß an Interesse und Sensibilität entgegengebracht wird, ist die Art des Jagens und die Jagd generell Inhalt kritischer Fragen und Diskussionen. Oft wird man als Jäger nach seiner Motivation zum Jagen und somit auch zum Töten eines Lebewesens gefragt. Rational gesehen gibt es wie oben beschrieben viele Gründe, der berechtigte Wunsch natürliche Ressourcen (Wildbret etc.) nutzen zu wollen, ist nur ein weiterer. Die emotionale Begründung für das eigene jägerische Tun stellt eine oft bedeutend schwierigere Hürde dar. Was außer Frage steht, ist die Tatsache, daß unsere Jagd nur noch entfernt mit der existenzorientierten Jagd unserer Vorfahren vergleichbar ist. Wir müssen zugeben, daß die Jagd vielfach bei uns in Deutschland inzwischen teils sportlichen Charakter angenommen hat. Da wir unsere Existenz heutzutage rein über die Landwirtschaft decken könnten, bei der ironischerweise natürlich ebenfalls Tiere für unsere Bedürfnisse sterben, erscheint uns der Tod des Tieres bei der Jagd vielfach sinnlos und unvernünftig. Welche Gründe von jedem einzelnen als sinnvoll erachtet werden, wird wohl immer offen bleiben, aber gerade weil die Jäger sich heutzutage in einem moralischen Graubereich bewegen, sollten sie jede Möglichkeit nutzen, mit ihrer Umgebung positiv und produktiv in Kontakt zu treten. Auf den zweiten Blick ist vielleicht gar nicht so entscheidend, daß wir Jagen, sondern wie wir uns mit unserem

»Hobby« in der Öffentlichkeit präsentieren. Traditionell ist die Achtung vor dem Geschöpf und daraus resultierendes Handeln nicht nur in unserer Religion verankert, sondern auch in Maßregeln, die sich Jäger selbst bereits vor Jahrhunderten auferlegt haben. Hinter dem bereits erwähnten Begriff »Deutsche Waidgerechtigkeit« steckt ein moralisches und ethisches Grundkonzept für die Jagd. Dieses Konzept sollte auch weiterhin von jedem Jäger überdacht und auf die Gegenwart angewendet werden.

Thomas Andreas

Literatur

BODE, WILHELM / EMMERT, ELISABETH, 1998, Jagdwende, Beck Verlag München

HESPELER, BRUNO, 1990, Jäger wohin?, BLV Verlagsgesellschaft mbH München

HESPELER, BRUNO, 1992, Rehwild – heute, BLV Verlagsgesellschaft mbH München

KREBS, HERBERT, 1993, Vor und nach der Jägerprüfung, BLV Verlagsgesellschaft mbH München

KUJAWSKI, OLGIERD E. J. Graf, 1992, BLV Verlagsgesellschaft mbH München

REMMERT, Prof. Dr. HERMANN, 1978, Ökologie, Springer Verlag, Berlin–Heidelberg

REMMERT, Prof. Dr. HERMANN, 1990, Naturschutz, Springer Verlag, Berlin–Heidelberg

IX: Anhang

Anhang 1:
Liste der in Deutschland jagdbaren Wildarten auf Grundlage des Bundesjagdgesetzes

1. Haarwild:

Wisent (Bison bonasus L.),
Elchwild (Alces alces L.),
Rotwild (Cervus elaphus L.),
Damwild (Dama dama L.),
Sikawild (Cervus nippon TEMMINCK),
Rehwild (Capreolus capreolus L.),
Gamswild (Rupicapra rupicapra L.),
Steinwild (Capra ibex L.),
Muffelwild (Ovis ammon musimon PALLAS),
Schwarzwild (Sus scrofa L.),
Feldhase (Lepus europaeus PALLAS),
Schneehase (Lepus timidus L.),
Wildkaninchen (Oryctolagus cuniculus L.),
Murmeltier (Marmota marmota L.),
Wildkatze (Felis silvestris SCHREBER),
Luchs (Lynx lynx L.),
Fuchs (Vulpes vulpes L.),
Steinmarder (Martes foina ERXLEBEN),
Baummarder (Martes martes L.),
Iltis (Mustela putorius L.),
Hermelin (Mustela erminea L.),
Mauswiesel (Mustela nivalis L.),
Dachs (Meles meles L.),
Fischotter (Lutra lutra L.),
Seehund (Phoca vitulina L.);

2. Federwild:

Rebhuhn (Perdix perdix L.),
Fasan (Phasianus colchicus L.),
Wachtel (Coturnix coturnix L.),
Auerwild (Tetrao urogallus L.),
Birkwild (Lyrus tetrix L.),
Rackelwild (Lyrus tetrix x Tetrao urogallus),
Haselwild (Tetrastes bonasia L.),
Alpenschneehuhn (Lagopus mutus MONTIN),
Wildtruthuhn (Meleagris gallopavo L.),
Wildtauben (Columbidae),
Höckerschwan (Cygnus olor GMEL.),
Wildgänse (Gattungen Anser BRISSON und BRANTA SCOPOLI),
Wildenten (Anatinae),
Säger (Gattung Mergus L.),
Waldschnepfe (Scolopax rusticola L.),
Bläßhuhn (Fulica atra L.),
Möwen (Laridae),
Haubentaucher (Podiceps cristatus L.),
Großtrappe (Otis tarda L.),
Graureiher (Ardea cinerea L.),
Greife (Accipitridae),
Falken (Falconidae),
Kolkrabe (Corvus corax L.).

Die Länder können weitere Tierarten bestimmen, die dem Jagdrecht unterliegen.
Zum Schalenwild gehören Wisente, Elch-, Rot-, Dam-, Sika-, Reh-, Gams-, Stein-, Muffel- und Schwarzwild.
Zum Hochwild gehören Schalenwild außer Rehwild, ferner Auerwild, Steinadler und Seeadler. Alles übrige Wild gehört zum Niederwild.

Anhang 2:
Jagdzeiten Bundesregelung

Rotwild
Kälber	01.08.–28.02.
Schmalspießer	01.06.–28.02.
Schmaltiere	01.06.–31.01.
Hirsche und Alttiere	01.08.–31.01.

Dam- und Sikawild
Kälber	01.09.–28.02.
Schmalspießer	01.07.–28.02.
Schmaltiere	01.07.–31.01.
Hirsche und Alttiere	01.09.–31.01.

Rehwild
Kitze	01.09.–28.02.
Schmalrehe	16.05.–31.01.
Ricken	01.09.–31.01.
Böcke	16.05.–15.10.

Gamswild	01.08.–15.12.
Muffelwild	01.08.–31.01.
Schwarzwild	16.06.–31.01.
Feldhasen	01.10.–15.01.
Stein- u. Baummarder	16.10.–28.02.
Iltisse	01.08.–28.02.
Hermeline	01.08.–28.02.
Mauswiesel	01.08.–28.02.
Dachse	01.08.–31.10.

Vögel (Federwild)
Rebhühner	01.09.–15.12.
Fasanen	01.10.–15.01.
Wildtruthähne	15.03.–15.05. u. 01.10.–15.01.
Wildtruthennen	01.10.–15.01.
Ringel-u. Türkentauben	01.11.–20.02.
Höckerschwäne	01.11.–20.02.
Graugänse	01.08.–31.08. u. 01.11.–15.01
Bläß-, Saat-,Ringel- u. Kanadagänse	01.11.–15.01.
Stockenten	01.09.–15.01.
Krick-, Berg-, Reiher-, Tafel-, Pfeif-, Spieß-, Trauer-, Samtente	01.10.–15.01.
Waldschnepfen	16.10.–15.01.
Bläßhühner	11.09.–20.02.
Lach-, Sturm-, Silber-, Mantel- u. Heringsmöwen	01.10.–10.02.

Anhang 3:

Jahresjagdstrecken Jagdjahre 2002/2003 und 2004/2005

Wildart	Jagdjahr 2002/2003 Stück	Jagdjahr 2003/2004 Stück	gegenüber Vorjahr Stück
Rotwild	60.407	62.363	+ 1.956
Damwild	52.240	53.255	+ 1.015
Sikawild	822	1.086	+ 264
Schwarzwild	512.050	470.283	– 41.767
Rehwild	1.117.511	1.064.782	– 52.729
Gamswild	4.522	4.509	– 13
Muffelwild	6.392	6.109	– 283
Feldhase	470.459	568.548	+ 98.089
Wildkaninchen	156.361	143.582	– 12.779
Fasanen	350.663	394.956	+ 44.293
Rebhühner	10.700	10.977	+ 277
Waldschnepfen	10.848	9.089	– 1.759
Wildgänse	30.937	31.017	+ 80
Wildenten *	526.003	520.823	– 5.180
Wildtauben	854.324	880.796	+ 26.472
Füchse	608.466	552.958	– 55.508
Dachse	47.120	52.676	+ 5.556
Edelmarder	3.533	3.510	– 23
Steinmarder	51.092	48.760	– 2.332
Iltisse und Wiesel	24.654	24.450	– 204
Waschbären	19.647	21.149	+ 1.502
Marderhunde	16.087	18.634	+ 2.547

* davon überwiegend Stockenten

Jagdjahr: Dauer vom 1. April bis 31. März des folgenden Jahres

Register